풍수지리와 터의 생성원리

풍수지리와 터의 생성 원리

초판인쇄 2020년 8월 19일
초판발행 2020년 8월 24일

지은이 야도 김남영 (野道 金南永)
펴낸이 이재욱
펴낸곳 (주)새로운사람들
디자인 김선주
마케팅·관리 김종림

ⓒ 김남영, 2020

등록일 1994년 10월 27일
등록번호 제2- 1825호
주소 서울 도봉구 덕릉로 54가길 25(창동 557-85, 우01473)
전화 02)2237-3301, 2237-3316 팩스 02)2237-3389
이메일 ssbooks@chol.com
홈페이지 http://www.ssbooks.biz

ISBN 978-89-8120-594-2(03380)

풍수지리와 터의 생성원리

김남영 지음

새로운사람들

머리말

　풍수지리는 바람(風)과 물(水)과 땅(地)의 이치(理)를 연구하는 학문입니다. 바람을 잘 갈무리하고 좋은 물을 얻을 수 있는 공간을 찾아 인간에게 도움이 되도록 연구하는 학문이라고 하겠습니다.
　풍수지리의 출발점은 바람을 피하고 물을 얻는 데 손쉬운 공간을 찾는 양택(陽宅) 풍수가 우선하였습니다. 문자가 생기고, 사회질서가 확립되고, 부모를 섬기고 보내면서 영혼은 내세(來世)에서도 생전과 같은 영향을 받을 것으로 생각하여 좋은 곳으로 정성껏 모시게 된 것이 음택(陰宅) 풍수로 발전하는 계기가 되었을 것으로 봅니다.
　풍수술은 형기와 이기로 나뉘는데 여러 학파가 나름대로 논리를 펴고 있습니다. 어느 학파는 형기만 우선시하고, 어느 학파는 이기를 우선시하거나 기감만을 우선시하기도 합니다. 그러나 풍수지리는 형기와 이기와 기감을 함께 적용해야 합니다.
　우리나라의 풍수지리는 중국의 영향을 많이 받고 있으며 한문으로 된 중국 고전을 한글로 번역한 서적이 주를 이루며 중국 고전을 참고하여 공부한 학자들이 나름대로 연구한 내용을 책으로 펴낸 것이 현재의 실정이라고 봅니다.
　국내에는 삼합파가 주를 이루었으며 2000년대에 이르러서 중국과 대만, 홍콩에서 대세를 이루고 있는 삼원파(현공풍수)의 풍수가 넓게 퍼지고 있습니다.
　필자도 처음에는 88향법과 정음정양법, 통맥법 등 삼합풍수로 수년간 풍수지리를 공부하였고, 각 학파에서 주말마다 행하는 답산(踏山)에도 열심히 쫓아다녔습니다. 학파마다 답산 코스가 정해져 있습니다.

주로 이름 있는 고관대작의 묘와 시조 묘, 그리고 생가지(生家址)를 답사합니다. 그런데 각 학파의 이론이 일치하지 않으며, 특히 좌향(坐向)의 논리가 일치하지 않습니다.

오행 중 목국을 몇 가지 예로 들면 다음과 같습니다.

星宿五行은 乾, 坤, 艮, 巽. 納音五行은 甲乙, 子丑, 午未.
元空五行은 亥, 癸, 艮, 甲. 雙山五行은 甲卯, 丁未, 乾亥.
胡舜申法은 艮, 卯, 巳.
玄空五行(현공대괘)은 乾, 丙, 乙, 子, 寅, 震.

필자는 풍수지리에 깊이 빠져들면서 너무나 혼란스러웠고, 기(氣) 풍수를 기웃거리게 되었습니다. 퇴근하면 밤늦게까지 엘로드를 들고 산천과 남의 묘지에 가서 수련을 했으며, 주말이면 주먹밥을 싸들고 산천을 헤매게 되었습니다. 우리나라에 있는 기 풍수 단체의 활동에도 많이 따라다니면서 흉내를 내기도 했습니다.

주야로 기(氣)에 대하여 열심히 수련하는 중에 북한의 남침용 땅굴을 대부분 찾아낸 천주교 이종찬 신부님이 저술하신 『심령과학』이라는 책을 보았고, 방건웅 박사의 『기가 세상을 움직인다』는 책을 읽었으며, 양균송 선사의 "세상의 모든 이치는 指掌 간에 있다."는 구절을 보는 순간 더욱 열심히 수련을 하게 되었습니다. 더욱이 <엘로드(수맥봉)를 통해 본 세계>라는 논문이 필자에게 박차를 가했다고 봅니다. 관계되신 분들께 양해를 구하면서 감사드립니다.

주야로 수련하면서 시행착오를 수없이 겪은 다음 필자 나름의 방법을 찾기에 이르렀습니다. 지도에서 발원지를 찾고 맥을 짚은 후 맥이 최종적으로 멈춘 곳의 주소로 내비게이션의 안내를 받아 찾아가서 확인하니 정확하게 일치하였습니다.

이 책에 기술한 양자 에너지, 지자기와 수맥에 관한 내용, 엘로드를 통해본 세계 등은 여러 학자 분들이 연구하여 발표한 내용이 너무 알차서 많은 독자들이 풍수지리를 이해하는 데 도움이 되었으면 좋겠다고 생각하며 그대로 옮겨놓은 것이니 관계되신 분들께 양해를 구합니다.

필자는 이론을 떠나서 실험을 해보기 시작했습니다. 시간이 있을 때마다 휴전선에서부터 거제도와 고성, 해남의 땅끝 마을까지 온 산천을 헤매고 다니며, 전국의 산야에 맺힌 혈(穴)을 찾고, 기회가 있어 요르단에서 근무할 당시에는 시간이 날 때마다 요르단 전국을 다니면서 지맥과 천기가 모인 곳을 확인했습니다.

특히 예수님이 세례를 받으시고 제자들에게 강의하신 터에 좋은 기운이 뭉쳐 있음을 확인했을 때는 너무 감격스러웠습니다.

이처럼 노력한 결과 혈이 맺히는 원리를 터득하게 되었고, 이를 세상에 알리어 많은 사람들에게 도움을 주고자 집필을 하게 되었으며, 사람이 건강하게 살 수 있는 방법과 명당을 찾고 만드는 방법을 기술하고 정리하고자 했습니다.

수년간 연구한 결과 맥(脈)이란 백두산에서 발원하여 태백산맥을 거쳐 전국 각지로 흐른다는 것이 잘못되었음을 깨닫게 되었습니다. 고서(古書)에 맥은 물을 만나면 멈춘다고 기록되어 있는데, 맥이란 물이 돌아 갇힌 산에서 독립적으로 발원지가 생겨 그곳으로부터 각처로 흐르는 것임을 알게 되었습니다.

마치 각 발전소에서 전기를 생산하여 그 전기가 도선(導線)을 타고 각지로 보내져서 우리가 유용하게 사용하며, 전선이 절단되면 전기가 흐르지 않는 것처럼 맥(脈)도 흐르다가 절단되면 그 이후로는 무맥지(無脈地)가 된다는 것을 확인했습니다. 더구나 맥은 물을 건너 반대쪽 산으로 연결되기도 한다는 것을 확인하기도 했습니다.

뿐만 아니라 혈이 맺히면 주위에 균형이 맞고 좌향(坐向)은 이미 정해져 있으며, 복잡한 이기(理氣)가 필요하지 않다는 것도 알게 되었습니다. 다만 확인은 필요합니다. 모든 것은 기로 이루어져 있고 기의 작용으로 보게 되었습니다.

그러나 풍수지리는 형기로 살피고, 기로써 확인하고, 이기로 검증하면서 양자 에너지와 지자기, 수맥, 천체의 기운과 함께 어우러진 영적 과학 분야임을 알게 되었습니다. 하늘이 감추고 땅마저 비밀로 하는 명혈(名穴)을 나약한 한 인간이 함부로 밝힌다는 것은 자연의 순리에 위배되므로 주소를 밝히지 못함을 독자들께서는 이해하실 것입니다.

전국의 명혈을 모아 한 권의 책에 싣는다는 것은 양이 너무 많기 때문에 기회가 주어지면 도별(道別)로 나누어 세상에 내놓을까 합니다. 대신 천기혈 중 대혈 몇 점은 뒤에 싣고 설명을 하겠으며, 혈이 맺히는 이치와 원리를 함께 설명했으므로 이 책을 끝까지 읽는다면 혈(穴)에 대하여 충분히 이해할 수 있으리라고 봅니다.

풍수지리 서적에는 산의 종류와 산천이 이어지는 것을 아름답고 복잡하게 묘사하여 신비화시키고 있으나 혈이 맺히는 원리는 단순하고 간단하다는 것을 필자는 알게 되었습니다. 장풍득수(藏風得水)를 완전히 이해한다면 풍수지리 공부는 완성되었다고 봅니다.

혈이 맺히는 원리는 바람을 스스로 막든지 주위에서 막아주는 곳에서 혈이 맺힌다는 것입니다. 필자는 양자역학, 기(氣)와 수(水)와 풍(風)을 기본으로 풍수지리에 대한 이치를 전개하고자 합니다. 그래서 사람들이 편안하게 살 수 있는 방법을 제시하고 알리어 모두가 건강한 삶을 영위하도록 도움을 주는 데 여생을 바칠까 합니다.

차례

머리말 ·· 4

제1장 풍수지리의 기초

양자 에너지 ·· 16
   양자 에너지란? ··· 16
   양자의학과 동양사상인 기학(氣學)의 관계 ···················· 17
   인간의 마음을 연구한 양자역학(量子力學)에서
   의식과 물질의 관계 ·· 23
   몸과 마음과 '에너지 장'으로서의 기학(氣學) ················ 25
   양자 물리학의 주요 개념 ·· 29
   아인슈타인이 틀렸다 - '양자 얽힘' 실험으로 증명 ······· 30
   양자 이론의 활용 ·· 34
   양자 에너지가 풍수지리에 미치는 영향 ························ 35
지자기(地磁氣)와 자력(磁力) ·· 38
   지자기(地磁氣)란 무엇인가? ··· 38
   지자기(地磁氣)의 영향 ··· 38
   슈만공진 ··· 39
   이종찬 신부가 언급한, 인간이 가진 특유의 자력 ········· 44
   지자기가 발산되는 지역 ··· 47
수맥(水脈) ··· 51
   물(水)의 분류 ·· 51
   물의 양 ··· 51

물의 분포··52
　　물의 순환과 에너지···52
　　단물과 센물···53
　　지하수··54
　　수맥(水脈)의 활용···55
　　수맥과 건강의 관계···55
　　수맥파의 영향··56
　　수맥 탐사의 기본··57
　　수맥 탐사의 유의 사항·····································59
　　엘 로드(탐사봉) 탐사로 수맥 찾기····················60
　　탐사 추를 이용한 수맥 탐사····························61
　　수맥 탐사의 응용··63
　　수맥의 영향으로 인한 현상(발병)·····················65
　　수맥과 질병, 암과의 관계································68
　　수맥의 실제 사례··72
수맥봉 엘 로드를 통해 바라본 세계·······················78
　　우리는 어떤 세상에서 살고 있는가?·················78
　　운동역학(kinesiology)의 발전·························80
　　엘 로드(L-Rod)를 통한 측정···························84
　　엘 로드를 통하여 바라본 세계·························91
　　엘 로드의 작용 원리··96

제2장 풍수지리의 이론

맥(脈)의 발원···100
　　강화도 마니산···101

북한산	103
맥(脈)의 진행	**106**
맥이 평지를 지나고 있다	107
맥이 개울을 건너다	108
맥이 도로와 구릉을 지난다	109
맥이 하천을 건너다	110
용맥이 반대쪽 산으로 건너가고 있다	112
용맥이 묘지를 피하다	117
맥(脈)의 손상과 결과	**119**
맥의 절단	120
맥의 노출	121
잘못된 선택	122
맥의 손상	125
잘못된 선택	127
맥의 손상	128
맥 절손	129
묘지를 맥상에 조성	132
맥 손상	133
맥 절단 결과	134
부석사의 맥 확인	136
계획적인 맥 절단 행위	140
맥이 잘리고 있다	142
국가의 보물 터가 잘리다	144
맥이 잘리는 모습	145
맥 손상 결과	146
과룡지처(過龍之處)의 영향	147
맥 절단 후 혈처의 변화	148

혈(穴)이 맺히는 원리 · 150
    맥의 진행 · 151
    혈의 생성 원리 · 154
혈(穴)의 분류 · 160
    유혈 · 160
    돌혈(突穴) · 165
    와혈(窩穴) · 170
    겸혈(鉗穴) · 175
천장지비 · 179
    사례 1~23 · 180
    玉龍子 渡江 十條 · 204
혈처의 공통점 · 208
    혈처의 공통점1~12 · 209
혈처 앞의 파구처 · 216
    파구의 예 1~16 · 217
국세(局勢)와 사격(砂格) · 226
    현무(玄武, 主山) · 228
    주작(朱雀, 案山) · 232
    청룡(青龍)과 백호(白虎) · 238
길사(吉砂)와 흉사(凶砂)의 사격(砂格) · 242
    탐랑(貪狼) · 243
    거문(巨門) · 254
    녹존(祿存) · 257
    문곡(文曲) · 262
    염정(廉貞) · 266
    무곡(武曲) · 269
    파군(破軍) · 274
    보필성(輔弼星) · 276

고축사, 천마사, 선교사, 그리고 사법 ················· 281
　사법(砂法) ··································· 286
　성봉영기(星峰靈氣)와 수두입수(垂頭入首) ············ 290
수법론(水法論) ································· 294
　명당(明堂) ··································· 296
　수세(水勢)의 구분 ····························· 314
고정관념을 깨다 ································· 339
　규봉(窺峰) ··································· 339
　입석(立石)과 복석(伏石) ························ 342
　천기(天氣) 혈 ······························· 366
　반궁수(反弓水) 지형에서는 혈이 맺히지 않는다 ········ 439
　혈은 박환된 곳에서 맺힌다 ······················ 440
　맥의 발원지(태조산)는 거칠고 위압적이다 ············ 441
명당(明堂)에 의한 지명(地名) ······················· 444
　영덕 칠보산(七寶山) ··························· 444
　포항 구룡포(九龍浦) ··························· 445
　울진 호월리(虎越里) ··························· 446
　강릉 산계리(山鷄里) ··························· 447
　진안 오룡리(五龍里) ··························· 449
　영동 용암리(龍岩里) ··························· 453
　진안 남계리 ································· 458
음택과 양택 조성할 때 주의사항 ····················· 465
　음택 조성할 때 주의사항 ························ 465
　양택 조성할 때 주의사항 ························ 467
양택지 ·· 470
　양택지의 예 1~19 ····························· 471

제3장 풍수이기(風水理氣)

터의 최대 활용과 영향···494
  동기감응(同氣感應)···496
  우주 천체의 영향···498
  나경의 무용론···503
현공비성파(玄空飛星派) 이론(理論)··························506
  하괘(下卦)의 택명반(宅命盤)····························510
  체괘구결(替卦口訣)···513
  기국(奇局)···515
  성문결(城門訣)···516
  복음(伏吟)··517
  북두칠성타겁(北斗七星打劫)····························518
  대문위치(大門位置)···519
  지운법(地運法)···519
현공대괘파(玄空大卦派) 이론(理論)························523
  현공대괘의 각 운(運)의 기간 계산····················524
  괘리(卦理)와 관계괘(關係卦)····························527
  64괘(卦)의 성운(星運)과 괘운(卦運)···············532
  동서부모삼반괘(東西父母三般卦)·····················539
  수산출살(收山出殺)과 출괘(出卦)····················542
  반음(反吟), 복음(伏吟)과 공망(空亡)··············545
  삼원지리(三元地理) 포국법(布局法)················551
  현공대괘(玄空大卦) 격룡법(格龍法)················569
  현공대괘 택일편(擇日篇)···································590

제1장

풍수지리의 기초

양자 에너지

양자 에너지란?

모든 물체는 분자, 원자로 구성되어 있고, 원자는 다시 전자, 중성자, 양자로 구성되어 있다. 궁극적으로 원자핵은 더 이상 쪼갤 수 없는 극미(極微)의 소립자(素立子)로 구성되어 있다

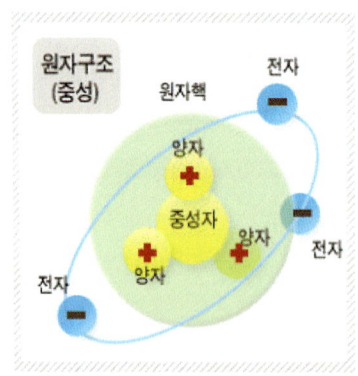

원자 전체 또는 원자핵의 소립자가 진동하면 그 주변에 전자장이 형성되면서 눈에는 보이지 않는 에너지를 발산하는데. 이것을 파동(波動, wave) 또는 기(氣)라고 한다. 양자역학(量子力學, Quantum Physics)이라는 현대 물리학의 분야가 있는데 이 학문은 양(量)이라는 입자(粒子)의 세계가 힘(力, power)의 세계, 즉 에너지의 세계라는 뜻이다. 양자역학의 궁극적인 의미는 에너지, 즉 파동이 모여 파동의 밀도가 커지면 물질로 바뀐다는 것이다. 그러니까 양자역학의 핵심은 물질 = 에너지 = 파동이라는 것이다.

지구상의 모든 물질은 원자로 되어 있다. 원자를 분석해 보면 전자와 양자, 중성자로 구성되어 있으며, 그것들이 서로 전기적으로 마이너스, 플러스의 특성을 띠고 있어서 서로 반박하기도 하고 서로 끌어당기고 하면서 진동이 생긴다. 그 진동이 바로 에너지의 근원이 된다.

원자 전체 또는 원자핵의 소립자가 진동하면 그 주변에 전자장이 형성되면서 눈에 보이지 않는 에너지가 발산되는데, 이것을 파동(波動) 또는 기(氣)라고 한다. 파동에는 파동을 발산하는 물체에 따라 천차만

별의 계층이 있으며, 우주의 근원이 되는 자연의 순수 파동이 가장 근원적인 것이다.

인체의 예를 들어 설명하자면 인체는 파동의 집합체다. 말하자면 인체는 기(氣)라는 에너지로 구성된 유기체로서 인체 속에는 좋은 파동(+파동)과 나쁜 파동(-파동)의 2가지가 있고, 대체로 나쁜 파동이 많다. 다시 말해 모든 질병은 인체의 장기마다 고유하게 가지고 있는 파동에 이상이 생겨 발생하기 때문에 이것을 바로잡아 줌으로써 건강을 되찾을 수 있다.

양자의학과 동양사상인 기학(氣學)의 관계

데이비드 봄(David Bohm)의 양자이론을 살펴보자.

동양의 자연철학 사상과 동양의학의 기본이 되는 기(氣)의 존재는 양자의학에서 파동이나 에너지로 바뀌어 파동의학, 에너지의학 등으로 불리고 있으며 우리 몸의 기(氣)를 이해하는 것은 양자의학의 이해에 도움이 된다.

사람이 몸과 마음으로 되어 있듯이 우주도 마찬가지로 구성되어 있을 것이라는 생각이 확산되어 서구의 물질론적 세계관에 새로운 패러다임을 제공하였다. 이는 서양에서 동양의 전통사상에 관심을 갖게 하는 계기를 마련하여 20세기 후반에 이르러서는 서구의 과학자들이 동양사상에 적극적으로 관심을 갖고 양자물리학과 기(氣) 또는 도(道)의 관계, 음양오행과 주역 등 동양의 정신을 진지하게 연구하게 되었다.

양자물리학에서 소립자의 발견은 동양의 사상과 우주관을 더 과학적으로 증명해준 것으로 나타난다. 버클리대학의 프리쵸프 카프라는 양자물리학이 시사하는 새로운 세계관이 동양의 전통사상과 놀라울 정도로 동일하며 "양자물리학이 동양의 예지와 조화를 이루는 일관된 우주관을 점차 형상화하는 데 도움이 되었다."고 하며 우주와의 채널

링을 통하여 온 우주가 하나의 生命體임을 깨달았다고 주장하였다.

　우리 조상들의 기(氣)에 대한 전통적 사상과 우주관이 양자물리학을 거쳐 양자의학에 응용되고 있다. 우리는 자연의 크고 작은 다양한 리듬의 복잡한 패턴(Pattern) 속에 살고 있다. 그러나 이렇게 복잡하게 얽힌 가운데서 대표적인 리듬이 음양오행론(陰陽五行論)이다. 자연수인 1에서 9까지의 수에 담겨 있는 성질을 살펴보면 동양에서 바라보는 우주(자연)의 개념을 이해할 수 있다.

　"음양의 균형과 조화가 이루어지면 정상 또는 건강한 상태가 되는 것이고, 음양실조(陰陽失調)하면 건강하지 않고(不健康), 비정상이 되는 것이다. 장부(臟腑)에도 음양이 있고, 경락에도 음양이 있으며, 병증에도 음양이 있다."

　우주 삼라만상은 일정한 율동에 따라 움직이고 변하고 흩어지고 모인다. 어떠한 현상이 일정 시간마다 똑같은 변화를 되풀이하는 것을 주기(週期, Periodic Cycle)라고 하는데, 하루는 밤낮으로, 심장은 박동으로, 호흡은 들숨과 날숨 등으로 각각의 율동과 주기를 갖는다.

　현대 과학에서 에너지를 입자(粒子, Particle)이면서 동시에 파동(波動, Wave)이라고 한다. 빛과 소리는 다 파동이며, 우주만물은 다 크고 작은 율동, 즉 파동과 주기의 영향을 받는다. 동양의 자연철학 사상과 동양의학의 기본이 되는 기(氣)의 존재는 양자의학에서 파동이나 에너지로 바뀌어 파동의학, 에너지의학 등으로 불리고 있으며 우리 몸의 기를 이해하는 것은 양자의학의 이해에 도움이 된다. 1에서 9까지의 자연수에 담겨 있는 성질(性質)을 살펴보면 동양에서 바라보는 우주(자연)의 개념을 이해할 수 있다.

　　하나(1) 완전성(完全性) : 태극설(太極說)
　　둘　(2) 상대성(相對性) : 음양설(陰陽說)
　　셋　(3) 시간성(時間性) : 삼태극(三太極)

넷 (4) 공간성(空間性) : 사상설(四象說)
다섯(5) 조화성(調和性) : 오행설(五行說)
여섯(6) 안전성(安全性) : 육기설(六氣說)
일곱(7) 생성성(生成性) : 칠요설(七曜說)
여덟(8) 변화성(變化性) : 팔괘설(八卦說)
아홉(9) 복잡성(複雜性) : 구궁설(九宮說)

태극설(太極說)은 하나는 쪼갤 수 없는 전체이고 우주는 영원불멸의 하나이며 우주 안의 부분들은 흩어지고 변하고 모이고를 되풀이하지만 우주인 하나는 절대적이고 영원하고 무한하며 스스로 쪼갤 수 없는 완전한 존재라는 것이다. 보이지 않는, 숨어 있는 질서로서의 하나(1)와 나타난 질서로서의 하나(1)가 그대로 하나(1)로 영원히 존재한다는 뜻인데, 이는 있음(有)이 극(極)에 달하면 없음(無)이 되고 없음이 극(極)에 달하면 있음(有)이 된다는 것이다.

사물을 하나의 틀 안에서 바라보는 포괄적(包括的)이고 종합적이고 전일적(全一的)인 사고방식은 특히 의학에서 인간의 생명을 올바르게 이해하는 데 중요한 개념이라 할 수 있다.

"어떤 장부에 음양실조가 있는 것을 알아내는 것이 곧 진단이요, 잃어버린 음양의 조화를 되찾는 것이 치료이다."

음양설이란 우주만물의 성질과 변화의 이치에 대한 인식 체계다. 우주만물은 각각 음(陰) 또는 양(陽)의 속성을 가지고 있으며, 어느 한 가지 사물 의 내부에도 음양 두 가지가 서로 존재하고 대립하면서 조화를 이루고 있다. 즉, 상대성(相對性, Relativity)의 이론이다. 음양의 균형(均衡)과 조화(調和)가 이루어지면 이는 정상 또는 건강한 상태가 되는 것이고, 음양(陰陽) 실조(失調)의 경우는 건강을 잃거나(健康) 비정상이 되는 것이다. 장부(臟腑)에 음양이 있고, 경락에도 음양이 있으며, 병증에도 음양이 있다. 어떤 장부의 음양실조를 알아내는 것이 진단이고, 잃어버린 음양의 조화를 되찾는 것이 곧 치료라고 볼 수 있다.

음양중(陰陽中)의 삼태극설(三太極說)이 있다. 우주의 모든 사물이 음과 양으로 이루어져 있다고 하였는데, 모든 것이 음과 양의 두 가지로 완전히 분리되어 존재한다면, 이 우주는 서로 독선적으로 대립하여 교류(交流)하거나 순환(循環)하지 못하고 다만 정체된 상태일 것이다. 그러나 음과 양의 중간에 어떠한 중간적인 것, 즉 중(中)이 있음으로써 우주의 모든 사물을 세 가지로 구분하여 우주의 변화, 생성, 소멸의 원리를 자연히 터득할 수 있게 되는 것이다.

그러므로 지구와 사회와 인간이 이렇게 오랫동안 존속되어 온 이치는 음양론이 아닌 구원론적인 음양중(陰陽中), 즉 삼태극(三太極) 사상이 근본원리인 셈이다. 달은 음(陰)이고, 태양은 양(陽)이며 지구(地球)는 중(中)이므로 이것들이 합쳐서 태양계(太陽系)가 이루어지는 것이며, 빼기(-)는 음이고 더하기(+)는 양이며 영(0)은 중(中)이 되어 이것들이 수학(數學)의 기본원리가 되는 것이라 할 수 있다

또 물질의 구성요소 중 원자(原子)에 있어서도 전자(電子)는 음이고 양성자(陽性子)는 양이며 중성자(中性子)는 중(中)이므로 이들이 합하여 하나의 원자를 이루는 것이 우주에 존재하는 원력(原力)의 종류로는 음에 속하는 음력(陰力), 양에 속하는 양력(陽力), 중에 속하는 중력(中力)이 있는데, 이와 같이 음력(-)과 양력(+)은 중력(0)에 속하는 힘의 중계(中繼)를 받아 서로 작용함으로써 다섯 가지 종류의 힘이 나타난다. 이것을 오행오운(五行五運)이라 한다.

이 우주의 모든 사물은 음이 있고 그와 상대되는 양이 있으며 이 두 가지가 고정되고 정체되어 있는 것이 아니라 중간자적인 중(中)이 있어 이 우주는 항상 생성(生成)되고 그것이 성장(成長)하면서 변화(變化)하며, 끝내는 소멸(消滅)하는 것이다. 이러한 현상이 계속 반복되는 것이 바로 자연의 원리다.

사상설(四象說)에 대해 알아보자. 사상(四象)이라 함은 오행(五行)의

원리(原理)를 살아 움직이지 않는 땅에 응용할 때 동쪽(東)은 나무(木), 서쪽(西)은 쇠(金), 남쪽(南)은 불(火), 북쪽(北)은 물(水)로 각각 배정하고 중앙은 흙(土)으로 배정하며 變造, 應用하는 것이다.

이렇게 오행의 원리에 의하여 의학(醫學), 체질분류(體質分類), 사주(四柱), 관상(觀相) 등 일상생활에 적용하고 응용하였다. 하지만 살아 움직이지 않는 땅에만 적용되는 원리를 움직이는 우주의 원리로 설명하려면 모순(矛盾)과 문제점(問題點)이 따른다. 이것은 단지 하통지리(下通地理)의 근본원리가 될 뿐이다.

'1'은 점이고, '2'는 선이며, '3'은 평면이고, '4'는 입체다. 입체는 3차원이면서 공간이고 물질이고 형체를 의미한다. 동서남북, 전후좌우, 춘하추동이 다 넷의 리듬을 탄다. 오전, 오후, 밤낮의 주기가 하루를 이루고, 소년기, 청년기, 중년기, 노년기가 사람의 일생을 이룬다.

두 개의 음양이 더 쪼개져 네 개의 음양이 된다. 즉 태양, 소양, 태음, 소음으로 되는데 봄은 소양의 성질을, 여름은 태양의 성질을, 가을은 소음의 성질을, 그리고 겨울은 태음의 성질을 갖게 된다. 사람도 봄의 성질과 비슷한 체질이 있고, 여름, 가을, 겨울의 성질과 같은 체질을 가지게 되는데, 이 체질에 맞게 섭생(攝生)과 치료를 해야 한다. 이것이 소위 사상체질의학(四象體質醫學)이다.

오행학설(五行學說)에 대해 살펴보자. 음양은 자연계의 모든 사물과 현상을 이원론적으로 설명하고 있는데 그것을 더욱 세분화시켜 음양의 질을 다섯 가지 형상 목(木), 화(火), 토(土), 금(金), 수(水)로 나누어 오행론(五行論)이라고 하였다.

오행을 이루는 다섯 가지 요소 사이에는 서로 조장하고 협력하는 상생(相生)의 관계와 서로 억제하고 저지하는 상극(相剋)의 관계가 있으며 변화와 안정의 과정을 설명하는 데 가장 이상적인 것이 오행설이다.

다섯 개의 개체가 서로 항진(亢進)시키고 동시에 억제(抑制)하는 상관관계를 형성할 때 가장 효율적으로 동중정(動中靜)의 안정을 얻을 수 있다. 다시 말해서 5개체의 상관관계는 동중정의 이상적인 모델이다. 우주의 기본적인 다섯 가지 힘-분리하는 힘, 해산하는 힘, 집합하는 힘, 결성하는 힘, 조직하는 힘의 상징이기도 하다.

양자물리학에서 소립자의 발견은 우리 조상들의 우주관을 더 과학적으로 증명해준 것으로 나타난다. 만물이 목화토금수의 5가지 원소로 이루어졌다는 믿음은 현대과학에서 소립자의 발견으로 원자, 전자, 중성자, 양성자의 기본 물질이 표준모델에서는 6종의 소립자와 이들의 반소립자 6종으로 되어 있다는 것이 확인되었고 이들 소립자는 끊임없이 회전하며 진동하는 에너지 장(場)으로서의 성질을 가지고 있다.

이들 소립자는 파동과 에너지로, 다시 말해서 기(氣)로 이루어졌다는 것을 현대과학의 오행설(五行說)은 다섯 개의 개체가 서로 항진(亢進)시키고 동시에 억제(抑制)하는 상관관계를 형성할 때 가장 효율적으로 동중정(動中靜)의 안정을 얻을 수 있다는 것이다.

5개체의 상관관계는 동중정(動中靜)의 이상적인 모델이다. 우주의 기본적인 다섯 가지 힘-분리하는 힘, 해산하는 힘, 집합하는 힘, 결성하는 힘, 조직하는 힘의 상징이기도 하다. 만물이 목화토금수(木火土金水)의 5가지 원소로 이루어졌다는 믿음은 원자, 전자, 중성자, 양성자의 기본 물질이 표준모델에서는 6종의 소립자와 이들의 반소립자 6종으로 되어 있다는 것이 확립되었고 이들 소립자는 끊임없이 회전하며 진동하는 에너지 장으로서의 성질을 가지고 있다는 사실을 알게 해준다.

이들 소립자는 파동과 에너지로, 이는 수천 년 전부터 내려온 동양사상의 기본으로 황제내경에도 기록되어 있는 바로 오운육기에 해당하는 것이며, 우주는 기(氣)로 이루어졌다는 사실을 현대과학의 힘으로 명백하게 증명하고 밝혀준 것뿐이다.

"물질은 그 뒷면에 항상 에너지 장이 존재하며, 에너지 장은 열려있어 우주공간의 에너지와 서로 연결되어 있다. 이를 비국소성 원리(非局所性 原理, Nonlocalty principle)라고 한다."

인간의 마음을 연구한 양자역학(量子力學)에서 의식과 물질의 관계

모든 물체는 파동의 특성을 포함하고 있다는 사실은 만물을 구성하는 기본입자가 존재한다고 간주한 물질론적 세계관에 큰 반향을 일으켰다. 뉴턴이 주장한 주체와 관계없는 절대적 객체란 존재하지 않으며 객체는 주체의 심상에 나타난 존재에 지나지 않는다는 결론을 도출하게 되었다. 그러나 뉴턴 역학에서는 시간과 공간은 상호 연관이 없는 절대공간이었지만 하이젠베르크(W. Heisenberg)의 불확정성 이론이 나오면서 시공간의 절대성이 무너지고 시공간 연속체의 개념이 등장하게 된다.

시간을 알려면 운동량을 알 수 없고 운동량을 정확히 알려면 시간을 제대로 알 수가 없었던 것이다. 또한 소립자가 허공중에서 입자가 생겼다가 사라지는 현상에 대해서 달리 설명할 방도가 없었으므로 현대과학은 방향을 전환해야만 했으며 측정자의 의도에 따라 실험 결과가 달라진다는 사실은 의식과 물질의 관계를 다시 생각하게 하는 계기가 되었으며, 20세기에 들어서서야 서양의 과학자들은 의식과 물질의 관계를 연구하여 인간의 몸과 마음이 서로 영향을 주고받는 분명한 관계에 있음을 비로소 깨닫게 되었다.

사람이 몸과 마음으로 되어 있듯이 우주도 마찬가지로 되어 있을 것이라는 생각이 확산되어 서구의 물질론적 세계관에 새로운 패러다임을 낳았고, 우리가 실체로 여기는 세계도 상대적으로 존재한다는 의미에서 허상에 지나지 않는다는 동양의 전통사상에 대해 서양에서 관심을 갖게 하는 계기를 마련하여 서구의 과학자들은 동양사상에 눈을 돌려 양자물리학과 기(氣) 또는 도(道)의 관계, 음양오행(陰陽五行)과 주역(周易) 등 동양의 정신을 물리학 분야에서 진지하게 연구하게 되었다.

데이비드 봄(David Bohm)의 양자이론이 토대가 된 양자의학은 우주의 허공은 텅 빈 것이 아니라 활성정보 장(Active Information Field)으로 충만해 있다는 것이다. 반야심경(般若心經)의 첫 구절은 공즉시색 색즉시공(空卽是色 色卽是空)이라고 하여 우주가 색(色, Color, Chroma)이라고 하였는데, 양자물리학 양자역학은 색체파동과 밀접하게 관련된다.

또한 우주의 에너지 장은 하나로 연결되어 있어 물질이 있으면 항상 에너지 장이 존재하며 에너지 장은 열려 있어 우주공간의 에너지와 연결되어 있다.

데이비드 봄(David Bohm)의 양자이론은 우주의 허공은 텅 빈 것이 아니라 활성정보 장(Active Information Field)으로 충만해 있다는 것이다. 아인슈타인은 우주를 채우고 있는 것을 확실하게 규명하지는 못하였지만, 이를 '에테르'라 하고 이것은 색채일 것이라고 생각하였다. 반야심경에 이미 공즉시색 색즉시공이라고 하여 우주가 바로 색(色)이라고 하였다.

색채는 파동이며 이와 관련하여 데이비드 봄(David Bohm)의 양자이론은 전자의 입자와 파동의 이중성에 대한 것으로 입자와 파동은 동전의 앞뒤와 같으며 존재하는 모든 물질은 이와 같은 구조로 되어 있다고 한다. 또한 에너지 장은 하나로 연결되어 있어 물질이 있으면 항상 에너지 장이 존재하며 에너지 장은 열려 있어 우주공간의 에너지와 상호 연결되어 있다.

양자는 눈으로 볼 수도, 만질 수도 없는 미립자의 세계다. 인체는 크게 장기와 조직기관으로 이루어지며 이를 다시 나누면 세포 = 분자 = 원자 = 전자 = 양성자 = 미립자의 단계로 나타나며 미립자(소립자)가 바로 원자의 핵인 양자이다. 그 중에서 전자는 항상 원자의 핵 주위를 돌면서 자기장을 발생시키는데 이것이 힘의 세계, 즉 에너지이면서 파동이다. 파동이란 에너지의 최소단위이면서 원자 레벨 이하의 고유 에너지 모양이라고 할 수 있다.

몸과 마음과 '에너지 장'으로서의 기학(氣學)

코엑스 공개 강연회 내용을 정리해 봤다. (좌장 宋烈鎬, 2011. 08. 08. 12:34 http://cafe.daum.net/hsfrs/OL9R/7)

인간을 구성하고 있는 것은 세포이며, 이 세포는 다시 원자로, 그것을 다시 나눈다면 기(氣)로 설명할 수 있다. 물질이란 하나의 덩어리로 구성된 것이 없으며 덩어리로 구성되기 전 상태를 보면 아주 작은 입자로 되어 있다. 이 입자가 기(氣)인 바, 이 기란 워낙 작아서 잘 보이지 않으므로 있는지 없는지 잘 모를 수 있으나 그 실체를 확인하는 방법이 너무도 간단한 것은 기로 구성된 물질이 있다는 사실이 바로 기가 있음을 증명해주기 때문이다.

현대과학에서는 물질을 분해하여 물질의 본질이 무엇인가를 밝히는 과정에서 전자(電子)의 정체는 입자의 성질과 파동의 성질을 가진다는 사실을 발견하게 된다. 다시 말하면 물질을 분석하고 분석해서 마지막까지 분석하여 관찰해 보니까 전자가 입자로 보일 때도 있고 파동으로 보일 때도 있더라는 것이다. 입자와 파동의 성질이 비슷한 것이라면 문제가 되지 않겠으나 입자와 파동은 하늘과 땅 만큼이나 서로 다르기 때문에 과학자들은 전자의 입자와 파동의 이중성을 설명하기 위하여 많은 연구를 하게 되는데 이렇게 해서 태어난 학문이 바로 '양자물리학'이라는 것이다.

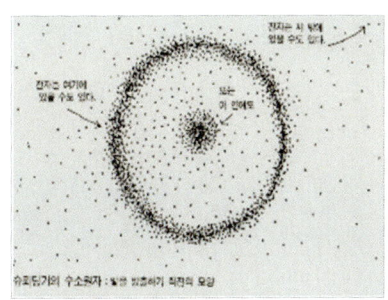
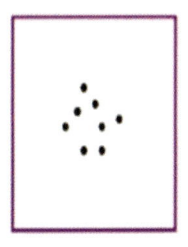

양자 물리학은 이미 1900년대에 출현하기 시작하여 1930년대까지 기초 개념이 정립된 물리학인데 이제는 많은 이론들이 정립되어 미국 등에서는 '양자의학' 또는 '심신의학' 등으로 발전하여 의학적으로 임상에 응용되고 있는 실정이다.

양자 물리학에서 처음 과학자들이 직면한 전자의 입자와 파동의 이중성 문제는 기존의 뉴턴 물리학에서는 도저히 있을 수 없는 현상이었기 때문에 이를 입증한다는 것은 도저히 불가능한 일이었는지도 모른다. 입자라는 것은 보이는 세계이지만 파동이라는 것은 안 보이는 것인데 이 안 보이는 세계를 과학이라고 말할 수 없기 때문에 기존의 뉴턴 물리학이 인정하지 않았던 비(非)물질계에 대한 새로운 학설의 설정이 필요했던 것이다.

결국 과학자들은 전자(電子)를 관찰하는 순간에 전자는 입자로 관찰되기도 하고 파동으로 관찰되기도 한다는 것을 입증하기 위해서 과학의 관찰이 어떤 작용을 하여 입자 또는 파동을 결정한다고 생각하기에 이른다. 이것을 '관측의 문제'라고 부른다.

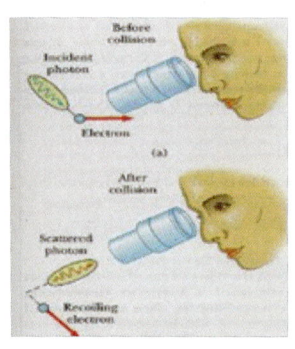

'관측의 문제'에 대한 많은 물리학자들의 해석은 관찰하는 순간 과학자의 '의식'이 마치 에너지처럼 전파되어 '전자'에 가서 작용함으로써 입자 또는 파동을 만드는 것으로 생각한다. 즉 전자에 관측자의 의식이 더해지면 입자가 되기도 하고 파동이 되기도 한다는 것이다.

결국 미국 프린스턴대학의 공대 교수 로버트 쟌(Robert GJahn)과 심리학 교수 브랜다 듄(Brenda Dunne) 등은 '전자난수(電子亂數) 발생기(RNG)'라는 것을 사용하여 사람의 마음이 전자에 미치는 영향을 대대적으로 연구한 결과 '관측의 문제'에서 시작하여 "마음은 에너지다."라는 결론을 내리게 된다.

이를 다시 정리해보면 양자 물리학에서는 물질을 분석하고 분석하여 들어가 보면 물질적인 입자와 비물질적인 파동, 즉 기(氣)라는 것으로 존재한다는 것이다. 또는 여기서 물질계와 비(非)물질계를 넘나들게 하는 것은 마음이라는 에너지가 있다는 것이다. 이것은 흔히 추상적인 것처럼 여겨왔던 물질과 기와 의식이라는 상관관계가 모든 물질의 본질이 되는 것이고, 더 나아가 삼라만상을 형성시키는 근본적인 요소가 된다는 것이다. 이는 바로 동양의학에서 말하는 우주 내외를 막론하고 천지만물의 형성과정에서 발생의 단계인 태극(太極)이라는 양의 개념과 일맥상통한다.

기(氣)라는 것은 우주를 구성하는 근본 물질이며, 무엇으로도 변화가 가능하다. 우주 내외를 막론한 무형의 능력을 '기'라고 하는 것이다. 기가 응집될 때는 물질이 나타나고 흩어져 있을 때는 물체화(物體化)되지 않은 상태, 눈에 보이지 않는 상태로 나타나게 된다. 즉, 우주를 움직이는 기본 단위가 기(氣)로서 기가 응집되면 사람도 되고 동식물도 되는 것이다. 물질이란 기가 형상화된 것으로서 기운으로 구성되었으되 기운 그 자체는 아니며, 이미 변형된 것이다.

이러한 기운은 여러 가지 기준에 따라 분류할 수 있으나 기운의 속성을 기준으로 천기, 지기, 인기로 나누고, 몸의 안팎을 기준으로 내기와 외기로 나누며, 청탁을 기준으로 정기와 탁기로 나눌 수가 있는 것이다. 기와 물질은 동전의 양면같이 서로 판이한 것이면서도 밀접한 관련을 맺고 있는 셈이다.

양자 물리학은 이후 '하이젠베르크', '닐스보어', '슈뢰딩거' 등 많은 과학자들이 참여하여 중요한 몇 가지 이론을 정립시킨다. 그 첫 번째 이론이 '닐스보어'의 '상보성 원리'다. 모든 물질은 동전의 앞면과 뒷면과 같은 이중구조로 되어 있다는 것인데 이때 동전의 뒷면은 눈에 보이지 않는 에너지 장의 구조로 되어 있다는 것이다. 즉 동전의 앞면은 눈에 보이는 구조라면 동전의 뒷면은 눈에 보이지 않는 에너지 장

(場)이 있다는 것이다

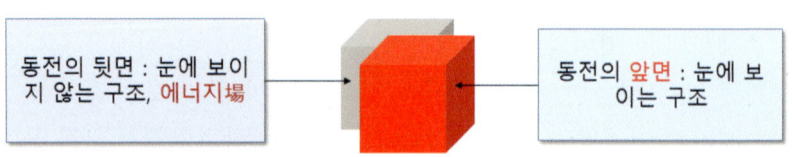

이것은 동양의학에서 말하는 기(氣)와 혈(血)의 관계를 과학적으로 입증한 것이라 할 수 있다. 모든 혈(유형, 가시, 현상)은 그 내면에 기를 간직하고 있으며, 그 현상과 표현인 혈은 그 내면의 기에 의한 것이라는 의미다. 그러므로 보이지 않는 기의 외적 표현인 혈(血)을 보고 역으로 기(氣)를 파악하는 상수학(象數學)이라는 것이 발생한다.

또 하나 주목해야 할 개념은 '비국소성 원리'라는 것이다. 물질 A, B, C 등은 분리되어 있으나 그들의 에너지 장(場)은 하나로 연결되어 있다고 생각하며 하나로 연결된 에너지 장을 '에너지 체(Energy body)'라고 부른다. 이러한 '비국소성 원리'와 더불어 이미 언급한 "마음은 에너지다."라는 견해는 그대로 우리 인체에도 적용이 된다. 이를 '심리의학' 이라고 하는데 인체는 '몸과 마음과 에너지 장'으로 구성되어 있다고 하는 것이다.

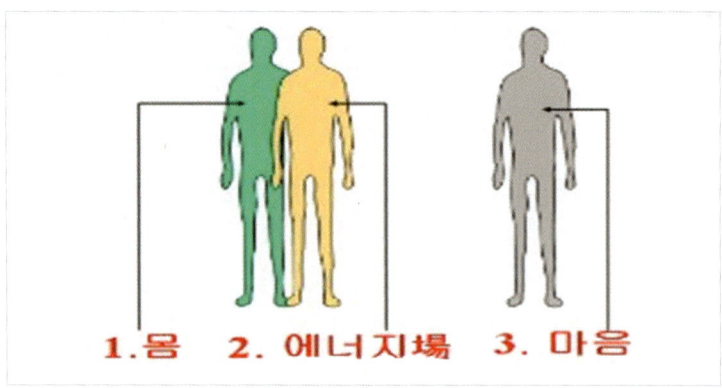

여기서 주목할 만한 것은 '마음'을 입자와 파동으로 구성된 미세한 에너지로 본다는 것이다. 따라서 마음은 파동이 되면 몸 밖으로 전파할 수 있으며 마음이 몸 밖으로 전파할 수 있다는 말은 마음이 뇌에 있는 것이 아니라 뇌나 몸과는 별개로 존재하는 독립된 실체라는 견해다. 기(氣)는 물질계와 정신계의 중간단계에 존재하며 자체에 조물주의 의사가 내재되어 있는 바, 특히 천기는 자신을 알아보는 사람에게 내리는 것이니 수련의 열정을 가진 사람에게 더 많이 내려질 것이다.

양자 물리학의 주요 개념

1900년대로 접어들면서 과학자들은 물질을 분석하고 분석하면 분자가 되고 분자를 분석하면 원자가 되며 원자를 분석하면 원자핵과 전자가 된다는 사실을 발견하였다. 전자의 정체를 밝히는 과정에서 전자가 입자의 성질과 파동의 성질을 동시에 가진다는 사실도 알게 되었다. 입자와 파동의 성질이 비슷하다면 문제가 되지 않겠으나 입자와 파동은 하늘과 땅 만큼이나 서로 성질이 다르다는 게 문제였다.

과학자들은 전자의 입자와 파동의 이중성을 설명하기 위하여 많은 연구를 했는데 이렇게 해서 태어난 학문이 바로 양자 물리학이다. 양자 물리학을 창안한 초기 멤버였던 닐스보어는 입자와 파동의 이중성을 '상보성 원리'로 설명하였다. 양자 물리학의 주요 개념인 '상보성 원리'란 동전의 앞면과 뒷면 같은 관계를 말한다. 그래서 동전의 앞면에 입자가 있고 그 뒷면에 파동이 존재한다고 하였다.

양자 물리학의 주요 개념으로 비국소성 원리(non-locality principle)가 있다. 이는 하나의 전자는 다른 전자와 떨어져 있으나 전자의 뒷면에 해당하는 파동들은 하나로 연결되어 '하나의 에너지 장(場)"을 형성한다는 개념이다. 이 비국소성(non-locality) 원리는 1982년 알렌 아스펙트(Alain Aspect)와 그의 동료에 의해 파리에서 행한 실험에서 증명된 바 있다. 즉 쌍둥이 광자가 우주 끝에서 다른 끝까지 하나로 연결되어 있음이 증명되었다. 양자 물리학에서는 '비국소성'의 의미에 대해 공간적으로 하나로 연결되어 있다고 생각할 뿐만 아니라 시간적으로도 하나의 장으로 연결되어 있다고 생각한다. 따라서 과거, 현재, 미래가 하나의 장(場)으로 연결되어 있다.

양자 물리학의 주요 개념의 하나로 우주의 허공은 충만해 있다는 개념이 있다. 뉴턴 물리학에서는 우주의 허공은 텅 비어 있다고 생각했는데, 양자 물리학에서는 우주의 허공은 비어 있기는커녕 '영점장(zero-point energy)'으로 꽉 차 있다고 생각한다.

양자 물리학의 주요 개념으로 '자기 조직하는 원리(self-organization principle)'가 있다. 이는 한 시스템에서 '입자 상태'에서는 입자들이 무질서한 개인행동을 취하지만 '파동의 상태'에서는 개인행동을 취하지 않고 전체의 질서를 따른다는 개념이다.

양자 물리학의 주요 개념으로 '마음 에너지(mind energy)'라는 개념이 있다. 양자 물리학에서는 과학자가 전자를 관찰하기 전에는 입자인지 파동인지 알 수 없다. 그러나 과학자가 전자를 관찰하는 순간에 전자는 입자로 관찰되기도 하고 파동으로 관찰되기도 한다고 하였다. 그래서 과학자의 관찰이 어떤 작용을 하여 관찰 결과 입자 또는 파동을 결정한다고 생각하였다. 이것을 '관찰자 효과'라고 불렀다.

관찰자 효과에 대한 많은 물리학자들의 해석은 관찰하는 순간 과학자의 '마음'이 마치 에너지처럼 전파되어 전자에 가서 작용함으로써 입자 또는 파동을 만드는 것으로 생각하였다. 여기서 '마음 에너지'라는 개념이 등장하였다.

아인슈타인이 틀렸다-'양자 얽힘' 실험으로 증명

(네이처紙/ 서울신문|입력2015.10.22. 13:46(서울신문 나우 뉴스)

거의 1세기 동안 과학자들은 고전 물리학의 법칙을 깨뜨리는 것으로 보는 '양자 얽힘'에 대해 치열한 논쟁을 계속해왔다. 원자를 구성하는 한 쌍의 소립자들이 시간과 공간을 초월하는 존재처럼 보이는 양자적 현상에 관한 것이었다. 짝을 이룬 두 입자들은 아무리 서로 떨어져 있다 하더라도 어느 한 쪽이 변동하면 그에 따라 즉각 다른 한 쪽이 반응을 보인다는 불가사의한 특성을 가지는데 양자 이론에서는 이 두 입자가 서로 얽혀 있다고 하며 이를 일컬어 '양자 얽힘'이라고 한다.

실험에서는 쌍을 이룬 전자들을 이용했는데, 이들 전자쌍들은 모두 측정하는 데 있어 서로 소통할 수 있는 어떤 허점도 완벽히 봉쇄되었다. 또한 두 탐지기 사이의 1.3km란 거리는 한 전자를 측정하여 상태를 확정하는 사이에 빛이라도 주파할 수 없는 먼 거리로 국지적인 허점을 제거한 것이다.

하지만 아인슈타인은 우주에서 빛보다 빠른 것은 없다고 주장하면서 그와 같은 현상을 '유령 같은 원격작용'이라면서 결코 받아들이지 않았다. 아인슈타인은 그 같은 현상에는 우리가 아직 모르고 있는 '숨

겨진 변수'가 있으며, 그것을 알게 되면 유령 같은 원격작용의 의문이 풀릴 것이라고 보았다. 이것이 지난 1세기 간 양자론자들과 아인슈타인이 치열하게 대결해온 논점이다. 그런데 아인슈타인의 바람과는 반대로 이 같은 양자 현상은 사실임이 기념비적인 놀라운 실험 결과로 확고하게 입증되었다고 영국의 일간지 데일리메일에 보도되었다.

두 개의 전자가 얽혔을 때, 두 전자가 어느 것이든 업 스핀이 될 수도 있고 다운 스핀이 될 수도 있지만, 한 전자가 업 스핀일 경우, 다른 전자는 반드시 다운 스핀이 된다. 그 같은 반응은 동시에 나타난다. 걸리는 시간이 제로라는 뜻이다.

1964년, 영국 물리학자 존 벨은 유령 같은 원격작용을 해명할 수 있는 '숨겨진 변수'를 제거하기 위해 한 실험을 고안해냈다. 이 실험으로 아인슈타인이 말하는 숨은 변수는 없다는 것이 증명되었는데, 이를 벨의 부등식이라 한다. 하지만 이 벨의 부등식이 양자 얽힘을 완전히 설명하지 못한다는 비판을 받았다.

이번 '네이처'지에 발표된 논문에 따르면, 실험을 이끈 연구자들은 양자 얽힘 실험에서 중요한 두 개의 허점을 보완했다고 밝혔다. 독일 연구진은 작은 다이아몬드에 갇힌 '얽힌' 전자들을 델프트 대학 캠퍼스 양쪽 1.3km 떨어진 곳에다 두고 실험을 했다. 두 전자들이 서로 소통할 수 없게끔 두 장소 사이의 통신수단은 완벽하게 차단되었다. 소립자는 양자적인 속성의 하나로 스핀이라는 회전 운동량을 갖고 있다. 한 쌍의 소립자는 각 다운 스핀과 업 스핀으로 되어 있는데, 관측되기 전까지는 한 입자가 어떤 스핀을 갖고 있는지 알 방도가 없다. 이를 양자론에서는 두 상태가 '중첩'되어 있다고 본다. 일단 측정으로 한 입자의 상태가 확정되면 다른 입자는 동시에 그 반대되는 상태로 확정된다. 두 입자의 거리가 수 광년 떨어져 있다 하더라도 결과는 달라지지 않는다.

양자론자들은 측정이 없다면 실제도 없다고 말한다. 이 같은 양자

론자의 주장에 아인슈타인은 "내가 달을 보지 않는다면 달이 거기 없다는 것인가?" 하고 푸념도 했다. 논문 대표저자인 로널드 핸슨 교수는 "두 개의 전자가 얽혔음을 보여주는 현상은 참으로 흥미롭다."고 말하면서 "두 전자가 어느 것이든 업 스핀이 될 수도 있고 다운 스핀이 될 수도 있지만, 한 전자가 업 스핀일 경우, 다른 전자는 반드시 다운 스핀이 된다."고 밝혔다.

"우리가 측정할 때 그들은 완벽한 상관관계임을 보여준다. 한 쪽이 업 스핀이면 다른 한 쪽은 반드시 다운 스핀이 된다. 그 같은 반응은 동시에 나타난다. 걸리는 시간이 제로라는 뜻이다. 두 입자가 은하의 반대쪽에 있더라도 마찬가지다."

이번 실험에서는 쌍을 이룬 전자들을 이용했는데, 이들 전자쌍들은 모두 측정하는 데 있어 서로 소통할 수 있는 어떤 허점도 완벽히 봉쇄되었다. 또한 두 탐지기 사이의 1.3km란 거리는 한 전자를 측정하여 상태를 확정하는 사이에 빛이라도 주파할 수 없는 먼 거리로 국지적인 허점을 제거한 것이다. 이 반 직관적인 양자 얽힘 현상은 기왕의 철학에 심오한 질문을 던진다. 이 같은 현상이 알려주는 바는 우주가 국지적이 아니라, 비국지적이라는 사실이다. 공간이란 사물이 따로 존재한다는 것처럼 보여주는 관념일 뿐, 실은 하나로 연결된 것이라는 얘기다. 이것이 빅뱅에서 출발한 우주의 속성이라는 것이다.

어쨌든 인간이 빛과 물질을 가장 극미한 상태에까지 다룰 수 있는 능력을 보여 주었다는 평가를 받는 이번 실험에 대해 버밍엄 대학의 카이 봉스 교수는 "양자 역학이 고전 역학과 얼마나 다른지, 또 양자 역학으로 인류가 앞으로 전례 없는 발전을 이룰 가능성을 보여준 실험이다."라고 평가했다. 이번 실험은 실용적인 측면에서 양자 얽힘을 이용한 통신의 암호화에 한 발 다가간 것으로 과학자들은 보고 있다.

[이광식 통신원 joand999@naver.com]

양자 이론의 활용

모든 물질은 양자 얽힘으로 인하여 입자가 되기도 하고 파장이 되기도 하며 마음이라는 것을 입자와 파동으로 구성된 미세한 에너지로 보기 때문에 마음은 파동이 되고 몸 밖으로 전파할 수 있다. 마음을 몸 밖으로 전파할 수 있다는 것은 마음이 뇌에 있는 것이 아니라 뇌나 몸과는 별개로 존재하는 독립된 실체라는 견해를 근거로 엘로드를 사용하여 마음의 주파수를 맞추어 수맥과 전자파와 지자기파를 감지하며 생기(生氣), 오기(汚氣)를 구별하기도 한다. 사람을 보고 수맥파 위에서 생활하는지 확인할 수 있고, 종이 위에 집 구조를 그리게 하여 수맥을 찾기도 하며, 지도를 보고 명당을 확인하기도 한다. 필자는 지도에서 감지된 명당의 번지를 찍어서 현장으로 찾아가면 정확하게 명당이 있음을 확인할 수 있었다.

로널드 핸슨 교수는 논문에서 "두 개의 전자가 얽혔을 때 보여주는 현상은 참으로 흥미롭다."고 말하면서 "두 전자가 어느 것이든 업 스핀이 될 수도 있고 다운 스핀이 될 수도 있지만 한 전자가 업 스핀일 경우 다른 전자는 반드시 다운 스핀이 된다."고 밝혔다.

"우리가 측정할 때 그들은 완벽한 상관관계임을 보여준다. 한 쪽이 업 스핀이면 다른 한 쪽은 반드시 다운 스핀이 되고, 그 같은 반응은 동시에 나타난다. 걸리는 시간이 제로라는 뜻이다. 두 입자가 은하의 반대쪽에 있더라도 마찬가지다."

이것은 풍수 책에 흔히 인용하는 내용으로, "서쪽 동광이 무너졌는데 동쪽에 있는 종이 울렸다."는 것을 입증하는 셈이 된다. 이 내용은 풍수지리에서 '동기감응'을 강조하는 과정에서 늘 인용되는 내용이다.

양자 에너지가 풍수지리에 미치는 영향

　사람들은 누구나 보다 건강하게 행복한 삶을 살고자 한다. 그런데 같은 시대에 살면서 누구는 건강하게 잘 살고 누구는 불행하게 살기도 한다. 사람들은 환경을 변화시키기도 하고 조상의 무덤을 명당에 조성하여 음덕을 보고자 노력하기도 한다.
　현대는 도시화되어 마음대로 집 구조며 방향을 변경하기도 어렵다. 조상을 모시는 것도 자기 땅이 없으면 마음대로 장사를 지내지도 못하는 것이 현실이다. 산이 있는 사람도 무덤들이 고총이 되어 수풀 속에 있는 것을 보고 선대 모시기를 꺼리게 된다.
　대한민국은 명당(明堂)의 보고이며 축복받은 나라라고 생각한다. 전국 어디로 가든지 지역마다 명당이 골고루 분포되어 있다. 다만 사람들이 몰라서 찾지 못할 뿐이다. 풍수지리에서는 천기누설이라는 구절이 있다. 필자도 동감한다. 아무에게나 천하대지를 공개해서도 안 된다고 본다. 만약 필자가 이 책에서 명당의 지번을 공개하면 그 지역은 벌집이 될 것으로 본다. 천하 대혈(大穴)은 자연이 교묘하게 감추고 있는데 구전으로 내려오는 지역에는 많은 묘들이 있으나 명당을 옆에 두고도 많은 무덤들은 모두 묵묘들이다. 차라리 명당 아닌 양명한 곳에 매장을 했더라면 보백 유지는 될 것이다.
　풍수 책에는 혈의 4요소라고 하여 입수도두, 선익, 전순, 당판(혈장)으로 표기되어 있다. 당판은 혈이 맺혀 시신을 눕힐 곳이며, 입수도두는 맥이 혈장 내로 입수되기 전에 기운이 응집된 곳으로 불룩하고, 전순은 혈처 앞에서 맥이 밀리지 않도록 받쳐주는 역할을 하는 곳으로 두툼하며, 선익은 혈장 좌우에서 매미 날개처럼 혈처를 감싸는 부분이라고 설명하고 있다.
　풍수 책에는 반드시 기록되어 있는 대목이지만 이것을 현장에서 육안으로 모두 확인되는 곳은 거의 없다고 본다. 사람들은 이러한 구색을 갖춘 곳을 찾다보니 명당을 찾지 못하는 것이고 자연은 사람들의 심리를 읽기라도 한 것처럼 지형을 변형시키기도 하여 감추고 있다. 책에는 당판이 기운 곳은 자리가 아니라고 기록되어 있다. 옛 선인들이 명당을 보호하고자 그렇게 표현한 것으로 본다.

이런 내용들은 지하에서 기(氣)로 이루어져 있음을 양자 이론으로 설명할 수 있다. 풍수 책에는 형기적으로 혈처를 4가지로 대별하고 있다.

여자의 젖가슴처럼 불룩한 곳을 유혈(乳穴)이라 하고, 산꼭대기의 불룩한 곳에 있는 자리를 돌혈(突穴)이라 하며, 오목한 곳에 있는 혈처를 와혈(窩穴)이라 하고, 양쪽 가랑이처럼 생긴 사이에 있는 자리를 겸혈(鉗穴)이라고 풍수 책에 쓰여 있다. 어느 곳이든지 불룩한 입수도두와 선익은 보기 어렵고 혈장도 육안으로는 구별하기 어렵다. 이런 것은 땅 속에서 기운이 이루어져 있으니 사람들은 자연이 감춘 명혈을 찾지 못하는 것이다.

옛 선인들이 양자 이론을 모른 채 기감으로 혈처를 찾아서 한문으로 기록한 것을 후세인이 풀이를 하면서 마치 지형이 그렇게 생긴 것으로 표현한 것이라고 본다. 맥이 발원처에서 발원하여 진행하는데 산 능선을 타고 산이 생긴 대로 흐른다. 맥은 능선에서도 능선 중간으로 똑바로 흐르는 것이 아니라 좌우로 요동치면서 흐른다.

이것을 책에서는 위이(逶迤)라고 표현했다. 사람들은 땅 속을 보지 못하니 산 능선이 구불대는 모습을 생각한다. 맥이 혈처로 들어가기 전에 입수도두에서 둥글게 뭉친 후 과협을 이루고 혈처에 이르러서는 둥글게 뭉친다. 이것을 보고 책에서는 혈처 뒤에서 능선이 잘록하게 된 곳을 속기처로 표현했다. 잘록한 곳이 없이 직선으로 내려와 직선 끝에서 맺힌 곳에 묵묘들이 있는 것을 보고 사람들은 사룡(死龍)이라고 생각하여 관심이 없다.

직선의 능선에서도 맥은 좌우로 몸을 흔들면서 내려와 능선 끝에서 둥근 형태를 이루고 자리를 잡는다. 이런 곳에는 육안으로는 입수도

두, 선익, 당판과 뚜렷한 전순을 볼 수 없다. 명혈 주위에는 무덤들이 간혹 있지만 모두 혈처를 피해서 조장되어 묵묘로 방치되어 있다. 필자가 수년간 전국을 답산하면서 명혈이 정확하게 사용된 곳은 보지 못했다. 간혹 와처에서 뒤가 불룩하게 맥이 내려오는 모양을 보이는 곳도 있는데 혈처에 이르러서는 사선(斜線)으로 입수되는데 이것을 모르고 책에 쓰인 대로 불룩한 입수도두만 생각하여 불룩한 아래에 조장을 했으니 당연히 묵묘가 될 수밖에 없었다. 명혈을 지키려는 자연의 순리에 감탄할 수밖에 없다.

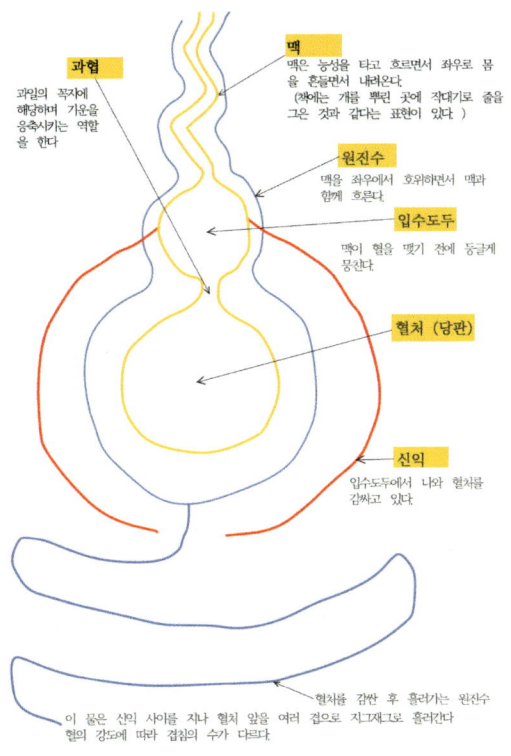

<혈처의 구성 원리>

양자 에너지   37

지자기(地磁氣)와 자력(磁力)

지자기(地磁氣)란 무엇인가?

지자기는 지구 중심에 약 8022 J/T의 자기(磁氣) 쌍극자가 있을 때 생기는 자기장에 해당한다. 자침이 남북을 가리키는 것은 지구가 하나의 거대한 자석이기 때문이다. 그러므로 지구의 내부와 주위에는 자력선이 통하고 있으며 그곳에는 자기장이 존재한다.

이 지자기(地磁氣)의 원인은 아직 분명하게 밝혀지지는 않았지만, 학설에 따르면 지구 외핵의 전도성 유체의 흐름 때문이라고 한다. 지자기는 시간과 장소에 따라 변화하지만 한반도 주변에서는 대체로 50 μT(500mG) 정도다. 인간은 수십 만 년 전부터 지자기의 영향을 받으며 적응해 왔기 때문에 별 문제가 없다.

지자기(地磁氣)의 영향

인간의 고민은 끝이 없지만, 건강에 대한 고민이 가장 괴로운 것이 아닐까 싶다. 어떤 문제나 난관이라도 건강하기만 하다면 해결할 수 있지만 자기 몸을 제대로 움직일 수 없다면 어떻게 해볼 도리가 없다. 주위에는 그런 일로 고민하는 사람이 많을 것이다.

예를 들면 내장 질환이 있어 검사를 해보지만 아무리 해도 이상이 발견되지 않았다. 병원 검사에서는 아무 이상도 찾아낼 수 없는데, 몸 여기저기 장애와 불편을 느낀다. 이럴 때 자율신경(自律神經) 실조증(失調症)이라는 진단을 받게 될 것이다. 그렇다면 자율신경 실조증에는 어떤 증상이 있을까.

몸 전체로는 쉬 피로하거나 나른하고, 몸이 차갑거나 불면증이 겹치게 된다. 순환기계로는 두근거림, 부정맥, 기립성 저혈압 등이 있고, 호흡기계로는 기침, 숨참, 한숨, 하품, 목의 불쾌감 등이 따르게 된다. 또 소화기계에서는 식욕 부진, 구역질, 위의 불쾌감, 트림, 변비, 설사 등의 증상이 있다. 근육에서는 뒷머리 근육통, 어깨 결림, 요통 등이 나타난다. 또 땀이 자주난다, 손발이 차다, 얼굴이 달아오른다, 성욕이 떨어진다는 등의 증세를 호소하기도 한다. 특히 쉬 피로하거나 나른하고, 집중력의 저하를 호소하는 사람이 많은 것 같다.

그리고 증상에도 기복이 있어 나쁜 상태는 여름철에 많다. 그리고 오전에는 증상이 무겁다가 오후에는 비교적 가벼워지는 경우가 많다. 이러한 상태를 두고 지자기(地磁氣)의 영향을 강하게 받는 것이 아닐까 하는 지적도 있다. 자율신경계는 복잡한 메커니즘을 갖고 있어서 간단하게 약을 처방하지도 못한다. 병원 치료에서도 이렇다 할 방법이 없으므로 잘 낫지 않는다. 생체에 대한 지자기(地磁氣)의 작용은 아직 제대로 해명되어 있지 않지만, 효과가 있다고 보고하는 사례는 수없이 많다.

슈만공진

슈만공진은 전난층(電離層)의 중간을 공진(共振)하는 저주파(低周波)로 알려져 있다. 미국의 저술가 그렉 브래던(Gregg Braden) 씨는 베스트셀러가 된 일련의 『제로 포인트 시리즈』의 저자다. 지금도 여러 저술을 진행 중인 그는 원래 지질학자인데, 우주항공분야가 전문인 마틴 마리에따 사(社)와 후리프 페토리암 사(社), 게다가 시스코 시스템즈 사(社) 등에서도 엔지니어로 일했다. 그는 저서에서 "슈만공진에 이변이 보인다."고 전미(全美)의 많은 학자들에게 알리고 보고하여 물의를 일으키고 있다.

'슈만공진(Resonance Schumann)'이라는 말을 아는 사람은 공포감에 대단히 움츠려 든다. 1952년 일리노이 대학의 슈만 교수에 의해 초저주파의 전자파가 지구 전체와 공진하고 있다는 사실이 발견되어 '슈만공진(共振)'이라고 불리며, '슈만공명(共鳴)이라고도 한다.

그럼 여기서 '슈만공진'의 원리를 살펴보자. '슈만공진'은 벼락(雷)에 의해 발생한다. 지상으로부터 수백 킬로미터 높이에 전낭층(電離層)이 있다. 전난층이란 지구의 대기 상층부의 공기분자가 많고 전기가 어지러운 영역이다. 그 범위는 고도 70km부터 시작되며 400~500킬로 이상에 해당한다. 이 고도에는 공기가 극히 희박해서 진공관의 내부와 다르지 않다. 아래부터 태양에서 방사되는 자외선 등에 의해 공기분자가 일단 이온화되면 이온 간의 충돌이 좀처럼 일어나지 않으며, 이온화되어 가는 것이 많다.

전난층은 세 가지의 주된 층으로 나누어져 있다. 아래쪽이 D층이라고 불리며 이온화가 아주 약하고, 고도 약 60~90킬로에서 낮에만 발생한다. 고도 약 90~130킬로의 영역은 E층이라고 불리며 단파(短波) 등 저주파의 전자파를 반사(反射)한다. 게다가 고도 약 130킬로부터 시작하는 F1층도 약 300킬로부터 시작되는 F2층으로 나누어진다. F층의 위치는 매일 변화하기 때문에 그것에 따라서 전파의 반사 상황이 변한다. 결국 전난층과 지상의 사이에 거대한 전기적 공진작용이 일어나는 공간이 존재하고 있다. 이를테면 지표(地表)와 상공(上空)의 사이에 지구 규모의 콘덴서가 형성되어 있는 것이다. 그리고 전난층(電離層)의 중간에도 최하층인 D층과 대지의 사이에는 초(超)저주파를 반사하는 '슈만공진'이 일어나고 있다

'슈만공진'은 어떻게 발생할까? 지구상에는 1초간에 전체 200회 정도의 벼락이 발생하고 있다고 한다. 벼락은 지표와 상공의 사이를 이어 거대한 전류원(電流源)이 된다. 그리고 대기는 절연체의 역할을 맡는다. 벼락에 의해 전난층에 전파가 발생한다면 전파는 전난층의 공간을 공진 상태로 만들기 때문에 전향하는 것이다. 게다가 지구를 둘

러싸고 있는 공진파는 태양풍과 달의 인력 등 다른 천체로부터의 에너지-파동에도 연동해서 변화를 보인다. 특히 태양의 자기풍(磁氣風)과 델린저 현상의 영향을 강하게 받아서 계절 변동도 있다고 한다. D층에 발생하는 공진 파동대는 얼마간 7.8헤르츠로부터 31.7헤르츠의 초저주파대에 집중되어 있다.

'슈만공진'은 지구의 주위를 전파가 돌아서 되돌아오며, 벼락에 의해 발생된 전파가 지구를 일주하는 것에 의해 공진하는 동조주파수라는 것을 지적하고 있다. 7.8헤르츠 주변의 주파수는 약 4만 킬로미터 파장을 가지고 있으며, 그것이 조금 지구를 일주하는 거리와 맞아떨어진다. 또 전난층에는 55킬로미터 정도의 구멍이 열려 있어, 공진한 파동이 그곳으로부터 지상으로 전향하고 있는 것이다.

슈만공진은 '지구(地球)의 기초 주파수(周波數)'인 셈이다. 인류는 탄생의 순간부터 지구자장, 태양, 달 등의 영향 아래 있다. 그래서 지구에는 북극과 남극 사이에 장대한 지자기(地磁氣)의 자력선이 달리고 있으며, 거대한 자석 자체의 양상을 띠고 있다. 이 자기권(반 알랜대)에 의해 강력하게 소용돌이치는 자력선(磁力線)으로 유해한 태양풍(太陽風, 하전 입자, 플라즈마)이 차단되어 지구의 생명이 지켜지고 있다. 반대로 그 자기권이 없다고 하면, 지구상의 생물은 우주로부터의 유해한 방사선(放射線)에 노출되어 생존 자체가 불가능하다.

그래서 슈만공진은 그와 같은 다른 천체로부터의 에너지 활동과 지상으로부터의 자기(磁氣)가 공명(共鳴)해서 발생한다고 알려져 있다. 그것으로부터 슈만공진은 지구 자체가 발(發)하는 파동이며, '지구의 기초주파수'라고도 불릴 수 있는 것이다. 이 파동은 태고부터 존재하며 지구의 생명에 막대한 영향을 미친다고 알려져 있다. 게다가 그 슈만공진은 생물의 생명활동에 매우 밀접하게 관련되어 있다는 사실이 각 분야의 연구로 알려지게 되었다.

캐나다 토론토대학의 주파수학(周波數學, Frequency Medicine)의 권위

자로 알려져 있는 존 스튜어트 교수는 슈만공진이 인체에 미치는 영향에 관해서 자세히 설명한다. 오랫동안 연구를 계속한 스튜어트 박사는 인체와 슈만공진의 관계에 대해서 다음과 같이 해설한다.

"7.8헤르츠의 슈만공진이라고 하는 파동은 지구의 태고 때부터 존재하며 지구의 생명에 다대한 영향을 미칠 수 있다. 전난층에 있어서의 강한 공진 파동대는 몇 개가 있으며 7.8헤르츠로부터 31.7헤르츠의 초주파대에 집중해 있다."

지구의 생명에 있어서 슈만공진은 필요불가결한 것이다. 예를 들면 NASA의 우주선 안에 '슈만공진 발생장치'가 장착되어 있는 것은 거의 알려져 있지 않다. NASA는 유인 우주선의 선내에서 우주 비행사가 안전한 정신 상태로 과업을 수행하기 위해 슈만공진이 필요하다는 것을 인식시키고 있다. 슈만공진은 통상적으로 저주파 부분이며 7.8헤르츠부터 13헤르츠까지가 관측되고 있으며, 그 장치에는 7.8헤르츠 정도가 아니며 13헤르츠까지 발진된다. 실로 고주파의 부분까지 발진하는 것도 중요하다.

슈만공진은 알파파(波)와 같은 파장이다. 그래서 슈만공진이 발생하는 7.8헤르츠의 주파수는 실은 사람의 뇌파(腦波)와 깊은 관계를 가지고 있다. 사람의 뇌를 뇌파계로 계측하면, 7.8헤르츠의 주파수는 어떤 알파파가 나오는 때와 같은 수치인 것이다. 뇌파가 흥분상태에 있는 때는 12~26헤르츠의 베타파, 리렉스하고 있는 7~12헤르츠의 알파파, 깜빡 졸 때는 4~7헤르츠의 세타파 등의 저주파가 나온다. 그 중에 알파파는 기공(氣功)의 연구 등으로 주목받고 있으며, 예를 들어 7.8헤르츠의 음파를 고기와 만나게 하면 고기가 혼절(忤絶)한다고 한다.

같은 방법으로 사람도 알파파가 계측될 때, 정신적으로 비상하게 심지(心地)가 좋은 상태다. 바람의 파동과 해면의 파동, 작은 새의 지저귐과 벌레소리, 뇌파와 심박에는 그것과 공진하는 흔들림을 동반하는 파동역이 반드시 포함되어 있다. 마음이 편안하게 느낄 때, 사람의 뇌는 알파파를 띠고 있다. 아주 깊이 명상상태에 들어가 있을 때 뇌파는 7.8헤르츠가 된다. 그리고 불안전할 때, 리렉스해진 상태에서 냇물의 흐름과 바람소리를 들으면 깊은 명상상태와 같은 7.8헤르츠의 뇌파가 된다.

지구상에 생식하는 모든 생물은 탄생해서부터 오늘에 이르기까지, 슈만공진의 파동에 싸여 살 수 있었다. 특히 인간에 있어서 슈만공진은 지구 본래의 마음이 편안한 리듬인 것이다. 슈만 파동의 연구를 하고 있는 전기통신대학의 스즈키(鈴木務) 교수는 이 영역의 저주파(低周波)가 "생명의 기원과 무엇인가 관계가 있다고 추론할 수 있다."고 논문에 쓰고 있다.

어쨌든 "슈만공진에 이변이 보인다."는 그렉 브래던의 문제 제기에 미국 정부는 아직까지 공식 견해를 보이지 않고 있다. 그런데 슈만공진에 이변이 나타나기 시작하고 있다는 주장은 최근에 구미에서 주목을 받고 있다. 현재의 상황은 이변의 가능성에 관해서 긍정파와 이론파로, 의견이 반반으로 나누어져 있다.

슈만공진의 변조에 관해서 긍정하는 쪽은 러시아와 스웨덴 과학자들의 연구와 분석에 의해 알게 되었으며, 미국의 주요 대학 관계 과학자의 다수는 "변화가 보이지 않는다."고 주장하고 있다. (정부의 관계기관은 정식 코멘트를 발표하고 있지 않다.) 게다가 장기적으로 슈만공진의 반향(反響)에 대한 데이터 관측을 계속하는 것은 극히 곤란한 작업이라고 지적된다. 그것은 관측지점이 틀리고, 태양의 흑점 발생 등 경우에 따라서 특히 태양 활동이 활발한가, 아닌가의 정도에 따라 관측 데이터가 크게 변화하기 때문이다.

그러나 여기서는 슈만공진에 이변이 나타난다고 하는 입장에서 써 나가려고 생각한다. 왜냐하면 슈만공진은 뇌와 세포 레벨까지의 인체, 게다가 지구 환경에도 큰 영향을 미치고 있기 때문에 이변이 있었다고 주장하며 그것을 파헤치는 연구가 久留米 대학의 末長一男 의학박사의 다음과 같은 학설이 있다.

"인간의 뇌에는 미약한 전기의 흐름이 있어, 신경계를 통해 몸의 구석구석까지 흐르고 있다. 그 흐름을 전자파가 혼탁하게 해서, 인간의 내부 기능에 영향을 미치고 있다."

그 학설에 의하면 '슈만공진'은 전난층에 발생하는 미약한 저주파의 전자파이기에 만약 이변(異變)이 있다면, 인체에 다대한 영향을 미칠 가능성을 부정할 수 없기 때문이다.

미국 해군의 통신주파수 변경의 이유에 대한 이야기도 나온다. 이제 슈만공진은 슈만 교수의 발견 이래, 저주파 부분은 줄곧 7.8헤르츠였다. 그런데 1980년경을 기점으로 서서히 파동(波動)이 상승하기 시작하여 1997년에는 30% 가까이 증가해서 10.1헤르츠가 되었다는 주장이 나타나기 시작했다. 최근에는 14헤르츠 가까이까지 상승하고 있다는 주장도 나온다.

긍정파 전문가의 예측에 의하면 슈만공진은 금후에도 파장이 증대하여 2010년을 지나서 20헤르츠까지 상승한다고 예측되고 있다. 그런 전문가의 주장대로라면 아마도 지금 지구체의 고유 진동수(固有振動數, 우주적 파동)에 큰 변화(變化)의 조짐이 보인다는 의미가 된다.

보통 사람들에게 상당히 알려진 지식은 아니지만, 군사 전문가에 의하면 지금까지 세계의 해군 특히 잠수함에서의 통신 커뮤니케이션 수단의 주파수는 7.8헤르츠가 오랫동안 사용되고 있다고 한다. 그것은 자연계에 슈만공진이 존재해서 주파수도 안전하게 되기 때문이다. 그러나 최근의 슈만공진의 상승에 어쩔 수 없이 그 주파수도 8.6헤르츠로 변경되었다고 한다.

이종찬 신부가 언급한, 인간이 가진 특유의 자력

신경자력(神經磁力)이란 게 있다. 신경으로 이루어진 자력을 말한다.

멀리 떨어진 곳에서 걷고 있는 발자국 소리를 감지한다거나 멀리서 다가오는 기차소리를 듣는 등 신경이 예민한 사람을 연상하면 쉽게 이해가 될 것이다. 반대로 불의의 사고로 신경계통이 무뎌져 남달리 환경에 쉽게 적응하지 못하는 사람을 생각해도 된다. 신경통이 있는 사람이 기온과 습도가 조금만 변화를 일으켜도 비가 올 것을 예감하는 것과 마찬가지 이치다.

장기관이나 순환기관의 정신자력(精神磁力)도 있다. 근육이 한 곳에 많이 모여 있는 부분도 그렇지만 장기관이 집합되는 부분에서도 쉽게 자력이 나타난다. 특히 근육구근(筋肉球根) 부분이나 무릎 특히 혈관 등이 모인 곳은 민감하게 반응이 잘 나타난다. 만약 그런 부위에서 반응이 쉽게 나타나지 않는다면 그 부분이 정상이 아니라는 것을 의미한다. 이처럼 부분적인 신경계통에 이상이 있는 것을 알아내는 것은 전문가가 아니면 어렵다. 일정한 수준에 도달해 있는 한방 의사들 중에는 환자의 몸에 직접 손을 대지 않고도 그런 예민한 부위를 알아내는 사람이 있다. 두 손을 쫙 펴서 환자에게 방사력을 보내보면 우리가 일상생활에서 찬 곳과 더운 곳을 느끼는 것처럼 자력의 느낌에 차이가 있다는 것이다. 그렇게 이상이 있는 부위를 찾아내 치료를 할 수 있다고 한다.

인간자력(人間磁力)은 인간이라면 누구나 갖고 있는 특별한 자력인데 사람에 따라 그 진폭이 다르다. 수풀 속에 숨어 있는 인간을 노리고 있는 동물이 호랑이일 경우와 산돼지일 경우에 인간이 느끼는 자력은 판이하게 나타난다. 또 아무리 사나운 맹수와 맞닥뜨렸다고 할지라도 사람이 적의를 품지 않고 침착하고 부드러운 태도를 보이면 그럴 경우에 발생되는 자력이 곧 그 동물에게도 전달되어 해를 입을 가능성이 적어진다. 이러한 현상은 인간관계에서도 얼마든지 다각도로 적용될 수 있다. 어느 특정인을 대상으로 한 열렬한 사랑과 치열한 증오는 굳이 말과 표현으로 나타내지 않고도 인간 자력으로 전달된다. 그러기에 이심전심(以心傳心)이라 한다. 그래서 방사자력은 인간의 자력과 물체, 생물의 자력을 직접 또는 매개체를 통해서 교감하게 함으로써 인간생활의 영역을 무한히 넓힐 수 있는 가능성을 가지고 있다.

성감자력(性感磁力)을 달리 표현한다면 상대성 자력이라 할 수 있다. 자력의 감응은 하나의 실체 또는 존재의 반쪽을 이루는 것끼리는 특히 강하게 나타난다. 이것을 두고 동양에서는 오래 전부터 음양설로써 설명해 왔다. 음과 양은 강력한 친화력을 가지고 서로 끌어당기며 결합하려 한다는 것으로 이는 우주와 자연의 법칙이기도 하다. 자석의 음극과 양극이 서로 끌어당기는 것처럼 남자와 여자는 서로 흡인력을 갖고 있다. 이것은 의지와는 무관한 잠재의식이나 생리적인 문제다. 그러므로 여성은 남성의, 남성은 여성의 심중을 잘 헤아릴 수 있으며 그 인간됨을 직관적으로 판단한다.

개체자력(個體磁力)은 개체에 대한 증거물을 찾을 때 편리하게 사용될 수 있을 정도로 개개인은 자기 자신만이 가지는 특수한 자력을 가지고 있다. 마치 각자의 지문이 모두 다른 것을 이용하여 지문으로 각자의 특수성을 파악해낼 수 있는 것과 같다. 즉 개인이 사용하던 물건이나 그 사람의 몸이 닿았던 곳은 그 사람 고유의 개체 자력이 남는다. 그 사람이 사용하던 물건을 가지고 그 사람의 위치라든지 생사 여부도 알아낼 수 있다.

뇌파(腦波) 또는 정신자력(精神磁力)의 경우, 어떤 특정 대상에 대하여 집중적으로 골몰히 생각하면 그 물질과 뇌파가 연결된다. 따라서 아무리 먼 거리에 떨어져 있다고 할지라도 그 물질에 대해서 보는 것 이상으로 느낄 수 있게 된다. 지도만 펴놓고 지하자원을 찾는다든가, 집에 앉아서 산삼이 있는 골짜기를 찾아내는 경우도 있다고 한다. 현몽으로 화를 피했다거나 횡재를 했다고 하는 경우도 같은 맥락으로 이해할 수 있다.

생명자력(生命磁力)은 모든 생물에 다 있다. 예컨대 식물이 자랄 때 큰 바위 같은 장애물이 생장을 방해하면 그곳으로 가지를 뻗지 않는다. 장애물에 부딪쳐서 그러는 것이 아니고 미리 그 쪽으로는 생장에 필요한 자양분을 보내지 않는다.

지자기가 발산되는 지역

(예1)진안군 마이산과 은수사

　겨울에 고드름이 하늘로 향해 자라는 것은 지하에 다른 곳보다 강한 자력을 가진 물질이 있어서 지상으로 분출되기 때문이라고 본다.

(예2)충주시 산척면 송강리 553

명당을 찾아가는 길에 우천석, 우팽 부자의 묘에 들르게 되었는데 사당을 관리하는 주택 안주인께서 차를 주시며 쉬어가기를 원하기에 마루에 앉아 차를 마시면서 찻값을 지불해야겠기에 수맥을 체크해봤다. 어디를 둘러보아도 수맥은 감지되지 않았다. 그런데 아들이 와서 자고 가면 머리가 아프다고 한단다. 다시 방에 들어가서 온 방안을 뒤져도 수맥은 없다. 최종적으로 식탁이 있는 곳을 확인하니 아들이 앉아서 식사하는 곳에서 지자기파가 감지되었다. 지름은 약 1m 정도 되었다. 이곳에 식탁을 놓고 지자기파를 차단하도록 했다.

(예3)지자기의 영향

경북 영주시 단산면 좌석리 183

이곳은 영주 지역으로 명혈을 찾으러 갈 때 발견된 곳이다. 앞에 나온 <지자기란 무엇인가?>에서 설명했다. 위에서 좋게 설명한 것은 지구가 자성체이며 일정하고 균일하게 자력선이 작용하는 경우의 예이며, 우리에게 나쁜 영향을 미치는 것은 균일하게 흐르는 자력선이 환경에 따라서 변화를 일으키는 경우다. 필자가 올린 사진은 같은 밭의 콩이 일부에서 잘 자라지 못하고 있는 것을 보여준다. 혈이 맺힌 옆이라서 원진수에 의한 수맥의 영향으로 판단했으나 자세히 관찰하니 수맥은 감지되지 않았다.

지자기를 측정하니 지자기파의 영향이다. 지구는 여러 가지 광물로 구성되어 있는데 내부에 수맥이 흐르고 남북으로 지자기가 일정한 간격을 두고 형성되어 있다. 우리가 흔히 수맥이라고 하는 것은 일정하게 형성된 지자기파가 지상으로 방출될 때 물길을 통과하면서 불규칙한 굴절을 일으켜 파장을 교란시킨다고 본다. 수맥이 아니면서 지자기파가 교란을 일으키는 것은 물이 아닌 이질의 물질을 내포하고 있어서 파장이 불규칙하게 교란을 일으키는 것이 아닐까 생각한다.

필자는 수맥 위에서 1~2분 정도면 몸에 이상이 발생하고, 지자기파 위에서도 마찬가지로 작용을 한다. 인간의 몸도 철분을 내포하고 있으므로 하나의 자력체로 볼 수 있기 때문에 일정한 간격으로 자기장이 형성되어 있다. 안정된 몸으로는 영양과 산소를 적기적소에 일정하게 공급하는데 교란된 파장이 몸을 통과하면서 운반체인 피의 흐름을 교란시켜 영양분과 산소의 운반을 방해하기 때문에 문제가 발생되는 것이다.

위에 게재한 사진에서 콩이 자라지 못하는 것은 영양분의 운반 공급을 방해하기 때문이다. 참고로 인간은 피가 온 몸을 한 바퀴 도는 데 25~30초/1회 소요된다. 피의 유속은 216Km/h (60m/s)이라고 한다.

수맥(水脈)

물(水)의 분류

수맥에 대해서는 전통풍수도구 전문 업체 패철쇼핑몰(pacher.kr)을 많이 참조했다. 물은 크게 분류하여 지표수와 지하수로 구분된다.

지표수는 지구 표면에 흐르거나 고여 있는 호수, 강물 등을 말하며, 외부에 개방되어 흐르는 물을 지칭한다.

지하수는 지표면 아래에 있는 물로서 건수와 생수로 구분된다.

먼저 건수에 대해 알아본다. 땅 밑으로 스며든 물은 지질에 따라 스며드는 깊이가 다르고, 모래땅이나 자갈땅에는 잘 스며들지만 점토질과 같이 흙의 입자가 조밀한 곳이거나 암반층의 상부에는 스며들지 못하고 고이게 된다. 이처럼 땅 밑에 고인 물을 건수라고 한다.

생수에 대해 알아본다. 땅 밑으로 깊이 스며든 물은 대부분 암반층의 통로를 통하여 물줄기를 형성하고 흐르게 되는데, 이 물줄기를 수맥이라고 말한다. 그리고 모든 생명체가 그러하듯 이 수맥도 자생력을 갖기 위해 끊임없이 주위로부터 수분을 흡수하여 수맥을 유지하고 있다.

물의 양

물의 양은 얼마나 될까? 물은 지구 표면의 약 70%를 차지한다. 그리고 인간을 소우주라고 말하였듯이 우리 몸은 약 70%가 수분으로 이루어져 있다. 다시 말해 인간은 지구 환경에 가장 적합하게 창조되고 진화를 거듭하여 만물의 영장이 된 근원도 바로 물이라고 할 수 있다. 이렇게 물은 그야말로 모든 생명의 근원이다. 참고로 우리 몸을 구성하는 수분의 양을 알아보기로 한다.

우리 몸의 혈액 중 약 80%가 물이다. 뼈에는 약 20%가 수분이고, 근육도 약 75%가 수분으로 이루어졌으며, 피부의 약 70%도 수분이다. 해파리는 약 98%가 수분이라고 한다. 그리고 식물은 줄기의 약 50%, 잎은 그 무게의 약 70~90%, 식물의 씨앗도 10% 정도의 수분을 함유하고 있다.

물의 분포

지구상의 물은 어떻게 분포되어 있을까? 바다는 지구 전 표면적의 약 70%를 차지하는데 북반구의 약 60%가 바다고 남반구의 약 81%가 바다. 지구상의 물은 거의가 바다에 모여 있어 바닷물이 전체의 약 98%를 차지하고 빙하, 강, 호수, 지하수가 나머지를 차지한다. 그리고 대기 중의 수증기는 주로 바다에서 증발한 것이며, 이것이 구름이 되어 공중에 떠다니다가 육지나 바다에 비나 눈으로 내려 되돌아온다.

물이 한 번 순환하는데 걸리는 기간은 대기 중의 수증기가 7~9일, 지표수가 110~146일, 지하수가 10~10,000년, 빙하는 10~10,000년이 걸린다.

물의 종류에 따른 부피의 비례로 지구상의 물의 분포를 알아보면 바닷물 98.31%, 빙하 1.64%, 강·호수·지하수 0.04%, 수증기 0.01% 등이다.

물의 순환과 에너지

물의 순환을 살펴보자. 지구상의 물은 고체(얼음), 액체(물), 기체(수증기)로 그 상태가 바뀌면서 지표와 지하, 대기 사이를 유동하면서 순환하고 있다. 그리고 호수, 하천 등 지표수에서 증발한 물과 식물에 의해 증산된 물은 모두 수증기가 되어 대기 속으로 들어가며 이와 같이 대기 속으로 들어간 수증기는 대기와 함께 이동하면서 일부는 응결하여 구름이 되고 일부는 대기 속에 남는다. 그리고 구름이 된 물은 계절에 따라서 비나 눈으로 다시 지표로 떨어진다. 육지로 떨어진 물의 약 3분의 2는 다시 증발과 증산에 의해 대기 중으로 되돌아가고 약 3분의 1은 강이나 지하를 통하여 바다로 흘러 들어간다. 이렇게 하여 물은 계속 순환하게 된다.

물의 순환은 당연히 에너지와 관련된다. 물이 증발할 때는 기화열을 빼앗아 가기 때문에 에너지를 흡수하고, 반대로 수증기가 응결할 때는 에너지를 방출한다. 물은 순환하면서 수증기, 물 또는 얼음으로 상태가 변화하므로 그에 따라 에너지도 이동된다. 이와 같이 물을 순환하게 하는 근본 에너지는 바로 태양의 복사 에너다. 즉 지표면에 흡수되는 태양의 복사 에너지 양은 지구에 도달하는 태양 복사 에너지의 양의 약 50%인데 이 중 약 20%는 야간 복사에 의해, 약 20%는 물의 증발에 의해, 그리고 약 10%는 전도나 지표 부근의 바람에 의해 대기로 방출된다.

이와 같이 대기는 지표에서 방출된 복사 에너지와 대기 자체가 흡수한 태양 복사 에너지로 구름을 만들고 바람을 일으키며 또한 해수의 운동을 일으킨다. 다시 말해 지구에서 일어나는 모든 물의 순환의 원동력은 결국 태양의 복사 에너지에서 나온다.

단물과 센물

단물과 센물에 대해 알아보자. 유지의 물은 그 속에 녹아 있는 물질의 성분에 따라 단물과 센물로 구분된다. 칼슘(Ca)이나 마그네슘(Mg) 성분이 녹아 있는 물을 센물이라고 하며 이들 성분이 들어있지 않은 물을 단물이라고 한다. 그리고 단물은 비누가 잘 녹아 거품이 잘 일어나며 빨래가 잘 된다. 빗물, 냇물, 수돗물, 증류수 등이 단물이다.

센물은 비누가 잘 녹지 않아 거품이 잘 생기지 않고 빨래가 잘 안 된다. 그 이유는 칼슘이나 마그네슘 성분이 비누의 성분과 결합하여 물에 녹지 않는 물질($CaCo_3$, $MgCo_3$)을 만들기 때문이다. 대체로 우물물, 지하수, 약수 등은 센물인 경우가 많다.

지하수

지하수(地下水)의 성분은 지질의 영향을 많이 받으며, 용해물질의 양은 일반적으로 지표수보다 많으나 그 변화는 대단히 적다. 지표수에 비해 나트륨, 칼륨, 칼슘, 마그네슘, 황산, 철, 탄산수소나트륨, 규산 등이 많으며 산소는 적다. 또한 깊이에 따라 용해물질의 양이 증가하며 수소 이온 농도는 약산성에서 알칼리성으로 변한다. 일반적으로 천층(淺層)지하수보다 심층지하수가, 자유지하수보다 피압지하수가 용존 물질을 많이 함유하고 있다.

최근 지하수의 성분에 염소, 탄산수소나트륨, 암모니아 등의 양이 증가하는 것은 사람들이 수질을 오염시킨 데 따른 결과다. 특히 인간의 활동으로 오염되기 쉬운 천층지하수는 근래 산업폐수로 급속한 오염이 눈에 띄게 되었다. 한편, 해안 부근의 지하수는 양수가 대량으로 이루어질 경우 그 수위(피압지하수에서는 수두)가 해면 이하로 낮아지면 해수가 침입하게 된다. 이러한 과잉 양수에 따른 해안 지하수의 염수화 역시 최근 중요한 문제점이 되고 있다.

지하수는 수온·수질에 따른 특성이나 취수 관리의 용이성, 저렴한 비용이라는 점에서 볼 때 지표수와 비교될 수 없는 장점을 가지고 있다. 이 때문에 상수도용수, 공업용수, 농업용수, 도시용수 등으로 매우 중요한 자원이다. 지구상의 수자원으로서는 해수(海水) 다음으로 그 양이 많으며 육지에서는 빙산 다음으로 그 양이 많지만, 순환 속도가 느려 공지하수 등의 방법을 이용할 필요가 있다.

수맥(水脈)의 활용

수맥은 우리 몸의 혈관과도 같은 지구의 혈관에 비유할 수가 있다. 우리 몸의 크고 작은 혈관처럼 땅 속에서도 수없이 많은 수맥들이 형성되어 끊임없이 순환하면서 인간은 물론 모든 생명체의 근원인 생명수를 보급하고 있다. 그리고 양은 수십 톤에서부터 수백 톤에 이르기까지 각양각색이고, 깊이도 다양하여 얕게는 지표면에 근접한 것부터 깊게는 수백 ~수천 미터에 이르기까지 분포하고 있다. 수맥(水脈)은 자연이 베풀어준 자원으로서 인간생활에 소중하고 유익한 각종 생활용수, 공업용수, 농업용수 등 수맥의 활용도는 헤아릴 수 없이 많다.

수맥과 건강의 관계

지구상에 존재하는 모든 것들이 100%의 장점이나 100%의 단점으로 이루어진 것이 없듯이 수맥도 우리에게 너무도 감사하고 고마운 생명수를 공급해주는 소중한 역할도 하지만 다른 한편으로는 인간의 일상생활에 무수한 폐해를 유발한다는 사실을 여러 경로를 통해 알게 되었으며, 이런 사례는 많은 분들의 연구와 수많은 체험을 통해서 속속 밝혀지고 있다.

수맥파(水脈波)는 수맥이 위치한 곳에서 수직으로 상승하고 또한 우리 몸에 수맥이 지나가는 부위에 따라 몸이 불편하거나 피로함을 느끼며 이런 현상이 점점 누적되어 해당 부위가 중병으로 발전하게 될 수도 있으므로 특히 잠자리는 반드시 전문가의 진단을 받아 편안하고 안전하게 마련하여 생활 건강을 지키도록 해야 한다.

수맥파의 영향

 수맥파가 사람에게는 어떤 영향을 미칠까? 수맥이 지나가는 모든 주택의 잠자리와 오래 앉아서 근무하는 사무용 책상, 점포의 카운터, 공장의 기계 앞에 고정된 자리 등에 수맥이 지나가게 되면 항상 몸이 피로하고 생기가 부족하여 자율신경이 둔해지며, 의욕저하, 작업능률 저하, 생산성 감소, 안전사고, 교통사고, 각종 질병을 유발하고 특히 수맥에 민감한 체질이나 임산부, 어린 아이, 노약자는 그 피해가 더욱 클 수가 있으므로 전문가의 탐사와 조언을 참고하여 사고를 미연에 방지하고 최소화하는 지혜가 필요하다. 수맥이 몸으로 지나가는 부위에 따라서 각종 질병이 다르게 나타날 수도 있다.

 수맥파가 동물에게는 어떤 영향을 미칠까? 개인적으로 기르는 동물에게도 영향을 미치지만, 집단으로 사육하는 축사인 양계장, 양돈장, 목장 등 동물이 생활하는 일정한 장소에서 수맥이 지나갈 경우 번식력 감소, 성장 저하, 원인 모를 폐사 등으로 경제적, 정신적인 손실이 많이 발생할 수 있다. 참고로 수맥을 좋아하는 동물도 있으나 대부분의 동물들은 수맥을 싫어한다.

 수맥파는 건축과도 무관하지 않다. 근래에는 건축기술의 발전과 우수한 품질의 자재개발, 선진화된 신(新)공법의 개발과 적용, 철저한 감리 감독, 향상된 기술력과 성실 시공 등으로 인하여 부실시공의 위험성이 현저히 감소하여 지극히 다행스러운 일이다.

 그러나 철저한 시공에도 불구하고 특히 수맥이 지나갈 경우 부동침하(不同沈下)에 의한 균열이 발생하여 건축물에 영향을 줄 수 있으며 자칫 부실시공으로 오인할 수도 있기 때문에 잘 관찰해야 한다. 따라서 앞으로는 거시적인 차원에서 수맥 탐사를 먼저 시행하고 그 자료를 반영하여 설계와 시공을 하는 방안도 적극 추진하여 건축물의 수명을 연장하고 효율성을 높여 결과적으로는 수맥 관리가 국가발전에 기여

할 수 있는 분야로 통용되기를 바란다.
 정밀기계나 고가장비의 경우는 수맥 탐사가 반드시 필요하다. 연구소, 사무실, 공장의 정밀기계, 컴퓨터 등 첨단제품의 장비들도 수맥이 지나가는 곳에서는 고장 발생 빈도가 잦고 활용도가 떨어져 여러 가지 손실이 발생하는 경우가 많았다. 그러므로 중요한 기기나 기계 등은 수맥을 정확히 탐사하여 올바른 위치에 놓고 사용하도록 해야 한다.

수맥 탐사의 기본

 수맥 탐사는 수직으로 상승하는 미약한 기운(수맥파)을 몸으로 느껴서 탐사도구인 엘 로드 또는 탐사 추를 통하여 외부로 나타내는 탐사 방법이다. 그리고 탐사자는 사심 없이 깨끗한 마음으로 탐사에 집중해야만 수맥을 찾을 수 있다. 또한 수맥을 제대로 찾기 위해서는 수맥에 대한 기본 지식을 알고 오로지 수맥을 찾고자 하는 간절한 마음으로 현장마다 정성을 쏟아서 임해야 한다. 엘 로드나 탐사 추가 수맥이 있는 곳에서 반응하는 것은 수맥을 찾고자 하는 정신 집중과 무념무상의 청정한 마음이 수맥파와 일치하였을 때 가능한 것이다. 이를테면 하나의 파동 에너지가 동기감응에 의해서 탐지되는 것으로 볼 수 있으며, 이는 양자 이론으로 설명이 가능하다. 수맥 탐사를 잘하기 위한 자세로는 세 가지를 꼽을 수 있다.

 ①선입견을 버려야 한다.
 전혀 처음 보는 어떤 사물이나 사람을 대할 때 주변 사람이 이야기하는 갖가지 정보를 입수하게 되면 그 정보들이 자기도 모르는 사이에 이미 뇌 속에 잠재의식으로 남게 된다. 수맥 탐사에 있어서도 주변 여건에 신경을 쓰다 보면 선입견이 작용하여 엘 로드나 탐사 추가 사실과 다르게 작동하게 되는데 바로 이러한 결과가 엉터리 탐사 결과를

가져오게 된다. 따라서 탐사 자는 탐사에 임하게 되는 순간부터 한 마디로 표현하여 머릿속을 텅텅 비워야 한다. 다시 말해 이곳은 수맥이 있겠지, 아냐 이곳은 수맥이 없을 거야 등등 그야말로 1%의 선입견이라도 가미가 된다면 이미 그 탐사의 결과는 오류에 빠질 것이다.

②고도의 정신집중이 필요하다.
우리가 흔히 보는 '동물의 왕국'에서 맹수들이 사냥에 성공하기 위해서는 많은 무리 중에서 표적을 미리 정한 다음 사냥에 성공할 가능성이 있는 곳까지 들키지 않도록 온 정성으로 낮은 포복을 하여 접근한 다음 전력질주로 포획을 한다. 그럼에도 그 결과 성공의 확률은 지극히 저조하다(성공률은 통상 20~30%). 따라서 수맥 탐사도 이와 비슷하여 탐사에 임하기 전에 잠깐이라도 정신을 가다듬고 경건한 마음으로 심혈을 기울여 탐사를 하여야 한다. 그렇지 않으면 역시 선입견과 흐트러진 자세가 합치되어 그 결과는 더욱 엉터리로 발전하고 만다.
정신집중을 방해하는 몇 가지 예를 들어보자면 기후에 따른 상황(비, 눈, 추위, 더위 등등), 탐사에 응하는 지면의 상태, 금전을 탐하는 마음이 앞설 때, 건강이 좋지 못한 상태에서 탐사에 응할 때(술 취한 상태, 몸살 등), 기타 갖가지 일상생활과 관련된 일 등등이다. 이루 헤아릴 수 없이 많은 정보들이 머릿속에 자리 잡고 있기 때문에 많은 사람들이 수맥 탐사 전문가가 되기 위해 오늘도 열심히 노력하지만 그 결과는 기대 이하다. 수맥을 잘 찾지 못하는 사람의 비율이 더 많다는 말이다.

③ 긍정적인 사고를 가져야 한다.
매사를 부정적 시각으로 바라보면 모든 사물이나 일들이 다 그릇되게 느껴진다. 그러나 발상의 전환을 꾀하여 긍정적인 생각을 하게 되면 모든 일이 잘 되고 더욱 상승 작용을 하여 시너지 효과로 좋은 결과를 얻을 수 있다. 선천적으로 감각이 뛰어난 사람과 수맥 탐사에 끼

가 다분한 사람들이 끊임없는 노력과 인내심을 갖고 연습하면 소기의 효과를 얻을 수 있다. 이와 같이 지금까지 설명한 내용에 입각하여 천리 길을 한 걸음씩 다가선다는 마음으로 노력한다면 끼를 지닌 사람들이 수맥을 잘 찾을 수 있을 것으로 기대해본다. 그리고 수맥 찾는 사람들이 많이 있지만 수맥 찾는 사람마다 동일한 장소에서 결과가 일치하지 않아 일반인들이 혼동을 하거나 많은 혼란과 불신을 갖게 된다. 그것은 눈앞에서 벌어지는 일들이 금방 확인이 되지 않는다는 맹점과 탐사의 개인 실력이 현저히 낮은 사람이 자기착각에 사로잡혀 수맥을 잘 찾는다고 믿고 있다는 사실 자체부터 이미 선입견의 범주에 포함되는 사람이기 때문이다.

 더욱이 개중에는 자기가 판매하고 있는 제품이 수맥을 차단한다고 굴뚝같이 믿고 있는 자체가 이미 선입견으로 작용하고 뇌 속에 고착되어 차단되는 것처럼 착각에 빠져서 엘 로드나 추가 반응하니까 비전문가인 일반인의 입장에서는 믿을 수밖에 없는 현실인 것이다. 말하자면 한 마디로 표현하여 선량한 의뢰자에게 본의 아니게 건강을 담보로 하여 엄청난 경제적, 정신적, 육체적 피해를 입힌다는 사실조차 모른다는 것이 더욱 안타까운 일이다. 이러한 문제들로 건전하게 발전되고 생활에 유용하게 활용되어야 할 이 분야의 소중한 가치가 행여나 잘못 이해되지나 않을까 하는 노파심에서 이 글을 올렸으니 독자 여러분의 충분한 이해를 바란다.

수맥 탐사의 유의 사항

 초보자들이 수맥 탐사를 단시일 내에 배우고자 하는 열망으로 무리하게 연습을 하게 되면 기력이 소진되고 수맥파에 과도하게 노출되어 오히려 건강을 해칠 수가 있다. 그러므로 수맥탐사는 한 번에 연속적으로 30분 이상 하지 않는 것이 좋으며 중간에 잠깐이라도 휴식을 취하는 것이 건강을 위하여 좋다. 그리고 개인차에 따라서 다르겠으나 하루에 총 2시간 이상 수맥 탐사를 하는 것은 아주 좋지 않다. 역설적으로 표현하면 건강을 지키기 위해서 배우는데 오히려 무리하게 탐사하여 건강을 잃고 수명을 단축하는 경우가 될 수 있기 때문이다.

이처럼 모든 자연의 이치는 오묘하여 너무 지나치면 부족함만 못하게 되는 것이다. 따라서 수맥 탐사에 있어서도 과욕을 부리지 말고 충분한 시간과 여유를 가지고 꾸준히 노력하는 자세가 매우 중요하다.

엘 로드(탐사봉) 탐사로 수맥 찾기

엘 로드를 잡을 때는 손잡이를 자연스럽게 주먹을 쥐듯이 잡고 그 상태를 양 팔꿈치도 허리에 힘주어 붙이거나 또는 의도적으로 간격을 벌리려고 하지 말고 자연스럽고 편안하게 내려뜨린다는 기분으로 자세를 취한다. 그리고 엘 로드의 간격은 어깨넓이 정도가 적당하며 엘 로드의 손잡이와 봉의 각도는 직각보다 큰 95~105도 정도가 적당하다.

초보자라서 엘 로드의 평형을 유지하기가 어려우면 엘 로드의 손잡이 쪽보다 엘 로드의 끝 쪽이 105도 정도 내려가게 한 상태로 쥐고 앞으로 가볍게 진행하면서 걷는 자세부터 연습을 한다. 이렇게 걷는 연습을 하다 보면 보행속도를 빠르게 하더라도 엘 로드가 제멋대로 움직이지 않고 탐사 자세가 어느 정도 틀이 잡힌다.

그 다음은 엘 로드가 정면을 향하도록 팔은 직각으로 하고 자세가 안정된 상태로 두 손은 수평을 유지하면서 어깨의 힘을 빼준다. 시선은 엘 로드 끝 쪽을 바라보되 눈에 힘을 빼고 마음을 비운 상태로 땅 속에 수맥을 연상하고, 이때 천천히 발걸음을 움직여 반걸음 정도 보폭을 유지하고 수맥의 반응순서는 수맥8 발8 신경8 손8 엘 로드 순서로 반응하며 일반적으로 알고 있는 엘 로드가 교차되는 곳이 수맥이 흐르는 곳이 아니라 발을 디딘 곳이 수맥이 흐르는 곳임을 알아야 한다.

그러므로 "수맥이 있으면 X자로 합쳐져라." 하고 마음속으로 강한 암시를 주면서 수맥 탐사를 한다. 이때 발을 디딘 곳에서 엘 로드가 X자로 겹쳐지면 그 발 디딘 발에서 수맥이 시작되며(정확한 위치 : 엄지발가락 끝), X자가 유지되다가 수맥이 끝나는 부분에서 엘 로드가 풀어져 원래대로 돌아오는데 이 폭 만큼이 수맥의 영향권이라고 보면 된다.

그리고 수맥이 흘러오는 방향과 거슬러(역방향) 바라보고 서거나 수맥의 양측 경계면에 서면 엘 로드가 X자로 교차되지만 흐르는 방향(순방향)으로 탐지되면 교차되지 않고 계속 나란히 있는 상태(수맥 봉이 서로 교차되지 않고 평행상태)가 된다. 엘 로드가 심하게 교차된 상태로 계속 유지된다면 상류를 향해 거슬러 올라가는 것으로 수맥파의 작용이 더욱 강해졌음을 알 수 있다.

*필자의 견해

줄친 부분에 대하여 필자는 엘 로드 하나만으로 수맥을 탐지하며 하나로 흐르는 방향을 알 수 있다. 엘 로드를 들고 전진하면 엘 로드가 가리키는 방향으로 수맥이 흐르고 있음을 알 수 있다. 필자도 처음에는 엘 로드를 양 손에 들고 확인했으나 수련을 통하여 할 수 있게 되었으며 수년 동안 수련을 하다 보니 현재는 수맥 위에 설 경우 1~2초 내에 몸에 이상이 발생한다. (예를 들자면 장시간 운전하다가 쉬기 위해 도로 옆에 차를 세우고 의자를 뒤로 젖히는 순간 머리가 아파온다.)

탐사 추를 이용한 수맥 탐사

일반적으로 탐사 추는 엘 로드에 비하여 그 반응속도가 늦게 나타나기 때문에 초보자가 처음부터 이용하기에는 어려움이 있다. 먼저 엘 로드로 충분히 연습을 하면서 추도 함께 연습을 하다 보면 어느 순간부터 추도 반응이 오기 시작한다. 추는 자연스럽게 엄지와 검지로 추의 끈을 가볍게 쥐고 팔은 힘을 주지 않는 것이 좋다. 사람에 따라서 차이는 있으나 팔꿈치를 가볍게 굽혀서 하는 경우와 팔을 자연스럽게 아래로 내려뜨려서 하는 방법이 있으나 어느 방법이 정답이라고 말할 수는 없으며 탐사자가 편한 방법을 택하여 연습하다 보면 자기에게 알맞은 스타일이 되는 것이다.

(추를 잡는 길이는 너무 길게 쥐면 반응이 늦게 나타나기 때문에 보편적으로 5~10cm 내외가 적당하다.)

그리고 수맥을 찾는 방법은 엘 로드에 비해서 반응이 늦게 오기 때문에 정지 또는 아주 천천히 움직여야 한다. 이때에도 정신집중을 하고 수맥을 연상하면서 수맥이 있으면 추가 움직이라는 명령을 내리는 것은 엘 로드와 동일하다. 또한 추가 반응하는 형태는 전후 또는 좌우로 흔들릴 수도 있고 돌아가면서 반응할 수도 있으므로 굳이 그 형태에 얽매일 필요는 없다. 즉 반응이 나타나는 것이 중요하지 그 형태에 신경을 쓸 필요는 없다는 이야기다. (숙달되면 방향, 물량, 깊이 등을 알아보는 데 다양하게 활용할 수가 있다.)

그리고 수맥의 폭이나 흐르는 방향은 엘 로드에서처럼 수맥이 흐르는 방향으로 서서 탐사를 하면 반응하지 않고 진행하는 방향과 반대 방향으로 수맥이 흐르게 되면 추가 반응한다. 단지 탐사하는 기구만 틀릴 뿐이지 그 원리나 이치는 엘 로드와 동일하다. 그리고 우리 몸의 혈관도 피부를 통해서 보면 팔, 다리 등은 거의 직선이 많으나 신체 부위에 따라서는 대각선도 있고 곡선도 있듯이 지하에서 맥상으로 흐르는 수맥도 지질 구조에 따라서 다양하게 흐를 수 있기 때문에 탐사 시에도 이를 염두에 두고 잘 살펴야 한다.

*수맥 추 연습

종이컵 3개를 준비하고 탐사자 모르게 3개 중 어느 한 곳에 물을 부은 다음 종이컵의 덮개를 덮는다. 그리고 종이컵 위에 추를 대고 "물이 있으면 돌아라."라고 마음속으로 암시를 주면 물이 들어 있는 종이

컵에서 추가 원을 그리며 회전하게 된다. 수맥 추는 수맥봉과 달리 어느 정도 수맥 탐지 훈련이 된 사람들이 하는 것으로 위와 같은 방법으로 계속 연습하여 확실하게 물이 든 종이컵을 찾아냈다면 수맥 전문가로 한 걸음 다가섰다고 생각해도 좋을 것이다.

수맥 탐사의 응용

엘 로드나 추를 이용하여 수맥을 찾는 데 숙달이 되었으면 이제부터 이를 응용하여 구체적으로 수량, 수질, 깊이, 온도 등을 알아내는 연습을 해본다. 즉 이러한 정보를 알아내는 것도 수맥 찾기와 같은 방법으로 자기 암시에 의하여 근접할 수가 있다.

①수맥의 깊이 측정
수맥의 깊이를 알아보는 연습으로 예컨대 수맥이 30m 깊이에 있다고 가정한다면 추가 한 바퀴 돌아가는 것을 1m 깊이로 암시하고 약 30바퀴 정도 추가 힘차게 돌아가는 것을 느낄 수가 있다. 이때 추는 돌아가던 원심력에 의하여 몇 바퀴를 더 회전하지만 돌아가는 강도와 감도로서 그 느낌을 파악할 수가 있다.

②수맥의 물량 측정
우리가 일상생활에서 먹고 사용하는 물이 어떤 물질의 질량을 결정하는 기준이 되어 물 1리터는 비중이 1이므로 무게도 1kg이 된다. 그러므로 물 1㎥는 1톤이라고 말한다. 그래서 "이 수맥은 50톤의 수맥이다."라고 말했다면 이 표현은 하루 동안 물을 계속 뽑아낸 물량의 총 합계가 50톤이라는 뜻이다. 수량 측정의 방법은 수맥의 깊이 측정 방법과 동일하다.

③수질 측정

수질 측정도 자기암시에 의하여 수질이 좋고 나쁜지를 확인할 수가 있다. 즉 자기 암시(질문)를 하면서 "수질이 좋으면 추가 움직여라."고 해본 후, 다시 "수질이 나쁘면 추가 움직여라."고 해보면 두 가지의 암시 중에서 어떤 반응이 있었는지 알 수가 있다. 이와 같이 질문을 항상 반대로도 해봐서 두세 번 확인하는 습관을 길러야 한다.

④수온 측정

땅속 깊이 들어갈수록 지열에 의하여 수온은 상승한다. 수온 측정에 있어서도 방법은 동일하며, 온천수 개발은 수온이 25℃ 이상으로서 각종 미네랄을 포함하고 풍부한 수량과 함께 수질이 좋아야 경제성이 있으며 일반 지하수도 지역과 지질에 따라서 천차만별이지만 보편적으로 40~50m 정도 깊이에 많이 분포되어 있다. 지하수의 온도는 지온과 직접적인 관계가 있으며, 기온으로부터는 간접적인 영향을 받고, 위도와 고도, 변위도 등에 따라서도 다소 변화가 있다. 우리나라 지하수 수온은 지하 100m에서는 17~18℃, 200m 깊이에서는 약 19~20℃이다. 일반적으로 얕은 곳의 지하수는 기온의 영향을 받아 여름에는 온도가 높고 겨울에는 낮지만 토지의 연 평균 기온보다 2℃ 정도 높다. 그러나 장소에 따라서는 얕은 곳의 지하수이면서 겨울에는 온도가 높고 여름에는 낮은 경우도 있다.

수맥 탐사의 응용에 있어서는 자기암시(질문)를 상황에 따라 탄력적으로 활용해야 한다. 예를 들어 지금 수맥이 900m 깊이에 있는데 추가 한 바퀴 돌아가는 것을 1m로 계산한다면 900바퀴가 돌아갈 때까지 헤아려야 하므로 적용하기가 곤란할 것이다. 따라서 깊이가 깊다고 판단하면 이때는 1회전하는 데 10m 또는 100m로 암시하여 탐사하면 되겠다.

지금까지 언급한 수맥 탐사는 거듭 말씀 드리지만 정신집중, 선입견 버리기, 긍정적인 사고방식 등이 삼위일체가 되어 심혈을 기울였을 때 가능한 것이다. 이상과 같이 설명한 내용은 모든 것들이 하루아침에 이루어지지 않듯이 특히 미약한 수맥파를 몸(안테나 역할)으로 감지하여 탐사하는 것이므로 끊임없는 노력과 수맥을 찾고자 하는 정성이 합쳐질 때 소기의 목적을 달성할 수 있을 것이다.

수맥의 영향으로 인한 현상(발병)

평생 동안 건강하게 살기 위해서는 밥 잘 먹고 잠 잘 자고 노폐물을 잘 배설하면 신진대사가 원활하게 이루어져 건강한 생활을 할 수 있다고 누구나 익히 알고 있다. 그러나 건강한 생활하기 위해서는 아무 노력도 없이 저절로 이루어지는 것이 아니라 규칙적인 운동과 절도 있는 생활습관, 건전하고 긍정적인 사고방식과 더불어 과욕을 부리지 않고 분수에 맞는 철저한 자기관리를 했을 때만 가능하다고 생각한다.

그렇지만 우리 인간은 사회적 동물인지라 현대와 같이 복잡다단한 사회구조와 치열한 생존경쟁, 다양한 정보의 홍수 속에서 조금만 한눈을 팔아도 모든 것들이 낯설어져 그야말로 쫓아가기도 힘든 판에 어떻게 그렇게까지 다 챙길 수 있겠는가 하고 건강을 소홀히 하기 쉽다. 그리고 생활하다 보면 잘 알고 있으면서도 때로는 자신의 의지가 약해서 또는 자신의 의지와는 상관없이 여러 가지 주변 상황 때문에 어쩔 수 없이 떠밀려서 실천하지 못하는 경우도 많다.

이렇게 복잡한 구조 속에서 정신없이 뛰다 보면 몸은 어느새 파김치가 되어 만사를 제쳐놓고 오로지 편안하게 쉴 수 있는 곳, 그곳은 오직 가족이 기다리는 가정, 엄마 뱃속같이 안락하고 포근한 내 집뿐인 것이다. 이 편안한 내 집이야말로 모든 정신적, 육체적인 고난과 힘들었던 육신을 맡기고 밤새 에너지를 재충전할 수 있는 유일한 곳이다.

그러나 아뿔싸! 이 일을 어찌 할꼬. 천국 같이 편안한 잠을 자도 피로를 풀기에 부족할 텐데 밤새 수맥파의 방망이로 두들겨 맞은 몸은 아침에 간신히 일어나기도 힘들지만, 사랑하는 가족과 자신을 위해서 오늘도 무거운 몸을 이끌고 생존경쟁의 터널로 나가야만 하니 어찌 피로가 누적되지 않겠는가. 이와 같이 수맥파의 영향은 우리 몸의 건강이 나빠지고 있다는 것을 쉽사리 느끼지 못하는 사이에 서서히 상태를 악화시키고 있는 것이다. 수맥에 의한 영향을 몇 가지 경우로 살펴본다.

①임신부와 어린이
임신한 여성이 수맥 위에서 생활할 경우 태아에게 나쁜 영향을 끼쳐 자연 유산이나 조산 또는 미숙아를 낳을 수도 있으며, 어린 아이도 자라면서 성장이 저조한 발육부진이나 식욕부진을 겪고 이유를 알 수 없는 짜증을 부리거나 각종 질병치레를 하는 경우가 허다하다.

②학생
요즈음의 학생들은 부모의 지나친 교육열에 떠밀려서 공교육 외에도 하루에 몇 군데씩 각종 학원을 오가면서 그야말로 눈코 뜰 새 없이 안타까울 정도로 분주한 나날을 보내고 있는 실정이다. 이렇게 정신없이 하루를 달리다 보면 불과 몇 시간도 잠을 제대로 자기 어려운 상황이 계속 이어진다. 그리고 제 아무리 청소년기의 혈기왕성한 나이라고 하여도 피로가 계속되고 누적되다 보면 건강을 해치기 십상이다.
청소년기는 건강한 몸과 건전한 사고력을 바탕으로 바람직한 인격을 형성하여 인생을 살아가는 데 있어서 정말로 소중하고 중요한 토대를 마련하는 시기이다. 그러므로 건강을 유지하면서 소기의 목적을 달성하기 위해서는 공부하는 책상과 잠자리만큼은 반드시 수맥이 없는 편안한 장소를 선정해주어야만 한다.

그러나 만약에 공부하는 학생이 수맥 위에서 생활하게 되면 항상 피곤하여 의욕 저하, 집중력 저하, 정서 불안정, 성장 저하, 식욕 부진, 성적 부진에다 모난 성격이 형성되고 나이에 어울리지 않게 성인병 증세가 나타나기도 한다. 각종 질병에 시달려서 인생의 꽃망울을 피워야 할 중요한 시기를 고통으로 보내거나 결국은 더욱 고통스런 나락으로 떨어져 앞날의 인생까지 불행하게 살아갈 수도 있다.

자녀에게 비싼 신발, 멋진 옷, 영양가 있는 음식도 좋고, 학원에 보내는 것도 좋지만 자녀들을 진정으로 사랑한다면 조금씩 절약하여 수맥 탐사부터 하시기를 진심으로 어른들에게 권한다. 꿈을 담고 자라는 학생이 건강하고 밝아야 가정과 학교, 사회와 국가가 건전하게 발전하고 우리의 미래가 밝아진다.

③환자, 노약자, 장애인

이미 질병으로 고통을 받고 있는 사람이 수맥 위에서 자는 경우는 병세를 더욱 악화시키며 치료를 하여도 그 상태가 아주 느리게 호전되므로 반드시 수맥을 피해 생활하면서 병을 치료해야만 빠른 회복이 가능하다. 그리고 노약자나 장애인도 이미 자연적으로 기력이 쇠약하거나 장애를 지니고 있는 상태로 수맥 위에서 생활하게 되면 기력이 더욱 더 쇠약해져서 건강이 급속도로 악화될 수 있다. 병원의 환자들의 침상, 신생아가 있는 인큐베이터 등도 반드시 수맥을 살펴야 한다.

④건강한 사람

건강은 건강할 때 지키라는 말이 있듯이 건강한 사람도 미리미리 대비할 필요가 있다. 건강에 자만심을 가지고 '나는 건강하니까 그까짓 수맥 따위는 안중에도 없다.'는 식은 곤란하다. 나와는 별개의 일인 듯 대수롭지 않게 생각하고 마치 강 건너 불 구경하듯 무관심으로 일관하며 세월만 보내다가 어느 날 갑자기 불어 닥친 황사처럼 걷잡을 수 없을 정도로 건강이 악화되면 하루아침에 회복하기란 하늘에서 별 따기보다도 어려울 것이다. 반드시 건강은 건강할 때 지켜야 한다.

수맥에 의한 발병은 국내의 사례나 외국의 사례를 막론하고 거의 일치하는 점들이 많다. 수맥파의 영향이 그만큼 크다는 것을 단적으로 말해주는 셈이다. 수맥파에 의한 발병은 기형아, 저능아, 유산, 불임, 조산, 미숙아, 발육부진, 신경쇠약, 식욕부진, 체중감소, 두통, 배탈, 구토, 발작, 악몽, 불면증, 야뇨증, 경련, 몽유병, 신경통, 관절염, 건망증, 집중력 저하, 가위눌림, 만성기관지, 성적부진, 방광염, 우울증, 중풍, 고혈압, 당뇨병, 뇌졸중, 협심증, 이갈이, 코골이, 각종 부위에 해당하는 암, 저항력 감소로 각종 세균성 질환에 약하고 기타 거의 모든 병들의 원인 제공에 막대한 영향을 끼치는 것으로 보고 있다.

수맥과 질병, 암과의 관계

수맥에 민감한 체질은 총인구의 30% 이상으로 추산되는데 수맥을 타는 체질의 경우에는 수맥의 영향과 피해를 크게 받는다. 수맥이 있는 방에서 잠을 자면 고혈압 환자일 경우 중풍이 일어나기 쉽다. 뇌졸중 환자의 90%가 수맥 위에서 잠을 자고 있기 때문이라고 주장하는 학자도 있다. 특히 몸이 불편한데 병원에 가서 진찰해보면 아무런 증상이 없다고 하는 경우에는 대개 수맥의 영향으로 나타나는 증상일 가능성이 높다. 수맥이 한 줄기라면 약간의 증상, 즉 시름시름 앓거나 아침에 일어나면 몸이 무거워진다. 물론 면역력이 강한 70% 정도의 사람에게는 별로 증상이 나타나지 않는다.

통계에 의하면 1997년부터 전국 사망자의 21% 이상이 암 환자였다. 암은 각종 유해물질의 증가와 환경 공해, 그리고 스트레스 증가로 점점 늘어나고 있다.

그러면 수맥과 암은 어떤 관련이 있을까. 1930년대부터 유럽에서 많은 의학자들이 조사하고 연구해온 결과를 보자. 앞에서도 말했지만, 암 환자의 대부분은 수맥, 자기 맥 등이 2개 이상 교차되는 장소에서 잠을 자온 것이 확인되었다. 주목할 만한 사실은 방랑생활을 하는 유럽의 집시들은 암 사망률이 1% 이하라는 것이다. 집시들은 한 곳에 장기간 머무르지 않고 자주 옮겨 다니기 때문에 수맥에 노출되는 시간이 짧고 집시 리더는 수맥 탐사에 능해 여간해서는 심각한 질병에 걸리지 않았던 것이다.

KBS 2TV「미스터리 추적」에서도 방영되었지만 충북의 한 마을에서는 50가구 가운데 암환자가 16명이 발생했다. 이 마을 역시 강한 수맥이 흐르고 있었고 지상의 고압선 등 전자파까지 겹쳐 그 상승효과로 더 많은 유해파에 노출돼 있었다.

오스트리아의 캐태 바흘러(Kathe Bachler) 여사는 교사이면서 수맥 탐사에 평생을 바쳐 14개국 3,000가옥과 11,200개의 침실, 학습장소, 사무실 등을 탐사해 책으로 출판했는데 암환자 500명의 잠자리를 조사한 결과 예외 없이 2개 이상의 맥이나 자기(磁氣) 맥이 교차하는 장소였다. 그리고 성적 향상이 안 되는 다수의 학생들이나 성적이 조금씩 하향하는 학생들의 공부방에는 95% 이상 수맥이 지나가고 있어 수맥 위에서 공부하는 학생들이었다는 것이다.

독일과 오스트리아의 병원에서는 악성 암환자와 장기질병 환자을 돕기 위해 4,000명 이상의 다우저를 기용하여 수맥 탐사를 활용하고 있다. 노벨상 수상자인 미국의 멜빈 갈원(Melvin Galwin) 박사는 쥐의 피부에 발암성 타알(벤조피렌)을 바르고 수맥이 있는 곳과 수맥이 없는 곳에 나누어 놓아두었다. 그런데 놀랍게도 수맥 위의 쥐들만 조기에 피부암이 발생했다고 학계에 발표하여 충격을 주었다. 독일의 하거 박사는 22년간 암에 걸린 환자 5,348명의 잠자리를 조사했더니 100% 모두 침대 아래에 HER(Harmful Earth Ray-지하유해파)가 지나고 있었다고 했다. 독일 과학자이자 다우저인 구스타브(Gustav von Pohl)는 1930

년에 이미 암 연구 중앙위원회에 "HER 위에서 시간을 보내지 않으면 암에 걸리지 않는다."는 이론으로 발표한 논문을 출판하여 의학계의 큰 호응을 받았다고 한다.

*필자의 경험

①2006년부터 5년간 고리 건설 현장에서 근무한 적이 있다. 그때 시공사의 간부 직원이 수맥이 흐르는 사무실에서 근무하고 있었다. 체력이 좋아서 마라톤 풀코스를 몇 번 완주하고 등산할 때 가장 먼저 정상에 오르던 분이 서서히 기력이 떨어지더니 1년을 채우지 못하고 서울 사무소로 갔다. 병원 치료 후 건강을 회복하여 현재는 전과 같은 체력을 유지하고 있다

②2013년부터 1년간 요르단에서 근무한 적이 있다. 공수특전단 출신으로 나이도 젊고 술이 세어서 아무리 많이 마셔도 지각 한 번 하는 경우가 없었으나 수맥이 있는 방에서 생활한 후 조금만 술을 마셔도 일어나지 못하고 자고 나면 피로를 호소했다. 결국 귀국하여 병원 신세를 지고서야 정상적으로 건강을 회복했다.

③2007년경 건장한 직원이 수맥 위에서 생활하게 되었는데 하루에 2시간도 제대로 잠을 자지 못하여 항시 피로에 찌든 생활을 하다가 방을 옮긴 후에야 정상적인 생활을 할 수 있었다.

④직원 중에 수맥을 믿지 않는 사람이 있었다. 합숙하는 숙소를 얻었는데 그 사람이 수맥이 있는 방에서 생활하겠다고 하여 생활하도록 했다. 며칠 지나니 소주를 마시지 않으면 잠을 잘 수 없다고 하더니 자신이 한 말도 있고 하여 말도 못 하고 지내다 한 달 만에 자비로 방을 얻어 나간 적이 있다. 그 후로 아무도 그 방에서 생활하려고 하지 않아 숙소를 옮겼다.

⑤직원 중에서 결혼하고 한참동안 임신이 되지 않아 침실을 확인하니 피할 곳이 없을 정도로 수맥의 폭이 넓었다. 수맥을 차단하고 조금

있다가 임신을 하여 옥동자를 순산했다.

⑥누구든지 새로운 곳에서 생활한 후 컨디션이 좋지 않으면 수맥을 확인할 필요가 있다.

⑦수맥뿐 아니라 지자기파가 올라오는 곳도 있다. 수맥은 흐르지만 지자기파는 일정한 넓이를 형성한다. 우연히 잠을 자고 일어났는데 컨디션이 이상하면 전문가의 도움을 받아 확인하여 조치를 취해야 한다.

*필자가 사용하는 방법
①엘 로드 사용법

엘 로드(베어링을 사용하여 마찰이 없는 제품. 시중의 관룡자를 연상하면 됨) 하나를 오른 손에 들고 마음속으로 주문하여 측정하는 방법이다. 물의 흐름 방향, 폭과 지하 깊이, 수량 등을 측정할 수 있다. 엘 로드를 들고 걸어가면 수맥이 있는 곳에서 엘 로드가 안쪽으로 꺾인다. 꺾인 상태에서 전진하면 수맥이 없는 곳에서는 엘 로드가 원상태로 돌아간다. 수맥 폭의 중간에서 흐르는 방향을 주문하면 흐르는 쪽으로 엘 로드가 꺾인다. 꺾인 곳으로 전진하면 수맥이 흐르는 곳으로 엘 로드가 방향을 바꾸어 필자를 안내한다.

②엘 로드 응용

수련을 계속하면 지도에서도 수맥을 찾을 수 있고 사람이 사는 집 구조를 종이에 그리게 하고 수맥을 찾을 수도 있다. 사람을 대상으로 그 사람이 수맥 위에서 생활하고 있는지도 확인할 수 있다.

집안에 수맥이 흐르는지 확인하는 방법은 다음과 같다.
*나의 병은 현재의 집으로 옮긴 후 생겼는가?
*집안의 어느 장소에서는 부자연스럽게 오싹하거나 냉기가 드는가?
*집안 분위기가 불편하다고 느끼는 가족이 있는가?
*귀신을 보거나 환청, 가위눌림 등의 경험이 있는가?

*집을 떠나면 기분이 좋아지는가?
*침대 근처에서 고양이가 놀기를 좋아하는가?
*전에 살던 사람 중 심한 환자는 없는가?
*봄과 가을에 증상이 더 악화되었는가?

수맥의 실제 사례

①원주 거돈사지 금당 터

신라 후기에 세워진 사찰로서 흔적만 남아 있는 원인을 풍수지리의 관점에서 살펴보고자 한다. 현재 남아 있는 주춧돌의 흔적으로 보아 규모가 큰 절이었음을 알 수 있다. 뒤 내룡 상에 대혈의 음택지가 존재하는 것으로 미뤄 혈이 맺히지 않았음을 알 수 있다. 이곳에 혈이 맺히기 위해서는 내룡에 혈이 맺히지 않고 기운이 곧장 양택지로 내려와야 한다. 지리적으로 살펴보면 절의 중심이 되는 금당 터는 파구 쪽에서 불어오는 바람 길에 세워졌고 주위에서 에워싼 보호사들이 뒤에 있는 음택지를 위한 것이지 이 절터를 위한 것이 아니다. 주야로 번갈아 가면서 바람이 내리치고 올려치니 견딜 수 없다.

또한 음택지를 맺기 위하여 맥을 호위하고 내려온 원진수맥이 혈처에서 합쳐 혈처를 감싼 후 혈의 기운이 아래로 흐르지 못하도록 지그재그로 혈 앞을 흘러 금당 터에 지하로 연못을 만들었다. 지하든지 지상이든지 한 곳의 영향만 있어도 치명적인데 지하로 수맥의 영향을 받고 지상에서는 바람 길에서 몰아치는 살풍을 피할 길 없으니 견딜 방법이 없다. 사람이 잠시는 느끼지 못하지만 장시간 머물면 버틸 수가 없다. 일반인들은 수맥파 위에서 생활하면 1개월도 버텨내기 어려울 것이다.

안내 표지판을 보면 알 수 있듯이 규모가 큰 오래된 사찰인데 수맥 위에 세워졌으므로 오랜 세월을 견디지 못하고 잡초 속에 흔적만 남았다. 신자들도 절에서 불공을 드리면 좋아져야 하는데 오래 머물수록 건강이 더욱 악화되니 동물적인 본능으로 이곳을 멀리하게 되었을 것으로 본다. 수맥의 영향만으로도 치명적인데 바람 길에서 살풍까지 맞으면서 생활하니 그 피해는 더욱 치명적이었을 것이다.

만약 이 절이 위의 사진에서 밀짚모자가 있는 곳을 금당 터로 잡았으면 상황이 바뀌었을 것으로 본다. 지맥은 내려오지 않지만 생기가 미치는 곳에 천기혈이 응집된 것이기 때문이다. 사진에도 풀 색깔이 구별되지만 현장에서는 더욱 뚜렷하게 구별된다. 주위에는 잡초가 진초록으로 지저분하게 자라고 있지만 혈처에는 잔디만 깨끗하게 자라고 있음을 볼 수 있다. 천기혈처의 중심에 서서 주위를 살피면 계곡풍이 간접적으로 미치고 국의 주위에 나열한 사격이 균형을 이루고 있음을 보게 된다. 천기혈처에 부처님을 모시고 좌우와 앞으로 강의실과 기거처를 마련했더라면 좋았을 것이라고 생각한다. 본래의 금당 터는 비워 놓았어야 옳았다.

　많은 수도자와 신자들이 있었을 터인데 이러한 이치를 아는 사람이 없으니 결과는 패망이었다. 중요한 학문인데 지금도 풍수지리를 가볍게 보는 사람이 많은 것이 아쉽다.

　②수맥 위에 지은 집

크고 근사하게 지은 집인데 비어 있다. 결론부터 얘기하면 수맥 위에 지어진 집이기 때문에 사람이 견딜 수 없는 곳이다. 골짜기가 평평한 끝부분에 있는 집인데 골짜기에서 내려오는 물이 땅 속으로 흘러 집터에 모였는데, 집은 물이 모인 상부에 지어졌다. 물줄기가 가늘게 흐르는 곳이면 물줄기만 피하여 생활하면 피해는 없을 테지만, 집 전체에 수맥이 미치는 곳이니 피할 곳이 없다.

농촌에서 살던 사람들이 도시로 나간 후 돈을 좀 모아서는 다시 귀촌(歸村)하고 있다. 노후를 농촌에서 흙을 만지고 맑은 공기 마시면서 건강하게 보내기 위해 귀촌한 것인데, 터를 잘못 선택하여 더 큰 피해를 당하고 있으니 터를 구하더라도 신중을 기해야 한다. 예전에 농촌은 초가와 함석집이 대부분이었으나 요즘은 서구식 양옥으로 규모도 크고 멋있게 짓는다. 전원주택 바람이 불어 많은 건물이 골짜기에도 지어지고 있다. 현재 몇 년 동안은 잘 모르고 살겠지만 조금만 세월이 흐르면 흉물스런 모습으로 변할지 모른다. 물길과 바람 길에 있는 집에서 거주하는 사람들은 서서히 건강이 나빠져 병원에서 사는 시간이 더 많을지 모른다.

사람들은 타고난 명(命)이 있어서 제 명대로 살겠지만 사는 동안 어떻게 사느냐가 중요하다고 본다. 누구나 행복(幸福)을 꿈꾸는 것은 기본이라지만 행복의 기준이 무엇인지 먼저 깨달아야 하고 그 다음은 건강(健康)이 아닐까 생각한다. 건강을 잃으면 모든 것을 잃게 되는 것이고 건강하면 무엇이든지 할 수 있을 것 같다. 전원주택을 선호하는 것도 건강을 지키기 위한 하나의 수단일 텐데, 건강을 지키려고 귀촌하여 건강을 더 잃게 되는 경우와 맞닥뜨리지 않으려면 집터를 신중하게 선택해야 한다.

집터는 덜렁한 언덕보다 지형이 감싸 안은 아늑한 곳을 선택해야 한다. 바람이 주야로 몰아치는 골짜기보다 산을 등지고 좌우가 높은 곳을 택해야 한다. 앞에서 바람이 비탈을 타고 올라오는 가파른 곳보다 앞이 두툼하여 바람을 하늘로 날리고 막아주는 곳을 선택해야 한다. 특히 수맥을 확인하여 수맥이 흐르지 않는 곳을 골라야 한다. 주위에 서 있는 바위의 날카로운 각이 집을 충하는 곳은 피해야 한다. 처음 바라볼 때는 멋있는 풍광으로 보일지 몰라도 이것은 모두 살(煞)이 된다. 집 주위에 둥글둥글하고 부드러운 모습을 한 바위가 있는 것은 좋다. 이것도 이끼 없이 깨끗한 것이어야 한다. 이끼가 끼고 우중충한 바위가 있는 곳은 습한 곳이고 음기가 가득한 곳이니 무조건 피해야 한다.

터를 닦기 전에 풀 빛깔이 연두색으로 깨끗하면 수맥이 없는 좋은 곳이니 좌향(坐向)을 맞추어 건물을 지으면 좋다. 쑥을 비롯한 물풀이 짙은 색을 띠고 있는 곳은 습(濕)이 많은 곳이니 피해야 한다. 자세히 모를 때는 터를 닦고 잔디를 심은 후 2~3년 지난 다음 건물을 지을 넓이만큼 연두색의 깨끗한 풀이 경계를 이루면 수맥이 없는 좋은 터이니 경계선 내에서 집을 지으면 된다.

③수맥 위에 지은 집

계곡이 사선으로 비껴 흐르는 곳이 약간 불룩한데 불룩한 부분에 건물을 지었다. 건물은 계곡 바람을 맞는 곳에 지어졌으므로 골바람을 직접 맞는 것이고 지하로는 계곡수가 스며들고 흘러 건물 전체가 물 위에 지어졌다.

건물의 규모도 크고 현대식으로 잘 지어졌는데, 필자가 접근했을 때는 칡넝쿨이 집 전체를 뒤덮고 음침한 분위기를 풍긴다. 도시에 살던 사람이 건강을 지키면서 행복한 생활을 영위하기 위해 시골과 산으로 이전하여 귀농(歸農)과 귀촌(歸村)을 하지만 아늑한 지형에 수맥이 없는 곳을 택하여 주택을 건축해야 목표를 달성할 수 있으므로 신중을 기해야 한다.

수맥봉 엘 로드를 통해 바라본 세계

우리는 어떤 세상에서 살고 있는가?

이 글은 대한수맥풍수선비협회 카페의 도움을 받았다.

우리는 이따금씩 생물들이 환경에 적응하여 살아가는 모습을 보고 생명과 우주에 대한 경각심을 가진다. 연체동물들은 풀잎 위에서는 풀잎의 색깔로, 나뭇가지 위에서는 나무 색깔로 변색하여 자신을 보호하고, 민물장어, 무지개송어, 연어 등은 산란기가 되면 수천 마일의 바다를 항해하여 어미들이 자신을 낳았던 하천인 모천(母川)을 찾아간다. 철새들도 기후가 맞는 곳을 찾아 수천 마일을 이동하지만 결코 방향을 잃거나 우왕좌왕하는 일은 없다. 청개구리나 종달새 그리고 나팔꽃 등은 비가 올 것을 미리 알고 대비하며, 쥐나 고양이 등 많은 동물들은 지진이나 화산 폭발이 있기 며칠 전에 벌써 그러한 천재지변이 일어날 것을 알아차린다. 만조시간에 맞추어 껍질을 여는 굴은 다른 곳에 옮겨지더라도 그곳의 만조시간을 알아내어 적응하고, 대부분의 동물들은 수맥파를 감지하는 능력을 가지고 있다.

이렇게 놀라운 동식물들의 자기보호능력과 비견되는 것으로 어린이들의 몇 가지 무의식적 행위를 생각할 수 있다. 아기침대에 수맥이 지나는 경우 아기들은 수맥파를 피해 침대의 한 귀퉁이에 비껴 잔다고 알려지고 있고, 또 어린이들은 높은 곳에서 떨어지더라도 별다른 상처 없이 살아나는 경우가 흔하다고 한다. 이러한 사실은 인간이 태어날 때는 놀랄 만한 자기보호능력들을 지니고 있지만, 성장과 더불어 점점 강해지는 의식에 눌리어 제대로 그 기능을 발휘하지 못하게 되는 것으로 추측할 수 있다.

예로부터 인간의 몸은 소우주로서 장기간의 정신수련을 통하여 안이비설신(眼耳鼻舌身)의 오감(五感)을 초월한 육감(六感)을 개발하여 초능력, 영의 능력을 발휘할 수 있는 것으로 알려져 왔다. 수련을 통하여 천지의 기운과 통할 수 있는 문(門)이라고 할 수 있는 우리 몸의 경혈(經穴)이 열리게 되면 신체적인 건강뿐 아니라 직관력 등이 향상되고, 특히 머리 부분의 경혈인 상단전 혈 자리가 열리면 초(超)지각능력(Extra Sensory Perception : ESP)이 개발되어 정신감응(Telepathy), 투시, 예지 등이 가능해지고, 생각의 힘만으로 물체나 물질적 과정에 영향을 주는 염력(Psychokinesis : PK)이 개발되기도 한다고 알려져 있다.

최근에는 현재 10% 남짓한 부분만이 사용되고 있는 뇌에 대한 활용법이 각광을 받기 시작했고, 집중력과 상상력을 이용한 '뇌 호흡' 수련법을 통해 다수 어린이의 투시능력이 개발되는 사례가 보고되기도 하였다.

이러한 초능력은 특별한 계기로 또는 장기간의 정신수련을 통하여 일부 한정된 사람들에게만 나타나는 것이 보통이지만, 특정 기구를 이용할 경우 다수의 사람들이 인간의 잠재능력을 활용할 수 있다는 사실이 최근 밝혀지고 있다. 특히 펜듈럼(pendulum, 추)과 엘 로드(수맥봉)는 오래 전부터 지하의 수맥을 찾는 데 신비한 효과가 있다고 알려져 왔고 최근에는 펜듈럼을 이용하여 잃어버린 물건을 찾거나 진실과 거짓을 구분하고 몸에 맞는 음식을 찾는 등 다양한 활용사례들이 알려지고 있다.

하지만 어떠한 원리에 의해 그러한 것들이 가능한지는 아직 밝혀지지 않았다. 이 글에서는 엘 로드의 반응을 관찰함으로써 우리에게 우주의 진실에 접근할 수 있는 잠재 능력이 있음을 설명하고 또 그 원리를 살펴보고자 한다. 모든 생물체는 자기 몸에 유익한 것과 유해한 것을 구분하는 잠재능력이 있다는 전제 아래 이미 20여 년 전부터 미국에서 확립되어 온 운동역학(kinesiology)의 결과를 소개한다. 아울러 운동역학의 결과를 이용하여 엘 로드의 원리를 설명하고, 엘 로드 실험 결과에 대한 의미의 해석을 통해 우리가 어떠한 세상에서 살고 있는지 살펴보고자 한다.

운동역학(kinesiology)의 발전

①물리적 자극에 의한 근육의 반응

운동역학은 자극에 대한 근육의 반응에 기초한 학문이다. 긍정적인 자극은 근육의 강화를 초래하고 부정적인 자극은 근육을 현저히 약화시킨다는 것으로 미국의 굿하트(George Goodheart) 박사에 의하여 시작되었다. 그는 몸에 좋은 영양물질에 의한 자극에는 근육의 힘이 증가하는 반면 인체에 해로운 물질에 의한 자극에는 근육의 힘이 감소한다는 사실을 발견하였다. 그는 특히 천연 영양식품은 사람들의 근육을 강화시키는 반면 인공 감미료는 근육을 약화시킨다고 하였다.

오무라 요시야키 박사는 이러한 물리적 자극에 대한 근육의 반응을 보다 발전시켜 오링 테스트(O-Ring Test)를 개발하였다. 말하자면 식품 중에도 각 개인에게 잘 맞는 식품이 있고 그렇지 않은 식품이 있는데, 우리 몸에 잘 맞는 식품과 접촉하면 둥근 링 모양(O-Ring)을 만든 손가락의 힘이 강화되어 잘 벌려지지 않고 몸에 맞지 않는 식품과 접촉하면 손가락 힘이 약화되어 쉽게 벌려진다는 것이다. 현재 한의학계에서 널리 인정을 받으며 다양한 용도로 발전하고 있는 이 테스트의 방법은 다음과 같다

(가)두 사람이 필요한데, 먼저 피험자는 오른쪽 엄지와 검지로 반지모양(O-Ring)을 만든 채 힘을 주고, 시험자는 피험자의 반지모양 안쪽에 양쪽 손의 검지를 걸고 바깥쪽으로 벌리면서 저항의 강도를 측정한다.

(나)다음으로, 피험자는 왼쪽 손으로는 시험하고자 하는 식품을 쥐고 오른쪽 손으로는 반지 모양을 만든다. 시험자는 피험자의 반지모양 안쪽에 양쪽 손의 검지를 걸고 바깥쪽으로 벌리면서 저항의 강도를 비

교 측정한다.

(다)테스트 결과 반지모양이 쉽게 벌려지지 않는 식품은 피험자의 몸에 잘 맞는 식품이고 반대의 경우 몸에 맞지 않는 음식으로 판단한다.

②정신적 자극에 의한 근육의 반응

물질적인 자극뿐만 아니라 감정적이고 지적인 자극에도 근육이 강화되거나 약화된다는 사실도 발견하였다. 미소는 근육을 강화시키고 '나는 너를 미워한다.'는 말은 근육을 약화시키며 공개된 허위 사실을 들으면 근육이 약화되고 증명된 사실에는 근육이 강화된다는 것이다. 뿐만 아니라 특별히 좋지도 나쁘지도 않은 내용인데도 어떤 그림은 모든 사람의 근육을 강화시켰고 다른 그림은 근육을 약화시키는 것을 발견했고, 모든 클래식음악과 대부분의 팝송이 근육을 강화시키는 반응을 보인 반면 하드록(hard rock)이나 헤비메탈(heavy metal) 음악은 약화시키는 것을 발견하였다.

더구나 클래식음악을 싫어하고 하드록 음악을 좋아하는 사람에게도 실험결과는 동일하게 나타남을 발견하였다. 그는 이러한 반응이 모든 사람에게 예외 없이 두루 적용된다고 밝히고 있다. 다이아몬드 박사의 운동학 테스트 방법은 다음과 같다.

(가)피험자는 먼저 아무런 생각 없이 수평으로 왼팔을 벌려 바닥과 평행상태를 유지한 채 서고, 시험자는 피험자를 마주 보고 서서 오른손을 피험자의 왼쪽 손목 위에 놓는다.

(나)시험자는 상대방에게 그의 왼팔을 누를 테니 온 힘을 다해 저항하라고 말한 뒤 고른 힘으로 확실하고 빨리 누른다. 불필요하게 무리하여 누르는 것은 피험자의 근육을 피로하게 하여 좋지 않다.

(다)다음은 실험의 종류에 따라 피험자로 하여금 무엇을 집중해서 생각하거나 어떤 시험대상 물건들을 몸에 부착한 채 위의 실험을 하게 하여 그 저항하는 힘을 비교 측정한다.

(라)시험자는 저항하는 힘의 차이를 확연히 구분할 수 있다. 호킨스(David Hawkins) 박사는 위의 근육 역학의 발견을 인간 관념의 측정에 이용하였다. 그는 20여 년 동안 연구를 통해 사람들의 견해나 진술 또는 관념들의 진실성이 1에서 1000까지의 수치로 측정될 수 있음을 밝혔고, 이를 바탕으로 인간의식의 스펙트럼(spectrum)을 분석하였다. 그는 인간의식에 대해 이러한 발견을 할 수 있는 원리를 다음과 같이 설명하고 있다.

"인간 개개인의 마음은 거대한 데이터베이스에 연결된 컴퓨터 터미널과 같다. 거대한 데이터베이스는 인류의 의식 그 자체이고, 우리 자신의 의식은 모든 인류의 공통된 의식에 뿌리를 둔 데이터베이스의 개인적인 표현일 뿐이다. 그 데이터베이스는 이 세상 어느 곳, 어느 때라도 누구에게나 주어지고 시간과 공간, 그리고 한정된 개인의 의식세계를 초월한다."

호킨스 박사에 의하면 모든 인간의 의식수준은 어떠한 에너지 장에 연결되어 있느냐에 따라 달라지는데, 200이라는 수치는 내재된 진실한 힘(power)과 눈에 보이는 억지의 힘(force)의 분기점을 표시한다고 하였다. 현재 전 인류의 85%에 달하는 의식수준 200 미만의 사람들은 살아남기에 급급한 파괴적인 삶을 살고 있으며, 의식수준 200 이상인 사람들은 건설적인 삶을 살고 있는데, 현재 인류의 의식수준 평균은 204라고 하였다.

또한 500은 깨달음의 세계로 도약하기 위한 발판으로서 전 인류의 0.4%만이 이 수준에 도달하였고 700은 깨달음의 수준으로서 현재 지구상에 12명이 있다고 하였다. 이상의 발견은 수없이 많은 실험을 통해 확인된 것으로 언제 어느 때나 대부분의 사람들을 대상으로 한 실험에서 같은 결과가 나타난다고 설명하였다.

호킨스 박사는 누구나 쉽게 근육의 반응을 통하여 자기 자신과 다른 사람의 의식수준을 알 수 있다고 하였으나 정확한 결과를 얻기 위해서는 몇 가지 배려가 필요함을 이야기하였다. 특히 근육반응에 영향을 미칠 만한 환경들(예를 들면 소음, 향기 등)을 피해야 하고 또 실험에 부적당한 사람이 존재함을 말하였다.

③운동역학의 문제점

앞서 설명한 운동역학에 의한 발견들은 놀랄 만한 것이다. 인간의 몸이 환경에 반응한다는 것은 쉽게 이해할 수 있지만 정신적인 자극 즉 어떤 생각만으로 근육의 힘이 변한다는 것은 우리의 몸과 마음이 분리되어 있는 것이 아니라 밀접하게 연관되어 있음을 밝히는 것으로서 매우 큰 의미가 있다. 뿐만 아니라 우리가 누구나 운동역학 테스트를 이용하여 우주의 많은 정보들을 공유하게 된다면 새로운 세계의 건설이 가능할 것이다.

하지만 대다수 사람들에게는 운동역학의 연구 결과가 너무나 놀라운 것이라서 쉽게 믿어지지 않는다. 특히 호킨스 박사가 말한 우주의 거대한 데이터베이스에 어떠한 원리로 접근할 수 있는지에 대한 구체적인 설명이 없이는 황당한 이야기로 치부될 수 있고, 또한 누구나 쉽게 운동 테스트를 하여 그 결과를 확인할 수 있는 것도 아니다.

다시 말해서 운동역학 실험은 혼자서는 할 수 없고 근력 변화에 대한 객관적인 측정이 어려우며 또한 실험이 오래 지속될 경우 피곤해져 결과의 정확도가 떨어지는 단점도 있다. 이 책에서는 운동역학의 실험 결과들을 엘 로드를 이용하여 확인하고, 그러한 반응이 나타나는 원리를 기(氣)의 측면에서 설명하고자 한다.

엘 로드(L-Rod)를 통한 측정

①수맥파와 엘 로드

수맥파는 땅속의 지하수가 흐르면서 주변의 흙이나 돌 등과 부딪히는 과정에서 발생하는 파장이라고 알려져 있으나 확실한 발생원인은 아직 규명되어 있지 않다. 수맥파는 일초에 7~8번 진동(7~8Hz)하는 초저주파인데 인간의 뇌파에 간섭함으로써 다양한 부작용을 유발시킨다. 사람은 깊은 잠을 잘 때 뇌파가 알파파(8~12Hz)에서 씨타파(4~8Hz) 그리고 델타파(0.5~4Hz)로 주기적으로 변화하는데, 수면을 취할 때 신체가 수맥파에 노출되면 뇌파가 7~8Hz 이하로 떨어지는 것이 방해를 받아 숙면을 이루기가 어렵고, 심한 경우 계속적인 악몽과 불면증 그리고 만성두통이 야기되는 것으로 알려지고 있다. 또한 원인 모를 신경통이나 관절염 등이 수맥파와 관련이 있고, 암, 고혈압, 뇌졸중, 중풍 등의 환자들 대다수가 수맥파에 장시간 노출되었음이 밝혀지기도 하였다.

대부분의 가축들과 새들도 수맥파를 싫어하고(고양이, 개미, 벌 등은 예외이다.) 건물과 도로 등 건축물에는 수직 균열을 야기하는 등 안전에 문제를 일으키는 것으로 알려지고 있다. 수맥파은 옛날부터 버드나무 가지나 사과나무 가지를 이용하여 탐사했으나 근년에는 추(펜듈럼)나 엘 로드 또는 와이 로드(Y-rod) 등이 주로 이용되고 있다. 추를 사용하는 경우 추의 움직임을 보고 수맥의 존재 유무와 그 양을 판단할 수 있고, 엘 로드를 사용하는 경우 그것이 몸 안쪽으로 접히는 곳에 수맥이 있다고 판단할 수 있다. 이러한 수맥파를 탐사할 수 있는 능력은 누구에게나 잠재되어 있지만 기(氣)적으로 예민한 사람이 보다 쉽고 정확하게 탐사할 수 있으며, 기(氣)수련을 통해 탐사능력이 향상될 수 있다.

②엘 로드와 근력의 변화

일반적으로 엘 로드의 반응은 두 가지로 나타난다. 하나는 두 개의 봉우리가 몸 안쪽으로 접히는 반응(접힘 반응)이고 다른 하나는 몸 바깥으로 펼쳐지는 반응(펼침 반응)이다. 이와 같은 엘 로드의 반응은 팔 근육의 힘이 변화할 때 나타나는데, 우리에게 유해한 수맥파가 감지될 때 엘 로드의 접힘 반응이 나타난다는 사실은 우리에게 유익한 것이 감지되면 펼침 반응이 나타날 것으로 예상할 수 있다. 이를 운동역학과 연관을 지어 생각하면, 우리 몸에 어떠한 파장이 와 닿거나 물리적 또는 정신적 자극이 주어질 경우 우리 몸 특히 팔의 근력 변화가 생기고 근력이 강화되는 순간 엘 드는 펼침 반응을 보이고 근력이 약화되는 순간 접힘 반응을 보인다고 생각된다.

엘 로드가 반응하는 메카니즘(mechanism)을 보다 세분하여 생각하면 다음의 두 가지로 나누어 볼 수 있다. 하나는 어떠한 자극이 주어졌을 때 우리 몸이 바로 반응을 보이는 경우로서, 어떤 물체가 몸에 와 닿을 때 또는 우리가 알고 있는 바와 같거나 반대되는 생각이나 언행을 할 때를 생각할 수 있다. 이때는 우리 몸이 즉각적으로 그 자극을 판단하고 반응하여 펼침 반응 또는 접힘 반응을 보일 것으로 예상된다.

이와는 달리 어떤 자극에 대해서는 우리 몸이 바로 판단하지 못하고 어디로부터 정보를 입수하여 반응을 나타내는 경우를 생각할 수 있다. 우리가 전혀 알 수 없는 것에 관한 정신적 자극이 주어졌을 때, 예를 들어 'xxx를 죽인 범인은 ooo이다.'라는 것을 생각할 때 접힘 반응("아니오."를 뜻함) 또는 펼침("예."를 뜻함)이 나타난다면 이는 우리 몸이 어떠한 정보채널을 이용하여 외부와 교신한 결과 반응하는 것으로 추측할 수 있다.

옛날부터 기(氣)는 모든 생명체 활동의 원천적 에너지 또는 생명의 에너지로 알려져 왔는데 최근의 기(氣)에 대한 현대과학의 연구결과는 기가 전기적·전자적 성질과 원적외선 성분을 지니면서 정보를 담고 있는 초저주파라 밝히고 있다. 우리 몸에는 몸 안의 기운(內氣)과 몸 밖의 외기(外氣)가 통할 수 있는 문(門)의 역할을 하는 경혈(經穴)이 있는데, 현재 알려져 있는 것만 해도 수백 개에 달한다. 이러한 경혈들 중에서도 이마의 중간에 위치하는 인당혈은 예로부터 천목혈(天目穴) 또는 제3의 눈이라 불려왔고, 투시(透視) 능력도 이 경혈이 열려야 가능하다고 알려지고 있다. 이것은 인당혈이 우주(하늘)의 정보를 수신 또는 교환하는 데 결정적인 역할을 한다는 것을 시사한다.

이러한 점들을 고려해 볼 때, 우리가 모르고 있는 지적 자극을 받으면 그에 대한 교신이 인당혈을 통하여 기(氣)적으로 일어나고 이에 따라 우리 몸의 근육 반응이 일어난다고 유추할 수 있다. 이러한 가능성을 조사하기 위해 다음절에서 설명하는 다양한 실험을 할 때 인당혈을 두꺼운 가죽이 부착된 구리판으로 막고 반응을 조사하기도 하고 막지 않은 채 반응을 조사하기도 하였다. 우리가 전혀 모르고 있는 것에 관한 정신적 자극이 주어진 경우에는 인당혈이 반드시 열려 있어야 엘 로드가 반응하는 반면, 다른 실험의 경우에는 인당혈과 관계없이 반응한다는 사실을 발견하였다. 이는 앞서 설명한 우리 몸과 엘 로드의 반응 메카니즘을 뒷받침해 주는 것으로 해석된다.

③실험 결과
첫째, 인당혈의 개폐 여부와 관계없이 엘 로드가 반응하는 것이다.
먼저 각종 식품이나 물건이 몸에 닿으면 인당혈과 상관없이 엘 로드 반응이 나타난다. 일반적으로 인체에 유해하다고 알려진 담배는 실험한 모든 경우에 접힘 반응을 보였고 특히 불이 붙어 있는 담배는 더욱 빠르게 그리고 강하게 반응하였다. 이에 반해 음식물들은 사람에 따라 다른 반응을 보인다. 그런데 같은 식품, 예를 들어 동일한 감자라도 사람에 따라 다양한 반응을 보인다. 음식에 따라 접히는 정도 또는 펼치는 정도가 다른 것은 몸에 유익한 또는 유해한 정도를 나타내는 것으로 보인다. 이러한 엘 로드의 반응은 원리로 볼 때 굿하트(Goodheart) 박사가 말한 식품에 대한 근육역학 반응, O-Ring 테스트의 손가락 반응과 같은 것으로 실험하는 물체에서 방사되는 고유한 파장에 의하여 우리의 몸이 반응하는 것으로 보인다.

식품뿐만 아니라 전자파에 노출되는 경우에도 접힘 반응이 강하게 나타난다. 예를 들어 휴대폰을 손에 쥔 채 켜면 접힘 반응이 나타나고, 반대로 끄면 다시 원상태로 복귀한다. 대부분 PC의 경우 켜놓은 상태에서 약 1m 또는 1.5m 앞으로 접근하면 접힘 반응이 나타난다. 이러한 물질적 또는 전파적 자극 외에 일정한 정신적인 자극에도 엘 로드가 반응하는데 실험자가 이미 알고 있는 사실과 반대되는 것을 생각하면 접힘 반응이 나타나고 합치되는 것을 생각하면 펼침 반응이 나타난다. 예를 들어, '여름에는 눈이 내린다.'고 생각하면 접힘 반응, '여름에는 덥다.'고 하면 펼침 반응이 나타난다. 단정형 문장을 생각할 때 엘 로드의 펼침 반응은 항상 "예."로 해석될 수 있고, 접힘 반응은 "아니오."로 해석될 수 있다.

위의 경우들은 우리의 신체가 외부와의 정보소통 없이 인체에 내재된 정보에 의하여 판단되어 근육반응 또는 근육반응을 수반한 어떤 전기적 반응을 통하여 엘 로드가 움직이는 것으로 생각된다. 이러한 접촉에 의한 반응은 상당수의 사람들에게 나타나지만 반응이 매우 약하거나 나타나지 않는 경우도 있다.

둘째, 인당혈을 막지 않아야 엘 로드가 반응하는 경우다.

무엇보다 수맥파의 탐지를 위해서도 인당혈을 막지 않아야 하고, 막은 경우에는 아무런 반응도 나타나지 않음을 발견할 수 있다. 사람들이 흔히 외는 주문을 읊는 경우에도 일반적으로 펼침 반응이 나타난다. 예를 들면 "나무아미타불 관세음보살"을 왼다든지 "천지기운"을 부르는 경우 또는 천부경 등을 외면 펼침 반응이 나타난다. 이러한 주문을 외는 경우 어떤 큰 에너지 또는 좋은 기운이 몸에 와 닿는 것으로 보이는데, 상당한 경지에 이른 기(氣) 수련자는 몸으로 직접 인지할 수 있다. 또한 다이아몬드(Diamond) 박사가 이야기한 바와 같이 하드록(hard rock)음악을 들으면 접힘 반응이 일어나지만 실험한 거의 모든 클래식음악의 경우 펼침 반응이 나타난다. 특히 모차르트 음악의 경우 강한 펼침 반응이 나타나는데, 요즘 크게 알려지고 있는 소위 모차르트 효과(Mozart Effect)가 이와 관련이 있는 것으로 생각된다. 최근 일본에서 유행하고 있는 자연음악에도 강한 펼침 반응이 나타나고 일부 대중가요(예를 들어 심수봉의 '백만 송이 장미')를 들을 때도 펼침 반응이 나타난다. 노래를 켜는 순간 또는 끄는 순간 엘 로드는 즉각적으로 반응을 보이는 것이 보통이다.

그림이나 글씨(서예)의 경우에도 접힘 반응 또는 펼침 반응을 보이는 경우가 있고 별다른 반응이 없는 경우가 있다. 천부경이 쓰인 액자 앞에서는 엘 로드가 강한 펼침 반응을 보인다. 엘 로드 반응은 화가나 서예가의 지명도 또는 작품의 예술성에 의하여 영향을 받지는 않는 것으로 보인다.

책의 경우에도 엘 로드 반응은 나타나는데, 이 경우에도 저자의 지명도나 책의 인기도와는 관련이 없는 것으로 보인다. 대체로 경제, 경영 등 사회과학 계통의 책들에는 별다른 반응이 나타나지 않지만 불교, 기독교 등의 종교서적과 정신세계에 관한 서적들에 펼침 반응이 나타나는 경우가 많다. 일부 예언서들(예를 들어 '원효결서' 등)은 펼침 반응을 보이지만 말초를 자극하는 기사가 가득한 잡지 등은 접힘 반응이 나타난다. 이는 호킨스(Hawkins)박사가 이야기한 책의 진실성, 즉 우주적 측면에서의 진실성과 관련이 있는 것이 아닐까 생각된다. 이 책의 참고문헌에 포함되어 있는 책들은 대부분 정도의 차이는 있지만 펼침 반응이 나타난다.

엘 로드는 단어에 대해서도 반응한다. 예를 들어 사랑, 포용, 자비,

용서, 평화 등과 같은 옛 성인들의 가르침과 관계있는 단어들을 집중하여 생각하면 펼침 반응이 나타나고 반대로 증오, 배반, 아픔, 죽음 등의 단어를 생각하면 접힘 반응이 나타난다. 이것은 우리가 어떠한 생각을 하느냐에 따라 접하는 에너지 또는 파장이 달라짐을 뜻하는 것으로 해석된다. 뿐만 아니라 이미 발생한 사건이나 현상에 대하여 알고자 할 때 엘 로드를 이용할 수 있다. 예를 들어, "유괴당한 xxx는 이미 죽었다.", "xxx는 ooo를 죽인 살인자다.", "ooo의 나이는 yy살이다."라는 단정형 글에 대하여 "예(펼침 반응).", "아니오(접힘 반응)."로 반응한다. 이와 비슷하게 "외계인은 존재한다.", "나는 전생에 고려시대에 살았다."라는 확인할 길 없는 의문에 대해서도 반응이 나타난다.

같은 요령으로 호킨스(Hawkins) 박사가 이야기한 인간의 '의식수준'도 측정할 수 있다. 이것을 측정하기 위해서는 마음을 집중하고 어떤 사람을 생각하기만 하면 되고, "ooo의 의식수준" 하고 생각해도 된다. 어떤 사람에 대하여 펼침 반응이 나타나는 경우 그의 의식수준을 200 이상으로 판단하고 접힘 반응이 나타날 때 200 이하라고 생각할 수 있다. 의식수준을 호킨스(Hawkins) 박사가 말한 0에서 1000 사이의 수치로 측정하고 싶을 경우 "ooo의 의식수준은 200 이상이다."라는 단정형 문장을 생각하고 엘 로드의 반응을 확인하는 과정을 반복함으로서 정확히 한 포인트를 찾아낼 수 있다. 이를 테면 이러한 물음의 실험을 처음에는 큰 단위에서 시작하여 점차 작은 단위의 수치로 좁혀감으로써 정확히 한 포인트로 좁혀갈 수 있다

이러한 의식수준의 측정은 실험자가 전혀 모르는 인물의 경우도 가능하고 현존 인물이나 역사적 인물 모두 가능하다. 또한 나이와 상관없이 측정이 가능하고 갓 태어난 아이의 경우에도 의식수준은 측정된다. 이름을 모르는 경우 그 사람의 모습을 떠올리기만 하면 된다. 주의할 점은 동명이인(同名異人)이 있기 때문에 실험자가 측정하고 싶어 하는 사람을 명확하게 하는 것이 중요하다.

위의 측정들은 기감이 좋은 사람에게는 항시 가능하고 측정시각과 관계없이 대부분의 장소에서는 항상 같은 결과가 나옴을 발견할 수 있다. 어떤 사람에 대한 호의(好意) 여부는 측정결과에 별다른 영향을 미치지 못하지만 미리 강한 선입견을 가지는 경우 또는 자기암시를 하는 경우 결과의 정확도는 떨어진다. 또한 특별한 장소, 예를 들어 수맥파가 강하게 나오는 장소 등에서의 측정 결과는 신뢰성이 약화된다. 또한 수맥파 측정, 식품, 그림, 음악 등에 대한 테스트는 아무런 생각 없이 그냥 엘 로드만 수평을 유지하면 반응이 나타나지만 단어나 미지의 사건(현상)에 대한 테스트 또는 의식수준의 테스트는 어느 정도의 훈련이 필요하고 강한 집중력과 상당한 에너지가 소요된다. 그리고 마음, 즉 심파(心波)를 통하여 또는 손 동작을 조절함으로써 엘 로드의 반응을 조작하는 것이 가능하기 때문에 타인이 보여주는 반응을 100% 믿기 어려운 객관성의 문제가 제기될 수 있다. 하지만 의식수준의 측정수치 또는 어떤 생각에 대한 펼침(예), 접힘(아니오)의 반응은 실험이 제대로 이루어진다면 실험자에 관계없이 같은 결과를 얻을 수 있다.

셋째, 기운(파장)의 세상.
앞에서 이야기한 테스트들은 기(氣)적으로 예민한 사람들이 더 쉽게 할 수 있고 기(氣)수련을 통하여 몸이 예민해질수록 엘 로드의 반응이 더 강해짐을 느끼게 된다. 그리고 실험자가 엘 로드에 익숙해질수록 실제로 우리 몸에 다양한 파장들이 와 닿는 것을 느낄 수 있다. 예를 들면, 앞서 이야기한 인당혈을 막고도 반응이 나타나는 테스트(예를 들어 식품 테스트)의 경우, 실제 인당혈을 막고 테스트하는 것이 그렇지 않은 경우보다 훨씬 강한 반응을 얻을 수 있다는 것이다. 이는 우리 몸이 인당혈을 통하여 다양한 외부 기운(파장)과 접하고 있기 때문에 식품 테스트인 경우 인당혈이 노출되어 있으면 외부에서 오는 다양한 파장에 의한 몸의 반응과 혼합되어 테스트하고자 하는 반응의 정확도가 떨어짐을 시사한다.

다른 예로서, 수맥파가 강한 장소에서 PC를 켜고 일을 하면 엘 로드 접힘 반응이 증폭되고, 이때 히란야 에너지가 발생하는 스티커를 붙여 놓거나 천부경 액자를 걸어놓으면 거기서 나오는 좋은 기운이 땅에서 나오는 나쁜 기운을 상쇄시켜 전체적으로 엘 로드가 펼침 반응을 보이게 된다. 이렇게 여러 가지 파장이 혼재할 때 한 가지 파장의 효과만을 측정하고자 할 때는 마음속으로 그것을 생각하면 된다. 예를 들어, 강한 전자파가 발생하는 곳에서 수맥파만의 반응을 보고자 하면 마음속으로 수맥파를 생각하면 된다.

엘 로드를 통하여 바라본 세계

전장에서 기술한 실험의 상당부분은 운동역학 또는 오링 테스트를 통해 알려져 있던 것에 대한 확인이지만 일부는 새로운 사실들을 밝혀주고 있다. 이러한 실험 결과는 우주와 인생에 대한 의미심장한 시사점을 제공하고 있다. 이를 요약하면 다음과 같다.

①언어생활과 신체적 건강.

위의 실험 중 한 가지는 본인이 알고 있는 사실에 관한 정신적 자극으로서 알고 있는 바와 반대되는 말이나 생각을 하는 경우 접힘 반응이 나타났고 합치되는 말이나 생각의 경우 펼침 반응이 나타났다. 이는 우리가 거짓된 언행을 일삼고 거짓된 생각을 하는 경우 몸이 약해진다는 것을 의미하고, 그 반대로 바른 생각(正思)과 바른 말(正語)을 하는 경우 우리의 몸은 건강해진다는 것을 시사한다. 또한 사랑, 자비, 용서, 화해, 평화 등의 단어들을 생각만 해도 우리 몸에 좋은 기운이 와 닿고, 반대로 증오, 질시, 전쟁 등에 대한 생각은 우리 몸을 약하게 만든다는 것은 종교적 가르침이 사후세계에 대한 대비만을 이야기한 것이 아니고 현실의 건강문제에 대한 가르침도 포함하고 있었음을 시사하고 있다.

선도수련(仙道修練)에서는 우리의 건강이 궁극적으로 마음에 달려 있고 마음의 수련 없이 신체적 건강만을 위한 수련은 사상누각(沙上樓閣)이라는 점을 강조한다. 아무리 육체적인 수련을 해도 정신적인 깨달음이 없이는 진기체(眞氣體), 즉 완전한 건강에 도달할 수 없음을 이야기한다. 또한 우리가 부정한 생각을 하거나 거짓말을 하면 몸에 탁기(濁氣)가 쌓이고 이것이 건강을 해친다는 것을 가르치고 있다. 거짓과 진실에 대한 엘 로드의 반응, 도덕적, 종교적으로 높게 또는 낮게 평가되는 말들에 대한 엘 로드의 반응은 이런 선도수련의 가르침을 확인해 주는 것으로 생각된다.

②절대적 기준의 존재.

호킨스 박사가 이야기한 인간의 의식수준은 여러 가지로 해석될 수 있다. 우주의 진리를 터득하여 완성이 된 인간(예를 들어 석가모니)을 최고 1000으로 하고 극도의 절망감과 고통 속에서 무기력하게 살아가는 삶을 최하로 측정하는 의식수준은 우주의 절대적 기준에 의거하여 평가된 한 인간의 수준이라고 할 수 있을 것이고, 다른 말로 인간의 자아 완성도 또는 영적 수준이라고 할 수 있을 것이다.

우리가 어떤 사람에 대하여 완전한 평가를 하고자 할 때는 그 사람의 모든 말과 행동, 그리고 생각에 대한 기록이 필요하고 또한 어떠한 기준이 필요하다. 이런 점에서 한 인간에 대한 의식수준 또는 자아 완성도를 측정할 수 있다는 것은 우리의 모든 언행과 생각이 낱낱이 기록될 뿐만 아니라 어떤 우주적 또는 절대적 기준에서 평가되고 있음을 의미한다.

예로부터 인도에서는 우리의 언행뿐만 아니라 우주의 모든 사건들이 아카샤(Akasha)라고 불리는 미묘한 매체에 영원히 아로새겨지고, 이렇게 새겨진 기록인 아카식 기록(Akashic Records)은 적당한 방법을 통하여 이용할 수 있다고 전해지고 있다. 20세기 최대의 예언가로 불리는 에드가 케이시(Edgar Cayce)는 자신의 예언과 전생영독을 통한 수많은 사람의 치유가 아카식 기록을 봄으로써 이루어졌다고 하였고, 이 외에도 다수의 영적인 사람들이 아카식 기록에 대하여 언급하고 있다. 이러한 점을 고려할 때, 엘 로드의 반응은 우리가 기적(氣的)으로 아카식 기록에 접근하는 하나의 방법이라고 할 수 있을 것이다.

우리의 모든 생각까지 기록되고 그것을 판단하는 우주적 기준이 존재한다는 것은 상대주의에 젖어 절대적인 존재와 절대적인 선과 악을 부정하는 많은 현대인에게 종교의 의미를 새삼 되새기게 한다. 이와 아울러 자비, 사랑, 용서, 화해와 같은 단어를 생각하는 것만으로도 좋은 기운이 몸에 와 닿는다는 것은 우주의 절대적 기준이 무엇인가를 유추할 수 있게 해준다.

③전생, 현생 그리고 후생.
의식수준은 많은 사람들의 경우 일생동안 크게 변화하지 않지만 일부 사람에게는 어떤 특별한 계기나 수련 등을 통하여 크게 높아지기도 한다. 주목할 것은 개개인은 태어날 때 제각기 다른 의식수준을 가지고 태어난다는 것이다. 정치 지도자 중 의식수준이 극히 낮은 히틀러나 스탈린은 태어날 때 이미 매우 낮은 의식수준을 물려받았고, 많은 영적 지도자들은 태어날 때 이미 높은 의식수준을 물려받았다. 이러한 의식수준의 존재는 윤회론적인 세계관과 가장 잘 부합된다.

첫째, 전생을 기억하는 어린아이들이 다수 존재한다. 보통 10세 미만의 어린이로서 보통의 방법으로는 도저히 알 수가 없는 자세한 전생의 기억을 가지고 있고 또 실제로 조사한 결과 정확하게 맞는 경우인데, 인도 '샨티 데비'라는 소녀와 일본의 '가츠고로'라는 아이의 사례는 세계적으로 유명하다.

둘째, 최근 연령 퇴행 최면에 의하여 피시술자가 전생을 기억해내는 경우인데 별로 유명하지 않은 사람으로 살았던 생을 자세히 기억하고 그 기억이 사실이라는 것이 실제 조사에 의하여 확인된 경우가 다수 존재한다. 특히 1956년의 브라이디 머피(Bridey Murphy) 사건은 매우 유명한데 미국 콜로라도 주 푸에블로 시에 사는 모리 번스타인(Morey Berstein)은 루이 시몬스라는 여자에게 최면을 걸어 그 여자가 전생에 브라이디 머피였음을 기억해내게 했다. 그녀는 19세기 아일랜드에서 자신이 살았던 장소, 특정한 사건, 화폐 제도, 농작물, 문화. 서적 등에 대한 수많은 기억들을 가지고 있었는데, 조사 결과 그 기억들이 모두 정확한 것으로 판단이 났던 사건이다. 최면에 의한 전생 기억은 최근 국내외적으로 언론에서 이따금씩 보도되고 있다.

셋째, 사망진단을 받았다가 소생한 사람들의 체험, 즉 임사체험(臨死體驗, near-death experience)의 사례들인데, 대다수의 임사체험자들은 공통적으로 다음과 같은 체험을 이야기한다. 먼저, 자신이 육체적으로 죽었음을 인식한 후 잠시 동안 평화롭고 유쾌한 기분을 느낀 다음 터널을 통과하여 어떤 빛의 존재를 만난다. 다음에는 자신의 인생을 되돌아보는 기회를 갖고 이승으로 돌아오기 싫은 기분 속에서 다시 돌아온다. 이들 임사체험자들은 윤회하는 삶의 의미를 깨닫고 임사체험 전(前)과는 완전히 다른 삶을 살아간다고 알려지고 있다.

넷째, 에드가 케이시(Edgar Cayce, 1877~1945) 같은 초능력자들은 자기 자신의 전생뿐만 아니라 타인의 전생을 읽는 전생영독(前生靈讀, life reading) 능력을 가지고 있는데 케이시는 수많은 사람들의 전생영독을 통하여 그들의 병을 치유하였을 뿐만 아니라 카르마의 패턴을 찾아냈다. 이밖에도 신동(神童)이라고 불리는 어린이들(예를 들어 모차르트)의 존재도 윤회를 생각하지 않으면 이해되기 어렵다. 또 명상 중에서 전생을 보는 경우들은 어렵지 않게 발견되지만 윤회의 증거로서의 가치는 상대적으로 약하다고 할 수 있다.

이상에서 살펴본 전생에 대한 증거들은 산재되어 있고 상당수의 경우 다른 방법에 의한 설명이 거의 불가능한 증거들이다. 이러한 전생의 존재를 인정할 때 엘 로드를 통하여 측정되는 수치는 인간의 수련 정도 또는 영적 수준이라고 생각할 수 있으며, 인간은 모두 완성(=1,000)을 향해 나아가는 수련자들임을 이해할 수 있다.

④주문(呪文)과 절대적 존재에 대한 귀의(歸依)를 통한 치유 가능성.
엘 로드를 이용한 실험 중 비교적 쉽게 반응이 나타나는 것은 주문을 소리 내어 외는 경우다. 이때는 강력한 펼침 반응을 볼 수 있는데, 수맥파가 강하여 엘 로드가 접혀져 있는 경우에도 그러한 접히는 힘을 이겨내고 다시 펼쳐짐을 목격할 수 있다. 뿐만 아니라, 우리가 종교적인 대상 또는 영적 지도자를 생각하는 경우에도 같은 현상을 발견할 수 있다. 불교의 석가모니 부처님, 기독교의 예수님 등을 생각하면 강한 펼침 반응이 나타나고 국조(國祖) 단군 할아버지를 생각해도 강한 기운이 우리 몸에 닿는 것을 발견할 수 있다.
최근 나오는 해외의 임상실험 보고서들은 종교를 믿는 사람이 그렇지 않은 사람보다 치명적인 병에 대하여 치유되는 확률이 높다는 사실과 일반적으로 병의 치유에 있어서 강렬한 정신집중이 매우 중요하다는 것을 밝히고 있다. 또한 우리는 이따금씩 치명적인 질병을 앓는 말기 환자가 오로지 종교적인 대상에 몰입함으로써 병에서 치유되는 현상을 목격하기도 한다. 이러한 사실들에 대한 원인 규명은 아직까지 거의 이루어지지 않지만 엘 로드 실험 결과와 관련지어 해석될 수 있다.
이 책에서는 이제까지 엘 로드의 반응을 근력의 변화라는 측면에서 해석하고 있지만 다른 신체적인 변화 없이 근육의 힘만 강화 또는 약화된다는 것은 가능성이 크지 않을 것이다. 어떤 자극을 받아 근력이 강화될 때는 아마도 신체의 전반적인 기능이 일시적으로나마 향상

될 가능성이 있으며, 반대로 근력이 약화될 때는 전반적 기능의 약화가 일어날 가능성이 있다. 이러한 가능성이 사실이라면, 환자가 종교적 대상에 계속 몰입하는 경우 신체의 자연치유력이 극대화되어 기적적으로 치유되는 결과가 초래될 수 있다.

엘 로드의 작용 원리

이 책에서는 그동안의 운동역학에 대한 실험 결과에 근거하여 엘 로드의 작용 원리를 규명하고자 하였는데, 그 원리는 다음과 같이 요약된다.

이 세상의 모든 생명체들은 외부로부터 자극을 받으면 반응하고 우리 인간도 그러하다. 우리가 해로운 자극에 노출되면 인체 근육의 힘이 약화되고, 반대로 유익한 자극에 노출되면 근육의 힘이 강화된다. 이러한 자극은 식품 등의 물질적인 것일 수도 있고 정신적인 것일 수도 있다. 물질적인 자극, 즉 우리 몸이 어떤 물질과 접촉하는 경우 우리 몸이 바로 유해 여부를 판단하고 반응이 나타난다. 정신적인 자극은 두 가지로 나눌 수 있는데, 우리가 이미 알고 있는 지식과 일치하거나 반대되는 지적 자극에 노출되면 우리 몸이 바로 판단하여 근육반응이 나타난다. 이와 달리, 우리가 모르고 있는 지적 자극에 노출되면 인당혈을 통한 외부와의 교신으로 유해 여부가 판단되고, 그 결과 근육반응으로 나타난다.

이 연구는 또한 다양한 자극들에 대한 엘 로드의 반응을 살펴봄으로써 이제까지 가능하리라고 생각하지 못했던 우주의 정보까지도 이용할 수 있음을 밝히고 그 의미를 조명하고 있다. 우리가 어떤 생각을 하면 우리의 신체가 즉각 반응한다는 것은 우리의 생각에 따라 우리의 몸이 변한다는 것을 의미한다. 다시 말해 우리의 몸과 마음이 분리된 것이 아니라 마음이 몸을 지배한다는 것을 의미한다. 이것은 최근

각광을 받기 시작한 대체의학(代替醫學)의 대전제를 뒷받침해주는 것이라고 할 수 있다. 뿐만 아니라 사랑, 자비 등에 대한 생각만으로 우리 몸이 건강해지고 그 반대되는 생각만으로 우리의 몸이 약해진다는 사실은 창조주가 바라는 우리 인간의 삶이 어떠해야 하는가에 대한 해답을 준다.

이제까지 우주의 비밀은 고도의 정신수련을 하였거나 특별한 계기로 영적인 체험을 한 사람에게만 보이는 것으로 생각되어 왔고, 대부분의 사람들은 그러한 사실 또는 가능성조차 인정하지 않고 매일 매일을 살아가고 있다. 하지만, 이 책에서 설명한 방법을 통하여 상당수의 사람들은 새로운 우주의 진리를 접할 수 있을 것이고, 이는 삶에 대한 새로운 깨달음으로 이어질 수 있을 것이다. 우리의 인생은 수련장이며 인생의 목적은 영적 진화, 그리고 그 진화는 사랑, 자비, 화해, 보살핌, 조화 등을 통해 성취될 수 있음을 알게 될 것이다. 당연히 이 글의 진실성에 대해서도 엘 로드를 이용하여 조사할 수 있다!

제2장

풍수지리의 이론

맥(脈)의 발원

세상은 기(氣)로 이루어졌다는 것을 기초 편에서 소개했다. 누구나 땅은 무생물인 것으로 알고 있을 것이다. 필자도 풍수지리를 공부하기 전에는 그런 것으로 알고 있었다. 그런데 땅은 살아 숨 쉬고 있는 것이다. 살아 숨 쉬면서 땅을 딛고 살아가는 모든 생명체에게 영양분을 공급하면서 살아갈 수 있도록 터를 마련해 주고 있다. 땅은 사람으로 비유하자면 살 같은 흙이 있고 뼈 같은 돌이 있으며 신경 같은 맥이 있다. 사람의 신경 맥(脈)은 머리를 중심으로 각 곳으로 골고루 퍼져 있듯이 땅에도 지맥(地脈)이라는 것이 발원지를 중심으로 각지로 퍼져 있다.

우리는 맥이 백두산에서 백두대간을 거쳐 전국으로 퍼져 있는 것으로 알고 있었다. 지금까지 우리나라 산천의 발원처는 백두산인 줄만 알고 있었을 것이다. 소위 백두대간이라고 불리는 능선에서 분맥(分脈)되어 여러 방향으로 산맥이 분지되어 갈리는 줄만 알았을 것이다. 백두산은 우리나라 최북단에 위치하고 높은 곳이어서 한반도 맥의 발원처인 줄로만 알았을 것이다. 필자도 그렇게 믿어왔다.

그러나 산천을 돌아다니면서 파악한 결과 맥은 한 지역에서 자생하여 그룹을 이룬다는 것을 알게 되었다. 예를 들면 계룡산의 맥은 황적봉이 발원처이고 속리산은 문장대가 발원처이고, 경주 토함산은 토함산이 발원처가 되어 맥을 사방으로 공급하며 지원하고 있다. 지리산의 발원처는 노고단, 태백산은 각화산이 발원처인데 멀리까지 진행하여 산꼭대기에 대혈인 돌혈을 맺었다. 강화도의 발원지는 마니산 첨성대가 있는 곳이다.

발원지는 결코 높은 곳에만 있는 것이 아니고 낮은 야산에도 있으며 발원지는 웅장한 바위로만 되어 있는 것이 아니라 부드러운 토산도 있다. 발원지가 높고 웅장하다고 힘이 좋고 열매(혈처)를 많이 맺고 큰 열매를 맺는 것이 아니며 발원지가 토산이고 낮은 야산이라도 수량이 많고 큰 열매를 맺기도 한다. 어느 곳은 발원지가 토산인데 혈이 맺히는 현무봉은 바위로 된 산도 있으며, 발원지가 석산인데 현무봉이 흙산인 곳도 있다. 시중의 서적에는 태조산이면 석산이고 웅장한 것으로만 표현되어 있다.

발원지는 전기를 생산하여 각지로 보내는 발전소와 같다고 본다. 필자가 전국 각지의 발원지 위치를 밝히지 못하는 것은 맥의 손상을 염려하는 것이니 독자 여러분은 이해하시기 바란다.

참고로 아래에 맥의 손상과 결과에 대한 예를 기록해두었다. 아래에 강화도 마니산과 북한산을 예로 든 것은 국립공원이라 국가에서 관리하는 곳이므로 손상이 없을 것으로 보기 때문이다. 그래도 혈처의 위치는 밝히지 않는다.

강화도 마니산

강화도는 육지에서 맥이 건너간 것으로 알고 있었으나 섬 자체의 마니산에서 맥이 발원되어 7개소에 열매를 맺었다. 회색빛의 바위산이지만 맥이 내려가는 등산로 일부에서 황토색의 맥토가 보이고 있다.

　양택지 2개소는 근래에 건물이 지어졌고 양택지 1개소와 음택지 4개소는 비어 있다. 마니산에 자주 올라 향로 앞에서 머물다 내려오면 좋은 기운을 받게 될 것이다. 등산이 좋기는 하지만 기왕이면 기가 분출되는 곳에 오르면 효과는 더욱 좋을 것이다.
　낮은 곳의 야산은 훼손을 우려하여 위치를 나타내거나 지번을 기록하지 못한다. 어떤 발원처는 1개의 열매를 맺기도 하지만, 어떤 발원처는 몇 십 개의 열매를 맺기도 한다. 발원처에서 양 방향으로 나뉘어 나아가기도 하고, 여러 방향으로 나아가기도 하고, 한 방향으로만 나아가기도 한다. 발원처 아래에 열매를 맺는 것도 있고 멀리 나아가서 맺는 것도 있다. 한 가지에 주렁주렁 열리기도 한다.
　풍수지리 서적에 태조산, 중조산, 소조산 등으로 표기하여 태조산은 거칠고 위압적인 것으로 표현하였다. 필자가 발원처를 확인한 것을 보면 돌 하나 없이 부드러운 곳도 있었다. 시중에 나온 풍수 서적은 중국 서적을 표절하고 다른 사람이 저술한 서적을 참고하여 짜깁기한 것이 많다. 이것이 완전히 잘못되었다고 여기지는 않는다. 물론 필자도 시중에 나온 서적으로 공부를 했고 지금까지 여전히 참고하기도 한다.

북한산

발원지의 생기(生氣) 강도는 흙산보다 바위산이 셀 줄 알았는데 막상 측정해보니 바위산이라고 해서 더 세지 않았다. 멀리까지 나아가서 많은 열매를 맺지는 못했다. 곳곳에 터널을 뚫고 맥을 절단해서 맥이 잘린 데 원인이 있다. 북한산에 있는 초대혈 한 곳만 확인이 됐고, 한 곳은 맥이 잘렸고, 한 곳은 철조망으로 둘러쳐져서 접근할 수 없었으며, 한 곳은 사찰이다.

서울 강북구 우이동, 열매 4개

맥(脈)의 발원 103

많은 열매를 맺지 못했지만 오르내리는 많은 사람들에게 사랑을 받는 산임에는 틀림없다. 아쉬운 것은 맥이 지나는 곳이 많은 등산객의 왕래로 인하여 훼손되고 있다는 사실이다. 국가에서 접근을 막을 것이 아니라 보호대를 설치하여 더 이상 훼손되지 않았으면 좋겠다. 북한산 발원지에서 맺은 열매는 현재 5곳이지만 도로 개설로 인하여 큰 열매가 훼손되지 않았더라면 국가 발전에 지대한 영향을 미쳤을 것인데 아쉽기 이를 데 없다.

<현재 우리가 알고 있는 국토의 맥 지도>

맥(脈)의 진행

맥은 능선을 따라 흐르는 것이 일반적이다. 맥선은 좌우에 보호사를 대동하고 진행하는 것이 보편적이며 보호사가 멈추면 맥선에서 새로운 보호사를 내어 맥선을 보호하도록 한다. 이것은 모두 바람을 막기 위한 것이다. 맥은 진행하다가 보호를 받지 못하면 낮은 곳으로 내려가서 개울을 건너기도 한다. 이때 높은 능선이 보호사가 된다. 맥은 철저히 보호를 받으면서 나아가다가 바람을 막아주는 곳이 있으면 그곳에서 멈추어 뭉치게 되고 따라온 원진수가 에워싼다. 아래에 능선 아닌 곳으로 지나는 맥을 소개한다.

맥이 흐르는 용맥은 부드러운 능선도 있지만 거친 능선도 있다. 부드러운 능선은 가까운 곳에 열매를 맺기도 하지만 거친 용맥은 진행하여 열매를 맺기 전에 부드럽게 변한다. 이것을 풍수 용어로 박환이라고 한다.

맥이 흐르는 용맥

(예1) 맥이 평지를 지나고 있다

충남 서산시 인지면 산동리

　이곳은 맥이 들을 지나고 개울을 건너서 지나가는 곳이다. 맥이 들을 지나는 곳을 천전협(穿田峽)이라 하고 물을 건너는 곳을 도수협(渡水峽)이라고 한다. 논으로 개발되기 전에는 이곳이 좌우가 낮고 두툼했을 것이다. 길은 두툼한 곳으로 사람이 다니다가 현재는 포장을 하여 생활하기 편리하도록 했다.
　도수협은 넓은 곳도 있고 도랑처럼 좁은 곳도 있다. 아주 넓은 곳은 제주도로 건너가는 맥이 해당될 것이고, 좁은 것은 이곳처럼 하천을 건너가는 맥이 될 것이다. 경주에 있는 반월성으로 가는 맥도 하천을 건넌다. 반월성으로 가는 맥은 현재 재를 낮추고 인공적인 터널을 만들어서 절손되었다. 잘리기 전에는 하천에 노출된 바위가 누렇게 빛을 발하고 있었는데 현재는 누런빛이 퇴색되어 가고 있다. 어느 곳은 산골짜기의 계곡물이 흐르는 곳에도 있다.
　맥은 반드시 능선만 타고 흐르지 않는다. 어느 곳을 보면 맥이 도로를 지나 하천을 건너 봉을 세워서 맥이 가는 방향으로 봉이 머리를 숙인 곳에 열매를 맺었는데 맥이 높은 곳에서 오는 줄 알고 맥이 올라오는 쪽으로 봉 아래에 묘지를 조성한 곳도 있다. 이 묘는 과룡지처조장(過龍之處造葬)이 되는 것이다. 땅 속을 읽지 못하면 이와 같이 누를 범하게 되는 것이니 신중을 기해야 한다.

(예2) 맥이 개울을 건너다

경북 경주시 황용동

토함산에서 무장산 쪽으로 맥이 개울을 건너가는 모습이다. 일반인들은 고개가 가장 높은 추령 터널 쪽으로 맥이 건너가는 것으로 알고 있을지 모르나 실제로 맥은 황용동에서 개울을 건너 반대편 능선을 타고 오른다.

자연은 오묘하여 우리가 생각하지도 못한 현상이 발생하기도 한다. 맥은 반드시 높은 능선만을 타고 다니지 않는다는 것이다. 그렇기에 야산에서도 대혈이 맺히고 평지에서 대혈이 맺히기도 하는 것이다. 맥의 발원처는 높은 산에만 있는 것이 아니며 들판 한가운데 불끈 솟아서 한 개의 근원인 세력 군을 형성하기도 한다.

(예3) 맥이 도로와 구릉을 지난다

충남 서산시 인지면 남정리

팔봉산으로 가는 길목이다. 예전에 전답으로 개간되기 전에는 구릉으로 되어 있었고, 일부는 도랑이었을 것이다. 맥은 구릉을 지나고 도랑을 건너서 반대편 산 능선으로 올랐을 것이다. 지금은 논을 지나고 도로를 건너 산 능선을 오른다. 산맥은 능선을 타고 흐르지만 위와 같이 개울도 건너고 평지도 지난다. 여기서 흘러가는 맥은 팔봉산으로 가는데 가다가 양택과 음택혈 하나씩 낳고 팔봉산까지 가서 다시 봉우리에서 방향을 틀어서 양택혈을 만든다. 맥이 흘러 기봉하여 여러 곳으로 맥을 분산하고 자리를 만든다. 평지에 자리가 있는 것은 분산되어 나온 맥의 끝이다. 흘러가는 곳에서도 가끔 자리를 만들기도 하지만 일단은 봉을 세워서 기를 모은 다음 아래에 자리를 만든다. 주위에 보호사도 대동하게 한다.

이와 같이 혈처는 평지나 고산 지역이나 장풍지를 마련하지 못하면 맺히지 못한다. 자연적으로 혈처를 맺지 못해도 사람이 살지 못하는 것은 아니다. 사람은 일단 태어나면 운명이 정해지는데 생을 마칠 때까지 정해진 운명대로 살다가 간다고 본다.

그렇다면 왜 굳이 명당을 논하는가. 사람이 태어난 운명대로 살지만 명당에서 살면 좋은 기를 받게 되어 건강하게 살면서 맑은 정신으로 맑은 생각을 하게 되니 일이 잘 풀릴 수밖에 없다고 본다. 혈처가 아니더라도 맥을 피해서 아늑한 곳에 살면서 노력하면 명당 못지않게 잘 살 수 있다고 본다. 팔봉산으로 가는 맥은 부드럽고 호종 사격도 부드러워서 귀보다 대부를 낳는다.

(예4) 맥이 하천을 건너다

울진군 북면 상당리에서 덕구리로 넘어가면서 당연히 맥이 흐를 것이라 여기고 얼마나 큰 맥인지 우연히 확인을 해보았다. 그러나 맥은 흐르지 않았다. 얼마 후 다시 가서 확인해보니 역시 맥이 없었다. 그렇다면 아래에 있는 사계리, 소곡리, 신화리, 덕천리, 고목리, 후정리, 명도리, 봉평리, 온양리. 연지리에는 모두 무맥(無脈)이어야 하는데 몇 개월 동안 자리 찾기 공부가 허사가 되고 그동안 찾은 자리의 신뢰가 무

울진군 북면 하당리 근처

너지려는 순간이었다.

   하루 시간을 내어 개울을 오르내리면서 확인하니 상기 지점에서 맥이 개울을 건너고 있었다. 맥의 강도를 확인하니 대통령과 10여 명의 총리급, 20여 명 이상 장관급의 인물이 배출될 수 있는 큰 맥이었다. "맥은 강을 건너고 바다를 건너갈 수 있다."는 고서의 내용을 실제로 입증하는 순간이었다. 맥의 흐름을 파악하기 위하여 가장 높은 봉우리까지 올라서 맥이 흐르는 모습을 확인하였다. 이곳은 대단과협처(大斷過峽處)로 볼 수 있으며 맥이 흐르는 것 같이 보이는 능선은 보호사 역할을 한다는 사실을 알 수 있다. 다만 개울은 상부 골짜기에서 흐르는 물을 처리하려다 보니 자연적으로 물길이 되었을 뿐이다. 풍수지리를 육안으로만 어찌 판단할 것인가.

(예5) **용맥이 반대쪽 산으로 건너가고 있다**

맥이 논밭을 지나 개울을 건너고 있다. 용맥이 논밭과 개울을 건너서 반대쪽 능선을 오르고 있다. 좌우에서 영사(迎砂)가 호위하고 있다. 용맥이 반대쪽 산에서 내려와 논밭과 도로와 개울을 건너서 능선을 오른 후 위의 사진처럼 생긴 가는 능선을 타고 진행하고 있다. 봉(峰)의 정상에는 무덤이 하나 있는데, 맥이 능선을 타고 오는 줄 알고 맥이 가는 능선을 의지하여 터를 잡았다. 당연히 잘못된 것이다.

*위 맥에서 맺힌 혈
①한참을 내려와서 혈을 맺고 있다.

혈장 옆에 도로를 내면서 약간 노출된 부분에서 모습을 드러낸 혈.
이곳은 농로 옆이며 혈장은 손상이 되지 않았다.

맥(脈)의 진행   113

　개울을 건너기 전의 조산에서 오른쪽으로 돌아와서 오른쪽을 감싸면서 둥글게 안산을 이루었다. 용맥으로 농로가 되어 있으나 맥을 손상하지 않았으므로 생생하게 살아 있다.

　②혈처를 피해서 화장하여 묻고 비석을 세우다.

　아주 큰 혈이 맺힌 곳인데 화장을 하여 비혈지에 묻고 비석만 세웠다. 조안산이며 주위 사격이 아름답다. 5형제 중 둘째와 셋째 후손이 좌우로 정렬되어 있다.

현무 쪽에 농로를 내면서 손상된 모습. 맥토가 너무 아름답다. 높이가 1m 정도 되므로 맥이 완전히 절단되지는 않았다. 이곳에 흙을 덮어서 더 이상 손상되지 않게 하면 좋겠다.

③농로 옆에 전순이 손상되어 노출된 혈토

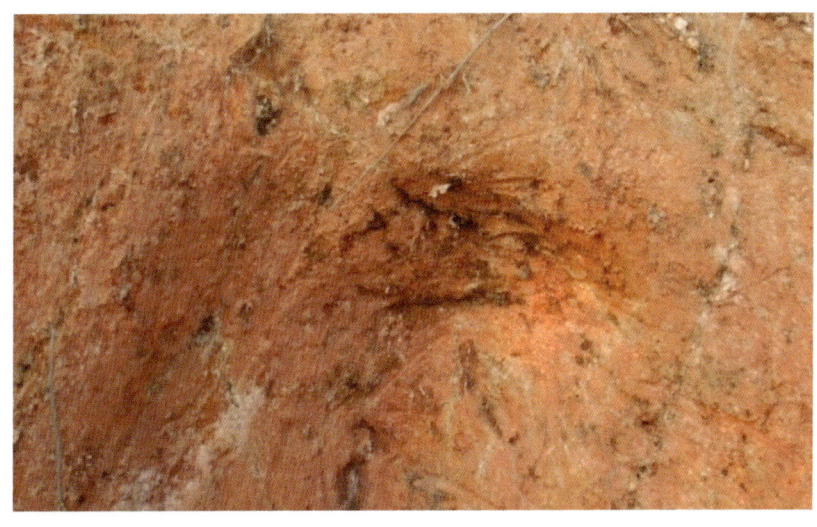

맥(脈)의 진행

이곳에 축대를 쌓고 와혈에 써도 될 것 같다.
버리기에는 아까운 자리다.

④공동묘지 끝자리

이곳까지 오면서 맥이 전혀 손상되지 않았다. 여러 기의 묘들이 있지만 묘하게 맥을 피해서 묘를 썼으며, 묘 뒤는 과수원인데 과수원에서도 훼손되지 않았고 과수원 경계 부분에서도 훼손되지 않았다. 작지만 알찬 곳이다.

개천과 도로를 건너온 용맥이 8개의 혈처를 만들었는데, 한 곳만 작지만 혈처에 쓰였고 한 곳은 농막을 지으려고 터를 닦고 있다. 이곳에서 마침 주인을 만나 혈장 범위를 가르쳐 주었다. 한 곳은 후손들의 무지로 혈장을 활용하지 못하고 있었다. 현재 주인을 기다리는 것이 다섯 곳이 있다. 언젠가는 복인(福人)이 나타나서 하나씩 쓸 것이다. 이 다섯 곳도 눈으로는 쉽게 느껴지는 곳은 아니다. 철저히 감추어 천장지비하였다. 그러나 자세히 살펴보면 일반 지형과 다르다.

(예6) 용맥이 묘지를 피하다

맥선-이 맥이 내려가서 대혈을 맺었다.

　맥이 혈처까지 달려오면서 묘지를 피하고 파묘 터도 피하고 있다. 맥을 보호하기 위하여 사람들이 무덤을 조성하도록 약간 평탄한 모양으로 지형을 변형시킨다. 이것이 자연의 오묘한 이치다. 맥은 가는 능선에서는 좌우로 움직이는 폭이 좁지만 넓은 능선에서는 좌우로 크게 흔들면서 내려온다. 탐지봉으로 넓은 능선의 가운데에서 맥을 확인하면 감지되지 않는 경우가 있는데 상기의 이유 때문이다. 그래서 혹자는 맥이 없다고 말하기도 한다. 맥의 폭도 넓어졌다가 가늘어지기를 반복하면서 흐르는데 혹자는 가늘어지는 곳에서 확인하여 맥이 약하다고 말하기도 한다.

　반면에 우연히 맥의 폭이 넓은 곳에서 확인하여 맥이 크다고 말하기도 한다. 맥의 강도는 맥의 폭의 대소를 가지고 평하면 안 된다. 우리 몸이 느끼는 정도를 갖고 평해야 한다. 강도를 측정하는 방법은 사람에 따라 다르겠지만 필자는 마찰이 없는 관룡자로 관룡자의 회전수를 세어 강도를 확인한다. 수년 동안 수련했는데 자연과 나의 주파수가 맞지 않으면 아무리 돌리려고 해도 관룡자는 돌아가지 않는다.

　능선이 조그마한 기복을 반복하면서 달려와 방향을 돌려 급하게 내려와서 과협을 크게 이루고 서서히 올라 둥그렇게 뭉친다. 둥그런 정상에서는 균형이 맞지 않아 자리를 잡지 못하고 방향을 돌려 오목한 곳에서 터를 잡는다. 책에는 당판이 기울어진 곳은 혈처가 아니라고 쓰여 있고, 오목하게 함몰되었으므로 사람들은 감을 잡지 못하는 것이다. 전형적인 와혈처럼 생겨서 와혈로 보아도 되지만 돌처에서 고개를 숙인 곳에 있으므로 돌혈로 보는 것이 맞겠다. 풍수지리에서 와, 겸, 유, 돌로 구분하는 것은 혈이 맺히는 조건에 터의 형기적인 모양을 보고 나누는 것에 불과한 것이다. 공통적인 것은 맥이 달려오다가 바람을 피하든지 스스로 막든지 하고 균형이 맞는 곳이 있으면 자리를 잡는 것이다. 그 모양새에 왈가왈부할 필요가 없다.

맥(脈)의 손상과 결과

　대한민국은 명당의 보고다. 높고 낮음을 불문하고 전국 각지에 골고루 분포되어 있다. 한 가지 아쉬운 것은 국토개발이라는 명분 아래 마구 파헤쳐지고 있다는 것이다. 일제 강점기 시대에 일본이 우리 국토의 맥을 자르려고 전국 명산 곳곳에 쇠말뚝을 박았다고 하는데 오늘날은 우리가 우리 손으로 맥 자체를 송두리째 들어내고 있는 것이다. 결국 무산되긴 했지만 이명박 정권 때는 문경 새재를 통째로 들어내려고 했으며, 전국을 쪼개어 여러 개의 섬으로 만들려고 했다.
　우리나라는 그냥 금수강산이 아니다. 혈처가 있으면 산천이 돌고 돌아 감싸면서 그림 같은 보국을 이루게 되는데 전국 곳곳에 골고루 나열되어 있어서 봉오리가 맺히고 꽃을 피운 것 같으니 어찌 금수강산이 아니랴. 우리가 잘 가꾸고 곱게 보존하여 후손에게 물려준 다음 영원토록 관리되도록 해야 한다. 자연적인 것은 원형이 유지되면서 영원토록 지속되지만 인공적인 것은 세월이 흐르면 망가지고 흉물스럽게 변해간다. 나무와 흙으로 된 것은 자연으로 복원되지만 시멘트와 돌로 된 것은 흔적을 남기게 된다.
　전국 각지에 맥을 자르려고 시도된 곳이 심심찮게 발견된다. 여자대학교 실습지라는 팻말을 입구에 세워 놓고 출입을 통제하면서 산을 들어낸 곳도 있고 도로 개설이라는 명분으로 자른 곳도 있고 석물 채취를 이유로 산봉우리를 들어낸 곳도 있다. 별다른 이유 없이 파헤쳐진 곳도 있다. 우리 모두 금수강산의 지킴이가 되어야겠다. 우리 땅은 우리만 이용하는 것이 아니라 우리가 빌려 쓰고 있는 것이므로 후손에게 고이 물려주어야 한다. 필자가 맥의 손상을 책에 싣는 것은 맥이 얼마나 중요하고 자연이 얼마나 소중한지를 알리기 위해서다.

(예1) 맥의 절단

경기도 가평군 가평읍 마장리

혈처에 가족의 납골묘를 조성했으나 뒷부분을 너무 깊게 절개하여 맥이 잘린 곳이다. 맥은 혈처에 가까워지면서 표면으로 노출되어 혈을 맺었다. 지형이 생긴 대로 조성해야 하는데 무지 때문에 대혈이 무맥지로 되었다. 다행인 것은 혈심에 정확하게 봉분을 조성하지는 않았어도 혈장 내에 조성되어 원진수의 피해는 받지 않게 되었다. 뒤에 맥이 절단되었더라도 혈장 중심에 정확하게 조성되었더라면 천기가 집중되어 귀는 없더라도 부는 얻을 수 있었는데 중심을 벗어나는 바람에 부마저 사라졌다.

이곳은 우리에게 교훈을 준다. 첫째, 묘지를 조성할 때 지형을 심하게 변형시키는 것을 자제해야 한다는 것이다. 묘지를 조성하는 것만으로도 자연 파괴인데 심한 손상은 자연 자체를 망가트리는 행위다. 그 결과 응분의 대가를 치르게 된다. 둘째, 묘지 조성은 지형이 반듯하고 균형이 잡히고 바람을 갈무리하는 곳을 선택해야 한다. 이런 곳은 맥이 없어도 천기라도 끌어 들일 수 있다. 물론 천기 혈터도 혈의 중심에 정확하게 써야 한다. 셋째, 풍수지리에는 대충과 대강은 없다. 막연히 그럴 것이다 하는 판단은 금물이다. 조그마한 지식으로 이렇게 하면 좋을 것이라는 식은 안 된다. 당장은 혼자 기분이 좋고 만족을 하겠지만 결과는 천지지간이다. 넷째, 세상에는 영원한 것이란 없다. 언젠가는 모두 자연으로 돌아가게 된다. 그때를 위해 석물 사용을 자제해야 한다. 석물이 꼭 필요한 곳은 사용해야 하지만 특히 둘레석은 하지 않는 것이 좋고, 사용하려면 빗물이 고이지 않도록 해야 한다.

(예2) 맥의 노출

전남 강진군 도암면 봉황리

흘러가는 맥이 지표면에 노출된 곳으로 조금만 파냈는데도 누런 줄이 선명하게 보인다. 다행히 이곳은 조금 파냈으므로 맥은 조금만 손상되었다. 도로가 2차선으로 이곳까지 와서 좁게 한 선으로 이어지는 곳인데 만약 한 선을 2차선으로 도로를 연장한다면 당연히 경사진 능선을 파내게 되어 낮게 흐르는 맥이 절단될 것은 눈으로 보지 않아도 뻔한 결과다.

만약 맥이 잘린다면 하나의 초대혈을 포함한 7개의 명혈이 사라지게 된다. 현재도 발원지에서 흘러가는 맥이 도로 개설로 잘리어 죽은 산이 되었는데 이곳마저 잘리면 치명적이라고 하지 않을 수 없다. 우리나라는 명당의 보고여서 가는 곳마다 명혈이 있으며 강한 기운을 발하고 있다. 명혈이 아니더라도 좋은 터에 근거를 두고 태어난 사람들이 많으니 세계적으로 머리가 뛰어난 민족이 아닐 수 없다. 명혈의 영향으로 인재가 태어난다면 세상이 달라질 것이다.

그러나 한꺼번에 너무 많은 인재가 태어나면 충돌로 잘못될 수 있으므로 하늘이 조절하고 있다고 본다. 사회 구조는 피라미드 형태라야 정상인데, 역삼각형이 되면 넘어져서 오히려 엉망이 된다. 국가를 운영하고 계획을 입안하는 사람들이 산맥의 논리를 조금이라도 이해하여 하나의 명혈이라도 더 지킬 수 있다면 대대로 빛나는 나라를 지키게 될 것이다. 모든 것은 사람이 중심이며 인재를 귀하게 여기는 나라가 발전하고 잘 살게 되는 것이다.

(예3) 잘못된 선택

뒷산에 전국 각지에 흩어져 있는 유골을 옮겨와 문중 묘지를 조성하고 이곳에 사당을 지으려고 건축을 하던 중 중단되어 잡초에 싸여 있다. 기초로 보아 ㄷ자 형태의 건물이며 혈심은 건물터 중앙이다. 묘지 조성 규모와 비석에 쓰인 내용으로 보아서는 잘 나가는 집안이었음에 의심의 여지가 없다.

충남 당진시 신평면 한정리 109-31

이 양택지에 터를 닦으면서 1차로 맥을 자르고 건물 아래를 파서 지하 시설물을 설치하려고 완전히 맥을 들어내었다. 현재 정황으로 짐작하건대 이 집안이 잘못되어 가고 있음을 알 수 있다.

많은 묘지 중에 좋은 터에 있었던 유골도 없지 않았을 것이다. 조상의 음덕으로 잘 사는 줄 모르고 자신이 잘 나서 잘 사는 것으로 착각에 빠진 결과가 아닌가 싶다.

요즘은 시대가 변하여 일부는 조상의 유골을 하찮게 생각하여 취급하고 일부는 미신화(迷信化)하는 경향도 있는데 필자는 이를 위험한 발상이라고 생각한다. 전국에 산재해 있는 혈처를 찾으면서 좋고 나쁜 묘지를 보게 되었는데 묘지 모양은 볼품없어도 혈처에 있는 묘지는 공통적으로 잘 관리되고 있었다.

아래에 있는 묘지는 위에서 거론한 묘지 중 일부분인데 봉분이 모두 어두운 빛을 띠고 있으나 유독 한 곳의 봉분만 잔디가 깨끗하게 잘 자라고 있었다. 확인해 보니 크지는 않지만 혈처이다. 계단식으로 묘터를 조성하면서 기운이 많이 소실되어 반감되었는데도 잔존하는 기운으로 봉분이 깨끗할 정도이니 온전한 상태에서는 어떻겠는가. 이 묘의 후손만큼은 생활이 괜찮을 것으로 추측해 본다.

사진은 석물을 사용하지 않고 봉분도 시신을 덮을 수 있을 정도로 낮고 둥글게 조성되었다. 맥이 내려가는 옆에 생기가 미치는 곳에 깨끗하게 관리되고 있다. 확인을 하니 6기 중 한 곳을 제외하고 5곳은 천기가 미치고 있었다. 천기가 미치지 않는 묘지는 묘지 뒤로 꼬리가 있다. 꼬리 없는 모양을 머리에 그리면서 확인을 하니 역시 천기가 모인다. 평평한 곳이지만 봉분에서부터 자연스럽게 경사를 주어 물 빠짐도 좋게 하였다. 터의 좌우에는 사성을 둥그렇게 조성하여 천기를 가두고 있다. 이곳은 장법이 얼마나 중요한지 알려주는 곳이다.

묘지를 본 날은 어버이날 다음날이었는데 묘지 앞에는 카네이션이 한 송이씩 놓여 있었다. 조상을 생각하는 효성도 읽을 수 있어서 마음이 흐뭇했다. 이런 마음이 있기에 생기가 응집된 곳을 얻을 수 있었고 이런 모양으로 묘지를 조성하도록 지도한 사람도 만날 수 있었다고 본다. 한 세상을 살아가면서 '좋아도 한 세상, 싫어도 한 세상'인데 굳이 모나게 살 필요가 있을까.

(예4) 맥의 손상

낮은 구릉이지만 용(龍)이 꿈틀대며 평지로 먹이를 찾아 내려오는 모습이다. 인간이 용의 머리를 기계로 짓이겨 놓았다. 보기 드문 대혈이며, 대부(大富)를 곡식 몇 포기와 바꾸었으니 지주의 다한 복을 어찌할꼬. 혈처에서는 혈토가 분가루처럼 되어 분가루를 깔아놓는 것 같다. 이곳은 국부가 나며 대학자가 연이어 나올(대) 수 있는 곳이다. 무지한 한 인간의 실수로 큰 보물을 깨뜨려 버렸다.

충남 당진시 신평면 금천리 113-60

(예5) 잘못된 선택

충남 당진시 신평면 금천리 산12-1

　절터이며 규모는 작지만 혈처에 정확하게 건물을 세웠었다. 절 앞의 옆쪽에 커다랗고 잘 지어진 생활공간이 있다. 이 건물은 절터를 호위한 원진수가 모여 지하에 물웅덩이를 이룬 곳에 지었다. 현재 주지는 떠나고 절은 헐리었다. 사진에서 장비로 긁은 절 뒤의 모습에서 보듯이 맥을 잘랐고 기운은 사라졌다. 맥이 잘리기 전에는 절이 번창했을 것이고 여유가 생기니 신자들을 수용하는 큰 건물도 세웠을 것이다. 그런데 맥도 잘리고 건물에 기거하는 사람들도 수맥의 영향으로 모두 떠나니 버틸 수 없었을 것이다.
　이곳은 혈처의 중요함을 새삼 일깨우게 하는 곳이다. 사람들은 스스로 노력하면 모든 것을 이룰 수 있을 것으로 생각한다. 착각이고 오만이다. 눈에 보이지 않는 무엇인가가 은연중에 도움을 주니 가능한 일이다. 검약하고 노력하면 작은 부를 이루지만, 큰 부(富)는 하늘이 내는 것이라고 했다. 조상이 돕든 집터의 기운이 작용을 하든지 분명히 도움 없이는 불가능하다고 여긴다. 이곳은 절을 처음 세울 때는 부처님의 인도로 혈처에 정확하게 절을 세울 수 있었지만 오만한 한 인간의 실수로 모든 것이 날아간 곳이다.

(예6) 맥의 손상

경북 상주시 화동면 양지리 산13-9

팔음산이 발원지이며 발원지인 시조산을 바라보는 회룡고조혈(回龍顧祖穴)이다. 맥이 내려오는 현상을 뚜렷하게 볼 수 있으며 분가루 같은 혈토가 사방에 흩어져 있다. 잘리기 전에는 왕후장상이 나올(出) 수 있는 대혈이지만 이제는 혈토만 뒹굴며 바람에 날리고 있다. 처음 팔 때는 기름이 흐르는 광채가 있었을 터이지만 이제는 푸석한 모습으로 변해 있다. 맥이 잘리는 곳을 보면 맥이 잘릴 당시 광채가 나는 흙이지만 잘린 후에 퇴색되어 있다. 무생물이지만 살아 있다는 증거이기도 하다.

사람들은 흙을 무생물인 흙으로만 생각하여 마구 훼손시키고 있지만 국가의 큰 재산을 손상시키고 있으며 국가에 이바지하는 동량을 죽이는 꼴이니 큰 죄를 짓는 행위가 될 수 있다. 혈처를 훼손하고 터를 닦은 곳은 건물을 짓지 못하는 경우가 많으며 지은 건물도 흉물스럽게 방치되는 곳이 많다. 원인은 알 수 없으나 결과가 그런 것이니 신중하게 생각하지 않을 수 없다. 개발을 위해 땅을 팔 때는 전문가의 도움을 받고 실행했으면 좋겠다고 필자는 생각한다. 생명은 끊어지면 살릴 수 없듯이 자연도 한 번 훼손되면 기운을 다시 불어넣을 수 없고 복구가 불가능하다.

(예7) 맥 절손

능선을 깎아서 맥의 기운이 줄고 도로를 내면서 다시 줄고 도로를 지나 어렵게 오른 맥이 공장을 지으면서 완전히 잘렸다. 지금까지 조사한 바로는 산맥을 자르거나 혈처를 들어내고 건물을 지은 곳이 망하지 않은 경우를 본 적이 없다. 사람들은 대수롭지 않게 미신적으로 취급하지만 결론은 분명하다. 맥이 흘러 뭉친 곳에서 경이로운 변화가 나타나는 만큼 훼손하는 곳에서는 반대로 좋지 않은 현상이 발생하는 것은 당연지사(當然之事)다.

세상 만물에는 음양이 작용하는데 지구에서도 음양이 작용한다. 남북으로는 지자기파가 흐르고 생물에도 음양의 기운이 있으므로 인간이 영향을 받아서 살아가고 있다. 지하에서 방출되는 파장이 층류로 방출되는 곳에서는 인간의 몸 속에 있는 피가 균일하고 안정적으로 온 몸을 돌기 때문에 산소와 영양소를 적소 적기에 공급하여 건강을 유지하고 뇌의 활동을 활발하게 한다. 맥이라는 것은 지중의 파장이 가장 안정적인 지층을 형성한 곳으로 방출되어 흐른다고 본다. 전자가 유도체를 타고 흐르고 물이 유로를 타고 흐르는 것처럼 말이다.

충북 충주시 노은면 법동리 산24, 법동리 507-5

맥과 혈은 사과나무에 비유하자면, 수분과 영양소를 뿌리에서 흡수하여 줄기를 타고 흘러 사과라는 열매를 맺는 것과 같다. 나무 중간을 훼손하고 뿌리를 자르면 나무가 죽는다. 맥과 혈도 발원처를 훼손하고 맥이 흐르는 지형을 자르면 죽게 된다. 그러므로 삼라만상이 살아 있지 않은 것은 없다. 다만 무지한 인간이 깨닫지 못할 뿐이다.

맥이 흐르는 능선을 가로질러 고속으로 흐르는 도수관을 묻었더니 도수관이 묻힌 이후부터 맥이 감지되지 않았다. 맥이 흘러 맺힌 명당에는 잡초 없이 잔디만 깨끗하게 자랐는데 맥이 차단된 후에는 바랭이를 비롯한 잡초가 무성했다. 맥은 강과 바다도 건너지만 그곳은 유속이 느리므로 영향이 없다. 이것으로 유추해 보면 맥은 지하에서 파장이 일률적으로 지질의 고른 입자를 관통할 때 고르게 집중되어 방출되는 것으로 보인다.

수맥도 같은 원리다. 지중에 지하수가 흐르면 파장은 지하수 층을 통과할 때 굴절을 일으키고 물이 흐르는 곳에서는 고운 입자가 씻겨가고 불규칙한 돌과 광물만 남게 되는데 파장은 지하수에 의하여 굴절되고 불규칙한 돌과 광물의 방해를 받아서 일정하지 않은 난류의 파장으로 방출된다. 이러한 파장이 생물을 관통할 때 동물의 경우는 피, 식물의 경우는 수분의 흐름을 교란시킨다. 모든 생물은 피와 수분이 산소와 영양소를 적기에 적소로 공급해야 하는데 수맥파의 교란으로 산소와 영양소가 적기에 공급되지 못하기 때문에 문제를 일으키는 것으로 생각된다. 지구상에는 7.8Hz의 주파수가 안정적인 주파수이며 생물이 나서 자라는 동안 7.8Hz의 주파수에 적응해 있으므로 갑자기 변화된 주파수는 문제를 일으킨다고 본다.

우리는 수맥과 지맥을 가볍게 보지 말아야 하며 특히 지맥을 중요하게 생각해야 한다. 좋은 기운을 방출하는 환경 조건을 갖춘 나라에서 사는 것을 행운으로 여겨야 한다. 국토개발을 입안하는 부서는 신중을 기해야 하며 하늘이 내려준 보물을 함부로 다루지 말아야 한다. 건축을 하더라도 수맥을 피해야 하고, 부득이하게 피할 수 없는 경우에는 수맥을 차단하고 건축을 해야 한다. 수맥을 차단하는 것은 난류의 파장을 층류의 파장으로 변화시키면 된다. 필자가 실험해 본 바로는 얼마든지 가능하다고 본다.

세상을 움직이는 것은 기(氣)인데 우리가 건강하고 활기차게 살기 위해 좋은 기운을 모으는 건물을 설계하고 지으면 결과적으로 생활하는 환경이 좋아져서 활기찬 삶을 살 수 있다.

(예8) 묘지를 맥상에 조성

전북 임실군 성수면 성수리 산57

능선이 급하게 내려와 수평을 이루는 곳에 6기의 묵묘가 있는 곳이다. 경사지 아래에 있는 묘지는 맥이 무덤을 피했지만 아래에 있는 2개 무덤은 피하지 못했다. 혈처에서 뒤로 두 번째 묘는 맥이 사선으로 관통했고, 아래 무덤은 천광을 하면서 완전히 긁어 버렸다. 맥이 손상되지 않았더라면 대혈 중 소급은 될 터인데 현재는 총리급 2명과 장관급 2명만 나올(出) 수 있는 곳으로 전락하고 말았다. 일부 사람들은 맥상에 묻혀도 발복(發福)을 받는다고도 하고, 혈처에 발만 담가도 조금은 발복을 받는다고들 하지만 그것은 잘못 알고 있는 것이다. 자리에서 아님을 증명하고 있는 것이다.

어느 자리에서는 머리만 혈장에 있는 곳도 있고 발만 혈장에 있는 곳도 있다. 모두 묵묘들이었다. 혈장의 중심에 정확하게 들어야 하며 혈장을 벗어나면 금세 폐절이 되고 관리되는 묘를 본 적이 없다. 풍수 서적에서도 과룡지처(過龍之處) 조장은 삼대 내 절향화라 했다. 이 말은 맥이 흐르는 맥상의 묘는 삼대 내에 절손(絶孫)이 된다는 말이다. 간혹 맥이 흐르는 곳에 천기혈이 맺히는 경우가 있는데 이곳은 맥이 천기혈을 둥글게 감싼 후 내려오기 때문이다.

(예9) 맥 손상

전북 진안군 부귀면 오룡리 산26-4

전북 진안군 부귀면 오룡리에는 5개의 대혈이 있다. 필자의 생각일지는 몰라도 옛날 선지자가 지명을 지을 때에 이곳에 다섯 개의 명혈이 있음을 알고 오룡(五龍) 마을이라고 했을 것 같다. 풍수지리서에서는 흐르는 산을 용(龍)이라고 하며 맥이 흐르는 산줄기에는 반드시 명당이라는 혈이 맺히는데 명당이 맺힌 맥이 다섯 개가 있어서 오룡리라고 했을 것 같다.

　정읍에는 구룡리라는 마을이 있는데 이곳에도 명혈이 9개가 있다. 두 곳 모두 아직까지 생지로 존재하고 있으며 다만 오룡리에는 한 곳이 무지한 인간에 의하여 파괴되었다. 위에 있는 사진에 나타난 곳인데 마침 필자가 답산(踏山)한 날은 비가 내리고 있었으며 다른 곳에서는 신발에 흙이 붙었으니 파괴된 혈처에서는 신발에 흙이 붙지 않았다.

　혈처에서 나오는 흙은 혈토라고 하며 비석비토(非石非土)라 하여 돌도 아니고 흙도 아니라는 말이다. 캘 때는 돌처럼 덩어리인데 손으로 비비면 분가루처럼 된다. 색채는 책에 오색토(五色土)라 하여 신비화시키고 있으나 지역에 따라 다르며, 어느 지역은 붉은 색, 어느 지역은 회색, 어느 지역은 여러 가지 색이 섞인 곳도 있고, 어느 곳은 황토색에 붉은 팥을 섞은 것 같은 색깔을 띤 곳도 있다.

　어느 지역에 가면 맥이 잘린 곳에서 비만 오면 앙금이 씻겨 흘러 낮은 곳에 고인 것이 핏물처럼 보이는 곳도 있다. 도로를 내면서 잘린 맥을 보면 잘릴 당시는 선명하고 밝은 빛을 띠고 있으나 시간이 지남에 따라 퇴색되어 빛을 잃어간다. 기가 죽어 생기를 잃어가는 것이다. 맥이라는 것은 발전소에서 생산한 전기가 전선을 타고 각 곳으로 흘러가듯이 산 능선을 타고 각 지역으로 흐른다. 전선이 끊기면 전기가 흐르지 못하듯이 맥도 능선이 잘리면 흐르지 못하고 죽게 된다. 이곳 오룡리에 있는 혈처의 강도는 잘린 곳을 빼고 모두 같은 강도를 지니고 있다. 대단한 자리인데 사람들이 모를 뿐이다. 어쨌든 손상이 염려되어 현장 사진과 지번을 공개하지는 못한다.

(예10) 맥 절단 결과

　반대쪽 산에서 산세를 살피다가 발견한 곳이다. 능선 끝에 있는 바위를 조각해 부처를 만들었다. 가까이 가서 보니 석재를 채굴하는 현장이다. 규모가 컸던 걸 같은데 절은 온 데 간 데 없고 흔적만 남았다. 암반을 캐내어 실어 나르는 중이었다. 돌의 색깔이 검은 것들 중에 부처가 있는 곳만 누런색을 띠고 있다. 기운을 확인하니 현재는 기운이 없다. 뒤의 내룡(來龍)을 살피니 도로 개설로 인해 맥이 잘린 상태이다.

경남 함양군 마천면 창원리 산41-3

맥이 잘리기 전의 기운을 확인하니 큰 대혈에 속했으나 이제는 맥이 전혀 감지되지 않았다. 사찰도 일종의 영업이므로 기운이 있던 곳에서 기운이 사라지면 신자들의 발길이 끊기니 절을 유지하기 어렵게 되어 폐허가 된다. 사람도 동물이므로 동물적인 본능에 의하여 마음에서 거부하니 발길이 끊기게 된다. 꾸준히 유지되는 유서 깊은 사찰은 모두 대웅전이 혈처에 정확하게 세워졌기 때문이다. 건축 당시에는 규모가 컸던 사찰이 오늘날 주춧돌의 흔적으로만 남아있고 석탑만 쓸쓸히 빈터를 지키고 있는 경우는 모두 흉지에 세워졌기 때문이다.

　근래에 규모를 크게 하여 신축된 절이 현재는 영업이 잘 되는 것처럼 보이나 역사적인 자취로 비추어 볼 때, 세월이 지나면 서서히 흔적만 남게 될지도 모른다. 혈처가 얼마나 중요하며 맥의 손상이 얼마나 치명적인가를 볼 수 있는 좋은 산교육장이다. 우리나라는 명당의 보고인데 무지한 정책 입안자들에 의하여 무참하게 맥이 잘리고 있다. 안타까운 일이 아닐 수 없다. 소중하게 다루고 가꾸어 영원무궁토록 후손들에게 물려주어야 한다.

(예11) 부석사의 맥 확인

　부석사를 풍수적으로 고찰하고자 한다. 무량수전이 있는 터는 대단한 명당이며 건물도 혈장 내에 정확하게 지어졌다. 맥은 소백산 비로봉이 발원지이며 위이 기복을 반복하면서 달려와 바위로 둥글게 병풍을 두르고 병풍 가운데에 자리를 잡았다. 당시 의상대사의 혜안을 엿볼 수 있는 대단한 작품이다. 전국의 이름 있는 고찰을 살펴보면 대부분 명당에 자리하고 있다. 당시 대사는 법문에만 통달한 것이 아니라 천문지리에도 대가들이었음이 틀림없다.

부석사 무량수전 안내판

이곳에서 대단히 아쉬운 것은 맥이 잘렸다는 사실이다. 이제는 맥기(脈氣) 자체를 느낄 수 없다. 우매한 인간이 편리를 위해 도로를 만들면서 맥을 자른 것이다. 필자는 이곳의 맥을 측정하면서 슬픈 감정이 몰아쳐 가슴이 미어짐을 억지로 참으며 자리를 떠나 맥이 잘린 곳으로 향한다. 마구령에 도로를 내면서 맥이 잘렸다. 이곳으로 큰 맥이 흐르고 있었으며, 이곳의 좌우에 큰 산 줄기가 있으나 이것들은 이 맥을 호위하는 보호 능선들이다.

도로를 만드는 것은 사람들의 편리를 위해 필요한 일이지만 일반 사람들은 맥이 흐른다는 것을 알지 못한다. 만약 맥이 흐른다는 것을 알고도 이곳으로 도로를 만들었을까. 그러나 지도를 살펴보면 지도에는 능선이 지나는 곳에 마구령 표시가 되어 있지 않고 조그마한 지각에 불과한 이곳에 마구령 표시를 한 것으로 보면 지명을 표기한 사람은 우연의 일치인지는 몰라도 이곳으로 맥이 흐른다는 것을 알고 있었을지 모른다. 눈으로 보이는 영(嶺)이 아니라 맥이 흐르는 곳을 넘는 능선을 영(嶺)으로 나타낸 것이다. 필자는 당연하다고 생각한다. 흐르는 맥에서 많은 열매가 열렸었는데 이제는 모두 사라져 버렸다. 덩치만 커다란 흙과 바위로 변한 것이다.

이곳을 살펴보면 도로 좌우에 나타나 있는 흙의 색깔이 다르다. 맥이 내려오는 곳은 누런 황금빛을 발하고 있으나 반대쪽에 있는 흙의 색깔은 거무틱틱하고 희뿌옇다. 맥이 잘리지 않았다면 기록을 하지 않겠으나 맥이 잘렸으므로 기록한다.

부석사에서 불공을 드리면서 머무는 동안 좋은 기운을 받아 몸에 축적하여 나라에 필요한 많은 동량을 잉태했을 터이지만 이제 부석사는 역사를 간직한 채 사연만 전할 뿐이다. 이제 맥은 잘렸지만 천기만이라도 축적하게 하여 이곳을 찾는 많은 사람들이 편안하게 머물다 가기를 바라고 영원히 보전되기를 염원할 뿐이다.

부석사 무량수전 터는 급경사 위의 평평하고 오목한 곳에 자리 잡았다. 천하 대혈이었으나 기운이 없는 곳으로 변한 곳이다. 지금이라도 천기만이라도 모아 아늑한 분위기를 만들었으면 한다. 무량수전 뜰의 가장자리에 담장을 설치하고 석등의 위치를 조금 옆으로 옮겨 출입구를 가리면 담장 내에 흩어진 천기를 모을 수 있다. 혈이 맺혀 맥기가 계속 공급되면 일정한 범위 내에는 생기(生氣)가 충만하여 사람들에게 좋은 기운을 공급하지만 맥이 차단되면 모든 생기가 흩어진다.

부석(浮石)

위와 같은 조치를 하면 맥에서 공급되는 생기 대신 공중에 흩어진 생기의 기운을 모아 가둘 수 있어 맥에서 방출되는 생기보다는 약하지만 안정된 생기의 순환으로 사람들에게 이로울 것이라고 본다.

사람도 동물이기 때문에 본능적으로 좋은 느낌을 받게 되어 한 번 오면 다시 오고 싶은 마음이 들게 되는 것이다. 생기가 충만한 가게가 잘 되는 이유도 여기에 있다고 본다. 훼손되어 없어진 맥 전달 물체를 복원하기는 어려워도 인위적인 수단으로 천기를 모을 수 있으므로 꼭 시도되었으면 좋겠다.

(예12) 계획적인 맥 절단 행위

맥으로 봤을 때 호미곶면 구만리에 대통령급, 총리급, 장관급을 낼 수 있는 자리가 있는데, 석산을 개발한다는 명분 아래 맥을 자른 현장이다. '덕성여자대학교 실습림'이라는 푯말을 달아 놓고 맥을 자르고 있었다. 여학생이 석산 파내는 것을 실습한다는 것은 도저히 납득이 되지 않는다. 대통령이 녹색성장이라는 허울 좋은 명분 아래 4대강을 죽인 것과 무엇이 다른가. 이곳은 맥을 자른 일부분에 지나지 않지만 국토의 동맥인 문경새재를 자르려고 했으니 생각만 해도 끔찍한 일이 아닐 수 없다.

　지금 많은 우리 국민들은 풍수에 대하여 신뢰하고 있지 않으며, 풍수지리를 믿던 사람들과 시대가 지나고 나면 국토의 많은 부분이 훼손될 것으로 본다. 풍수지리(風水地理)는 바람과 물과 땅의 관계를 연구하는 학문인데 귀신이나 섬기는 행위를 하는 것으로 생각하고들 있으니 참으로 어이없는 노릇이다.

　입구에는 이런 문구를 세워놓고 산맥을 파헤치고 능선을 자르는 것이 자연보호인지 묻고 싶다.

　도로 곳곳에 쌓아 놓은 쇄석들이 모두 돈인데, 쇄석들이 도로 곳곳에 쌓여 있고 5m 폭의 긴 도로에도 두툼하게 쇄석들이 깔렸다. 도로 곳곳에 핏자국처럼 붉은 맥토의 흔적이 남아 있기도 하다. 필자는 이곳이 석산개발만의 목적은 아니라고 생각한다. 퍼석퍼석한 돌이 대부분이며, 경석은 일부분에 지나지 않는데, 아까운 경석을 도로에 풍성하게 깔고 그것도 모자라서 도로가에 쌓아 놓았다. 물론 눈이 올 때를 대비할 수도 있다지만, 차에서 하차한 모양 그대로였다. 그동안 전혀 사용한 흔적이 없다. 공사 현장에는 고가인 굴삭기는 물론 트럭과 장비가 그대로 방치된 채 녹슬고 있다. 어느 누구의 사주를 받지 않고 돌만 캐냈다면 공사를 하고 철수하면서 당연히 고가의 장비들을 처분했을 것으로 본다.

(예13) 맥이 잘리고 있다

이곳을 지나는 맥 뒤에는 국가의 동량을 잉태할 대혈이 4개가 있다. 도로를 개설하려고 산허리를 자르고 있다. 현재 공사의 진척도를 보면 공사가 중단된 것 같다. 도로를 개설한다는 명분으로 맥을 자르려는 의도인 것 같은 느낌이 든다. 전국에는 의심스러운 곳이 몇 곳 발견된다. 일제 강점기 때 일본인들이 우리나라 명산에 쇠말뚝을 박아서 맥을 끊으려고 했다. 하지만 방법이 잘못되어 끊지는 못했다. 이제는 장비가 좋으니까 마음만 먹으면 완전히 맥을 끊을 수 있다.

우리나라에 여기저기 도로를 개설하면서 현재 많은 산이 잘리어 맥이 끊기고 있다. 도로를 내느라고 완전히 잘린 곳 외에 남은 맥은 위와 같이 훼손되고 있다. 불순한 세력이 개입되었던 것으로 보인다. 예를 들어 도로 개설이라고 하면 도로가 생길 부분만 파내야 하는데 도로가 생길 부분이 아닌 도로 전의 능선도 깊이 파헤쳐졌다. 필자가 보기에는 맥을 자르려고 시도한 것으로 생각된다. 온 국민이 합심하여 내 나라 내 땅을 지키는 파수꾼이 되어야 한다.

우리나라는 보기만 좋아서 금수강산이 아니다. 우리나라의 자연은 생기(生氣) 덩어리다. 우리 민족이 똑똑한 것은 자연의 영향이 크다고 여겨지는데, 이제는 특출한 인재의 부재가 심각한 문제로 떠오를 날이 멀지 않았음을 예고하는 것 같다.

전국을 돌아다니면서 명당을 찾고 있는데 어느 곳에 가보면 맥이 잘리기 전에는 대단한 자리였지만 이제는 평범한 땅으로 전락한 곳이 너무도 많다. 도로가 생기면 당장 편리하고 좋긴 하지만 먼 훗날을 위해 마구 파헤치는 일만은 답이 아닌 것 같으며 이제라도 맥을 자르지 않고도 도로를 만들 수 있는 방법을 강구해야 한다고 본다. 자연의 모습은 영원히 아름답지만 인공적인 것은 세월이 흐르면 흉물 덩어리로 변하고 만다.

지금은 숨 쉬면서 땅을 딛고 살고 있지만 이것은 잠시 빌려 쓰는 것이라고 생각해야 한다. 언젠가는 돌아가는 것인데 그때는 쓰던 것을 조용히 반납하고 감사하면서 떠나야 한다. 후손에게 원상태로 물려주어야 하는 것이 우리의 의무라고 생각한다. 결코 내 것이 아니다. 지구상에 있는 것 중에 어느 것이 내 것이란 말인가.

(예14) 국가의 보물 터가 잘리다

경주의 반월성은 국가의 보물 터인데 맥이 잘리고 문화재 발굴이라는 명분 아래 혈처를 완전히 파헤쳐 흉물스럽게 만들었다. 필자가 2012년 12월 19일 보았을 때는 맥이 개울을 건너는 곳에 있는 바위가 황금색을 띠고 있었으나 2018년 가을에 갔을 때는 황금색이 생기를 잃어 퇴색되고 있었다. 깜짝 놀라서 확인해보니 맥이 흐르지 않고 있는 것이다. 이 맥은 남산에서 오는 맥인데 경주시 인왕동 산 44-2번지에 맥을 들어내고 인공적인 터널을 만들었다. 혈처에 가보니 문화재 발굴이라는 명분 아래 완전히 들어낸 자리에 천막이 덮여 있었다. 보는 순간 가슴이 답답하게 메어 오래 머물 수 없었다.

풍수지리에서 경주는 행주(行舟) 형이라고들 말하는데 이제는 배 밑에 구멍이 생겼으니 무용지물이 되었다. 전에는 손상될까 봐 말을 못했는데 이제는 위치를 밝혀도 될 것 같다. 바로 반월성이다. 반월성에 가보면 가장자리에 배처럼 테두리가 있고 내부는 평탄하여 큰 배처럼 생겼다. 맥이 개울을 건너고 있는 곳인데 낮에 햇빛이 비칠 때 바라보면 누런 황금색을 띠고 있었으나 이제는 퇴색되었다. 한 마디로 죽어서 기운이 없는 것이다.

(예15) 맥이 잘리는 모습

　도로공사로 인하여 큰 맥이 잘리고 있는 곳이다. 지나는 맥을 송두리째 들어낸 곳이다. 그런 다음 동물의 이동을 위하여 콘크리트 터널을 인위적으로 만들고 그 위에 흙을 덮기 위해 공사를 하고 있다. 만약 터널을 뚫는다면 지나는 맥의 일부만 손상시킬 것으로 보여 일부는 맥이 살아남아 있을 것으로 본다. 안타까운 일이 아닐 수 없다.
　우리나라는 명혈의 보고라 해도 과언이 아니다. 그런데 연구하고

맥(脈)의 손상과 결과　　145

검증할 틈도 없이 급속도로 국토를 자르고 훼손하는 중이다. 급격한 경제성장과 산업화로 정신없이 달리고 있지만 언젠가는 그 후유증으로 몸살을 앓을지 모를 일이다. 작은 땅덩어리를 만신창이로 만들고 있다. 자연과 더불어 공존할 수 있는 방안을 지금이라도 시급히 세워서 아름다운 금수강산을 보존해야 할 것이다.

   산맥을 살리면서 강과 계곡을 이용하고 다리를 놓아서 도로를 개설하면 비용은 조금 더 지출하더라도 차를 타고 달리면서 아름다운 산천을 감상할 수 있을 것으로 본다. 그러면 많은 외국인이 아름다운 금수강산을 차를 타고 달리면서 감상하기 위해 우리나라로 몰려올 것으로 본다. 중공업 위주의 산업화로 외화를 버는 것도 중요하지만 소유하고 있는 자연을 이용하여 관광 서비스 산업으로 외화를 버는 것도 생각해 봤으면 좋겠다.

(예16) 맥 손상 결과

경기도 안성시 양성면 덕봉리, 혈처의 윤곽이 사진에 나타난다.

위아래 묘지 사이에 자리가 있다. 이 부분에만 잔디가 노랗게 자라고 있으며 주위보다 약간 솟았다. 주위에는 다섯 기의 고총이 산재되어 있다. 뒤에는 화장을 하여 장사 지낸 가족 납골 터가 있다. 이곳에서 능선을 파냈기 때문에 맥의 강도가 많이 약해졌다. 일반 사람들은 맥의 의미를 잘 모른다. 땅은 그냥 무생물인 줄로 안다. 필자도 풍수지리를 공부하기 전에는 '물은 물이요 산은 산'인 줄로만 알았다. 인간의 편리를 위하여 터널을 뚫고 높은 곳을 파내고 낮은 곳을 메워서 농토를 만들어 농사를 지으면 더 잘 살 수 있을 줄로만 생각했다. 그런데 땅도 살아 있고 물도 생명이 있음을 깨닫게 되니 함부로 할 수 없다. 자연의 힘은 우리가 생각할 수 없을 정도로 무궁무진하다. 인간이 자연을 파괴하면 스스로 자멸하게 됨을 깨달아야 한다.

대혈 중 중급에 속하는 자리인데 맥이 손상되어 소급으로 전락하고 말았다.

(예17) 과룡지처(過龍之處)의 영향

경북 영주시 부석면 소천리

맥상에 묘지를 조성하는 것은 맥을 손상시키는 행위다. 아주 큰 대혈지인데 내룡(來龍)상에 묘를 쓰면서 흐르는 맥 중간을 천광했기 때문에 기운이 많이 감소되었다. 위에 있는 묘들은 묘지 관리 상태로 미루어볼 때 형편이 좋지 않은 것 같다. 책에는 과룡지처(過龍之處) 조장은 삼대 내 절향화(切香火)라 했다. 혈처를 벗어난 아래에 있는 묘는 묵묘로 전락한 지 오래되었다.

이곳 자리는 아직도 총리급, 장관급이 여러 명 나올(出) 수 있는 곳이다. 좌우도 두툼하고 전순도 두툼하며 전순 아래는 급경사를 이루었는데, 급경사 아래는 근래에 전원주택을 짓고 있다. 대혈 아래에 주택을 짓는 것은 바람직하지 않다고 본다. 원진수의 영향을 받기 때문이고 능선상이라 좌우에서 넘나드는 바람 길이기 때문이다.

과룡에 장사지내는 것은 맥을 호위하는 원진수 위에 놓이게 되므로 견디지 못한다는 것이고, 혈처 아래에 묘를 조성하든지 주택을 지으면 혈처를 감싼 후 지그재그로 흐르는 원진수 위에 있게 될 확률이 높으므로 피하는 것이 좋다.

그러나 맥이 내려오는 능선에는 맥이 원을 그린 곳에 천기 혈을 맺고 합쳐진 원진수가 아래로 흐르면서 원을 그린 곳에도 천기를 응축한 천기 혈이 있다. 형기를 연구하는 사람들은 혈처에 정확하게 스틱을 꽂아야 형기를 터득했다고 할 수 있으며 지도를 보고 혈심에 정확하게 갈 수 있어야 기(氣)를 터득했다고 할 수 있다.

(예18) 맥 절단 후 혈처의 변화

동해안 도로를 닦으면서 맥이 잘린 다음 혈처에 기운이 절단되면서 혈처가 굳어 변한 모양새다. 시신을 매장하고 회(灰)처리가 된 곳이 오랜 세월에 의해 점성이 없어져 쉽게 부서진다. 현재 동해안 철도를 개설하면서 주위에 있는 많은 무연고 고총을 정리하는 중에 발견된 곳이다. 맥이 잘리는 곳을 보면 잘리는 동안은 광채가 나지만 시간이 지나면 맥이 오는 쪽은 흙의 색깔이 빛이 나지만 반대쪽은 퇴색이 되는 것을 볼 수 있다.

혈(穴)이 맺히는 원리

혈(穴)이란 두 가지로 나눌 수 있다. 맥이 발원지에서 흘러 와서 뭉친 지기(地氣) 혈과 하늘 기운이 뭉친 천기(天氣) 혈이다. 지기 혈처는 천기를 포함하고 있기 때문에 강도가 센 곳이며, 천기 혈은 주위 여건으로 천기가 모인 곳이다.

혈이 맺히는 여건은 모두 같다. 풍수 서적에 장풍득수(藏風得水)라는 구절이 있다. 바람과 물의 역할을 강조한 것이다. 맥이 진행하다가 주위에서 바람을 막아주든지 스스로 막을 조건이 되면 멈추어 혈을 맺는다. 맥은 좌우에서 맥과 동행하는 원진수의 호위를 받고 진행하다가 맥이 멈추면 원진수는 혈을 둘러싼 후 합쳐져서 혈처 앞에서 기운이 설기되지 않도록 좌우로 여러 구비 돈 다음 나아간다.

풍수지리 서적에는 물이 혈처 앞에서 몇 구비로 돌아나갈 때 구비 수에 따라 혈의 기운과 발복 규모가 다르다고 표현한 경우가 있는데 원진수의 구비 수를 나타낸 것으로 보인다. 8구비 이상은 장관이 나오고(出) 15구비 이상은 왕이 출현한다고 기록되었는데 우리나라 어디에도 혈전에 있는 물이 책에 기록된 대로 흐르는 곳은 없다. 필자가 확인한 원진수의 흐름을 한문으로 표현한 고서를 번역한 것으로 보인다

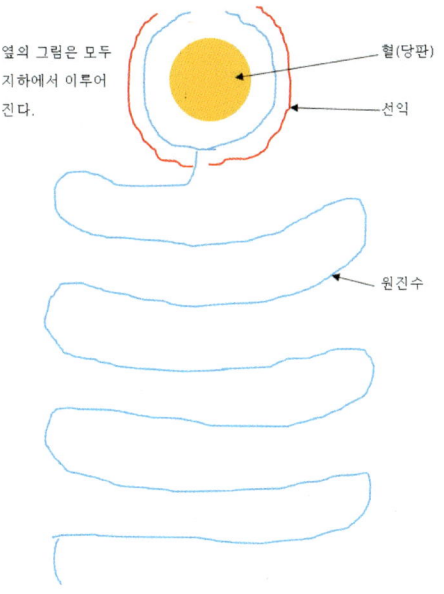

그림의 내용은 모두 지하에서 이루어진다

맥의 진행

필자는 학생시절에 전국에 뻗어 있는 산맥이 모두 백두산에서 시작하여 전국 각처로 나뉘는 줄로만 알았다. 지금도 대부분의 사람들은 백두대간이라는 개념으로 알고 있을 것이다. 심심찮게 '백두대간 종주'라는 말을 듣게 될 뿐 아니라, 차를 타고 고개를 넘다 보면 '백두대간 구간'이라는 팻말도 보게 된다. 필자도 풍수지리를 공부하면서 얼마동안은 맥이 백두산에서 출발하여 전국으로 연결되어 있는 줄 알았다.

풍수지리 연구에 깊이 빠져들어 전국에 산재해 있는 혈처를 찾기 시작하면서 혈처에서 맥을 따라 능선을 오르다가 맥은 한 곳에서 멈추는 것을 발견했다. 맥이 멈춘 곳은 둥글게 커다란 원을 그렸고, 원에서 다른 곳으로 맥이 흘러갔다.

맥이 흐르면서 맥의 좌우로 맥을 호위하는 수기(水氣)가 느껴지는데, 책에서는 맥을 따르는 양쪽 수기를 원진수라고 표기했다. 수기는 맥의 발원지 옆에서 발생하여 맥이 진행하면 함께 진행한다. 맥이 두 곳으로 나가면 수기의 발원도 두 곳이 되고, 맥이 한 곳으로 나가면 수기의 발원도 하나다. 발원지에서 세 곳으로 나가면 수기의 발원지도 세 개가 된다.

①하나의 맥선

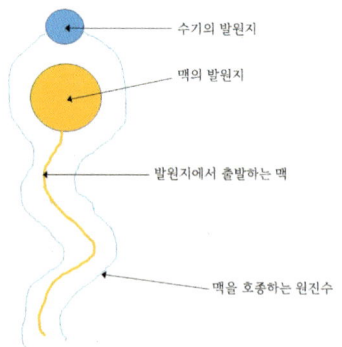

그림은 맥이 발원지에서 발원하여 한 곳으로 흐르는 것을 나타낸다. 한 곳으로 흐르는 맥은 열매를 많이 맺지 못하고, 어느 곳은 맥이 한 곳에 집중적으로 뭉쳐 하나의 혈처(穴處)를 낳은 곳이 있는데 초대혈이다.

초대혈을 찾아갔던 경험을 소개한다. 지역적으로 가랑비가 내리는 날이었다. 산 입구까지 갈 때는 이슬비가 내리긴 했어도 시야가 나쁘지 않았다. 산을 올라 혈처에 도착하니 안개가 자욱하게 끼기 시작하여 주위를 분간하기 어려웠다. 눈도 내리기 시작하였다. 조용하던 날씨였는데 내룡(來龍)을 살펴보려고 전진하려니 내룡(來龍) 쪽에서 요란한 바람 소리가 들린다. 바람 소리를 무시하고 봉우리에 올라서니 요란한 바람 소리는 들리지 않았다. 발길을 돌려 혈처에 오니 주위는 조용했고 눈도 그쳤으나 안개가 주위를 덮고 있어서 결국 주위의 아름다움은 보여주지 않았다.

②두개의 맥선

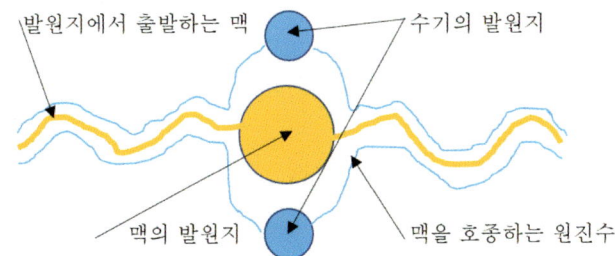

그림은 맥이 발원지에서 발원하여 양쪽으로 진행하는 것을 나타낸다.

③세 개의 맥선

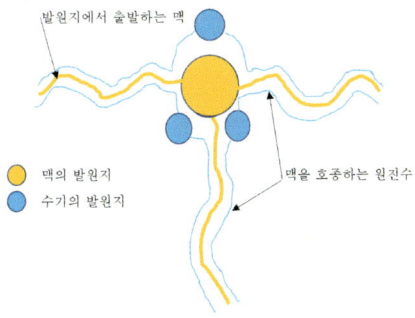

그림은 맥이 발원지에서 발원하여 세 갈래로 나아가는 것을 나타낸다. 수기도 세 곳에서 발원하여 맥을 호종한다. 결국 맥이란 조금도 홀로 진행하지 않는다. 호종수가 철저하게 감싸고 있으며 맥기(脈氣)가 다른 곳으로 새지 못하도록 하여 혈이 맺히는 곳까지 맥을 따라가서 맥을 감싼 후 합치어 혈 앞에서 지그재그(之자, 玄자)로 흘러간다. 예전에는 물이 흐르는 모습에 대해 지그재그라는 한문 표현을 몰라서 之자, 玄자로 표현했다.

④맥이 진행하다가 나뉘는 경우

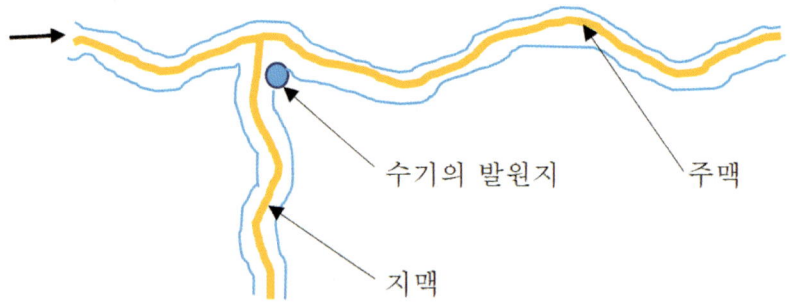

맥이 진행하다가 나뉘는 경우가 있는데 나뉘는 곳에서 맥을 호종하는 원진수에 대하여 설명하고자 한다. 맥은 반드시 좌우에서 원진수의 호종을 받는데 나뉘는 가지 한 쪽에는 호종수가 끊기게 된다. 이때는 새로운 원진수가 발원되어 맥을 호위하게 된다. 이것은 맥선은 더 진행하는데 맥선을 호위하던 호종수가 멈추면 맥선에서 새로운 호종수가 돌출하여 맥선을 보호하는 원리와 같다. 절대로 맥이 혼자 가도록 허용하지 않는다. 이것이 자연의 이치다.

혈의 생성 원리

혈(穴)은 맥이 발원지에서 출발하여 능선을 타고 흐르다가 물을 건너기도 하고 도랑을 건너고 평지를 지나기도 하여 적당한 위치에 머무르는데 책에서는 '용진혈적'한 것으로 표현한다. 위의 방법을 필자는 지기(地氣) 혈이라고 표현한다. 혈이 맺히는 다른 방법으로는 천기를 모으는 천기(天氣) 혈이 있는데, 뒷장에서 자세하게 설명할 것이다. 이곳에서는 맥이 흘러 맺히는 지기 혈에 대하여 혈이 맺히는 원리를 설명하고자 한다.

  맥이 진행하다가 나뉘는 경우가 있는데 책에서는 주맥(主脈)과 지맥(支脈)으로 분류한다. 주맥은 기운이 세고 용량이 큰 반면 지맥은 주맥보다 작은 것으로 표현했다. 그러나 현장에서 확인한 바에 의하면 꼭 그렇지만은 않다. 추상적으로 주맥에서 옆으로 흐른 맥으로 추론하여 지맥이 주맥보다 약할 것이라는 관념일 뿐이다. 혈이 맺힐 수 있는 주위 여건에 따라서 혈의 대소가 달라진다.

①혈이 하나만 맺히는 경우

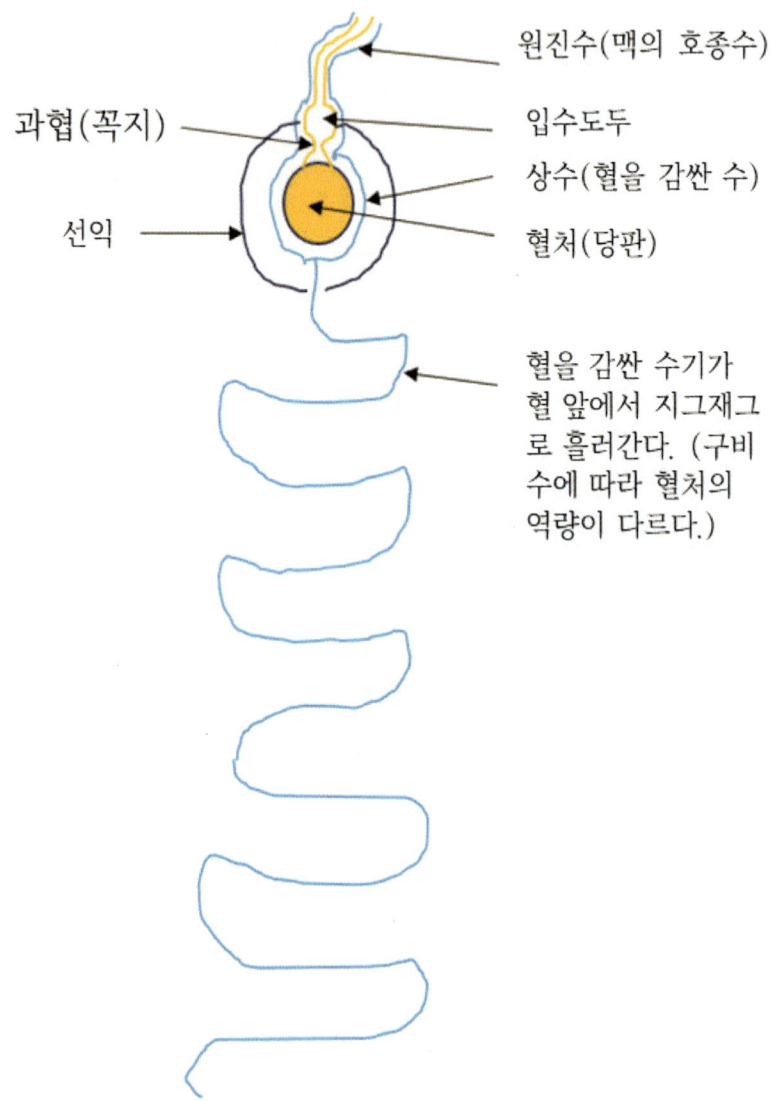

②혈이 상하로 맺히는 경우(상하 혈처가 떨어진 경우)

혈을 맺고 아래에 다른 혈을 맺기 위하여 맥이 입수도두에서 나뉘어져 내려간다. 원진수도 나뉘어져서 아래로 내려가는 맥을 한 쪽만 호위하고 대신 혈처를 감싼 상수는 더 전진하여 혈처 아래를 완전히 감싼 후 더 길게 감싼 선익 끝을 지나 새로운 맥의 한 쪽을 호위하면서 다음 혈처로 향한다. 두 번째 맺힌 자리는 하나의 혈처에서처럼 완전하게 마무리한다. 맥은 어디에서도 밖으로 노출되지 않고 보호를 받는다. 첫째 자리에서 한쪽 선익 역할은 분기된 맥이 대신한다.

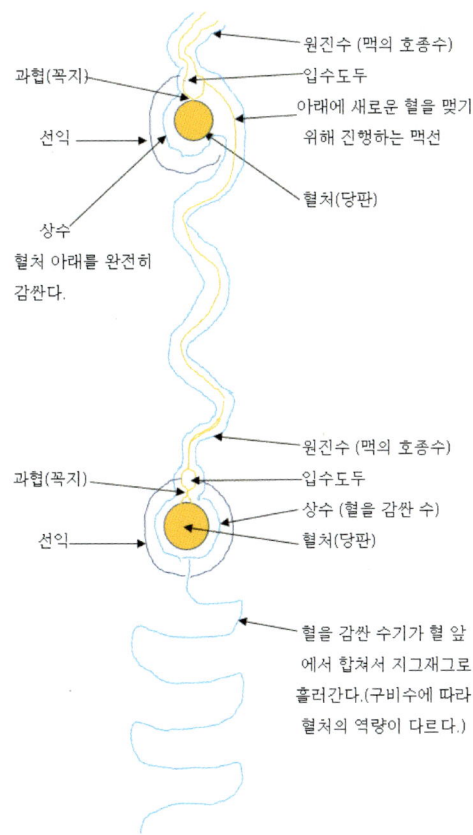

혈(穴)이 맺히는 원리

③혈이 상하로 맺히는 경우(상하 혈처가 붙은 경우)

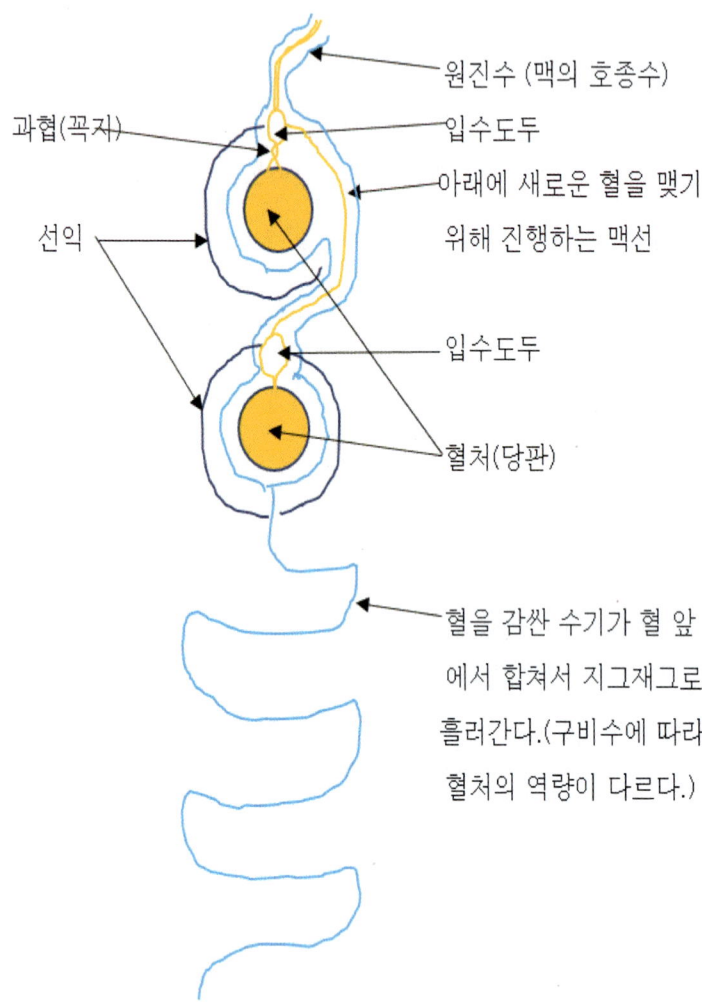

④혈이 상하로 맺히고 아래에 다른 혈을 맺기 위해 진행하는 경우

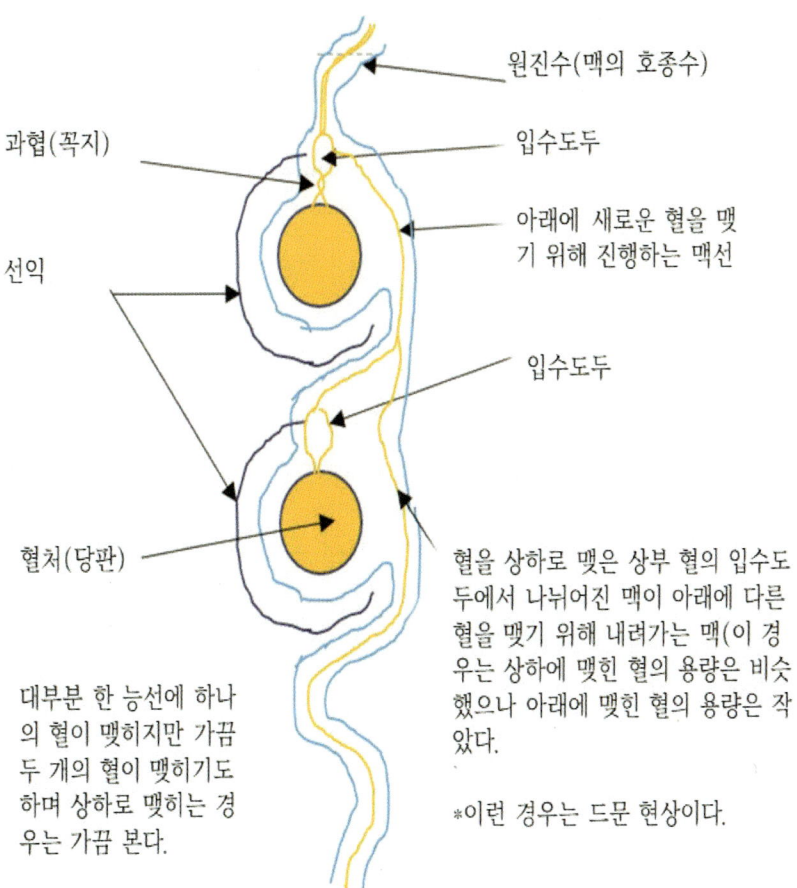

혈(穴)의 분류

혈이 맺히는 혈처는 형기적으로 유혈, 돌혈, 와혈, 겸혈 등 4종류로 나눈다. 맥은 지형의 높낮이를 구분하지 않고 혈이 맺힐 수 있는 조건이면 어디든지 멈추어 혈을 맺는다. 맥을 호위한 호종사가 용맥보다 멀리 나아가 안으로 모이면서 서로 교차하기도 하고 한 능선은 똑바로 나아가고 반대쪽 능선만 완전히 용맥을 감는 경우도 있다. 안으로 모이지 않고 길게 뻗은 곳도 있다. 골짜기에 들어서면 우뚝 솟은 산을 보게 되는데 이런 곳에 혈이 맺힐 때는 유혈과 돌혈, 와혈이 많다.

유혈

유혈인 경우는 입수되는 부분이 대부분 수평 능선이며, 능선 끝에 있는 둥그런 곳에서 맺히는 것이 일반적이고 앞은 급경사를 이루고 혈처는 뒤로 물러앉은 곳도 있다. 능선에서 유혈이 맺히는 곳은 둥그런 형태를 이루며, 경사지에서 내려온 능선은 과협을 이룬 후 넓어지기 시작하여 혈에서 가장 넓은 경우도 있고 길게 진행한 능선 끝이 둥그렇게 뭉친 후 혈이 맺히기도 한다. 유혈은 능선 중간에만 맺히는 것이 아니고 맥이 진행하는 방향이 전면의 바람을 막지 못하는 곳이면 방향을 틀어서 혈을 맺기도 한다.

맥의 진행 방향으로는 좌우 중 한 곳이 기울어져 균형이 맞지 않는다. 방향을 틀고 보면 좌우의 균형이 잘 맞고 국(局)의 균형도 잘 맞으며 주위의 모든 것이 혈처를 위주로 존재하는 것 같다.

참고로 책에서는 당판이 기운 곳은 혈이 될 수 없다고 써놓은 경우도 있는데 맥이 방향을 돌려서 혈을 맺는 것은 어느 곳에도 기록된 것을 보지 못했다. 그러므로 이런 자리는 대부분 생지로 존재하는데 점혈하기가 쉽지 않다고 본다.

긴 수평 능선에는 많은 무덤이 능선을 따라 조성되었는데 맥이 흐르는 능선에 있는 묘들은 필자가 본 바로 하나도 관리되는 곳을 보지 못했다. 혈처는 생지로 존재하며 맥은 지그재그로 진행하므로 간혹 맥상에 무덤을 조성한 곳도 있지만 묘하게도 대부분 고총들은 맥을 피해서 조성되어 있었다. 책에는 맥상에 있는 고총을 보고 '과룡지처조장(過龍之處造葬) 삼대내절향화(三代內絶香火)'라고 표현했다.

혈처가 아닌 능선은 바람이 넘나드는 바람 길이므로 바람에 견디지 못하기도 하며 맥을 호위하는 원진수가 맥 좌우로 동행하므로 고총은 수맥 위에 놓이기도 하여 수맥파의 영향을 받기도 한다. 전국에 혈처가 수천 개 있지만 몇 곳만 소개한다.

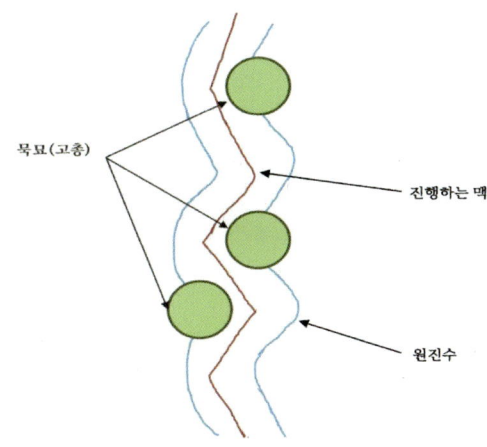

①유혈의 예 1

능선이 평으로 달려와 끝에서 유혈로 맺혔다. 전순이 둥그렇고 풍만하다.

②유혈의 예2.

수평으로 용맥이 휘어져 오면서 능선 끝에 맺은 혈처다. 혈처의 전순 아래와 옆은 암반으로 받치고 있지만, 혈처에서는 바위가 보이지 않고 혈처 좌우는 넓고 풍만하며 혈토는 곱다.

③유혈의 예3

과협을 이루고 갑자기 넓어지는 곳에 혈처가 있다. 전순 앞에도 잘룩해진 후 자기 안산을 세운다. 자기 안산은 지형이 높은 곳이므로 전면의 바람을 차단하기 위한 수단이며, 과협 후 자리를 잡는 것은 혈처를 지키기 위한 속임수다. 혈처 앞에는 실혈을 한 무덤이 있다.

유혈의 예 1

입수도두에서 본 전순 모습

유혈의 예 2

혈처 앞에서 본 수평 내룡(來龍) 모습

유혈의 예 3

혈처 앞에서 본 수평 내룡(來龍) 모습

④유혈의 예4.

혈처에서 본 전순 모습

유혈은 대부분 수평 능선 끝에서 맺히는데 당판이 둥글고 풍만한 것이 특징이다. 맥이 진행하는 수평 능선의 중간쯤에 맥이 열매를 맺는 경우도 있는데, 묵묘와 혈처를 비교하면 지형이 확실하게 다름을 알 수 있다. 묵묘는 밋밋한 능선이지만 혈이 맺힌 능선은 좌우가 불룩하게 불거지고 당판은 평평하다.

원인을 과일에 비유하면 이해하기가 쉬울 것이다. 과일은 씨방 주위로 우리가 먹는 살이 있다. 혈처는 씨방에 해당되기 때문에 과일의 살에 해당하는 흙이 감싸고 있다. 점혈할 때는 능선의 폭이 가장 넓은 중간 부분을 선택하면 실수가 적을 것으로 본다.

책에는 능선의 중간에 맺힌 혈을 보고 물형론으로 기마혈(騎馬穴)이라 적고 있다. 책에서는 과협이라고 표현하고 있는데 특히 유혈이 맺히는 곳에서는 과협이 필히 있다고 쓰여 있다. 경사지에서 수평으로 되는 능선에는 과협이 없는 경우가 많다. 이런 곳은 형태가 유혈 형인데 과협이 없으니 혈이 없는 곳으로 단정하고 포기하게 된다. 모든 것이 지하에서 이루어지는 것을 모르기 때문이다. 풍수 책에 회중선(灰中線)이라는 표현이 있다. 뿌린 재에 작대기로 선을 그린 것 같다는 표현인데 지하에서 맥이 흐르는 모양을 표현한 것이다.

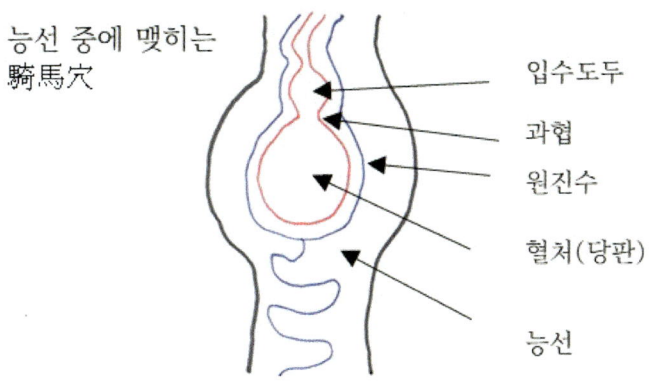

돌혈(突穴)

돌혈의 경우 탐랑봉이거나 금성체봉의 중앙이 혈처면 사방이 경사가 심하고 평탄하면서 넓다. 그렇지 않으면 봉이 머리를 숙여 오목하게 되었다. 고산 지역의 돌혈은 혈이 봉우리 중간에 있을 때는 당판이 평탄하고 넓으며 사방이 급경사지다. 어떤 곳은 절벽으로 되어 있는 곳도 있다. 이것은 골바람을 공중으로 날리기 위해서다. 바람을 피하기 위한 하나의 방법이기도 하다. 높은 곳인데도 높다는 느낌이 없고 조용하면서 포근한 감을 주기도 한다.

봉우리가 길쭉한 토체의 봉우리에 있는 혈은 봉의 중간에 맺히기도 하고 길쭉한 봉의 끝에 맺히기도 하며 맥이 올라오자마자 막 수평으로 되려는 곳에 맺히기도 한다. 이것은 지형을 묘하게 변형시켜 자연이 혈을 지키기 위한 수단으로 보인다.

사람들은 돌혈이라고 하면 봉우리의 중간에만 혈이 맺히는 줄 알고 있다. 긴 봉우리 끝에 맺힌 혈은 유혈처럼 보이지만 높은 곳이므로 돌처로 본다. 봉우리 중간에 있는 혈은 기마혈처럼 좌우가 불룩하게 되었다. 맥이 능선을 타고 오른 후 수평이 시작되는 부분에 혈이 맺히기도 하는데 지형대로 묘지를 조성하면 뒤가 경사를 이룬다. 이 경우는 뒤에 사성을 조성하고 묘를 쓰면 된다. 이런 곳은 자연이 혈처를 지키기 위한 것이고, 하늘이 지명한 집안의 필요한 사람에게 주기 위한 방법일지도 모른다. 좌우는 가장 넓고 두툼함을 보게 될 것이다.

돌처에서도 맥이 방향을 수직으로 틀기도 하며 수직을 넘어 맥이 오는 곳으로 더 틀기도 한다. 이것은 정말 하늘이 낸 사람만이 쓸 수 있는 것이다. 방향과 위치가 어찌 되었든지 공통적인 것은 혈처가 국(局)의 중심에 있고 주위와 균형이 잘 짜여 있다는 것이다.

토체의 중간에 있는 혈은 토(土)의 기운이고, 토체의 끝에 있는 혈은 목(木)의 기운을 띠고 있다. 토체의 중간에 있는 혈의 지형을 거문 토체라 하고 토체의 끝에 있는 혈의 지형을 평탐랑이라 하여 목(木)의 성격을 띠고 있기 때문이다. 마찰이 없는 엘 로드를 들고 심령으로 측정하면 된다. 측정 방법은 뒷장에 이기를 논할 때 자세히 설명하기로 한다.

참고로 토체에 대하여 내용을 적어 본다. 봉우리는 능선이 진행하는 방향의 정면에서 보이는 것을 정(頂)이라고 말하며 옆에서 보이는 것을 봉(峰)우리라고 말한다. 토체는 옆에서 보았을 때 평탄하고 끝은 각이 진 봉우리다. 토체의 중간에 맺힌 돌혈은 토(土)의 성격을 띠지만 끝에 맺힌 혈의 성격은 목(木)의 성격을 띤다. 토체의 중간에서 능선이 나와 맺힌 혈도 토(土)의 성격을 띠지만 토체의 끝이 진행하여 맺힌 혈은 평탐랑이기 때문에 목(木)의 성격을 띤다. 토체의 중간에서 맥이 흐르는 방향으로 맺힌 혈도 있고 방향을 틀어서 혈이 맺히기도 한다.

돌처에서는 바람에 취약하므로 돌처가 넓지 못하면 봉이 머리를 숙여 오목한 형태를 취하고 좌우를 불룩하게 하며 전순을 두툼하게 하여 혈을 맺기도 한다. 마치 와혈처럼 생겼다. 돌혈에서는 외적으로 입수도두와 선익을 볼 수 없지만 모든 것은 지하에서 이루어져 있다.

　①돌혈의 예1.

　용맥이 평지에 떨어져 봉을 살짝 세우고 혈을 맺었다. 돌혈은 높은 산에 맺히는 것이 대부분이지만 이곳처럼 평지에 봉을 세우고 맺히기도 한다. 이곳에 대해서는 자리 보존을 위해 위치 설명을 자제하며 독자 분들께 양해를 구한다.

②돌혈의 예2.

전순 아래 암반 모습

　과협을 이루고 맥이 서서히 오르는데 주위가 모두 바위이고 좌우와 전순 아래도 바위로 된 절벽이다. 혈처에서는 아래가 보이지 않으며 바위도 혈처에서는 잘 보이지 않는다. 바위는 둥글고 모나지 않으며 혈처는 평탄하고 약간 오목하다. 혈처에 미치는 바람은 부드러운 공중 바람뿐이다. 이곳은 높은 곳이고 바위산이다. 바위산에는 석중혈이라고 하여 혈토가 있지만 간혹 돌 밑에 있을 수 있으니 혈토가 보이지 않는다고 하여 버리는 우를 범하지 않아야 한다. 천광 시 바위가 나오면 부드러운 흙을 깔고 쓰면 된다. 이를 배토장이라고 한다.

③돌혈의 예3.

　골짜기 끝에서 둥그런 둥지 속에 알이 담긴 형국이다. 이런 곳에 있는 능선에는 무덤이 없는 곳이 없지만 대부분 묵묘들이다. 이곳에도 무덤이 있으나 모두 실혈을 하고 혈처는 주인을 기다리고 있다. 앞에서 보면 탐랑의 목체로 보이지만 옆에서 보면 수평으로 보이는 곳도 있다. 그러므로 유혈이나 와혈로 혈이 맺힐 수 있다.
　돌혈이라 하더라도 앞이 열렸으므로 혈처는 뒤로 물러앉아 바람을 피하는 것이 일반적이다. 아래에서 무덤이 보이면 혈처라 하더라도 실혈할 확률이 높다. 스스로 바람을 막든지 주위에서 바람을 막아 주는 곳에 맥은 자리 잡기 때문이다.

와혈(窩穴)

풍수서적에는 새 둥지처럼 오목하다고 기록되어 있다. 한자로도 움집 와(窩)를 쓰고 있다. 와혈이 맺히는 곳은 지형이 다양하다.

경사지의 능선에도 혈이 맺히는 경우가 있는데 이때는 오목하게 되고 앞은 두툼하며 좌우는 불룩하게 생겼다. 능선의 오목한 곳에 혈이 맺힐 때는 좌우가 불룩하면서 두툼한데 이것은 능선을 타고 도는 바람을 피하기 위함이다.

와혈은 맥이 능선에서 방향을 틀어 기슭의 오목한 곳으로 내려오기도 한다. 이때는 능선이 좌우로 둥글고 두툼하게 벌리고 맥은 가운데 오목한 곳에서 자리를 잡는다. 혈처 앞은 두툼하면서 불룩한 형태를 취한다. 이것을 전순이라고 하는데 능선에서 혈이 맺히면 좌우가 불룩하든지 오목한 곳에서는 앞이 불룩하게 된다. 어느 곳에서는 삼태기처럼 생긴 곳도 있고 지형이 아래로 꺼진 것처럼 된 곳도 있다. 주위가 울퉁불퉁 패인 것처럼 보이는 곳도 있다. 사람들은 이런 곳을 파산(破山)되었다고 하며 기운이 약하여 패였다고 말하기도 하는데 자연은 이러한 인간의 심리를 이용하여 명혈을 숨기는 것이다. 어느 곳에서는 사태가 난 것처럼 생긴 지형도 있으며 사태로 밀린 흙이 불룩하게 되고 아래에 혈처가 있는 곳도 있다. 이런 곳은 자세히 보면 맥이 능선에서 불룩한 곳을 타고 불룩한 중간에서 아래로 내려간다.

와혈은 맥이 불룩한 모양으로 내려오는 곳도 있고 흔적 없이 기슭을 타고 내려오는 곳도 있다. 능선에서 사선을 타고 오목한 곳을 향하여 돌진하는 곳도 있다. 대부분 와혈은 비어 있는데 간혹 묘지를 조성한 곳은 모두 묵묘들이다. 실혈을 했기 때문이다. 맥이 불룩하게 내려오는 곳에는 불룩한 바로 아래에 맥이 뭉치는 곳도 있지만 불룩한 곳에서 사선으로 입맥되는 것이다. 불룩한 아래에서도 뒤로 바짝 붙이는 것이 실수가 적다.

와혈 좌우가 불룩한 것을 책에서는 현능사라고 하는데 고총으로 된 곳을 보면 오목한 곳은 비워 놓고 불룩한 현능사에 묘지를 조성했다. 현능사는 혈처에 미치는 바람을 막는 역할을 하는 곳인데 현능사에 묘가 있다는 것은 묘가 바람 길에 놓여 있다는 뜻이다. 어느 곳에서는 오목한 곳에 무덤을 조성하도록 유도하여 뒤에 암반으로 받치고 그 암반 뒤에 혈을 맺은 곳도 있다. 어느 곳은 능선이 완만하게 퍼져 오다가 좌우로 넓게 펼쳐지고 오목한 곳에서 혈을 맺은 곳도 있으며 능선에서 바닥에 떨어진 오목한 곳에서 자리를 잡은 곳도 있다. 물론 좌우의 불룩한 곳에는 많은 묘들이 있는데 대부분 잡초에 덮여 있다.

①와혈의 예1.

앞에서 찍은 혈처

이 자리는 맥이 내려와서 맺힌 자리는 아니고 주위에 돌들이 둘러싸서 천기를 가둔 천기(天氣)혈이다. 천기 혈은 맥이 진행하면서 원을 그리는 곳에 있기도 하고 맥을 호위하는 원진수가 잠시 옆으로 이탈하여 원을 그린 후 다시 맥을 호위하는 곳에 맺히기도 하고 혈처를 보호하고 합쳐진 원진수가 내려가면서 원을 그리는 곳에 맺히기도 한다. 이곳처럼 맥은 없지만 바위가 주위를 감싸고 오목하게 된 곳에 천기혈이 맺히기도 한다. 맥의 파장이든지 수맥의 파장이든지 파장이 울타리를 치면 가운데에 천기를 가두게 된다. 마치 둥근 그릇에 공기가 담기듯이 파장이 울타리를 치면 그릇이 되어 공기를 담는 것으로 이해하면 될 것이다.

②와혈의 예2.

능선 아래의 평지에는 여러 기의 무덤이 있지만 오목한 곳은 빈 터로 남아 있다. 좌우가 불룩하고 앞이 두툼하며 밭으로 된 둔덕의 보호사가 계곡수와 동행하면서 돌아 혈 앞을 호위하는 전형적인 와혈인데 사람들은 바람 길인 불룩한 곳에 조장을 했다.

③와혈의 예3.

공동묘지처럼 많은 무덤이 조장되었지만 오목한 와혈의 명혈은 잠자고 있다. 오목하지만 아래는 두툼하게 받치고 있어 와혈의 조건을 갖추고 있지만 아무도 이곳이 명혈임을 알아보지 못한다.

④와혈의 예4.

약간 경사진 능선에 오목하게 된 곳에서 볼 수 있는 자리인데 좌우에는 선익이 형성되어 선익이 멈춘 끝은 암반으로 되어 있다. 오목하기 때문에 가끔 묵묘를 볼 수 있는데 선익 바위를 벗어나서 능선을 타고 도는 바람 길에 놓였다. 조장(造葬) 시 절대로 선익 바위를 벗어나면 안 된다.

⑤와혈의 예5.

맥이 기슭을 타고 내려오는데 돌로 윤곽을 이루고 좌우가 불룩한 가운데에서 자리를 잡았다. 우측 불룩한 둔덕 너머는 급경사를 이루며 계곡과 접하고 있지만 계곡의 바람이 둔덕을 넘으면서 갑자기 조용해진다. 대부분 바위가 있는 곳은 바위 위에 혈이 있지만 이곳은 복석이 윤곽을 이루므로 돌 아래 오목한 곳에서 혈이 맺혔다.

겸혈(鉗穴)

　겸혈은 능선이 좌우로 다리를 벌리고 사이에 맺은 혈을 말한다. 겸(鉗)은 옛날 죄수들 목에 씌운 것을 말하는데 혈처가 마치 겸(鉗) 사이에 있는 것처럼 생겼다고 하여 붙여진 명칭이다.
　겸혈은 양쪽 능선이 이룬 골짜기가 골바람길이 되기 때문에 다른 곳보다 전순이 발달되었다. 겸혈은 맥을 실은 능선이 달려와서 좌우로 나누어지는 가운데에 혈을 맺는데 와혈처럼 오목한 형태를 취하는 것이 대부분이다. 혈은 좌우로 나뉘는 능선보다 낮을 수도 있고 나뉘는 능선보다 약간 높을 수도 있다. 능선보다 낮은 자리는 자연적으로 오목하게 안기지만 높은 자리는 좌우를 불룩하게 만들어서 좌우에서 불어오는 바람을 차단한다.
　흐르는 물속에 돌이 있을 때 돌 아래는 조용하여 강에서 천렵을 할 때 어포기(魚捕器)를 놓으면 물고기가 잘 들어간다. 공기도 유체이므로 좌우가 불룩하면 불룩한 안쪽은 강물 속의 돌 밑과 같이 조용하다. 맥은 이처럼 바람을 갈무리하는 조건을 이룬 곳에서 자리를 잡는다. 자연의 모든 이치는 같다고 본다.
　겸혈은 돌처 아래에서도 있고 유혈처럼 생긴 능선 끝에도 있으며 겸(鉗)이 길게 똑바로 내려간 곳도 있고 짧게 내려간 곳도 있으며 겸(鉗) 끝이 둥글게 돌아 혈처를 감싸는 곳도 있다. 한 쪽 겸(鉗)이 길게 내려가서 혈처 앞을 돌고 한 쪽은 조금만 내려가다가 멈춘 곳도 있다. 그러나 짧은 쪽은 대신 불룩하게 되면서 능선 너머는 급경사를 이루어 바람을 하늘로 날린다. 겸(鉗)이 길게 똑바로 내려간 곳은 전순 끝이 급경사를 이루고 혈처는 뒤로 물러앉아서 바람을 피하고 있다. 능선이 급경사를 이루기 때문에 접근하는 바람을 하늘로 날리어 혈처에는 영향이 없도록 한다.

①겸혈의 예1.

　맥이 수평 능선에서 약간 방향을 틀어 좌우로 단겸을 내리고 가운데에서 자리를 잡았다. 좌우 겸이 혈처를 완벽하게 감싸고 있는데 앞의 불룩한 곳에는 묘지를 조성했다. 좌우에서 보호를 받을 수 없으며 전면에서 능선을 타고 올라오는 바람에도 무방비 상태다. 전순의 불룩한 곳에 묘가 있기 때문이다. 혈이 맺히는 조건은 어디에 있든지 바람을 스스로 막지 못하고, 주위에서 막아주지 못하는 곳에서는 맥이 멈추지 않는다.

②겸혈의 예2.
　발바닥을 맞대고 앉은 모습인데 그 가운데에 두툼하면서 오목하며 전순이 풍만한 위에 혈처가 있다. 양 다리는 혹시라도 손상될까 봐 암반으로 되어 있다. 이처럼 혈을 보호하는 방법은 여러 가지다. 이곳을

강원도 원주시 부론면 정산리, 합장지

필자는 겸혈로 본다.

겸혈은 풍수서적에서 양 다리를 벌리고 가운데에 혈이 있는 모양에 따라서 직겸과 원겸으로 나누고 길고 짧음에 따라서 장겸과 단겸으로 나눈다. 모양이야 어찌 되었든지 양 다리 사이에 혈이 있으며 골바람을 막기 위하여 전순이 발달되어 있다. 간혹 바람의 영향을 받지 않는 곳은 전순이 빈약하기도 하며, 오목하고 다리가 아래로 떨어져 있는 것도 있으니 세심하게 살펴야 한다. 어느 곳은 단겸이면서 양쪽 겸 끝이 암반으로 된 곳이 있는데 자리가 바위를 벗어나면 안 된다. 바위를 벗어난다는 것은 능선을 타고 도는 바람 길에 놓이게 되기 때문이다.

③겸혈의 예3.

능선이 경사로 내려와서 넓고 평탄한 터를 이룬다. 넓은 곳에 무덤이 9장이 있는데 모두 묵묘들이다. 한 가문이 잘못된 것 같다. 혈처는

혈(穴)의 분류 177

경남 밀양시 청도면 요고리, 합장지

  양쪽 다리 끝은 암반으로 이루어져 있으며 전순 쪽으로 휘어져 있으나 완전히 감싸지 않았으므로 단겸으로 본다. 이곳은 앞이 열렸으므로 전순이 다른 곳보다 두툼하고 전순 앞은 경사가 심하여 전면에서 오는 바람을 하늘로 날리고 혈처는 뒤로 물러앉아서 잔여 바람은 혈처에 오기 전에 소멸되어 미풍만 살랑거린다.
  혈처의 좌우는 겸(鉗)이 좌우로 나가면서 넓고 두툼하게 되며 좌우 아래는 경사가 심하여 좌우에서 오는 바람을 모두 공중으로 날린다. 혈처는 약간 오목하지만 사성을 조성하여 완벽하게 기(氣)를 모으도록 조치한다.

천장지비

어느 곳에서는 주위가 넓으면서 온통 바위로 이루어져 있고 좌우는 두툼하면서 끝은 절벽이고 혈처에도 돌이 박혀 있어 혈처를 천장지비화 하고 있는 곳도 있다. 물론 혈처의 돌은 겉에 올려놓은 돌이다. 들어내고 사용하면 된다.

이런 곳은 천하 대혈이며 선택된 사람이 아니면 들어갈 수 없다고 본다. 어느 곳은 사태가 난 것처럼 생긴 곳도 있고 어떤 곳은 산돼지가 파헤친 것처럼 울퉁불퉁한 곳도 있으며 비룡입수혈로 맥이 올라와서 평탄해지려는 곳에 있기도 하다. 어느 자리는 물이 반궁수처럼 보이는 곳이나 혈처에서 보면 득수를 하면서 혈처 앞을 도는 자리도 있다.

천장지비는 자연이 만드는 경우가 보편적이지만 사람의 손을 빌어 천장지비가 되기도 한다. 명혈을 비워 놓고 주위에 무덤을 조성하여 묵묘가 된 곳이다. 실혈하여 파묘 터가 된 곳도 있다. 어느 곳은 칡넝쿨로 뒤덮였으나 혈처는 깨끗한 곳도 있고, 산 입구는 가시넝쿨로 뒤덮여 접근이 어려우나 주위를 돌아 접근해 보면 혈처가 깨끗한 곳도 있다. 반대로 주위는 깨끗하지만 혈처만 넝쿨로 덮인 곳도 있다.

사례1

강원도 강릉시 연곡면 삼산리, 합장지

차에서 새우잠으로 1박하고 동이 트자마자 주먹밥으로 간단하게 요기를 하고 국(局)내로 참하게 내려오는 능선을 오르니 사람이 파낸 것처럼 생긴 새 둥지 모양의 자리가 나타난다. 좌우는 두툼하고 전순에는 살찐 사람의 배가 아래로 처진 모양을 하고 있다.

완벽한 혈장을 이루고 있지만 사람들은 무너진 흠집으로 생각하여 거들떠보지도 않을 것 같다. 만약 쓴다면 아래의 오목한 곳을 사용할 것이고, 그렇게 되면 혈처는 더욱 완벽한 천장지비가 될 것이다. 자체적으로 자기 살을 생채기 내어 자리를 지키려는 자연의 섭리에 놀라지 않을 수 없다. 더욱이 근래에 예비군용 참호를 판 곳이 많으므로 속기 쉽다.

사례2

강원도 원주시 부론면 정산리, 합장지

　마치 산 밑에 집터를 닦은 것처럼 생긴 곳이 있다. 오목하여 좌우가 담을 쌓은 것처럼 되어 있다. 산봉에서 중앙으로 맥이 내려와 사선으로 들어간다. 혈처를 중심으로 뒤가 골이 생겨 물이 흐른 것처럼 보인다. 누가 보아도 이런 곳에 조상을 모실 사람은 없을 것이다. 완벽한 천장지비다.
　골은 불룩한 곳에 있는 곳이므로 많은 빗물이 흐를 것 같지 않다. 골은 아래로 이어지지 않고 뒤가 약간 불룩하여 물은 옆으로 내려간다. 겉보기에만 골이 생긴 것처럼 보일 뿐이다. 혈처는 이처럼 드물고 귀한 것이므로 일반인들은 구경하기도 힘들다. 그러므로 아예 명당에 대하여 신경을 쓰지 않는다. 믿지도 않는 사람이 대부분일지도 모른다. 완벽하게 사람의 눈을 현혹시키고 있으나 혈이 맺히는 조건은 완벽하다.

사례3

경남 고성군 마암면 석마리, 합장지

맥이 능선을 타고 오다가 옆으로 빠져 산비탈을 타고 내려온다. 경사가 심하여 혈이 맺힐 것 같지 않은 곳인데 개울까지 내려오니 사태가 난 것처럼 푹 꺼진 곳이 눈에 들어온다. 이곳이 혈처인 것이다. 오른쪽에는 무덤이 두 장 있는데 혈처를 보호하는 내외의 선익 아래에 조장을 했다. 더욱이 혈처에는 돌무더기가 있는데 혈처와는 약 2보정도 떨어졌다.

혈처에서는 스틱이 쉽게 들어간다. 이곳은 돌무더기 때문에도 쓰지 못할 것이다. 이 돌무더기를 모두 걷어내면 된다. 전순은 불룩하고 전순 앞으로 흐르는 골짜기는 횡으로 내려가면서 겹겹이 관쇄를 하여 물과 바람의 흐름을 방해한다. 이것이 명당에서 파구의 특징이다.

옆의 묘는 국(局)의 짜임과 멋진 귀사(貴砂)를 보고 조장을 했으며, 불룩한 선익이 맥을 싣고 내려오는 맥선인 것으로 오인한 듯하고, 스스로 바람을 피하는 오목한 와혈의 진가를 모른 처사인 것이다.

사례4

경북 산청군 삼장면 석남리, 합장지

　능선이 경사로 내려와 과협을 이루고 수평으로 달려와 뭉친 다음 완만한 경사를 이룬 후 수평으로 되어 좌우를 불룩하게 만든 사이에 자리를 잡는데 마치 오래된 봉분이 허물어진 고총처럼 되어 있기 때문에 아무도 이 자리를 알지 못한다. 혈처 아래는 길게 되어 있는데 진짜 고총이 있으므로 자연은 완벽한 천장지비를 이루었다.
　필자도 처음에는 고총인 줄 알았으나 몇 번을 확인해도 고총이 아니다. 오랜 세월이 흐르면 맥과 혈처는 인위적으로 건드리지 않으면 그대로이고 주위는 약간 내려앉는다.
　그런데 이곳은 눈에 보이도록 불룩하게 되었으니 대부분 사람들은 고총으로 생각할 것이다. 자연은 사태가 난 것처럼 오목하게 만들어 은폐하기도 하지만 이곳처럼 불룩한 형태를 이루어 명혈을 감추기도 한다. 자연의 오묘한 처사에 감탄하지 않을 수 없다.

사례5

경북 산청군 삼장면 대하리, 합장지

　능선이 내려오다가 맥은 둘로 나뉘어 하나는 계속 능선을 타고 내려가서 돌처를 일으킨 다음 그곳에 자리를 만들고, 다른 하나는 기슭을 타고 내려가서 오목한 곳에서 자리를 잡는다. 이곳이 주혈이고 능선을 타고 내려간 맥에서 맺힌 혈은 부혈(副穴)에 속한다. 그러나 부혈은 반듯하고 멋져 보이지만 주혈인 이곳은 초라하기 이를 데 없다. 더욱이 앞에는 묵묘가 있고, 묵묘의 봉분에는 감나무가 자라고 있다.
　필자가 지도에서 체크한 곳이 이곳인데 너무 초라하여 즉시 알아보지 못하고, 더욱 능선에 작은 혈처가 있으므로 능선을 여러 번 오르내리면서 헤맨 뒤에야 찾아낸 곳이다. 그러니 일반인들의 눈에는 보이지 않을 것이다. 혈처는 좌우가 불룩한 와혈이며 왼쪽은 지각을 내려 둥글게 혈처를 감싸고 있으며 보호사들이 겹겹으로 둥글게 감싸고 있다.

사례6

경북 하동군 횡천면 남산리, 합장지

　능선 아래는 많은 무덤이 있다. 이곳도 뒤에는 묵묘가 있고 앞에는 파묘를 했다. 전순 아래는 급경사를 이루고 오목한 곳이 있는데 천기 혈처다. 하지만 현재 묘는 천기 혈마저 피했다. 여기는 돌처에서 머리를 숙인 곳으로 유혈로 봐도 되고 돌혈로 봐도 되는데 돌혈로 보겠다.
　과협을 이루고 맥이 오르는 봉우리는 암반도 아니고 호박돌을 잔뜩 쌓아 봉우리를 만든 것 같다. 혈처 주위에도 돌이 널려 있으나 모두 지표면에 얹어 놓은 돌이니 치우고 묘지를 조성하면 된다. 좌우는 넓고 불룩하며 혈처는 오목하다. 묵묘와 파묘로 인하여 사람들은 돌무더기에서 맥이 올 수 없다고 보기 때문에 완벽한 천장지비가 되었다. 돌도 많고 주위에 묵묘에다 파묘 터까지 있어 사람들은 이 산을 보고 사룡(死龍)이라고 말할 것이다.

사례7

경남 하동군 악양면 등촌리, 합장지

   경사지에서 수평으로 된 곳에 묘지가 있는데 맥은 묘지를 피해서 아래로 내려온다. 수평 끝이 암반으로 되어 있으므로 암반 뒤에 혈처가 있는 줄 알았는데 좌우를 받치는 곳이 없으므로 맥은 머물지 못하고 아래로 내려간다. 맥이 내려가는 길은 온통 돌이며 수평 끝에는 돌을 모아 맥은 돌 사이에서 방향을 돌려 돌로 된 전순이 불룩한 곳에서 자리를 잡았다.

   이곳은 왼쪽이 비스듬하게 흐른 것처럼 되어 있으므로 오른쪽과 뒤에 있는 돌을 들어서 왼쪽에 놓으면 좌우 균형이 잘 맞는다. 필자는 괴혈을 믿지 않지만 이곳은 필자에게도 괴혈로 보인다. 자리는 맥이 선택했지만 집은 인간이 꾸미면 된다. 풍수 책에는 괴혈이라는 단어가 등장하는데 필자는 괴혈은 없다고 본다. 인간이 잘 모를 뿐이다. 이곳에 기록하는 모든 자리는 어쩌면 괴혈일지도 모른다.

사례8

경북 군위군 소보면 봉황리, 합장지

혈처 뒤의 능선 상에는 여러 기의 묘들이 나란히 놓여 있다. 자리는 능선 상에서 눈을 현혹시키고 바닥까지 뚝 떨어져 오목한 곳에 있다. 좌우에는 혈처를 사이에 두고 묵묘가 있다. 위에는 눈을 현혹시키고 좌우에 묵묘가 있으니 이보다 더 완벽한 천장지비가 있을까. 대부분 바닥에 떨어진 자리는 부를 이루는 자리인데 이곳은 큰 급수의 부귀를 겸비한 자리다. 흔하게 볼 수 없는 자리이지만 아무에게나 허락하지도 않는 자리다.

이곳은 경북 군위군에 있는 산에서 발원한 자리이며 도로 개설로 잘린 곳 중에서 유일하게 살아남은 두 자리 중 한 곳이다. 우리나라는 많은 명당을 갖고 있는 명당의 보고인데 무분별한 개발로 많은 혈처가 손상되고 도로 개설로 인하여 산맥이 잘리어 죽어가는 산이 많이 늘어나니 가슴 아픈 일이 아닐 수 없다.

사례9

경북 상주시 화서면 상곡리 戌坐(風山漸, 丙戌分金)

　과협에서는 흙이 부드러우나 비룡입수처는 돌이고 마사같이 보인다. 자리에서 4~5m 아래는 마사토다. 자리에서도 겉은 잔돌이 깔렸다. 가는 날 커다란 산돼지가 땅을 파서 지하의 혈토를 확인시켜 주고 있다. 나의 수고로움을 덜어 주었다. 조금 아래쪽에는 고총이 나란히 2기가 있고, 그 아래는 근래에 조장한 묘가 1기 있다. 모두 마사토 위다. 자리는 조금만 발로 헤쳐도 누런 혈토를 볼 수 있다.
　이 자리는 돼지가 상처를 냈으므로 시간이 지나면 파묘 터같이 지형이 변한 것처럼 보이므로 어느 누구도 자리로 인식하지 않을 것이다. 주인이 나타나려면 오랜 세월 흐를 것으로 보인다. 천장지비는 자연이 만든 곳도 있고 묘지 조성으로 사람의 손을 빌리기도 하며 이곳처럼 짐승의 도움을 받기도 한다.

사례10

경북 안동시 서후면 재품리, 합장지

　능선이 좌우로 넓게 퍼졌고, 맥이 내려오는 곳에는 고총(古塚)의 봉분처럼 불룩한데 고총이 아니다. 불룩한 끝에서 오른쪽으로 불룩하게 휘어지고 그 아래에 자리를 잡았으며 혈처(穴處) 아래도 약간 불룩하게 되었다. 좌우는 불룩한 곳이 두 줄로 되어 있으니 안쪽은 현능사가 되고 바깥쪽은 선익이 되니 언뜻 보면 혈처 뒤는 고총처럼 보이고 좌우는 패인 물길처럼 보이니 이보다 더 완벽한 천장지비는 없을 것 같다. 천하 대혈이 완벽한 변장술로 자신을 보호하고 있는 꼴이다.
　책에는 와혈은 오목하다고 하면서 혈처는 와중돌처에 있다고 기록하고 있다. 이곳은 책에 기록한 대로 되어 있으나 사람들은 책의 내용은 달달 외우지만 막상 만나면 알아채지 못한다. 와혈은 책에 쓰인 대로 되어 있지 않은 곳이 많다. 삼태기처럼 되어 있기도 하고 사태가 난 것처럼 되어 있는 곳도 있고 웅덩이처럼 되어 있는 곳도 있으나 근본적인 것은 스스로 바람을 막는다는 것이다.

사례11

경북 영덕군 달산면 용전리, 합장지

밭 옆으로 난 산길을 따라 올라가니 집단 묘지를 조성하려고 터를 닦은 곳이 나타난다. 뒤에 불룩한 곳에 오르니 주위에는 사람이 쌓은 것처럼 가지런하게 암반으로 되어 있고 정상에는 돌을 수북하게 올려놓았다. 주위는 티 없이 깨끗하며 혈처는 돌 밑에 있다. 돌을 들어내고 사용하면 된다. 대혈에 속하는데 자연은 돌을 이용하여 완벽하게 혈을 감추고 있다. 이런 것을 볼 때마다 자연의 신비에 감탄하지 않을 수 없다.

만약 불순한 무리들이 돌을 들어내고 이곳을 훼손하려고 한다면 자연은 가만히 있지 않을 것으로 본다. 혈처를 훼손한 사람들이 온전히 사는 것을 보지 못했다. 필자의 경험에 의하면 불순한 자는 접근을 못하게 한다. 명혈을 훼손하고 집을 지으려 한 사람은 집을 짓지도 못하고 망한 사람이 있고, 어느 곳은 집이 흉물로 변한 곳도 있었다. 명혈 주위에 있는 무덤들은 모두 묵묘 또는 파묘 터였다.

사례12

경북 예천군 유천면 사곡리, 합장지

　가는 능선을 타고 오르니 갑자기 찔레나무 넝쿨이 우거져 접근이 불가능한 상태인 곳이 나타난다. 능선 옆을 돌아 능선 위에 오르니 맥이 내려오는 능선에는 찔레나무 넝쿨이 없다. 넝쿨 뒤는 능선이 수평을 이루고 수평 끝이 풍만하게 뭉치면서 고개를 숙인 곳에 넝쿨이 고사되어 휑하니 뚫렸고 좌우도 두툼하고 전순도 윤곽이 뚜렷하다. 결국 찔레나무는 입수도두와 전순까지만 덮인 것이다.
　자연은 지형을 혼란스럽게 하여 몸을 숨기기도 하지만 이곳처럼 가시넝쿨을 덮어 자신을 숨기기도 한다. 어느 곳은 칡넝쿨로 가리기도 한다. 이들 지역은 혈처에 이르면 옆에서 뻗어와 혈처를 덮었을 뿐이다. 혈처 위를 헤치면 깨끗한 것이 공통적이다. 이처럼 혈처(穴處)는 신비스럽지 않을 수 없다.

사례13

경북 울진군 온정면 조금리, 합장지

돌처(突處)에는 묘가 있으나 맥은 방향을 돌려 돌(突)이 머리를 숙인 곳에서 자리를 잡았다. 이곳은 구덩이를 큼지막하게 팠는데 왜 팠는지 모르겠다. 혈처는 전혀 손상이 없으니 완벽한 천장지비를 이루었다. 이곳에 터를 닦을 때는 오른쪽을 깎아서 왼쪽을 메우고 뒤를 깎아서 봉분을 짓는 데 이용하면 오목하고 멋진 돌혈이 될 것이다. 구덩이가 패여서 그렇지 균형과 바람 처리는 완벽하다. 제절은 완벽하여 손 볼 일이 없을 것 같다.

이곳은 세상눈으로 보기에는 별로인 것처럼 보여도 가꾸고 다듬으면 값지고 멋진 곳이 되는 것과 같은 이치다. 껍데기만 볼 것이 아니라 근본을 보는 안목을 키워야 한다. 이렇게 생긴 형상을 파악하기 위해서는 눈으로 보는 것만으로는 불가능하다. 추맥법(기감으로 맥을 감지하는 법)을 수련하고 땅 속을 살필 줄 알아야 가능하다. 추맥법은 마음을 비우는 연습을 하여 시행착오를 많이 겪은 후에 보이기 시작한다.

사례14

전남 보성군 복내면 진봉리, 합장지

　이곳은 완벽한 천장지비가 이루어진 곳이다. 과협을 크게 이루고 올라온 능선이 길쭉하게 돌처를 이루는데 좌우가 균형이 맞는 곳이 없다. 맥은 정상 부분에 가기 전에 방향을 320도 정도 돌려 전순이 두툼하고 좌우로 발을 내린 곳에서 자리를 잡았다. 맥이 90도로 방향을 돌리는 곳은 흔히 보지만 300도 이상 돌리는 경우는 흔하지 않다. 좌우에 내린 발은 전순 쪽으로 휘어져 유정한 포즈를 취하고 있다. 능선이 흐르는 방향으로는 앞이 많이 열렸으므로 맥은 방향을 돌려 주위의 보호를 받고자 했다. 뒤는 불룩하고 능선이 더 나아갔으므로 허한 곳을 방어했고 혈처 앞은 맥을 호위하면서 달려온 호위사가 막아주니 완벽한 보호를 받고 있다.

　결론부터 얘기하면 맥은 흐르다가 바람을 막아주든지 스스로 막을 조건이 있는 곳이면 위치를 가리지 않고 머물게 된다. 이곳은 맥이 흐르는 방향으로는 바람을 막을 수 있는 조건이 아니므로 과감하게 맥이 돌았다.

사례15

전남 순천시 황전면 죽내리, 합장지

　능선을 올라가니 돌로 된 작은 봉이 나타나기에 과협처인 줄 알고 살폈으나 혈이 맺힐 조건이 아니어서 경사지를 조금 오르니 수평으로 된 능선이 나타나는데 오목하게 패인 곳이 보인다. 경사의 능선이 수평이 되고 방향을 틀면서 완만해진 후 다시 수평이 되는데 웅덩이처럼 된 곳이 있으니 헷갈린다. 이곳이 바로 혈처다.
　능선에서 방향을 돌려 앉았는데 웅덩이 전면이 트였고 트인 끝은 사람이 돌로 쌓은 것처럼 자연적으로 제절이 이루어져 있다. 파묘 터인 것 같아서 수차 확인하니 생지가 분명하다. 주위를 다듬고 봉분을 지으면 대접에 과일 하나를 올려놓은 것처럼 보인다. 울진에서 보고 두 번째로 보는 특이한 곳이다. 맥이 흐르는 방향에 돌로 된 불룩한 바위 봉을 세워 흐르는 맥이 흐르지 못하도록 조치하고 맥은 방향을 돌려 오목한 곳에서 자리를 잡게 된 것이다.

사례 16

전북 남원시 일월면 상우리, 합장지

오른쪽 낭떠러지에 접한 임도를 따라 오르다가 길로 내려온 능선으로 접어드니 물을 가두는 웅덩이가 나타난다. 웅덩이를 돌아 위로 가니 좌우를 벌리고 가운데가 오목한 지형이 나타난다. 이 지형은 좌우 불룩한 부분과 연결된 곳이 갑자기 아래로 푹 꺼진 느낌이 드는 곳인데 기장이 통째로 내려앉은 것 같다. 신비스럽지 않을 수 없다. 좌우의 불룩한 부분에는 돌서렁이고 전순 아래는 물이 고여 있으니 필자의 눈에는 신비스럽게 보이지만 일반인들의 눈에는 물이 날 것 같은 망지로 보일 것이다.

이곳은 자연이 물을 이용하여 천장지비를 이루었다. 만약 이곳에 묘를 쓰고 큰 인물이 나면 사람들은 이곳을 괴혈이라고 할지 모른다. 어느 곳은 비가 오면 오목한 곳으로 모여들어 샘이 나는 것처럼 보이는 곳도 있고 겨울에 눈이 녹아 흘러 질펀한 습지처럼 보이는 곳도 있다. 이런 곳은 주위의 물길을 돌리고 무덤을 조성하면 멋진 명혈이 될 것이다.

사례17

전북 임실군 덕치면 사곡리, 합장지

 능선이 완만하게 달려와 과협을 크게 이루고 서서히 올라 수평을 이룬다. 돌처 정상 아래는 묵묘가 2개 있으며 혈처는 돌처 뒷부분의 수평을 이루는 곳에 있다. 그런데 완전 수평이 아니고 옆에서 보면 전진 앞 방향이 약간 더 높다. 필자는 처음에 육안으로 좌우가 약간 넓은 곳에 스틱을 꽂고 추맥으로 확인하니 스틱 부분을 지나 좌우가 조금 더 좁은 부분에서 맥이 멈춘다. 스틱을 꽂고 좌우로 가니 아래가 둥글게 불거져 가장 넓었다. 재혈할 때는 눈으로 보는 것만으로 결정하지 말고 좌우 전후를 아래까지 확인하여 결정한다.
 이곳은 돌혈인데 가장 높은 부분에서 머리를 숙인 곳에 묘를 쓰도록 평평하게 만들고 뒤에는 역 경사를 이루게 하고 좌우도 속이면서 자리를 잡았다. 이곳에 묘를 조성할 때는 앞의 높은 부분을 낮추고 좌우와 뒤를 두툼하게 사성을 만들면 멋진 자리가 될 것이다.

사례18

전북 정읍시 고부면 장문리, 합장지

　이곳은 천장지비로 너무 완벽하게 위장해 놓았다. 논 위에 있는 자리인데 논 바로 위에 오목하면서 전순이 뚜렷한 곳은 천기혈처이고 이 자리 옆에 인위적으로 길게 도랑처럼 파인 상부에 자리가 있다. 자리 옆이 인위적으로 푹 파놓은 것처럼 생긴 지형이 있으며 자연적으로는 샘이 나면서 파인 것처럼 보이기도 하다. 누가 보더라도 이곳이 혈처(穴處)일 것이라고 상상하지 못할 것 같다.
　혈처에서 살피면 이 정도 깊이는 좌우를 고르고 천광하면 멋진 자리가 될 것이며 좌우와 전후가 균형이 맞는다. 주의할 것은 파진 부분과 균형을 맞추려고 혈처를 너무 깊게 파면 맥을 손상할 수 있으므로 신중을 기해야 한다. 혈토가 보이기 시작할 때 흙이 부족하면 다른 곳에서 흙을 채취하여 보충하면 된다.

사례19

충북 괴산군 불정면 목도리, 합장지

  보기 드문 대혈이다. 산 입구에서부터 암반으로 되어 있고 경사가 심해 접근하기가 쉽지 않다. 하지만 자리에는 부드러운 흙으로 되어 있고 여러 곳이 무너져 어수선하다. 매끈하다면 오늘까지 남아 있었겠는가. 자리는 경사지에 오목하게 되어 있으나 골이 난 곳이 혈심을 지난다. 혈심은 입수도두와 어긋나 있다. 자기 안산을 세우고 자기 안산과의 사이는 과협처럼 보이므로 큰 기운이 흐르는 것으로 생각돼 안산 밑에는 마을이 형성돼 있다.

  자리 주위가 어수선한 것은 정리하면 되니까 아무 문제가 없다. 이곳만 이런 현상인데 사람들은 주위가 패이고 무너졌으므로 지형에 생기가 없는 땅으로 간주하게 되어 산이 파산되었다고 말할 것이며 천장지비의 수단인 줄 감을 잡지 못할 것이다.

사례20

충북 충주시 산척면 명서리, 합장지

 돌로 이루어진 능선이 급하면서 두툼하게 낮은 곳까지 내려와 푹 꺼지면서 좌우로 둥글게 펼쳐진다. 둥글게 펼쳐지는 뒤와 좌우는 돌로 되어 있어 자연적인 사성의 형태를 이루었다. 앞은 길게 밀고 내려가는데 예전에는 밭으로 개간하여 농사를 지었던 것 같다. 밭으로 개간하기 전에는 자기 안산이 있었을 것으로 본다. 밭 끝은 돌로 석축을 하여 절벽을 이루게 되므로 바람을 공중으로 날려 자리를 위해서는 오히려 유리하게 보인다.
 명혈이 노출될 것을 염려하여 묵밭은 가시넝쿨과 칡넝쿨이 함께 어우러져 엉키어 있어서 접근이 어렵다. 돌아서 접근했는데 자리에서는 깨끗하다. 천장지비를 위한 자연의 섭리는 신비롭고 묘하기만 하다.

사례21

잔돌이 많이 깔려 있지만 스틱은 막힘없이 들어간다. 스틱이 나올 때 혈토를 물고 나온다.

사례22

혈처에 잔돌이 박혀 있다. 주위는 깨끗한데 혈처에만 돌이 있고, 이 돌들은 발로 차면 모두 움직인다.

사례23

　이곳은 특별한 곳이므로 좀 자세하게 소개한다. 능선에서 좌우로 완만하게 펼쳐지는 곳에 돌이 깔려 있다. 인터넷 지도로 위치를 파악하고 현장에 도착하니 암반으로 되어 오르기 어려웠으나 바위 사이로 올라가니 이끼를 잔뜩 뒤집어쓴 돌들이 깔려 있다. 도저히 혈이 맺힐 것 같은 여건이 아니었다. 오진했다고 생각하여 찜찜한 마음으로 하산하면서 약간 불룩한 곳으로 간 순간 가슴이 뛰었다.
　주위는 온통 이끼가 잔뜩 낀 돌들이 깔려 있었으나 혈처는 돌 하나 없이 깨끗하며 오목한 형태를 이루고 있다. 전순 아래는 암반으로 받쳐 절벽을 이룬다. 스틱으로 혈처를 찌르니 누런 혈토가 묻어난다. 혈처 오른쪽은 바위로서 절벽을 이루어 계곡 바람을 하늘로 날린다. 물론 혈처는 약간 오목하다.
　일부 책에는, 석산에는 혈이 없으니 육산에서 혈을 찾으라는 구절이 있다. 그러나 필자의 관찰에 의하면 기운이 강한 명혈은 석산에 많이 있음을 보게 되었다. 하지만 석산은 확실한 면이 없으면 피하는 것이 옳다. 석산은 혈처가 아니면 지하의 바위 위에 천수가 고여 있어 수해를 입을 수도 있다.

혈처 주위에 널린 돌

위에서 천장지비에 대하여 특별한 몇 곳을 소개했으나 역량이 큰 명혈은 묵묘가 많이 있는 곳에도 있었으니 많은 사람들이 볼 수 없었던 것은 나름대로 천장지비가 되어 있었다고 본다. 아니면 소유할 수 없는 사람이라서 묘를 쓸 당시 이상하게 보였을 것으로 본다.

옛날 명사들은 가난하게 산 것으로 알고 있는데 명혈을 아무에게나 소개할 수 없는 천장지비라는 불문율 때문에 입을 닫고 살았을지도 모른다. 일부 사람들은 지사의 조상을 좋은 자리에 모시면 잘 살 수 있지 않겠는가 하고 의구심을 가질지 모른다. 그렇지만 인연이 되지 않으면 자기 집안이라도 쉽게 쓸 수 없는 법이다.

필자가 전국 산천을 답사하면서 겪은 일화를 소개한다.
하루는 날이 저물어 도로 가에 주차하고 챙겨간 주먹밥으로 요기를 한 다음 차에서 일박하고 다음날 산에 오르려고 했는데, 마침 암자에 기거하는 한 젊은 사람이 개울을 건너왔다. 어두운 밤중에 어디를 가느냐고 물으니 필요한 물건을 사러가는 중이란다. 이 사람을 태우고 가게에 가서 물건을 사면 노숙 신세는 면할 수 있을 거라 생각하고 젊은 사람을 태워 가게로 가던 중에 대화를 나누었는데, 암자에 머물면서 풍수지리도 공부한다는 것이다.

나를 소개하고 다음날 옆 산에 올라가 혈처를 보려 한다고 하니 "제발 그곳에는 가지 마세요." 하고 애원한다. 물건을 사가지고 오면서 산을 가리키면서 "저곳이다." 하니 "그곳은 쳐다볼 수 없다."고 고개를 돌리면서 올라가지 말라고 신신당부를 했다. "왜 그러냐?"고 물으니, "큰일 나니 제발 올라가지 마세요." 하고 말린다. 필자는 더욱 궁금하여 견딜 수가 없었다. 이 사람은 그때부터 내가 암자에 가는 것을 내심 꺼리고 있는 것 같았다. 그래서 차에서 자고 동이 트자마자 날이 채 밝기도 전에 능선을 오르니 암반으로 된 석산인데 천하대혈이 몸을 숨기고 있는 것이다. 혈처에는 돌을 잔뜩 올려놓아 감쪽같이 명혈을 숨기고 있는 게 아닌가.

암자에 기거하는 사람은 수행을 하면서 사심을 품었기에 혈처의 신이 접근을 막은 것이고 필자는 순수한 마음으로 연구만 하는 사람이므로 흔쾌히 접근을 허락했을 것이라고 생각하면서 하산하여 맛있게 아침밥을 먹었다.

필자는 40대 초반부터 계단을 오를 수 없을 정도로 무릎이 아팠으며 전립선염과 고지혈증에다 고혈압을 앓고 있었다. 풍수지리를 공부한 후로는 이런 병들이 어느 순간 나도 모르게 사라졌다. 업무 시간 외에는 풍수지리만 생각했고 밤늦게까지 수련을 했으며 휴무일은 산에서 살았다. 바람이 불거나 눈비가 내리는 날에도 산에 갔다.

멧돼지도 여러 번 만났고 독사에 물릴 뻔한 아찔한 순간도 있었으며, 절벽 아래로 떨어질 뻔한 경험도 했다. 진드기에 물려 고열로 고생하기도 했다. 하루는 발목이 많이 가려워서 등산화를 벗고 양말을 내리니 여러 마리 진드기가 붙어서 피를 빨고 있었다. 몸살이 심한 것처럼 오한이 오고 머리가 아파서 철수하려고 했으나 멀리까지 갔다가 두 곳을 위해 다시 온다는 것이 시간 낭비인 것 같아서 아프지만 참고 능선을 오르니 천하 대혈이 나를 반기고 있었다.

혈처에서 30~40분 정도 서 있으니 나도 모르게 몸이 가벼워졌다. 혈처의 위력을 경험하는 순간이었다. 내려와서 다른 한 곳까지 마저 보고 돌아온 적이 있다. 숙소까지 3시간 넘게 걸리는 거리를 non stop 으로 달려 왔으나 피곤하지 않았다.

玉龍子 渡江 十條

조자손(祖子孫) 삼조(三朝)
지리서 천만 권을 다 읽어도
세상이 모두 중심을 못 잡고
머리는 숨기고 꼬리는 감추어
각기 다르게 그 뜻을 논하니
눈은 어지럽고 마음은 의혹이 나서
반쯤 가서 중도 폐기하니 한탄할 일이로다.

※필자의 생각 : 책을 아무리 많이 읽어도 현장 답산(踏山)을 하여 산천의 이치를 깨닫지 못하고 이기(理氣)만 달달 외어 헤매고 있음을 지적한 글이다.

산수의 근원 근본을 전연 다 버리고
이십사위(二十四位) 글자만 가지고
어느 법(法)이 가장 옳다 하나

산맥(山脈)과 혈면(穴面)은 알지 못하니 슬프도다.

※필자의 생각 : 발원지가 어디이며 혈이 맺히는 원리를 알려고 하지 않고 이기만 논하는 강단 풍수를 지적한 내용이다.

죽장 짚고 짚신 신고
강산(江山)을 두루 편답(編踏)하여
산수형용(山水形容) 살펴보니
태조산(太祖山)이 구름하늘 꿰어 서서
천지만엽(千枝萬葉) 흩어지니

※필자의 생각 : 발원지에서 발원하여 출발하는 용맥을 직접 살피고 있는 모습을 노래한다.

만마(萬馬)가 달리는 듯
기러기가 평사(平沙)에 내리는 듯
용(龍)이 구름에 날아오르는 듯
대장이 행군하여 가는 듯
천 갈래로 가는 행룡 낱낱이 말할쏘냐.

※필자의 생각 : 행룡하는 용맥이 혈을 맺는 모습을 노래하고 있다. 와혈이 되고 돌혈이 되고 유혈이 맺히는 모습을 표현했다.

태조산(太祖山)이 갈려나와
지현자(之玄字)로 굴곡(屈曲)하다가 과협(過峽)놓고
특별히 기봉(起峰)하니 이것이 소조산(小祖山)이요

※필자의 생각 : 힘차게 달려온 용맥이 혈을 맺기 전에 기봉하여 숨을 고르고 있는 현무봉을 표현했다.

소조산하(小祖山下)에 일봉(一峰)이 우뚝하니 자봉(子峰)이라
자봉(子峰) 아래 또한 봉(峰)이 높았으니
이것이 손자봉(孫子峰)이며
조자손(祖子孫) 삼조(三朝)가 아닌가.

※필자의 생각 : 현무봉에서 혈처에 이르기까지 숨 고르기 하는 용맥을 표현했다.

先師의 이를 말씀 특별히 일렀으니
마디마디 기복박환(起伏剝換)이라 하고
태식잉육, 주사마제 모두 다 한 이치로다.

※필자의 생각 : 맥이 혈처에 이르러 혈을 맺기까지 과협과 기복이 반복함을 표했으며 혈처의 공통점을 나타낸다.

산(山)을 가리켜 용(龍)이라 하며
산(山)이 아무리 멀리 가도
결인목(結咽目)을 놓지 아니하면
어찌 살기(殺氣)를 벗었다 하리.

※필자의 생각 : 혈을 맺기 전의 최종 과협을 표현했다. 그러나 눈으로 보이는 과협이 없어도 지중에서는 혈을 맺기 전에 반드시 결인을 한다. 이것을 모르면 점혈은 불가하다. 과일이 열매를 맺으려면 꼬투리가 있듯이 지중에는 반드시 꼭지가 있다.

혈(穴) 하나를 지으려면 결인목(結咽目)은 자연이라
만물(萬物)이 결실(結實)을 하려면 먼저 꼬투리가 생기나니
물은 이미 강산(江山)이라 수구(水口)를 찾아 들어가니
이것이 포중(包中)이요 집이로다.

※필자의 생각 : 혈처 주위는 담장을 두른 듯 둥글게 감싸고 있는 국(局)을 표현했다.

혈처의 공통점

혈처가 높거나 앞이 열린 지형에 있는 곳은 혈처에서 순전 아래가 보이지 않는다. 먼 전경만 보인다. 이것은 혈이 뒤로 물러앉았고 두툼하다는 것이며 전면의 바람을 모두 하늘로 날려 전면에서 오는 바람을 피하고 있다는 증거다. 간혹 앞이 두툼하지 않은 곳도 있는데, 이런 경우는 좌우 선익이 혈처 앞에서 여러 겹으로 관쇄를 하여 바람 길을 차단한다. 청룡, 백호가 겹겹이 관쇄하는 모습을 축소한 것과도 같다.

어느 곳은 주위가 파산(破山)되어 지저분한 것처럼 보이기도 한다. 사람들은 맥이 약하여 지형이 야물지 않아 혈이 맺히지 않은 것으로 생각한다. 자세히 살펴보면 패인 것이 혈처를 중심으로 질서 있게 나타나 있다. 질서 있게 되어 있지 않더라도 윤곽이 뚜렷하며 전순이 확실하다. 지표면이 불규칙한 것은 태고 이래로 나무가 자랄 때는 불룩하다가 나무가 고사되어 썩으면 아래로 꺼지게 되어 울퉁불퉁해진다.

어느 지형은 내룡(來龍)부터 전순 아래까지 온통 돌인 곳도 있다. 좌우도 바위로서 절벽을 이루고 있다. 주위는 넓으며 시신이 들어갈 부분은 고운 혈토로 되어 있다. 하지만 그냥 고운 혈토가 아니고 잔돌들이 박혀 있다. 그러나 이 돌들은 자연이 천장지비를 위해 겉에 얹어 놓은 돌이다. 이런 곳은 특대혈이다. 이런 특대혈은 하늘이 정한 집안만이 쓸 수 있다고 하지만 지극한 정성이 하늘을 감동시키면 누구나 얻을 수 있으리라고 본다. 혈처가 주위와 다른 곳을 몇 군데 예로 들어 혈처의 공통점을 소개한다.

벌목하여 주위는 잡초가 무성하지만 혈처는 잡초 없이 깨끗하다.

잡초 없이 잔디만 깨끗하게 자라고 있다. 윤곽이 뚜렷하게 나타난다. 대혈을 옆에 두고 가족묘를 조성했다. 조안산으로 국(局)이 아름다우며 조응하는 길사가 즐비하다. 이것들은 이 혈처를 위해 존재하는 것인데 사람들은 주위 풍광에 현혹되어 많은 묘지를 조성한다.

혈처의 공통점   209

혈처의 공통점3

 쌍(雙)분묘 사이에 있는 자리인데 묘지 봉분과 주위에는 키가 큰 잡초가 무성하지만 혈처(穴處)에는 잡초 없이 잔디만 깨끗하게 자라고 있다.

혈처의 공통점4

 혈처에는 잔돌이 깔려 있었지만 잔돌을 헤치니 오른쪽처럼 밝은 혈토가 나타난다. 잔돌은 혈처를 지키기 위하여 자연이 얹어 놓은 것이다.

혈처의 공통점5

예전에는 봉분이 잔디로 깨끗했을 터이지만 맥이 잘린 현재는 밭에서 천덕꾸러기 대접받는 바랭이만 무성하다.

혈처의 공통점6

혈처는 깨끗하지만 주위에 있는 나뭇가지에 가려서 잘 보이지 않는다. 혈처 주위에 있는 나뭇잎은 깨끗한 연두색을 띠고 있다. 혈처뿐 아니라 생기가 미치는 곳에 있는 식물의 잎사귀 색깔은 대부분 깨끗한 연두색을 띠고 있다.

혈처의 공통점7

이곳은 누군가가 신후지지로 터를 닦은 곳인데 혈장이 깨끗하게 원을 그리고 있다. 그런데 사성을 조성한 것을 보면 혈처를 벗어나게 되어 있다. 사성의 중심에 대나무를 꽂아 두었기에 필자는 대나무를 뽑아 혈장의 중심에 꽂고 떠났다. 혈처의 진정한 임자라면 사성을 다시 조성하고 혈처에 묻히겠지만, 임자가 아니면 실혈(失穴)하게 될 것이다.

혈처의 공통점8

산기슭에 있는 밭으로 된 곳이다. 옆에는 한 기의 무덤이 무성한 쑥대와 물풀로 덮여 있지만, 혈처는 잡초 없이 깨끗한 풀이 자라고 있다. 나경을 놓고 사진을 찍고 보니 부옇게 윤곽이 나타난다. 다른 곳과 다른 기운이 있다는 증거다.

혈처의 공통점9

잡초 속에서 혈처는 노란 잔디로 밝게 빛난다. 잔디를 별도로 심지 않았지만 옆에 있는 묘지에서 잔디 씨앗이 날려 와서 자라고 있는 것 같다

혈처의 공통점10

　뒤에 가족묘지를 조성하여 묘지 앞에 잔디가 심겨져 있는 곳인데 인공으로 표시를 한 것처럼 혈장의 윤곽이 뚜렷하게 나타난다. 확인하니 수맥이 감지되고 내부는 천기가 뭉친 천기 혈터이다.

혈처의 공통점11

　소나무와 다른 잡목이 어울려 자라고 있는 곳인데 주위에 잡목과 풀이 무성하게 자라고 있지만 혈처는 깨끗하다. 혈처는 두툼하고 풍만하다.

혈처의 공통점12

　밭으로 개간하여 혈처를 지우려 해도 혈처의 흔적은 지울 수 없는 곳이다. 주위는 잡초가 우거져도 혈처는 깨끗하며 혈처 앞은 바위가 받치고 있어 불룩하다. 사진으로 보듯이 혈처는 다른 곳과 다르다. 나무가 없이 풀만 있는 곳은 양명한 곳에서 자라는 풀들의 색깔이 연두색을 띠면서 깨끗하다. 나무가 있는 곳은 혈처에는 나무가 없는 공터이고 풀 없이 깨끗하다. 칡넝쿨 등 잡초가 지저분하게 있는 곳은 혈장 내가 밝고 깨끗하다. 가족묘원에 잔디가 심겨진 곳은 둥그런 혈장이 확실하게 구분된다. 혹 자리가 의심되거든 잔디를 심고 2~3년을 기다리면 잡초와 잔디의 구역이 구별된다.

혈처 앞의 파구처

　혈이 맺히는 요소는 입수도두, 선익, 순전, 혈장이지만 국(局)을 이루는 조건은 현무(내룡), 청룡(좌측 보호사), 백호(우측 보호사), 주작(안산)이다. 세상의 모든 이치는 들어오는 곳이 있으면 나가는 곳이 있어야 한다. 국(局) 내의 물이 모여서 한 곳으로 나가는 곳을 파구 또는 파구처라고 한다. 혈처는 맥이 최종적으로 뭉치는 곳인데 제일 중요한 것은 바람을 스스로 막거나 주위에서 막아주는 곳에서 머문다.
　파구는 물이 최종적으로 나가는 관문이 되기도 하지만 바람이 출입하는 관문이 되기도 한다. 국(局) 밖에서 계곡으로 모인 바람이 계곡을 타고 세차게 부는데 이러한 계곡풍을 살풍이라고 한다. 살풍을 오래 맞으면 건강을 잃게 되며 온화한 기운을 흩어지게 한다. 혈처에서는 살풍을 맞지 않도록 하고 살풍을 약화시켜 온화하게 작용하도록 해야 한다. 그러기 위해서는 파구가 좁아야 하고 파구를 지난 국이 넓어야 한다. 또 파구를 능선이 좌우에서 여러 겹으로 교차하여 계곡을 지나는 바람을 약화시켜야 한다.
　혈처 앞이 열려 있을 때는 다른 곳에서 능선이 달려와 열려 있는 끝부분을 막아 주기도 한다. 이런 경우 혈처는 뒤로 물러앉아서 능선을 타고 오르는 바람을 하늘로 날리고 여분의 부드러운 바람을 맞기도 한다. 앞을 막아주는 사격이 낮고 멀면 혈처는 낮은 곳으로 내려앉아 바람을 피하기도 한다.
　파구를 강조하는 까닭은 생기를 응축하는 데 가장 큰 영향을 미치는 것이 바람인데 바람을 온화하게 하는 역할을 하는 것이 파구이기 때문이다. 파구는 좁고 여러 겹으로 겹쳐서 파구처에서 바람의 강도를 약화시켜야 한다. 아래에 여러 종류의 파구처를 소개한다.

파구의 예1

관쇄가 잘 된 파구처인데 좁은 관문을 통과하면 내부는 넓은 공간이다. 관문을 통과한 바람은 넓은 공간에 퍼지므로 부드럽게 변한다.

파구의 예2

길가에 있는 혈처 앞인데 앞이 불룩하게 되어 있으므로 이런 곳은 열렸다고 하지 않는다. 물을 가두는 못까지 조성되어 혈처에 긍정적으로 작용한다.

파구의 예3

계곡처인데 양쪽으로 암반이 서 있어 좁은 수로를 형성한다. 수문에 서 있는 바위를 풍수 용어로 한문(捍門)이라 한다. 이곳을 통과한 바람도 부드러운 훈풍으로 변한다.

파구의 예4

좌우에서 보호사가 겹겹이 빗장을 걸어 교쇄를 한다. 책에서는 이런 자리를 교쇄 명당이라고 적고 있다. 바람은 물처럼 방향을 바꾸지 못하므로 교쇄된 부분을 통과할 때마다 바람의 세(勢)가 감소되기 때문에 교쇄한 부분이 많을수록 혈처는 더욱 아늑해진다.

파구의 예5

논밭이 있는 낮은 지형인데 둥그런 구릉이 감싸고 있어 파구는 둥그런 구릉 한 곳을 잘라 통로를 낸 것처럼 되었다.

파구의 예6

주 골짜기에서 옆으로 골짜기가 꺾이므로 골짜기로 들어온 바람은 직선으로 치고 올라가고 꺾인 골짜기로는 세가 꺾인 바람이 불어온다. 그러므로 혈처에는 바람이 조용할 수밖에 없다.

파구의 예7

물은 오른쪽에서 왼쪽으로 돌아서 나가지만 계곡은 똑바로 뚫린 것처럼 보인다. 그래서 직선 계곡 끝에는 다른 데서 온 조·안산이 계곡을 막으면서 물길을 돌린다. 맥이 멈춘 곳에는 주위에서 혈처를 향해 에워싼다.

파구의 예8

물이 겨우 빠져 나갈 수 있을 정도로 좁은 협곡을 지나면 넓게 트인 공간이 나타난다. 여름이면 논에서 물이 출렁인다. 파구 끝에는 토체의 사격이 발복(發福)을 예고한다.

파구의 예9

혈처 앞을 왼쪽 보호사가 감아 돌아 물길을 유도하며 파구의 허함을 방어하고 있다. 혈이 없다면 청룡사가 가지를 내어 계곡을 막지 않았을 것이고 계곡을 막지 않았다면 혈이 맺히지도 않았을 것이다. 완벽한 국(局)을 이루고 있지만 혈처는 생지로 주인을 기다리고 있다. 혈처 앞은 파묘 터다.

파구의 예10

이렇게 생긴 파구처에는 혈처가 횡으로 앉게 되며 만약 횡으로 앉지 않으면 혈처 앞이 급경사이고 뾰족하여 골바람을 좌우로 가르게 되고 자기 안산을 세워 혈처를 보호한다.

파구의 예11

바닷가에 맺힌 혈처인데 물 위에 뜬 사격이 명당을 감싸고 있으며 터진 부분에는 작은 섬들이 겹겹이 교차되어 앞을 막고 있다. 이것으로 인하여 바람의 길을 막고 있는 것이다.

파구의 예12

큰물이 용맥을 한 바퀴 감싸고 안산을 따라 둥글게 환포한 후 안산 끝을 돌아 안산 너머로 흘러가는 곳이다. 이런 곳을 책에서는 환포수 또는 궁체수라고 적고 있다. 매우 길(吉)한 물로 분류한다. 바람이 물 따라 흐르다가 물은 산 따라 방향을 바꾸지만 바람은 똑바로 산 능선을 타고 불어 오른다. 혈처는 강의 옆면에 있으므로 조용하다.

파구의 예13

 국(局) 내의 물이 주 계곡에 합류되는 곳이다. 입구는 좁고 경사가 심하지만 좁은 경사지를 올라서면 넓고 완만한 지형을 이룬다. 지곡(枝谷)이므로 혈처는 조용하지만 오목한 와혈이므로 더욱 안정적이다.

파구의 예14

보호사가 혈처 앞을 감아 돌아 물이 나가는 곳을 알 수 없는 곳이다. 너머에는 귀사가 감아 도는 보호사의 낮은 부분을 보강하고 있다.

파구의 예15

너무 갑갑할 정도로 죄고 있다. 한 곳이 아니고 연이어 몇 곳에서 좌우로 교차하여 죈다. 주 계곡에서 횡으로 된 곳인데도 이처럼 입구를 죄니 안쪽은 조용하지 않을 수 없다. 입구가 직선으로 좁은 것은 아무런 의미가 없다. 오히려 살풍이 될 뿐이다. 골의 양쪽 능선이 교차해야 한다.

파구의 예16

혈처 앞의 물이 관문을 빠져나가서 어디로 흘러가는지 알 수 없다. 발원지에서 출발한 맥은 이처럼 완벽하게 보호를 받을 수 있는 곳으로 와서 자리를 잡게 된다. 이것이 자연의 원리다.

국세(局勢)와 사격(砂格)

 풍수지리에서는 산을 용(龍)이라 하고, 혈처를 중심으로 한 그 사방의 산은 모두 사(砂)라고 한다. 용이란 산맥의 무궁한 변화나 약동을 보고 마치 용이 움직이는 모습과 같다고 하여 일컫는 말이며, 사(砂)란 국(局)을 형성하는 것을 사도(砂圖)로 간주하기 때문이다. 말하자면 용(龍)이 사(砂), 사(砂)가 용(龍)이 되기 때문이다. 다시 말해 용(龍)은 변동과 내세(來歲)를 말하고, 사(砂)란 성국(成局)을 말한다.
 사격(砂格)의 종류는 혈처 앞을 주작(朱雀), 혈처 뒤를 현무(玄武), 왼쪽을 청룡(靑龍), 오른쪽을 백호(白虎)라고 한다. 풍수지리 서적에 기록된 표현을 빌리면 사신사(四神砂)의 형세로서 현무(玄武)는 정지하는 것이 좋고, 주작(朱雀)은 다가와서 상무(翔舞)하는 것이 좋고, 청룡(靑龍)은 지렁이처럼 길게 꿈틀거리고 뻗어서 둘러싸이고, 백호(白虎)는 호랑이가 쭈그리고 앉아서 맞는 듯한 것이 좋다고 기술하고 있다.
 현무(玄武)가 주인이라면 주작(朱雀)은 객이며, 남편과 아내, 임금과 신하의 관계가 된다. 이것은 음래양수(陰來陽受)의 원리로서 현무(玄武)는 머리를 숙이고 들이밀듯 음래(陰來)로 다가오고 주작(朱雀)은 새가 날개를 펴고 날아오르듯 양수(陽受)로 받아들이는 형세가 되어야 한다고 책에서 표현하고 있지만 매우 추상적이다.
 현장에서는 혈(穴)의 종류에 따라 입수하는 내룡(來龍)의 형태가 다르고 안산도 혈이 앉은 위치에 따라서 천차만별이다. 안산이 다른 곳에서 와서 앞을 막기도 하고 청룡 백호가 혈 앞을 돌아 안산이 되기도 한다. 평지 혈에서는 연못이며 호수가 안산 역할을 하기도 한다. 이것은 모두 혈처를 위해서 바람을 막는 방법에 따라 형태와 구조가 형성된다. 모두 바람을 처리하기 위한 수단이다.
 풍수지리의 이론은 대부분 중국에서 온 것이므로 용어도 그대로 쓰고 있다. 내룡(來龍)은 마치 뱀이 달려와 거북이 모습을 띠는 것을 따서 현무(玄武)라 했고, 안산은 공작이 꼬리를 펼친 모양을 따서 주작(朱雀)이라고 표현했다. 중국에서 수미산(須彌山)을 기준으로 왼쪽은 바다와 접해 있고 용(龍)은 물에서 살기 때문에 청룡(靑龍)이라 했으며, 오른쪽은 대륙이고 호랑이가 산에서 살기 때문에 백호(白虎)라 명명했을 것으로 본다.

필자는 현무를 내맥(來脈)이라 하고 청룡 백호를 왼쪽(左) 보호사, 오른쪽(右) 보호사로 부르고, 주작을 전면 보호사로 부르는 것이 옳고 일반인들이 이해하기가 쉽다고 생각한다. 그러나 편의상 혼용하기로 한다.

혈을 맺기 위해 달려오는 용맥(龍脈)이며, 이 용맥이 서서히 올라와 돌혈을 맺은 곳이다

생기를 머금은 용맥(龍脈)이 진행하는 능선이므로 식물의 빛깔도 아름답다.

현무(玄武, 主山)

"사신사(四神砂) 중에서 주체는 현무(玄武)이고, 현무는 혈(穴)의 뒤편에 있으므로 후산(後山)이라고도 하며, 종(從)인 청룡(靑龍), 백호(白虎)에 대해 주(主)이고 객(客)인 안산(案山)에 대해 주인(主人)인 까닭에 주산(主山)이라고도 하는데, 생기가 흐르는 용(龍)이기 때문에 본산(本山) 또는 내룡(來龍)이라고 말한다. 현무(玄武)는 혈장(穴場) 뒤의 산이며 내룡(來龍)의 용맥(龍脈)이 혈장(穴場)으로 흐를 때 가장 중요한 역할을 한다. 내룡의 용맥은 현무를 거쳐 일시적으로 입수(入首)에 머물다가 혈장(穴場)으로 들어온다. 응결되는 기맥(氣脈)은 용맥의 발원지인 태조산(太祖山)을 거쳐 중조산(中祖山), 소조산(小祖山), 입수(入首), 혈장(穴場)의 순서로 혈장에 도달하게 된다. 현무는 혈(穴)을 맺게 하는 혈 뒤쪽의 높은 산으로 용맥(龍脈)의 대소(大小) 혈(穴)을 결정하는 주산(主山)으로서 외형적인 느낌이 웅장하고 수려하면서 혈(穴)을 향해 머리를 조아리고 있는 수두(垂頭)의 산세면 길격(吉格)이다."

위의 내용은 옮겨온 표현이며 풍수지리 책마다 내용이 비슷하다. 그러나 현무는 혈의 종류에 따라서 다르며 혈처에서 보이는 곳도 있고, 보이지 않는 곳도 있다. 현무의 모양을 보고 혈처의 오행(木火土金水)을 점치기도 하는데 현무의 모양은 혈처에서 보이는 모양이 아니고 맥이 진행하는 산을 옆에서 보고 판단한다. 앞에서 보이는 것을 정(頂)이라 하고 옆에서 보이는 것을 봉(峰)이라고 한다. 맥이 입수하는 모습은 수평을 이루기도 하고 급경사를 이루기도 하며 암반으로 된 곳도 있고 잔돌을 잔뜩 머금은 곳도 있다. 경사지를 오르기도 하는데 이것을 "비룡입수(飛龍入首)한다."고 말한다. 개울을 건너고 평지를 지나 경사지를 올라 혈을 맺기도 한다. 일반적인 혈은 부드러운 곳으로 가서 혈을 맺지만 큰 대혈은 바위로 맥의 진로를 차단하고 바위 상부에서 혈을 맺기도 한다.

큰 벌레가 기어오는 것 같다

탐랑 목체의 봉우리가 여러 번 기복과 위이를 반복하면서 달려와 용맥이 혈처에 입수되기 전에는 완만해져 둥그렇게 뭉친후 유혈을 맺었다

용맥이 현무봉에서 가늘게 흐트러짐 없이 달려와 둥그런 혈장을 형성한 곳이다

　오랜 세월 속에 좌우는 풍파에 의하여 살은 떨어져 나가고 골격만 남았다. 맥이 흐르는 능선의 공통점은 분자 간 서로 당기는 강한 응력에 의하여 쉽게 손상되지 않는다는 것이다.

양쪽으로 팔을 벌리고 가운데로 용맥이 달려온다. 이런 것을 책에서는 개장천심(開帳穿心)이라고 적고 있다.

벌린 팔은 용맥을 보호하는 보호사가 되고, 이 보호사는 머물 때까지 동행하여 대부분 용맥보다 멀리 나아가 멈춘다.

옆에서 보면 토체의 봉우리인데 토체 끝으로 맥이 한참 내려와 수평 능선으로 변한 후 수평 끝에서 널찍하게 된 곳에 혈이 맺혔다.

혈처(穴處) 끝은 인위적으로 만든 것처럼 암반이 둥그렇게 제절을 이루고 좌우에는 돌로 받치고 있다. 토체의 수평 끝에서 맥이 내려와 맺힌 혈의 오행은 목(木)이다. 평탐랑이기 때문이다.

주작(朱雀, 案山)

"주작[안산(案山)]은 혈장(穴場) 앞쪽에 있는 가장 가까운 산을 말한다. 이 주작 역시 주산(主山)과 마찬가지로 혈장과 가까울수록 혈장이 강력한 기맥(氣脈)을 발현하므로 길격(吉格)으로 본다. 또한 혈장의 규모나 높이에 비해 주작(朱雀)이 지나치게 높거나 웅장하면 왕성한 주작의 기맥(氣脈)이 오히려 혈장의 생기(生氣)를 눌러 凶作用을 한다. 주작이 혈장 규모와 조화를 이루면서 단정하게 마주하고 있으면 자식들이 부모에게 효도하고 형제간에는 우애가 돈독하며 화목하다. 또 사회적으로도 주위 사람들의 신임을 두텁게 받는 큰 인물이 태어난다. 혈장(穴場)을 둘러싸고 있는 모든 사격(砂格)들은 혈장의 보조적 기능을 수행하므로 혈장을 향해 정하게 있어야 하며, 만약 이 주작이 혈장에 대해 배역(背逆)을 하면 자손끼리 불신이 증폭되고 남으로부터 배신을 당하는 일이 자주 발생한다. 주작의 결여나 파손은 절손(絶孫)되거나 불구자(不具者)가 태어난다."

위의 따옴표 내의 문구는 풍수지리서에 적힌 내용을 가져온 것이며 맥을 실은 용맥이 내려와 혈이 맺히면 안산을 비롯한 주위 보호사들이 균형을 이루게 된다. 혈처 앞이 허하면 자연은 불룩하며 크고 작은 자기 안산을 일으켜 전면을 보호한다. 이것이 혈이 맺히는 자연의 이치다.

앞에서도 소개되었듯이 맥이 진행하다가 멈추어 혈을 맺는 원리는 바람을 스스로 막든지 주위에서 막아주어 아늑한 곳이 생겨서이다. 안산이 없어도 혈이 맺힌 곳이 있는데 이때는 혈처가 두툼하고 뒤로 물러앉아 아래가 보이지 않고 전순 아래는 둥글고 경사를 이루어 바람을 좌우로 돌리면서 공중으로 날리어 혈처에는 바람의 영향이 미치지 않도록 되어 있다. 자기 안산의 몇 가지 경우를 소개한다.

높은 곳인데 돌로 된 불룩한 부분이다.

국세(局勢)와 사격(砂格)

자기 안산의 예3

뒤에 있는 혈처를 보호하기 위한 자기 안산인데 이곳에 묘지를 조성했다 당연히 바람의 피해로부터 보호를 받지 못하고 있다.

자기 안산의 예4

혈처 앞이 약간 불룩하고 바위가 얹혀 있어 전면에서 오는 바람을 막는다

위에서 자기 안산의 몇 가지 경우를 소개했는데 이것은 모두 바람을 막기 위한 수단이다. 자기 안산 너머가 보이기도 하지만 전혀 보이지 않는 곳도 있다. 귀사가 아닌 밋밋한 능선이 횡으로 지나면서 앞을

막기도 한다. 그런데도 명혈이 맺힌 곳이 많이 있다. 안산의 영향으로 발복(發福)이 이루어진다는 이론은 잘못되었다고 본다. 안산이 멋져도 맥이 없고 바람을 막지 못한다면 아무런 소용이 없다. 그러나 국(局)이 아늑하고 바람을 완벽하게 갈무리하는 곳에서는 아름다운 사격이 즐비하다. 중요한 것은 아름다운 모양이 아니라 혈처를 잘 갈무리하여 아늑한 분위기를 조성하는 것이다.

안산 너머에 있는 사격을 조산(朝山)이라고 하며 안산과 더불어 조(朝)·안산(案山)으로 표현하기도 한다. 조산은 명당을 둘러싸고 있는 담장이다. 겹겹이 물결을 이루기도 하고 담장 안으로 수많은 군막을 설치하여 군영을 이룬 것처럼 된 곳도 있고 아기자기한 조형물 배치로 정원을 꾸민 것처럼 된 곳도 있다. 혈처 주위를 여러 겹으로 에워싸고 있다는 것은 바람이 새나가지 못하도록 하여 기운을 가두고 있는 것이다. 얼마나 완벽하게 보호를 하느냐에 따라 혈의 역량에 차이가 있다. 혈처는 이러한 국(局)의 중심에 있다. 아래에 멋진 조·안산의 예를 몇 군데 소개한다.

*조·안산의 예

국세(局勢)와 사격(砂格)

풍광이 아름다운 조·안산을 몇 군데 소개하면서 주소를 기록하지 않은 것은 명혈을 보존하기 위해서다. 이런 풍광이 있는 곳은 많은 무덤이 있지만 오래된 곳은 대부분 묵묘들이다. 혈처는 여러 곳이 있지만 명혈은 2~3개 정도 밖에 안 된다. 필자가 본 곳(명혈)은 모두 비어 있고 어느 곳은 많은 묵묘가 있는 사이로 내려오는 맥이 전혀 손상되지 않은 채 자연 그대로 보존되고 있는 곳도 있다.

명혈 주위에 있는 무덤이 모두 묵묘가 된 이유에 대해 필자의 생각을 적어본다. 맥이 흐르는 좌우는 원진수가 동행하며 맥은 좌우로 몸을 흔들게 된다. 대부분 묵묘는 휘어진 안쪽에 위치하여 원진수 위에 놓이게 되고 혈처를 감싸고 합쳐진 원진수가 혈처 앞에서 지그재그로 흐르는데 묵묘는 모두 수맥 위에 위치하여 수맥의 영향을 받아 버티지 못한 것 같다. 그리고 혈처를 중심으로 기운이 혈처 쪽으로 모이므로 혈처를 벗어난 곳에서는 기운을 뺏겨 견딜 수 없다고 본다.

많은 쪽을 이용하여 각 사격(砂格)과 국(局)을 열거하고 있지만 이 모든 것은 혈이 맺힐 수 있는 조건들을 설명하고 있다. 하지만 한 마디로 함축하면 바람을 다스리는 조건인 것이다.

청룡(靑龍)과 백호(白虎)

"청룡(靑龍)이란 혈장(穴場) 뒤의 주산(主山, 현무)에서 왼쪽으로 뻗어나가면서 혈장을 감싸는 산맥을 말하며 백호(白虎)는 주산(主山)에서 오른쪽으로 뻗어 내리면서 혈장을 감싸는 산맥을 말한다. 이 청룡과 백호는 혈(穴)에서 가장 가까이 있는 좌우 양쪽의 산으로서 주산(主山)이나 안산(案山)보다 혈장에 작용하는 영향력은 크고 중요하다.

혈장으로 침범하는 외부의 거친 바람과 모든 흉기(凶氣)를 좌우에서 완만한 곡선 형태로써 담장을 치듯이 차단하는 용호(龍虎)의 형세에 따라 혈장의 길흉(吉凶)이 좌우된다. 혈(穴)에 응기(凝氣)된 내룡(來龍)의 용맥(龍脈)이 생룡(生龍)처럼 보이더라도 좌청룡(左靑龍), 우백호(右白虎)의 장풍과 기맥(氣脈) 강화작용을 받을 수 없는 혈장이면 진혈(眞穴)이 맺히지 않는다. 따라서 용호(龍虎)의 거리는 혈장과 가까운 곳에서 혈장을 충분히 감싸고 있으면서 등을 돌리는 배역(背逆)의 산세(山勢)를 나타내지 않아야 길격(吉格)이다.

청룡과 백호는 풍수지리에서는 핵심적 요소이며 장풍(藏風)을 위해서는 필수적이다. 청룡에서 발생되는 생기(生氣)는 대표적인 자손 번창의 기운(氣運), 권력과 지도자의 기운, 재산의 기운을 갖고 있다. 청룡이 이 세 기능을 갖는 지세(地勢)에서는 사람들이 건강하고 후손들이 고급 공무원이 되거나 재물을 모으게 된다. 또한 지손(子孫)도 번창한다. 이와는 반대의 청룡이면 건강을 잃고 자손이 줄어들고 심한 경우는 절손(絶孫)된다.

청룡의 형세는 남자들 성격에 그대로 반영되어 청룡의 산세가 강건하면 힘차고 용감한 남자들이 많이 태어나고 청룡의 지세(地勢)가 약하면 병으로 고생하는 남자들이 많게 된다. 청룡의 산세가 상부보다 하부에 높이 뭉쳐 있으면 하극상(下剋上)이 발생하고, 등을 돌리고 있는 지세에서는 부모에게 불효(不孝)하고 사회를 등지는 후손(後孫)들이 태어난다. 또 이런 지세에 거주하는 사람은 주위 사람들로부터 배반을 당하거나 부도를 당한다. 청룡의 끝 부분이 집터를 등지고 멀리 뻗어나가는 지세면 형제 관계를 끊고 멀리 떠나는 사람이 생긴다. 청룡의 형세에 따라 자식의 형편이 달라진다.

청룡을 시작점에서 끝 부분까지 삼등분하여 맨 윗부분은 형제 중에서 장남에게, 가운데 부분은 차남에게, 마지막 부분은 막내아들에게 영향이 미친다. 그래서 상부에 큰 힘이 뭉쳐 있는 지세에서는 장남이 다른 형제보다 많이 번창하고 끝 부분에 힘이 뭉쳐 있으면 막내아들이 많이 번창한다. 백호의 길이도 청룡과 같은 영향을 받는다. 다만 청룡이 남성이라면 백호는 여성이므로, 딸과 며느리에게 그 기운이 전달된다는 것이 다를 뿐이다.

　백호에서 발생되는 기운(氣運)이 재산과 여성의 생명력을 갖고 있다. 그래서 백호 기능이 훌륭한 지역에서는 부자가 나오고 아름답고 훌륭한 여성이 많이 배출된다. 백호의 산세가 유순한 지세에서는 부모에게 효도하며 가문을 위해 정절을 바치는 여성이 나오는 반면 등을 돌리고 있는 산세(山勢)에서는 딸이나 며느리들이 가출하는 경우가 발생한다.

　뒷면을 보이는 배반격(背反格)인 경우에는 재물을 잃고 어려운 생활을 하게 된다. 청룡과 백호의 모양이 좋고 길이가 같으면 이상적이다. 두 길이가 다른 경우도 혈(穴)을 구성하는 경우가 많다. 혈에서 청룡이나 백호까지 거리는 일정하지 않다. 이처럼 용호의 길이나 지세에 따라 모두 다르게 나타나며 이 길이와 거리의 차이에 의해 혈과 명당(明堂)의 기운도 달라진다. 용호의 길이는 사신사(四神砂)의 기능에 직접 영향을 준다. 주산에서 출발한 청룡이 집터나 묏자리의 왼쪽 측을 지나 앞쪽에 이르기까지 길고 둥글게 감싸는 경우, 청룡은 혈의 중심으로 현무의 출발점에서 시작해서 혈의 앞쪽까지 180도를 넘게 되면 매우 강한 생기가 발생되어 왕기(旺氣)를 갖게 된다. 혈에서 청룡이나 백호까지 거리는 30m 정도 이상 떨어져 있는 것이 대부분이지만 지세에 따라 짧게는 10m, 길게는 100m 이상 떨어져 있는 것도 있다.

　혈에서 청룡이나 백호까지의 거리는 발복(發福)의 시간과 관련된다. 청룡이나 백호가 집터에서 가까운 경우에는 금시발복(今時發福)이 나타난다. 좋은 청룡과 백호가 집에서 30m 떨어져 있는 경우에는 그 집에 입주한 날부터 경사스런 일이 발생하기 시작하여 3년 안에 재산, 명예, 건강의 발복이 있다. 반면에 흉기를 지니고 있는 청룡과 백호가 혈에서 이 정도로 가까운 거리에서 감싸고 있으면 이주한 해부터 교통사고나 부도, 질병 같은 불행한 일을 겪게 된다. 청룡 쪽의 거리는 가깝지만 백호 쪽의 거리가 먼 경우는 청룡의 영향은 바로 받게 되지만 백호의 영향은 세월이 지난 후에 받게 된다."

  위의 내용은 다른 곳에서 가져온 것인데 청룡 백호가 마치 혈처의 발복(發福)을 좌지우지하는 것처럼 표현했는데 혈이 맺히면 혈의 역량에 맞게 주위가 형성된다. 맥도 주위가 아늑하고 바람을 갈무리하는 곳에서 멈추어 자리를 잡게 된다. 발복의 영향도 혈처의 역량에 따라 결정된다. 얼마나 국(局)이 완벽하게 짜였느냐에 따라서, 내룡(來龍)이 얼마나 강한 기운을 내포하고 있느냐에 따라서 발복의 역량이 주어진다. 예를 들면 내룡이 강한 암반으로 이루어져 있고 혈처의 전순 아래도 샐 틈 없이 바위로 이루어져 있으면 왕후장상과 장군이 줄지어 나오(出)게 되며 주위는 겹겹이 관쇄를 하여 모든 것이 혈처를 위해 존재하는 것처럼 느껴진다.

길사(吉砂)와 흉사(凶砂)의 사격(砂格)

풍수지리에서 사격의 모양은 목화토금수(木, 火, 土, 金, 水)의 오행으로 표시하며 산의 생김을 보고 북두칠성에 이름을 붙여 탐랑(貪狼), 거문(巨門), 녹존(祿存), 문곡(文曲), 염정(廉貞), 무곡(武曲), 파군(破軍), 보필[輔弼{좌보(左輔), 우필(右弼)}] 등 9성으로 나타낸다.

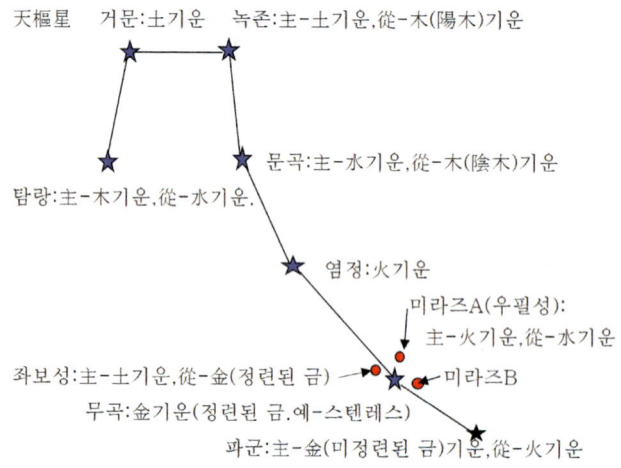

위 사격 중 길사(吉砂)는 탐랑, 거문, 무곡, 보필(좌보, 우필)성이다. 풍수지리 서적에 있는 내용을 참고하면서 필자가 전국을 답산(踏山)하며 보고 느낀 내용을 아래에 기록하고자 한다.

탐랑(貪狼)

탐랑성은 오행으로 목(木)의 성격을 띠며 종류로는 끝이 붓끝처럼 뾰족한 첨탐랑(尖貪狼), 끝이 둥근 원탐랑(圓貪狼), 끝이 평평한 평탐랑[平貪狼, 거문 토체(土體)처럼 생겼는데 토체의 끝에서 혈이 맺히든지 맥이 계속 진행하는 형태의 산], 들판이나 평지에 누워 있는 직탐랑(直貪狼), 끝이 둥글거나 평탄한 산 가운데 뾰족 단정 수려한 산인 소탐랑(小貪狼)으로 구분한다. 길사로 분류하며 유두혈(乳頭穴)을 주로 맺는다고 한다. 그러나 필자가 본 바로는 꼭 그렇지는 않은 것 같은데 참고하기 바란다. 아래에 혈처 주위에 있는 사격들의 사진을 첨부하여 말로만 표현하기보다 직접 눈으로 봄으로써 이해를 돕고자 한다

① 첨탐랑

②원탐랑

③소탐랑

소탐랑은 둥근 무곡 금성체의 중간이나 거문 토체의 평탄한 가운데에 조그맣게 솟은 봉우리를 일컫는다. 무곡 금성체에 솟은 봉우리를 책에서는 관모사라고 적고 있기도 하다. 토체의 양쪽 끝이 솟은 봉우리를 고축사라고 하는데, 책에는 고축사의 가운데서 솟은 봉우리를 화개삼태사라 적기도 한다.

④평탐랑

 평탐랑은 거문성의 토체처럼 생겼는데 토체의 중앙에 혈이 맺히든지 토체의 중간에서 맥선이 내려와 혈을 맺을 때 거문 토성이라고 말하며 맥이 토체 끝에서 혈이 맺히든지 아니면 맥이 계속 흐르는 것을 평탐랑이라고 한다. 수평으로 짧게 능선이 되어 있든지 길게 되어 있든지 불문하고 토체처럼 생긴 능선을 평탐랑이라고 한다. 일부 책에는 산 정상이 수평으로 되어 있으면 모두 거문 토체로 설명하고 있다. 필자가 탐침봉으로 확인해보면 확실하게 구분된다. 책에는 토체를 군왕사라고 표현하지만 군왕이 출(出)하는 곳은 토체가 없어도 나올(出) 수 있음을 확인했다. 혈의 크기는 내맥(來脈)의 강도에 따라 결정되며, 혈의 크기가 결정되면 주위의 국(局)과 포진하는 사격이 그에 합당한 균형을 이룬다.

⑤직탐랑

직탐랑은 들판의 야산에 길게 누워 있는 모습이다. 직탐랑이 길게 된 모습이 혁대처럼 생겼으므로 요대사 또는 옥대사라고 한다. 누운 탐랑이므로 오행은 목(木)이다. 맥이 흐르지 않을 때는 혈처 주위에서 안산이 되는 경우가 많다. 이것은 담장이 되어 온화한 분위기를 만들기 위한 수단이다. 일부 사람들은 수성산(水星山)으로 알고 있지만, 수성산은 얕은 기복이 있으며 물이 흘러가는 것처럼 연속적으로 이어진다. 직탐랑은 평탄하며, 평탄한 것이 물처럼 연결되어 흐르지 않는 것이 이 수성산과 다르다.

길사(吉砂)와 흉사(凶砂)의 사격(砂格)

거문(巨門)

　거문 토체(土體)와 평탐랑(平貪狼)은 모양이 비슷한데, 거문 토체는 맥이 중앙으로 흘러 아래에서 혈을 맺기도 하고 토체의 중간에서 돌혈로 혈을 맺기도 한다. 반면 평탐랑은 맥이 토체 끝부분으로 흘러내려가 혈을 맺기도 하고 토체의 끝에서 돌혈로 혈을 맺기도 한다.
　음(陰) 기운을 갖고 있으며, 20% 다른 기운이 들어오는 중에 염정 기운은 탐랑보다 약하다. 거문성의 맥은 토체 중간에서 음룡(陰龍)으로 내려오며 경사가 급하고 돌이 많은 경우도 있다. 혈은 음래양재(陰來陽作), 거문은 음인데 양으로 되어 있다. 와혈(窩穴)을 주로 맺으며, 고산룡은 뒤에서 유혈을 맺기도 한다. 저지대에서는 와혈이 많으며, 주위에는 연못이 있기도 하다.
　거문이 행룡할 때 생(生), 왕(旺)에는 좋은 성(星)인 탐랑, 무곡을 만든다. 거문성은 조응사에 많으며, 맥은 없고 다른 혈처를 호위하고 조응하기도 한다. 맥이 흘러 능선 끝으로 행할 때는 목(木)의 성격을 띤 평탐랑으로 변한다. 거문성에는 와혈이며 저지대에 많다고 했는데 바람을 받으면 혈이 맺히지 못하기 때문에 자체적으로 자기 몸을 보호하기 위함이다.
　거문성에는 겸차혈(겸혈)이 대표적이라고 책에서 적고 있으나 꼭 그렇지는 않고 혈(穴) 후면에 있는 토체가 병풍을 두른 것처럼 보이므로 이를 옥병사(玉屛砂)라 적기도 한다. 우리나라 풍수지리 단체에서는 구미에 있는 박정희 전 대통령 선영을 찾는 것이 보편화되어 있는데 멀리 보이는 안산이 거문 토체로 되어 있다. 이구동성으로 박정희가 대통령이 된 것은 토체로 된 안산의 영향이 크다고들 말한다.
　그러나 큰 인물이 태어나는 것은 어디까지나 혈처의 역량이 좌우하는 것이지 주위에서 조응하는 사격의 영향은 아니다. 다만 주위의 사격은 암시를 한다고 보면 된다.

가운데로 내려간 능선에는 큰 열매가 맺혔으나 천장지비다.

녹존(祿存)

　녹존성(祿存星)의 모양은 목체로 오르다가 토체를 이루었다. 돈고(頓鼓)다. 녹존의 대표적인 것은 각(脚)이 많다. 8성(星)과 조화를 잘하는데, 대록(帶祿)이라 한다. 무곡대록은 무관이 나오(出)고 탐랑대록은 문관이 나온(出)다. 이것은 혈이 맺힌 경우에 해당한다.
　귀록(貴祿)은 행룡(行龍) 시 무곡과 탐랑을 대동하면 좋은 기운을 받아서 귀(貴)하게 된다. 혈처에서 길성이 확인되면 제대로 된 혈이 되고 나쁜 기운인 흉성이 확인되면 쓸 수 없다. 대혈이 맺힌 곳에는 흉성이 없는 것이 자연의 이치다. 평지 녹존은 수구산(水口山)을 만들기도 한다. 녹존의 종류는 다음과 같다.
　제일 녹존은 돈고(頓鼓)이고 귀하며 길성이 보호한다. 제이 녹존은 거문 녹존이다. 귀하다. 제삼 녹존은 삼발이며 가운데 발이 길게 나왔다. 좋지 않다. 제사 녹존은 갈비뼈 모양이다. 좋지 않다. 제오 녹존은 메추라기를 매단 모양이다. 좋지 않다. 파쇄되었다. 제육 녹존은 거랑 모양이다. 귀(鬼)녹존은 난잡하여 쓸 수 없다. 제칠 녹존은 장사(長蛇) 모양이다. 사두혈을 맺는데 강을 만나면 용이 멈춘다. 제 팔 녹존은 귀록(貴祿)이며 귀한 와혈(窩穴)과 겸혈(鉗穴)을 만든다. 주로 유혈(乳穴)을 맺으며 비봉산 또는 봉황산이라 한다. 제구 녹존은 낙화(落花) 모양이다.
　녹존의 대표적인 혈은 소치혈(梳齒穴), 겸차혈(鉗叉穴)이다.

①녹존성 첨탐랑

②녹존성 원탐랑

③녹존성 직탐랑

④녹존성 평탐랑

⑤녹존성 거문

녹존성 거문은 상부는 토체이고 골이 많이 생겼다. 녹존성 거문은 맥이 흘러갈 때는 목(木)성을 띠고 가운데로 맥이 흐를 때는 토(土)성을 띤다. 맥이 흐르지 않고 혈처의 보호사가 되든지 조응사가 될 때는 토체로 여기게 된다.

⑥녹존 무곡

녹존은 골이 많은 것이 특징이다. 골이 많은 횡(橫)으로 맥을 실은 능선이 내려오고 좌우로 여러 겹 내려오는 능선은 여러 겹의 보호사가 된다. 이런 모습이 얼레빗처럼 생겼다고 해서 형기적으로 소치혈이라고 부른다. 쇠스랑처럼 생긴 것을 보고 형기적으로 겸차혈(鉗叉穴)이라고 부른다. 이런 형태를 취하는 것은 모두 바람을 막기 위한 수단이다.

문곡(文曲)

　문곡은 수성(水星)으로서 흐르는 물결 같다고 보면 된다. 용(龍)이 진행할 때는 물같이 흘러가는 것처럼 보이다가 기봉(起峰)을 하고 혈을 맺기도 한다. 문곡혈은 불충하고 현숙치 못하다고 하지만 길성(吉星으로부터 기를 받으면 좋은 기운을 연다. 맥이 멀리 행룡(行龍)할 때는 대개 물결이 흐르는 것처럼 보인다.
　명혈이 맺힌 곳에서는 수성이 없고 길성으로 배치된다. 평지에서는 뱀이 움직이는 것처럼 된 곳도 있는데 이런 능선의 끝에서 맺힌 혈을 뱀이 진행하는 것처럼 생겼다고 하여 사두혈(蛇頭穴)이라고 부른다. 혈이 맺힌 곳에서는 낮은 용맥과 비슷한 높이의 보호사가 둥그렇게 혈처를 감싸고 있다. 일반적으로 수성의 산에 명혈이 없다고 하지만 그것은 선입견에 지나지 않는다. 낮은 곳에서 발원한 맥은 낮은 능선을 형성하는데 결코 기운이 약하지 않다.
　문곡의 대표적인 혈은 장심혈(掌心穴, 窩穴)이라고 책에는 쓰여 있지만 혈이 맺히는 원리는 바람을 갈무리하는 원리와 같으므로 조건에 따라서 여러 형태의 혈을 맺는다. 아미사도 문곡의 일종인데, 빈(嬪)이나 후비(後妃)가 나며(出) 남자는 부인 때문에 관원이 된다고 한다.

①문곡의 예

②아미사

염정(廉貞)

　염정의 모양은 뾰족뾰족한 암석으로 이루어지며 타오르는 불꽃과 같다. 거칠고 살기등등하다. 대개 태조산을 이루고, 바위로 이루어져 있다. 육안으로 보기에는 낙락장송이 서 있고 절경을 이루어 눈을 즐겁게 하지만 풍수지리의 관점으로는 마땅하지 않다.
　먼 길을 행룡(行龍)하고 거친 바위는 둥글게 변하며 박환되어 흙으로 변하여 순한 곳에 자리를 만든다. 혈을 천장지비할 때는 혈처 주위가 암반으로 되어 있는 곳도 있다. 이때는 바위가 불꽃처럼 날카로운 것이 아니라 둥글둥글하고 부드러운 산이다. 혈처를 향하고 있는 쪽은 모서리가 아니고 평탄한 면으로 되어 있다. 어느 곳은 좌우와 앞이 바위로 되어 있지만 혈처에서는 보이지 않는 곳도 있다. 어느 곳은 절벽 위에 있기도 하는데 좌우 보호사는 석면(石面)이고 혈처에서는 돌이 보이지 않는다. 염정이 박환하여 혈을 맺을 때는 대혈을 맺기도 한다.
　염정의 대표 혈은 현무가 화개삼봉(華蓋三峰)이고 혈을 맺을 때는 보섭 모양의 여벽혈이라고 풍수지리 책에는 기록되어 있다. 야산이나 평지로 낙맥(落脈)하여 행룡(行龍)하다가 돌출하여 결혈(結穴)하기도 한다.
　참고로 태조산에 대하여 몇 자 적고자 한다. 풍수지리 책에는 태조산이 바위로 되어 있으며 살기등등하다고 기록하고 있다. 그러나 맥이 발원하는 발원지는 둥글둥글한 바위로 된 곳도 있고 부드러운 흙으로만 되어 있는 곳도 있으니 참고하면 좋겠다.
　아래에 소개한 불꽃같은 산은 보기에는 멋져 보이지만 혈이 맺힐 수 없고 멀리 행룡하여 박환한 다음 부드럽게 되고 나서 혈을 맺는 것이 일반적이다.

길사(吉砂)와 흉사(凶砂)의 사격(砂格) 267

무곡(武曲)

　무곡산에는 대개 와혈(窩穴)을 만들며 행룡 중에도 바위들이 둥글둥글하여 부드러운 감을 준다고 일반적으로 알고 있다. 맥이 흐르는 곳의 바위는 누렇고 이끼가 끼지 않으며 깨끗하다. 혈을 맺을 때는 펴져 내려오는 곳에 돌(突)한 부분이 나타나고 바로 아래에 있는 소쿠리같이 오목한 부분이 대개 혈처(穴處)다. 퍼진 곳으로 바로 떨어져서 전순을 불룩하게 만들고 혈을 맺기도 한다. 대표적인 혈은 원와혈(圓窩穴)이다.
　사람들은 오목한 곳을 잘 볼 줄 모른다. 그래서 전국의 와혈이 대부분 비어 있고 사용된 곳도 실혈하여 묵묘로 된 곳이 대부분이다. 오목한 곳에 혈이 맺힌다는 것은 바람을 스스로 피하기 위한 수단이다. 유속이 빠른 물속에 돌이 있으면 돌 밑이 조용하여 모래가 쌓이는 것과도 같은 이치다.
　금성체의 중간쯤에서 지각을 내어 유혈을 맺기도 하는데, 이때 좌우 사격이 잘 보호하며 앞이 열렸으면 뒤로 물러앉기도 하고 혈의 앞을 두툼하게 하여 자신을 보호하기도 한다. 금성체는 봉우리 끝이 둥근 것이 특징이며 복종형(覆鐘形, 太陽金星)과 복부형(覆釜形, 太陰金星)으로 나눈다.
　무곡 금성체에서는 장군이 나온(出)다고 책에 쓰여 있으나 꼭 그렇지는 않으며 장군이 태어나는 자리는 대개 내룡(來龍)이 석산이고 좌우와 전순도 암반인 곳이 많다. 이런 곳이 맥이 강하고 주위 보호가 완벽하면 초특급의 혈이 맺히기도 한다. 그러나 이런 자리는 완벽하게 천장지비가 되어 일반인들이 등산을 위해 밟고 다녀도 대개는 눈에 보이지 않는다.

①복부사

②복종사

길사(吉砂)와 흉사(凶砂)의 사격(砂格)

파군(破軍)

파군성은 책에서 깃발이 바람에 나부끼는 모양으로 묘사하고 있다. 산에는 깊고 곧은 골짜기가 많지만 곧은 골짜기를 따라 물이 흐르기 때문에 바람도 머물지 못하고 지나가며, 맥이 흘러도 바람을 막을 수 없는 형태이므로 맥이 머물지 못한다. 먼 거리를 행룡하여 거친 부분이 박환되어 부드럽게 되고 바람을 갈무리할 수 있는 곳에서 맥은 머물러 혈을 맺는다.

어느 곳에서는 지각을 내려 여러 개의 지각이 형성된 중에 가운데의 지각을 타고 다른 지각의 보호를 받으면서 흐르다가 바람을 막을 수 있는 적당한 위치에서 혈을 맺기도 한다. 모양이 삼지창처럼 생겼다고 하여 책에서는 과모혈(戈矛穴) 또는 첨창혈(尖槍穴)이라 한다. 직선으로 된 긴 능선에 혈이 맺히기도 하는데 책에서는 보검출갑형(寶劍出匣形)이라 기록하고 있다. 보호사도 곧게 직선으로 되어 있으므로 바람도 골 따라 지나가며 혈처의 좌우는 불룩하고 두툼하게 경사를 이루므로 골 따라 흐르는 여분의 바람은 공중으로 날리고 불룩한 부분을 따라 돌리게 되어 혈처는 바람의 영향을 받지 않는다. 혈처 앞도 약간 불룩하게 된다.

길사(吉砂)와 흉사(凶砂)의 사격(砂格)

보필성(輔弼星)

보필성은 좌보성(左輔星)과 우필성(右弼星)으로 나눈다.

①좌보성
먼저 좌보성에 대해 알아보자. 좌보성의 생김새는 두 개의 봉우리가 마치 두건처럼 생긴 산이다. 책에는 높고 큰 산에는 괴등혈이 맺히고 낮고 작은 산에는 복립형(覆笠形)인데 연소혈(燕巢穴)이 맺힌다고 쓰여 있다. 높은 곳에 있는 깎아지른 경사지의 오목한 흠이 생긴 곳에 혈이 맺힌 것이 등잔처럼 생겼다고 하여 괴등혈이라는 이름을 붙였다. 복립형은 삿갓을 엎어 놓은 듯이 보이는 곳인데 삿갓의 경사면처럼 생긴 능선에 오목하게 패인 것처럼 생긴 곳에 맺힌 혈을 연소혈이라고 이름을 붙였다. 일종의 와혈인데 능선에 매달린 혈인 것이다.

산을 오르다 보면 경사진 능선이 사태가 난 것처럼 푹 파인 곳도 있고, 삼태기처럼 오목하게 된 곳도 있다. 이런 곳에 가끔 묘지를 조성한 것을 보게 되는데 대부분 묵묘들이다. 괴등혈이니 연소혈이니 하는 것을 어느 풍수지리 책에서든지 보게 되는데 사람들은 괴등혈이나 연소혈로 생각하여 묘를 썼을 것이다. 그러나 자연은 아무에게나 쉽게 허락하지 않기에 실혈한 것이다. 장풍의 법칙을 알면 실혈하지 않을 것으로 본다.

능선에서 바람은 상하로 오르내리기도 하지만 좌우로 능선을 타는 바람도 있다. 능선에서 오목한 것은 상하의 바람을 피할 수 있는 구조이지만 능선을 타고 도는 바람은 장법에 달렸다. 장법에는 삽법(挿法)이라는 장법이 있다. 해석하면 꽂는다는 뜻인데 경사지에 있는 와혈에서 적용되는 장법이다. 뒤로 바짝 붙여 능선에 푹 안기도록 하여 능선보다 들어가게 조성하는 것이다. 능선 아래에서 처다보면 혈이 맺힐 것처럼 보이지 않지만, 올라가 보면 좌우가 두툼하고 푹 꺼진 곳을 쉽게 볼 수 있다. 푹 파였다고 모두 혈처는 아니다. 좌우가 두툼하고 불룩하지 않으면 혈처가 될 수 없다. 좌우 바람을 막지 못하기 때문이다. 능선에 있는 혈처는 좌우에 보호사가 있는 것이 보편적이지만 보호사 없이 혈처 홀로 혈처를 보호하는 곳도 있다. 이런 경우는 좌우가 넓고 두툼한 것이 특징이다.

②우필성

위와 같은 흔적이 있는 것을 책에서는 馬跡이라고 쓰여 있다.

평지에서 은맥으로 흘러 미돌 후 혈을 맺기도 하고 주위보다 약간 오목한 곳에서 혈을 맺기도 한다. 평탄한 지형에서 작은 복석이 줄지어 있는 곳으로 맥이 흐르는 것을 보여 주기도 한다. 혈이 있는 곳에서 보호사의 높이는 혈처의 높이와 비슷하게 위치하는 것이 일반적이다. 평지에서 맺히는 곳은 혈처의 좌우에서 흐르는 물길이 혈처 앞에서 합쳐지는 곳도 있고, 평탄한 지형에 대수가 횡으로 흐르는 곳도 있다. 중요한 것은 혈처가 다른 곳보다 풀색이 연두색으로 밝으며 나무가 있는 곳은 잡풀 없이 깨끗하다.

고축사, 천마사, 선교사, 그리고 사법

고축사와 천마사는 비슷하게 생겼지만 고축사는 평탄한 토체의 양쪽에 봉이 솟은 것이고, 천마사는 양쪽 봉우리 사이가 말안장처럼 오목한 형태다. 그리고 긴 토체의 끝에 소봉이 솟은 것을 선교사라고 한다. 고축사와 선교사는 토체 끝에 봉이 있으므로 오행상 토(土)의 기운이 있으며, 천마사는 금성체의 가운데가 함몰된 것이므로 오행상 금(金)의 기운을 띠고 있다.

① 고축사

② 천마사

③ 선교사

사법(砂法)

고서와 시중의 풍수서적에는 사격(砂格)에 대하여 방위별로 길흉(吉凶)을 표현한 예가 많이 있다. 맥이 달려와서 혈을 맺으면 주위에는 국(局)이 형성되며 길사(吉砂)들이 포진한다. 위에 기록한 사격은 혈처 주위에서 찍은 것이니 아래에 기록하는 것을 참고하여 살펴보는 것도 흥미로울 것이기에 시중에 있는 책의 내용을 옮겨 놓은 것이니 참고하기 바란다.

①귀인방(貴人方) : 좌(坐)를 기준하며 등과급제(登科及第)한다고 한다.
乾, 甲, 寅, 亥 - 丑, 未
坤, 乙, 卯, 辰, 未 - 子, 申
艮, 丙, 午, 丁, 戌 - 酉, 亥
巽, 辛, 庚, 丑, 巳, 酉 - 寅, 午
壬, 子, 癸, 申 - 巳, 卯
艮, 卯, 巽, 丙, 庚, 酉, 辛, 丁 - 좌향(坐向)에 무관하며 최관귀인방(催官貴人方)이라고 한다.

②녹방(祿方) : 향(向)을 기준하며 부(富)를 나타낸다고 한다. 부봉[富峰, 금성사(金星砂)], 창고사(倉庫砂), 청정지곡수(淸淨之曲水)가 있으면 좋다고 한다.
정록(正祿) : 甲向 - 寅方, 乙-卯, 丙-巳, 丁-午, 庚-申, 辛-酉, 壬-亥, 癸-子
차록(借祿) : 壬向 - 乾方, 甲-艮, 丙-巽, 庚-坤

③역마방(驛馬方) : 坐를 기준하며 속발부귀(速發富貴)한다고 한다.
申, 子, 辰 - 寅

亥, 卯, 未 - 巳
寅, 午, 戌 - 申
巳, 酉, 丑 - 亥

건(乾)과 오(午) 방위에 천마사(天馬砂)가 있으면 좌향에 관계없이 속발부귀(速發富貴)한다고 한다.

차마방(借馬方) : 丙坐-巽方, 壬-乾, 甲-艮, 庚-坤

④삼길육수방(三吉六秀方)
三吉 : 震, 庚, 亥
六秀 : 艮, 巽, 丙, 丁, 兌, 辛

⑤삼각치(三角峙) : 艮, 巽, 兌. 富貴雙發한다.

⑥삼양기(三陽起) : 巽, 丙, 丁. 높은 文章과 高爵이 기약된다.

⑦팔국주(八國周) : 甲, 庚, 丙, 壬, 乙, 辛, 丁, 癸에 吉峰이 있으면 帝王之地라고 한다. 그러나 한 봉우리라도 빠지면 역량이 줄어든다고 한다.

⑧사세고(四勢高) : 寅, 申, 巳, 亥

⑨자궁완(子宮完). 자궁허(子宮虛) : 震, 坎, 艮

⑩여산구(女山俱) : 巽, 離, 兌

⑪수성숭(壽星崇), 수산경(壽山傾) : 乾-北極老人星, 丁-南極老人星

⑫태양승전(太陽昇殿) : 子, 午, 卯, 酉. 太陽金星體는 極貴, 國富가 난다고 한다.

⑬태음입묘(太陰入廟) : 甲, 庚, 丙, 壬. 太陰金星體는 王妃, 駙馬가 난다고 한다.

⑭옥대현(玉帶現) : 巽, 辛-玉帶. 庚, 兌- 金帶, 남자는 장원급제하고 귀인이 되며 여자는 貴妃가 된다.

⑮대사문(大赦文) : 乾, 坤, 艮, 巽.
소사문(小赦文) : 丙, 丁, 庚, 辛.
사문성(赦文星)이 있으면 凶禍가 穴에 들어가지 못한다고 한다.

⑯일월명(日月明) : 午, 子. 고귀한 자손이 배출된다고 한다.

⑰오기조원(五氣朝元) : 東은 木星, 南은 火星, 中央은 土星, 西는 金星, 北은 水星이 한 지역에 있으면 王后之地인데 왕 또는 聖人이 나며 후대까지 존경받는 宗師가 된다고 한다. 그러나 이것은 풍수지리 이론이 하도와 낙서를 기본으로 이루어지기 때문에 이를 근간으로 생각하는 것이다. 추상적으로 생각할 뿐이라고 필자는 여긴다. 전국에는 王侯將相之地가 수없이 많으며 맥의 역량에 의하여 이루어진다고 본다. 다만 天藏地秘가 이루어져 있으므로 쉽게 볼 수 없을 뿐이다.

이제부터 흉방(凶方)을 기록하고자 한다.

①겁살방(劫煞方) : 坐를 기준으로 하며 깨어진 산, 흉한 바위, 득수처가 있으면 흉하다고 한다.

壬坐-申方, 子-巳, 癸-巳, 丑-辰, 艮-丁, 寅-未, 甲-丙, 卯-丁,
乙-申, 辰-未, 巽-癸, 巳-酉, 丙-辛, 午-酉, 丁-寅, 未-癸, 坤-乙,
申-癸, 庚-午, 酉-寅, 辛-丑, 戌-丑, 乾-卯, 亥-乙

②대장군방(大將軍方) : 건물, 헛간, 축사 등을 지으면 안 좋다. 3년마다 바뀐다. 예전 농경사회에서 철저하게 지켰으며 현재도 연륜이 있는 분들은 많이 따진다.

寅卯辰년-坎(北)
巳午未년-震(東)
申酉戌년-離(南)
亥子丑년-兌(西)

③삼재년(三災年) : 12胞胎法 중 病死墓에 해당하는 年으로 사람의 출생에 따라 3년간씩이다. 三合法으로 따진다.

亥卯未年에 출생한 사람-巳午未,
寅午戌年에 출생한 사람-申酉戌
巳酉丑年에 출생한 사람-亥子丑,
申子辰年에 출생한 사람-寅卯巳

④오귀삼살방(五鬼三煞方) : 12胞胎法 중 胞胎養에 해당하는 方位이다
亥卯未年-申酉戌方 (西)
寅午戌年-亥子丑方 (北)
巳酉丑年-寅卯辰方 (東)
申子辰年-巳午未方 (南)

⑤팔요수(八曜水) : 형륙수(刑戮水), 물의 득수나 파구처 모두 해당한다.

坎山坐-辰戌, 艮-寅, 辰-申, 巽-酉, 離-亥, 坤-卯, 兌-巳, 乾-午

⑥황천살(黃泉殺) : 向 基準
　庚丁向-坤方水, 坤向-庚丁方水, 甲癸向-辰方水, 艮向-甲癸方水, 乙丙向-巽方水, 巽向-乙丙方水, 辛壬向-乾方水, 乾向-辛壬方水,

　우리나라는 오래전부터 삼합(三合)풍수를 중심으로 이기(理氣)가 주를 이루었기 때문에 생활 곳곳에 적용된 것으로 본다. 음·양택에서 생기가 없으면 주위에 아무리 좋은 길사가 있어도 내게는 아무 소용이 없다. 생기를 가두는 것이 우선시되어야 한다. 필자가 이 책을 쓰면서 수시로 강조하는 바는 생기를 담을 수 있는 그릇을 마련하는 것이다. 그 다음에 좌향과 이법을 적용하여 기운이 최대가 되도록 하는 것이다.

성봉영기(星峰靈氣)와 수두입수(垂頭入首)

*책에 좋은 내용이 있어서 소개한다.

圓局이 넓어서 분별하기 어렵거든
四方을 둘러보니 情神 하나 으뜸이다.
모든 芳草 푸른 가운데 白鷺 하나 情神이요
닭 가운데 鶴 한마리가 情神이요
양류천사(楊柳千絲) 흐트러진 데 꾀꼬리 한 마리가 情神이요
男兒 모인 가운데 美色 하나가 으뜸이요
어린아이 가운데 乳母 하나가 情神이요
만경창파(萬頃蒼波) 위에 배 돛대 하나가 情神이요

어두침침 夜三更에 등불 하나가 情神이요
情神이 다른 것이 아니라 脈 하나가 情神이요
정신이 다름이 아니라 峯 하나가 情神이요
脈이 다름이 아니라 元氣 밀어 넣은 것이 脈이로다.
脈氣도 한 가지가 아니라
陰脈, 陽脈 분별하고 가장(可杖)하여 자세히 보고
老翁이 졸릴 때에 꾸벅꾸벅 꾸벅거림도 情寧이요
玉女織錦할 때 북질하는 것도 情寧이로다.
入首보는 法이 千斤이나 되는 것을
어느 사람의 공력으로 一時 合格할소냐.
평지서 밀려 짓는 것이 직송직락(直送直落) 아닌가.

穴찾는 法이 쉽지 않으니 사방을 둘러보아라.
사방이 모두 험악하거든 고운 데만 찾아보고
사방이 모두 尖利커든 眞正한 데만 찾아보고
사방이 모두 散亂커든 圓肥한 데만 찾아보고
사방이 모두 健壯커든 同樂한 데만 찾아보고
사방이 모두 沈陰커든 明朗한 데만 찾아보고
사방이 모두 土山이면 石脈만 찾아보고
사방이 모두 쑥쑥 빼었거든 구부러진 데만 찾아보고
사방이 모두 瘠薄커든 肥厚한 데만 찾아보고
사방이 모두 답답커든 높은 데만 찾아보고
사방이 모두 잦혔커든 垂頭한 데만 찾아보고
사방이 草木이 茂盛커든 草木이 없는 데만 찾아보고
사방이 草木이 없거든 草木이 무성한 데만 찾아보고
이런 고로 石山엔 土穴이요 土山엔 石穴이라.

龍脈 쫓아 자세히 보라.
용맥이 차차 일어나면 일어난 데 가서 올라 보고
봉만이 차차 일어나면 쳐든 데에 가 올라서 보고
만두성진이 옆으로 기울었으면 기울어진 데에 가서 찾아보고
만두가 머리 숙여 엎어졌거든 그 밑에 가서 찾아보소.
찾아보고 찾아보면 현무수두지정을 조금이나마 터득하리.

　위의 내용을 완전하게 이해했다면 산천을 다니면서 발품을 팔아야 한다. 이 세상에는 똑같은 것이 하나도 없듯이 산야에 놓인 용맥(龍脈)과 혈(穴)은 같은 곳이 하나도 없다. 그러나 공통적인 특징은 있으니 자연의 이치를 터득하는 데 심혈을 기울여야 한다.
　위의 내용은 혈이 맺히는 원리를 노래한 것이며 자리 찾는 방법을 읊은 것이니 산이 높다 하여 주저하지 말고 직접 올라가서 확인하라는 것이다. 형기적으로 살피는 것을 말하고 있으나 형기적으로 완전히 터득했다고 자부하더라도 혈처에서 정확하게 혈심(穴心)에 스틱을 꽂을 수 있어야 형기를 터득했다고 할 것이다.
　현재는 전국적으로 많은 도로가 개설되어 맥이 잘린 곳이 많다. 어느 곳은 맥의 발원지에서 발원한 맥이 잘려서 혈이 하나도 없는 곳도 있다. 형기적으로 완벽해서 명당이라고 말들을 하지만 풍수적으로는 죽은 땅이다. 그러나 장법(葬法)을 잘해서 묘지를 조성하든지 양택(陽宅)의 설계를 잘해서 건축을 한다면 천기를 모을 수 있으므로 천기혈터를 만들 수 있다.
　풍수지리 공부는 형기와 이기와 추맥법을 모두 알아야 한다. 하나라도 소홀히 하면 안 된다. 뒤에 이기(理氣) 편에서 다시 거론하겠지만 자축이 이동하고 있는 현실에서 나경에 너무 의존하는 것에 대하여서는 심사숙고해야 한다고 본다.
　맥에 의한 지기 혈이든지 천기가 모인 천기 혈이든지 혈이 맺히면

좌향이 이미 정해졌고 정해진 좌향에 따라 기장(氣場)이 형성되었으므로 변할 수 없는 것이 자연의 이치다.

태양은 264km/s로 은하계를 돌아 원위치로 오는데 2만 5천~2만 6천 년 소요된다고 한다. 지구는 진북과 자북이 있는데, 자축은 기울어져 있으며 자축도 이동하고 있다. 1도 움직이는데 소요되는 시간은 약 20년이라고 한다. 15도 사이를 왕복한다고 볼 때, 또 천체의 영향을 고려할 때, 인간이 태어날 때의 환경과 더불어 주기적으로 시·공간의 영향을 받는다고 본다.

풍수지리를 연구하는 사람은 과학시대에 살고 있으므로 양자역학을 이해하고 엘 로드(L-Rod)를 자유롭게 활용할 줄 알아서 지맥과 수맥, 지자기파와 생기(生氣), 오기(汚氣)를 분명하게 구분할 줄 알아야 하며 호리지차(毫釐之差)의 오차도 용납해서는 안 된다.

의사는 한 사람을 죽이지만 지사(地師)는 한 가문을 죽이는 일이므로 신중하고 또 신중해야 한다.

수법론(水法論)

풍수지리(風水地理)에서 물을 논하는 것은 당연하다. 맥이 발원처에서 진행하다가 자리를 잡기 위해서는 바람을 갈무리할 수 있는 지형이어야 한다. 물이란 높은 곳에서 낮은 곳으로 흐르며 물이 흐르는 곳은 지형의 높낮이를 형성하게 되기 때문이다. 형성된 높낮이는 바람 길이기도 하다.

풍수지리에서 물의 개념은 두 가지가 있다. 하나는 물이 실제로 흐르고 있는 곳을 말하고, 다른 하나는 관념적(觀念的)인 물이다. 상대적으로 낮은 것은 모두 물(水)의 개념으로 보는 것이다. 물은 직선으로 흐르기도 하고 곡선으로 흐르기도 하며 지형이 생긴 대로 구불구불 흐르기도 한다. 직선으로 흐르는 곳은 바람도 물 따라 직선으로 흘러 유속이 빠른 살풍이다. 이런 경우 산수동거(山水同去)라고 하는데 맥이 머물 수 없는 것이다.

물길이 곡선(曲線)인 곳은 산도 둥글게 돌게 되며 둥글게 도는 안쪽은 조용한 환경을 이룬다. 바람도 잔잔하여 생기가 모이고 혈이 맺힌다. 물길이 구불구불한 곳은 바람은 물처럼 휘지 못하므로 조용할 수밖에 없다. 그러므로 혈은 여러 굽이로 휘어진 안쪽에서 머문다. 지형이 낮은 곳은 물의 유속도 느리고 바람도 잔잔하여 생기가 모이게 되며 높은 지형에서는 계곡이 여러 겹으로 겹치므로 바람이 겹쳐진 여러 곳을 통과한 다음에는 평지처럼 잔잔하여 생기가 모이게 된다.

책에는 행주형이란 표현이 있다.

"행주형은 강물을 따라 형성되는 명당(明堂)의 대표적인 지세(地勢)이며 강가에 물이 굽이쳐서 그 지역이 마치 배의 형태 또는 반달과 같은 형태의 지역을 말한다."

이 표현은 풀이하면 다음과 같다. 배는 물살을 헤치고 나아갈 때 배의 안쪽은 조용하듯이 배처럼 생긴 지형은 바람을 양쪽으로 가르므로 안쪽은 조용하게 되어 생기가 모이고 혈이 맺히는 것이다.

국(局)에 모인 물이 빠져나가는 곳을 수구라고 하는데 수구 쪽에 막힘이 없이 물이 똑바로 넓게 흘러 나간다면 동시에 바람도 빠른 속도로 흘러 나가게 된다. 이런 수구를 열린 수구라 하고, 좁은 수구에 반해 넓은 수구라고 한다. 수구가 막힌 지세에서는 생기(生氣)가 많이 쌓이기 때문에 혈의 역량도 커서 큰 부자나 훌륭한 인물이 많이 배출되고 열린 수구에서는 생기가 모이지 않아 건강과 재물, 명예를 모두 잃게 된다. 수구를 이루는 용(龍)은 반드시 역수(逆水)를 해야 좁은 수구가 되고, 그렇지 않으면 산수동거가 된다.

수구를 이루는 용이 역수하는 힘이 크면 클수록 수구에서 기를 모아주는 힘도 커지고 이에 따라 혈(穴)에 모이는 생기도 커진다. 청룡(靑龍)의 끝 부분에 수구가 이루어지면 청룡이 역수를 해야 하며, 백호(白虎) 끝 부분에서 수구가 이루어지면 백호가 역수를 해야 한다. 수구 중에서는 청룡 끝부분과 백호 끝부분이 서로 겹쳐 관쇄하는 것이 가장 이상적이다.

득수(得水)는 지세에서 물이 처음 보이기 시작한 지점이며, 국(局)을 빠져나가는 물이 마지막으로 보이는 지점을 파구(破口)라고 한다. 용이 직선으로 내려오면서 물이 왼쪽과 오른쪽으로 분산되어 흐르는 경우를 양파(兩破)라고 하며 이런 지세(地勢)에서는 바람을 막을 수 없으므로 혈이 맺힐 수 없으며 조장(造葬)을 한다면 당연히 가족이나 재물이 흩어지게 된다.

집안에 연못이나 분수 등이 있는 집은 풍수지리상으로는 좋지 않다고 한다. 수분이 집안으로 스며들게 되면 그 수분은 공기 중에 있는 양기(陽氣)를 흡수하는 작용을 하므로 집안에는 양기가 부족해진다고 한다. 이런 집에서 오래 살면 남자들이 기운을 잃게 되고, 중풍과 같은 질병을 앓게 된다고 하니 삼가는 것이 좋을 것 같다.

집을 지을 때는 반드시 수맥(水脈)을 확인해야 한다. 수맥 위에서 생활하면 건강을 잃게 되며 중풍이나 암이 발생할 수 있다. 임산부는 원인 모를 유산이 되기도 하고 기형아를 낳기도 한다. 수맥이 많이 흐르는 주택에서 오랫동안 거주하면 수맥파의 작용으로 점차 무기력하게 되어 우울증과 만성피로 증세를 일으키며 신경통, 두통, 관절염, 소화기계통 등의 질병이 발생할 수 있다.

사람은 땅속의 수맥을 직접 눈으로 보거나 감지하는 능력이 부족하기 때문에 아주 경솔하게 생각하기 쉬운데 사람이 활동하는 낮 시간에는 자신의 체력으로 수맥파를 이겨낼 수 있으나 수면에 들게 되면 수맥의 파장에 의하여 무기력 상태가 되므로 피해를 고스란히 당하고 특히 허약한 사람은 피곤함과 아픔이 가중되며 노약자나 어린이, 임산부는 치명적일 수 있다. 수맥파에 의해서 발생된 질병은 현대의학으로도 치료가 어렵고, 큰 병이 오기 전에 자리를 옮기거나 침실의 위치를 바꾸면 완치될 수 있다.

특히 수맥(水脈)이 흐르는 땅에는 절대로 장사(葬事) 지내면 안 된다. 앞에서 수맥을 논하면서도 거론했지만, 관리되는 묘는 보지 못했고 주택은 빈집이었다.

명당(明堂)

*길격명당(吉格明堂)

①교쇄명당(交鎖明堂)

톱니바퀴가 엉키듯 교차하면서 혈을 감싸준다. 물이 좌우 능선이 교차한 대로 좌우로 꺾여 흘러가지만 바람은 물처럼 꺾이지 못하니 교쇄된 반대쪽 능선으로 흐르고 잔여 바람만 반대 능선으로 흐르게 되는데 이곳에서 다시 유속이 줄어들어 혈처에 이르러서는 조용하다. 혈은 조용한 곳에서 자리를 잡는다.

②주밀명당(周密明堂)

담장을 두른 것처럼 빈틈없이 중첩하여 감싸고 있다. 혈처 앞을 여러 겹으로 감싸게 되니 명당에 이른 바람은 조용하게 되고, 조용하게 된 바람은 혈처 앞 공간에서 돌게 되니 고요하고 아늑하다. 혈은 이런 공간에 머물게 되며 생기가 가득하여 생기가 최대로 응축된다.

③요포명당(遶抱明堂)

혈처를 좌우에서 활처럼 둥글게 감싸고 있다. 물은 휘어진 지형을 따라 흐르게 되고 바람도 지형을 따라 물과 동행한다. 바람이 지형을 타고 돌게 되어 안쪽은 온화하고 조용하다. 태풍의 눈이라고 하는 중간은 조용하듯이 바람이 지형을 따라 도는 안쪽은 조용하여 생기가 응축되어 명혈이 맺히게 된다.

④융취명당(融聚明堂)

사방에서 흘러온 물이 혈처 앞으로 모여 드는 형국이다. 이것을 수취천심(水聚天心)이라고 하며 융취된 물을 융취수(融聚水)라고 한다. 혈처 앞에 물이 모인다는 것은 지형이 낮고 넓으며 평탄하다는 것이다. 파구를 통과한 바람도 물 따라 맴돌게 되니 혈처에는 조용하지 않을 수 없다.

⑤평탄명당(平坦明堂)
　명당 전체가 평탄하여 물이 흘러가는 것을 못 느낀다. 지형이 평탄하여 농경지로 되어 있으며 바람이 한 곳으로 휘몰아치지 않고 퍼져서 물결을 이룬다. 바라만 보아도 편안함을 느끼며 풍요로운 삶을 살 수 있다.

⑥관창명당(寬暢明堂)

명당이 광활하게 넓으므로 평야지대에 많다. 바라만 보아도 시원하므로 인물도 시원시원한 인물이 태어나며 마음 씀씀이도 큼직한 인물이 태어난다. 재물이 풍족하고 부귀가 지속된다.

⑦광취명당(廣聚明堂)

주변의 산이 혈전으로 모여들기 때문에 물도 산 따라 모여든다. 국부 급을 이루며 부귀겸전의 땅이다. 명당에서 좌우 능선이 배열하여 군왕이 조회하는 것처럼 된 곳도 있으며, 군사가 여러 동의 군막을 치고 머무는 것처럼 보이는 곳도 있고 산과 물이 함께 혈전으로 모이는 곳도 있다.

⑧조진명당(朝進明堂)

명당이 바다나 큰 호수로 되어 있는 곳이다. 이런 곳에는 거부가 태어나고 발복도 빠르다고 한다. 명당이 망망대해로 되어 있으면 만대영화지이다. 지명도 구만리라는 곳이 있다. 명혈 한 자리를 두고 지은 지명인 것 같다. 조진명당은 천연적으로 된 곳도 있지만 인력으로 호수를 만든 곳도 있다. 계곡에 댐을 쌓아서 골바람이 댐에 부딪혀서 하늘로 날고 있으니 댐에서는 조용하지 않을 수 없으며, 이것이 명혈에 큰 영향을 미치게 된다.

바닷가에 접한 곳에 있는 자리인데 바다에 접했지만 좌우와 안산이 바다를 둥글게 감싸고 있으며 한 쪽이 트인 곳은 섬을 가로놓아 차단하고 있다. 바람을 갈무리하여 생기를 축적하는 풍수지리의 이치는 모두 공통적이며 다르지 않다. 수구에 있는 아래 섬을 화표(華表)라 한다. 수구에는 한문(捍門), 화표(華表), 북신(北辰), 나성(羅城)이 있는데 아래에 간단하게 설명하고자 한다.

　모두 수구에서 바람 길을 방해하여 내부의 기운을 안정시키는 역할을 한다. 보호사가 지그재그로 겹치든지 보호사가 감아 돌아 바람 길을 완벽하게 차단하지 못하는 지형에서 장애물이 놓여 내부의 기운을 보호하는 역할을 한다.

안산과 명당

파구(화표)

<한문(捍門)>

수구에 양쪽으로 대치하여 있는 산을 말한다. 종류로는 일월(日月), 구사(龜蛇), 기고(旗鼓)가 있다. 대부분 바위로 되어 있으나 양쪽 산이 죄어주는 것은 모두 한문으로 본다고 여긴다.

흔히 볼 수 있는 일반적인 것이 많지만 물길과 바람 길을 방해하는 방법이 특이한 것도 있음을 소개한다. 좌우가 불룩한 사이에 와혈(窩穴)로 맺힌 혈인데 앞이 터져서 허(虛)하므로 불룩하게 바위를 일으키고 물길을 낸 곳이다. 바위 아래는 절벽이다. 이런 형상도 혈처에 붙어 있지만 한문으로 볼 수 있다.

혈처 아래

〈화표(華表)〉

수구 사이에 기이한 산봉우리가 빼어나게 서 있는 것이다. 위의 조진명당 편의 마지막 사진은 소탐랑 종류인 관모사이다.

〈북신(北辰)〉

 수구에 바위 석산이 하늘로 솟구쳐 괴이한 형상으로 서 있는 것을 말하며 이런 바위가 수구에 서 있을 때는 왕후장상지지(王侯將相之地)가 있다는 것을 암시한다.

사진의 북신 바위 안쪽에는 5개의 명혈이 모두 주인을 기다리고 있다

〈나성(羅城)〉
 수구 사이에 돌이나 퇴적물이 섬으로 있는 것이다. 보통 물고기처럼 생겨서 머리가 위에 있으면 꼬리가 물이 흐르는 아래쪽에 있다. 돌로 된 것이 상격이고 흙으로 된 것이 차격이라고 한다. 누구나 알고 있는 곳은 경기도 남양주시와 경기도 가평군에 있는 밤섬이다.

⑨대회명당(大會明堂)
 큰 산맥과 대강수가 모여드는 명당이다. 도읍지이며 현재는 큰 도시를 이루고 있는 곳이다. 대표적인 곳이 서울이며 큰 도시에는 반드시 큰 물이 흐른다.

*흉격명당(凶格明堂)

 길격(吉格)명당은 혈처에서 찍은 사진이므로 게재를 했지만 흉격명당은 길격명당 이외에는 모두 해당되므로 책에 있는 내용만 나열하기로 한다.

수법론(水法論) 309

①겁살명당(劫殺明堂)

창, 칼 같은 뾰족한 형태의 산들이 명당 주변에 있다. 살인자, 전사자, 재산 탕진, 유리걸식, 형살, 가족끼리 칼부림을 한다고 한다.

②반배명당(反背明堂)

명당 주변의 산들은 혈을 향하여 모이지만 반배명당은 산과 들이 혈을 배반하고 있다. 오역불효(忤逆不孝), 열이면 열 모두 실패, 부모자식 간, 형제 간, 부부 간에 배반으로 헤어진다.

③질색명당(窒塞明堂)

명당에 지저분한 돌무더기가 있어 앞이 답답하게 된다. 앞이 허한 곳에서 앞이 불룩하게 된 자기 안산과는 구분해야 한다. 간혹 돌이 박힌 곳이 있는데 혈이 맺힌 곳에서는 지저분한 질색명당으로 보지 않는다. 둔하고 미련한 자손이 나오(出)고 여자 난산과 병질(病疾)이 있다고 쓰여 있지만 자기 안산과는 구분할 줄 알아야 한다. 책에 이런 내용이 있으므로 자기 안산 뒤에 있는 자리는 모두 비어 있다.

④핍착명당(逼窄明堂)

주변 산이 높아 혈을 압박하고 명당이 지나치게 좁다. 아둔한 자손이 나온(出)다. 용혈이 참되면 작은 혈을 맺을 수 있다고 되어 있는데 속발속패(速發速敗)하고 작은 부자가 나지만 오만방자하다고 한다.

⑤경질명당(傾佚明堂)

명당이 기울어 산과 물이 같은 방향으로 곧장 흘러간다. 전답을 다 팔아먹고 도망을 가며 곤궁하고 단명하여 요절한다고 한다. 간혹 전후가 잘 감싸서 바람을 완벽하게 갈무리하는 곳에서 전순이 불룩하지 않고 경사진 곳이 있는데 책에 이런 내용이 있으므로 비어 있는 것 같다.

이런 곳에서는 제절을 불룩하게 높이고 사용하면 된다. 자연이 명혈을 보호하려고 이런 방법으로 천장지비하는 것 같다.

⑥편측명당(偏側明堂)
　명당이 균형을 이루지 못한 것을 이른다. 경사지에서 수평으로 되어 끝에서 후부하게 뭉친 곳이 있다. 그러나 한 쪽이 기울어졌다. 이곳에서는 방향을 기운 곳으로 틀고 보면 좌우 균형이 맞고 앞이 후부하게 되어 있는 곳이 있다. 위의 내용 때문에 명혈이 대부분 비어 있는 곳이다. 어느 곳에서는 능선 중간에서 한 쪽이 푹 꺼진 곳도 있다. 능선을 등지고 꺼진 곳에 서면 아늑하고 균형이 맞는 곳이 있다. 자연은 이런 방법으로 명혈을 천장지비하고 있다.

⑦파쇄명당(破碎明堂)
　깨진 바위나 자갈 무더기가 명당 주변에 널려 있다. 위의 복석과 입석 편에서 사진으로 예를 들며 설명했듯이 주위에 돌이 널려 있어도 혈처라면 깨끗하다. 자연이 천장지비를 위해 돌이 있는 곳에서 자리를 잡은 것인데 아주 큰 자리다. 그렇지만 위의 자리는 일반인들이 사용할 수 없는 곳이지만 일반적으로 돌이 있는 곳에는 암반수가 있을 수 있으니 사용하지 않는 것이 좋다고 본다.
　자연이 돌을 얹어 놓은 곳을 피하라고 했지만 인간이 돌을 얹어 놓기도 하고 둘레석을 하여 흉물스럽게 한 곳도 있으니 예를 든다, 사진의 무덤은 천기가 모인 곳으로 잘 살아서 형편이 좋아지니 객기를 부려 둘레석을 하고 뚜껑까지 덮어 지하의 수분이 증발하지 못하고 무덤 내로 모이게 되어 시신이 물속에 놓이게 된 곳이다. 강했던 천기는 어디로 가고 주위에는 잡초만 무성하다. 식물을 보면 관리되지 않은지 3~4년쯤 된 것 같다. 무덤을 조성하는 자체가 자연을 훼손하는 것인데 미안한 마음으로 최대한 작게 조성해야 한다. 지나친 겉치레가 자

연도 병들게 하고 본인도 망하게 했다.
  큰 기운이 내려와서 큰 인물이 태어난 곳인데 둘레석으로 사초를 하기 전에는 잡초 없이 깨끗하였으나 출세가 무엇인지 자신이 스스로 잘 나서 그런 줄 알고 창피한 것이 무엇인지 알지 못하고 바람을 막아주던 두툼한 둔덕을 모두 밀고 봉분도 둘레석으로 치장한 후에는 바랭이를 비롯한 물풀이 무성하다. 무덤 내부에는 천수가 스며들어 고이게 되어 시신이 물속에 놓여 있다. 현재는 감방에 들락거리면서 온갖 추문으로 살고 있다.

⑧도사명당(徒瀉明堂)

　명당의 경사가 심해 물이 쏟아지듯이 나가는 곳이다. 먼저 사람이 상하고 후에 재산이 망하며 망할 때는 순식간이다. 이것은 무맥지에서 내용이다. 간혹 경사지에서 사태가 난 것처럼 푹 팬 곳에 와혈로 혈이 맺힌 곳이 있으며 어느 곳은 골이 생기면서 지저분한 곳도 있다. 하지만 자세히 살피면 좌우가 불룩하고 전순이 분명하다. 장비로 다듬으면 멋진 명혈이 된다. 완벽한 천장지비다.

⑨광야명당(曠野明堂)

　명당을 둘러싼 보국이 없어 허허벌판이다. 천군만마를 수용할 수 있다는 말에 속는 경우도 있으니 바람을 갈무리하지 못하는 곳은 혈이 맺힐 수 없다는 것을 알아야 한다. 하루도 편안한 날이 없이 불안하다.

수세(水勢)의 구분

*물의 형세(形勢)와 길흉화복(吉凶禍福)-길(吉)한 형세

①만(灣) : 물이 용혈을 휘감아 도는 형세다. 길흉 방위를 불문하고 길하다고 한다.

②구(鉤) : 갈고리나 낫 모양처럼 처음 직류(直流)하다가 혈처 앞에서 감아준다.

③두(兜) : 직거수나 머리쓰개 모양으로 직거수가 횡(橫)으로 흐르는 대강수(大江水)나 호수(湖水)를 만나 유속이 느려지는 형세의 물이다. 먼저는 흉하지만 나중은 길하다고 한다.

④전(轉) : 처음에는 반배하면서 오던 물이 혈처에서는 감아준다. 먼저는 흉하고 나중은 길하다고 한다.

만(灣)

구(鉤)

두(兜)

전(轉)

수법론(水法論)

*물의 형세(形勢)와 길흉화복(吉凶禍福)-흉(凶)한 형세

길한 형세는 명혈에서 찍은 것이어서 기록할 수 있지만 흉한 형세는 찍지 않아 책에 있는 내용을 간단하게 기록한다.
①충(衝) : 물길이 용과 혈을 치듯이 찌르는 형세다.
②사(射) : 물길이 용과 혈을 날카롭게 쏘는 형세다. 왼쪽 청룡을 쏘면 남자, 장손이 피해를 당하고 오른쪽 백호를 쏘면 여자, 지선이 피해를 당하며 혈 정면은 가족 모두 화를 당한다고 한다.
③해(解) : 작은 길한 물과 큰 흉한 물이 서로 합류하는 형세다.
④조(照) : 강이나 저수지 바닥이 갈라져 흉하게 보이는 형세다. 나병이나 정신질환자가 태어나고 개미가 무덤을 침입하여 유골을 괴롭힌다고 한다.

*길(吉)한 물

①강하수(江河水) : 맑고 깊은 물이 용혈(龍穴)을 감싸주면 대부대귀(大富大貴)가 나온(出)다고 한다.

②계간수(溪澗水) : 산골짜기 시냇물로 느릿하게 흐르고 사시사철 마르지 않아야 길한 형세로 본다.

③호수(湖水) : 여러 강과 하천에서 흘러나온 물이 모인 곳이다.

④해만수(海灣水) : 바닷가가 육지로 굽어 쑥 들어온 곳이다. 조진명당(朝進明堂)이면 상격이고 육지의 물까지 이곳으로 모여들면 왕후장상지지(王侯將相之地)이나 용이 미약하면 큰 수세에 견딜 수 없으므로 흉하다고 한다. 간혹 혈처 앞으로 큰물이 들어오는 곳도 있는데, 이를 득수(得水) 국(局)이라고 하지만 큰물을 감당할 수 있는 기운을 지닌 혈처라야 한다. 참고로 혈처 앞으로 오는 득수를 소개한다.

*득수(得水)

득수라는 것은 자리를 향하여 물이 흘러오는 것을 말한다. 득수 국(局)에서는 우선 재물이 늘어난다고 한다. 풍수지리 책에는 혈처의 좌우 보호사 중 한 곳이 없을 때 물이 대신한다고 쓰여 있다. 대신 보호사가 있는 곳은 완벽하게 감싸주어 주밀교쇄를 이루어야 한다. 주밀교쇄를 통과한 바람은 갑자기 퍼지면서 온화한 바람으로 변한다. 때로는 큰물이 혈처를 바로 보고 들어오는 곳이 있는데 혈처 아래가 각이 져서 바람을 좌우로 갈라야 하고 경사를 이루어 바람을 하늘로 날려야 하며 혈처는 불룩한 전순 뒤로 물러앉아야 진혈(眞穴)이다. 사진은 득수 국에 있는 자리로서 바람을 가르고 능선 끝이 급경사를 이루며 혈처에서는 전순 아래가 보이지 않는다. 맥과 자리 주위는 생기가 가득하여 수목의 잎 색깔이 연두색으로 깨끗하다.

⑤지당수(池塘水) : 혈 앞에 고여 있는 작은 연못이나 물웅덩이를 말한다. 때로는 논으로 개간하여 농사를 짓다가 현재는 물이 바닥에 깔리고 물풀만 무성한 곳도 있다.

⑥구혁수(溝洫水) : 논밭의 봇도랑 물을 일컫는다. 구불구불 흐르면서 혈(穴)을 감아주면 아주 길하다고 한다.

⑦평전수(平田水) : 혈(穴) 앞의 평평한 논에 가득 고여 있는 물이다. 평지수전(平地水田)이면 승어강호(勝於江湖)라 했다.

⑧진응수(眞應水) : 혈(穴) 앞이나 옆에서 나는 물을 말한다. 혈을 맺을 때는 원진수가 맥을 호위한 후 혈처를 감싸고 구불구불하게 아래로 흐르는데 아래서 물이 난다는 것은 확실한 혈이라는 것을 입증하는 것이다.

⑨송룡수(送龍水) : 주룡(主龍)을 좌우 양쪽에서 인도하면서 따라온 물줄기다. 명당에서 합수하여 혈의 생기를 보호한다.

⑩합금수(合襟水) : 혈장의 입수도두에서 나뉘어졌다가 순전 앞에서 다시 합쳐지는 물이라고 쓰여 있으나 실제는 입수도두에서 나뉘는 것이 아니고 맥을 호위하면서 내려온 물이 혈처를 감싼 다음 혈처 앞에서 합쳐진다. 이것은 모두 지하에서 이루어진다.

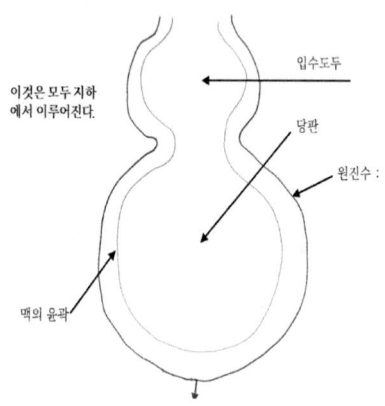

*원진수가 3~4겹으로 보호하는 혈도 있다. 이런 자리는 혈심만 확인하면 작은데 이것을 작다고 하면 안 된다.

⑪극훈수(極暈水) : 혈장에서 미세한 원을 그리고 있는 물이다. 육안으로는 볼 수 없고 기감(氣感)으로 확인하는데 혈장을 감싼 물이다. 간혹 잔디가 심겨진 곳에서 뚜렷한 윤곽을 볼 수 있다. 원을 볼 수 없는 것은 아래가 밭으로 되어 흙이기 때문이다.

⑫공배수(拱背水) : 현무봉 뒤를 감싸고 있는 물이다. 지도와 현장에서는 확인되지만 혈처에서는 보이지 않는다.

⑬암공수(暗拱水) : 보이지 않는 곳에서 혈을 감싸고 있는 큰물이다. 명조불여암공(明朝不如暗拱)이다.

⑭조회수(朝懷水) : 앞쪽에서 혈을 향해 구불구불하게 들어오는 물이다. 물길은 혈을 감싸듯 들어와야 한다.

⑮회류수(廻流水) : 명당으로 흘러들어온 물이 혈 앞에서 빙빙 돌다 나가는 물이다.

⑯위신수(衛身水) : 물이 사방에서 혈을 감싸고 있는 물이다. 대개 바다나 호수 가운데 있는 섬에 혈을 맺는 경우다.

⑰취면수(聚面水) : 혈 주변의 모든 물이 혈 앞의 명당에 모이는 것이다. 수취천심(水聚天心) 수지기부귀(水知其富貴)

⑱녹저수(祿儲水) : 계곡에 있는 소(沼)인 담(潭)이다. 물이 깊고 수량이 풍부하면 길(吉)하다. 부자가 되고 복록이 오래 유지된다.

⑲천지수(天池水) : 높은 산 정상에 자연적으로 있는 못이나 호수. 극귀국부(極貴國富)를 상징하며 상격 용(龍)은 군왕지지(君王之地)이고 중급은 장상(將相)지지라고 한다. 그러나 필자가 파악한 바에 의하면 대혈은 주위 여건이 아니고 맥의 대소에 달려 있다. 대혈이 맺히면 대혈을 보호하려는 보호사가 감싸는 것이 기본이다.

⑳탕흉수(盪胸水) : 물이 모이는 모습이 주머니 속에 물이 채워지는 것과 흡사하며 왼쪽에 있으면 남자와 장손, 오른쪽에 있으면 여자와 지손이 거부(巨富)가 된다고 한다.

㉑입구수(入口水) : 앞에서 들어온 물이 혈전에서 머물다 나가는 물이다. 나가는 물이 반배하여도 반배수라고 하지 않는다.

㉒구곡수(九曲水) : 지(之)자나 현(玄)자 모양으로 구불구불 흐르는 모습이다. 어가수(御街水) 조입당전(朝入堂前)이면 당대 재상(宰相)이 나고 굴곡유거(屈曲流去)면 글재주 있는 인물이나 한림학사(翰林學士)가 된다고 했다.

㉓요대수(腰帶水) : 허리띠 모양으로 고요한 물이 혈을 감싸고 흐르는 물이다. 금성수(金城水) 현귀치부(顯貴致富)

㉔창판수(倉板水) : 혈 앞의 평평한 논이나 밭에 물이 가득 차 있는 모습이다. 전원수해호수(田原水海湖水)보다 좋고 고을에서 으뜸부자가 난다고 했으며, 귀(貴)도 크다고 한다.

㉕융저수(融貯水) : 혈 앞의 명당이나 청룡 백호 사이에 연못이나 호수가 있는 것이다. 큰 부귀를 기약하며 용진혈적에 융저수가 있으면 비록 안산이 난잡하여 흉살이 있어도 해가 없다고 했다.

㉖건류수(乾流水) : 우천 시에만 물이 흐르는 계곡도 물로 본다. 산능선과 능선 사이의 계곡도 모두 물로 보는 것이다.

위와 같이 길(吉)한 물에 대하여 정리를 했는데 혈이 맺히는 곳은 물의 종류가 아니라 바람을 스스로 막든지 주위에서 막아 주는 곳에 머문다. 바람을 갈무리하는 것은 지형에 달렸는데 지형의 생김새에 따라 물이 흐르고 바람이 지나는 것이다. 지형의 종류가 중요한 것이 아니고 바람을 다스리는 형세가 중요하다. 길(吉)한 물이 있으면 반대로 흉(凶)한 물이 있는데 시중에 있는 풍수지리 서적에 기록된 내용을 적으면서 설명하고자 한다.

*흉(凶)한 물

①취장수(臭檣水) : 탁하고 냄새나는 더러운 물이다. 괴질, 염병, 음탕함, 사업 실패로 이어진다고 한다. 실제는 이런 곳에 집을 짓든지 묘지를 조성하지는 않을 것이다.

②이장수(泥奬水) : 진흙과 진탕 속의 땅이다. 마치 풀이나 미음같이 곤죽이 되어 있는 진수렁이며 날이 새면 물이 말라 먼지가 휘날리는 땅이다. 패산, 질병, 객사를 한다고 한다.

③폭포수(瀑布水) : 집안이 망하고 사람이 상한다고 되어 있으나 폭포가 있는 곳은 바위 절벽인데 이런 곳에 장사지내는 사람은 없을 것이다. 이런 곳에 천막을 치고 며칠만 지내도 병이 생긴다. 소음과 살풍을 맞아야 하기 때문이다. 폭포수에서 들릴 듯 말 듯, 멀리 떨어진 곳에서는 용진혈적하기도 하는데 청고(淸高)한 인물이 나며 이런 자리를 선인창가형(仙人唱歌形)이라고 한다.

④월견수(越見水) : 보국 밖의 물이 혈을 넘겨다보는 흉수이다. 사람이 상하고 재산이 망하며 가도(家道)가 혼란하고 패가망신한다고 되어 있다. 물이 혈을 넘겨다본다는 것은 바람이 이곳으로 모여 불어온다는 뜻이기도 하다. 바람을 타는 곳은 혈이 맺힐 수 없다.

⑤일수재견(一水再見) : 청룡 백호가 凹함하여 보국 밖으로 흐르는 하강수가 두 번 세 번 비추는 것이다. 가재관재(家敗官災)와 음란, 망신의 화가 있다고 한다. 지형적으로 오목하여 바람이 몰아쳐 오는 곳이다.

⑥형살수(刑殺水) : 혈 앞으로 흐르는 물이 복잡하고 난잡하게 보이며 혈 주변의 산이 뾰족하게 파열되어 있다. 형살수가 경미한 경우는 패가(敗家), 이향(離鄕)에 그치지만 클 경우는 자손이 줄줄이 망하며 악사(惡死)로 인해 절멸(絶滅)한다고 되어 있다. 이런 환경에서는 맥이 흐르지 않고 혈이 맺힐 수 없으므로 자연히 폐절(廢絶)하게 되며 형살수가 있다는 것이 근본적인 원인이 되지는 않는다.

⑦폭면수(瀑面水) : 거대한 수세(水勢)가 작은 용혈을 억누르는 형상이다. 큰 강가나 바닷가 주변의 용혈이 부실한 곳에서 많이 볼 수 있다. 주산 또는 현무봉의 기세가 장엄하여 수세와 서로 비슷하다면 재앙이 반감될 수 있다고 한다. 이런 환경에서는 혈이 맺히지 않아 묵묘가 많다. 묵묘가 되는 곳은 무맥지이며 수맥 위에 안장되었고 바람 길에 놓인 곳이다. 대로변에서 소음을 방지할 수 없는 작은 주택도 이에 해당되는데 건강에도 문제가 발생한다.

⑧충심수(衝心水) : 혈 앞의 물이 직선으로 곧게 들어오는 수세다. 수파천심(水破天心)이라고 하는데 매우 흉하며 사람이 상하거나 가난해진다고 한다. 물길은 바람 길이기도 한데 물이 곧게 들어온다는 것은 바람도 곧게 들어오므로 이런 곳에서는 맥이 머물지 못한다. 이런 곳에서 혈이 맺히려면 혈처 앞이 절벽과 같은 급경사를 이루어 바람을 하늘로 날려 보내고 자기 안산을 세우며 혈처는 뒤로 물러앉는다. 혈처에서는 물이 보이지 않는다.

⑨사협수(射脇水) : 직선의 빠른 물이 혈장 옆구리를 찌르는 형상이다. 비명횡사나 살상의 화를 당한다고 되어 있다. 혈처를 보호하는 보호사가 없는 곳에서는 혈이 맺히지 않는다. 혈이 맺힌 곳이라면 자연은 혈장을 찌르도록 무방비 상태로 방치하지 않는다. 계곡에서 좌우와 앞이 암반으로 되어 절벽을 이루어 바람을 하늘로 날리며 혈장은 두툼하고 혈처에서는 아래가 보이지 않는 곳이 있다. 이런 혈을 수충사협혈(水沖射脇穴)이라고 하는데 자연은 교묘하게 혈을 감춘다.

⑩이두수(裏頭水) : 허약한 용을 세찬 물이 할퀴고 깎아 버리는 형상인데 외형적으로는 물이 잘 감아주었다고 하더라도 내부적으로는 용혈이 약할 경우 이두수가 된다고 했다. 이런 땅에는 맥이 존재하지 않

으며 이두수가 되는 것은 물이 땅 속으로 스며들어 반대쪽으로 흐르게 되어 수맥을 형성하게 된다. 능선 옆으로 물이 흐르는 옆에 있는 오목한 곳이 묘지를 조성하기 적합하다고 여겨 간혹 묘지를 조성한 곳이 있는데 봉분 아래가 바로 수맥인 것이다.

⑪견비수(牽鼻水) : 주룡을 호종하면서 따라온 물이 혈 앞에서 직선으로 나가는 것이다. 견동토우(牽動土牛) 또는 원진직거(元辰直去)라고도 한다. 패전(敗田), 패산(敗産), 산재(散財), 고아나 과부가 난다고 했다. 용진혈적한 혈처라면 원진직거 후 다시 교회(交會)하면 처음은 흉(凶)하지만 나중은 길(吉)하며, 대강수, 호수, 안산을 만나도 처음은 불리하다가 나중은 부귀(富貴)를 이룬다고 했다. 이런 곳에 있는 혈은 능선의 경사지에서는 오목하게 되어 좌우가 불룩하고 앞이 두툼하며 능선에 안기어 바람의 영향을 받지 않는다. 능선 위의 평탄한 곳에서는 좌우와 앞이 두툼하고 뒤로 앉아 바람의 영향을 전혀 받지 않는다. 혈처에서는 아래가 전혀 보이지 않으며 원경(遠景)만 보인다.

⑫천비수(穿臂水) : 청룡, 백호 한 쪽이 파이거나 터널이 뚫려 물이 침범하는 곳이다. 장병(長病), 음란(淫亂), 고과(孤寡), 자손이 목메어 자살한다고 한다. 혈처 옆이 낮거나 잘린다는 것은 이곳으로 살풍이 불어와 무덤을 치기 때문에 견딜 수 없는 것이다. 처음부터 낮은 곳에는 혈이 아예 맺히지 않으며, 혈이 맺힌 후에 잘리는 것은 치명적이다. 터널이 청룡 백호를 관통한다는 것은 맥선도 관통하게 되고, 맥이 잘리어 기운이 없어지므로 치명적이다.

⑬반신수(反身水) : 혈 앞에서 물이 무정하게 배신하면서 나가는 것이다. 불효(不孝), 역자손(逆子孫)이 나고 가산이 기울며 걸식하다가 결

국 굶어 죽는다고 했다. 물이 무정하게 나간다는 것은 혈처를 향하여 바람이 바로 쳐서 혈이 맺힐 수 없는 곳이므로 망하지 않을 수 없다.

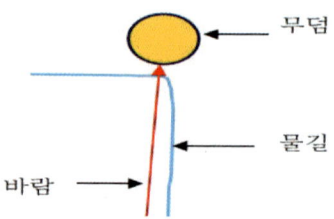

⑭반도수(反桃水) : 혈을 등지고 물이 반대 방향으로 흐르는 것이다. 반궁수(反弓水)라고도 하고 배성수(背城水)라고도 한다. 가난, 배신, 부모형제지간 생이별, 부부간 이별, 오역화(忤逆禍)를 당한다고 했다. 물길이 혈을 등진다는 것은 물길을 따라 흐르는 바람이 혈 쪽으로 분다는 뜻이다. 누차 강조하지만 바람을 막지 못하는 곳에서는 혈이 맺히지 않는다. 집안이 잘못되는 것은 반도수 때문이 아니고 살풍을 맞는 비혈지(非穴地)이기 때문이다.

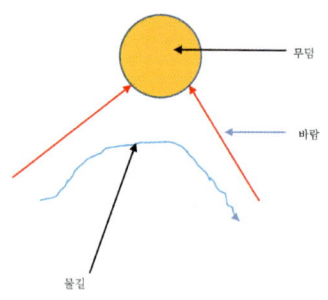

⑮임두수(淋頭水) : 계수를 못한 물이 혈로 스며들어 유골의 머리를 적시는 물이다. 절사(絶嗣)하는 극히 흉한 물이라고 했다. 맥의 좌우는 맥을 호위하는 원진수가 맥과 함께 흘러 맥이 머문 곳에서 원진수는

혈을 감싼 후 아래로 흐르기 때문에 혈에 정확하게 안장만 하면 물의 피해는 없을 것으로 본다. 물이 스며든다는 것은 점혈 실수로 원진수의 물길을 손상시켰다는 것이다. 그렇지 않으면 지하수가 흐르는 비혈이다.

⑯유니수(流泥水) : 혈 앞의 명당이 기울고 비주하여 물이 급하게 달아나는 것이다. 재산을 모두 탕진하고 고향을 떠나 온갖 고충, 가난을 구제할 방법이 없다고 했다. 명당이 기울었다는 것은 바람이 경사지를 타고 올라 봉분을 때리기 때문에 기운이 모일 수 없다. 경사지에 있는 혈처는 혈처 앞이 두툼하고 전순 아래는 급경사를 이루어 바람을 하늘로 날리어 혈처에는 영향이 없어야 한다.

⑰권렴수(倦簾水) : 명당이 멍석을 펴듯이 앞 쪽으로 급하게 층층으로 기울어진 것이며 위는 폭이 좁고 아래로 내려갈수록 폭이 넓어진다. 가산을 탕진하고 고아, 과부가 발생하고 결국 대가 끊긴다고 했다. 권렴수는 유니수와 마찬가지로 혈처 앞이 경사를 이루어 바람이 경사지를 타고 봉분에 이르므로 기가 흩어져 생기를 모으지 못한다.

⑱할각수(割脚水) : 혈 앞의 물이 합수하지 않고 사방으로 흩어져 나가는 물이다. 혈 앞의 흙이 씻겨 파이거나 허물어진다고 했는데 혈이 맺힐 수 없는 환경이다. 전순이 없다는 것은 혈이 맺히지 않았다는 증거다. 혈이란 과일의 씨방 겉으로 살(果肉)이 감싸고 있는 원리이기 때문에 유혈과 돌혈에서는 주위가 불룩하고 겸혈이나 와혈은 앞이 불룩하게 불거지는 것이다. 불룩한 전순이 없다는 것은 혈에 해당하는 씨방이 없다는 것이다. 책에는 임두수가 침범하는 곳은 할각수가 되게 마련이라고 했는데, 이것은 물길이 터졌다는 것이다. 물속에 장사지낼 수는 없는 것이다.

⑲누조수(漏槽水) : 말구유통 같은 물웅덩이가 있어서 이곳으로 용의 기운이 새나간다는 것이다. 강한 맥이 내려와 혈이 맺히는 곳은 진행하는 맥의 전진을 멈추게 하기 위하여 암반으로 되어 있는 경우도 있고 혈처 앞이 두툼하고 불룩하여 맥이 나아가지 못하도록 하는 것이 자연의 이치인데 혈처 앞이 파였다는 것은 맥을 멈추게 할 수 없으므로 혈처가 될 수 없다.

⑳교검수(交劍水) : 양쪽에서 일직선으로 흘러온 물이 혈 앞에서 급하게 부딪히는 형상이다. 불의의 사고로 사람이 상하며 전상(戰傷), 호투(好鬪), 관재(官災)를 당한다고 한다. 이런 곳은 바람을 막아줄 수 있는 보호사가 없다는 증거이므로 혈이 맺히지 않는다. 경지정리, 도로개설로 물줄기가 나쁘게 바뀌는 경우가 있는데 이런 환경이라면 맥의 생기가 없어질 확률이 높으므로 즉시 조치해야 한다.

㉑분류수(分流水) : 혈 앞에서 물이 팔(八)자로 나뉘어 흐르는 것이다. 가족끼리 불화가 심하여 패가(敗家)하고 이향(離鄕)하여 유리걸식한다고 한다. 혈 앞의 물이 팔(八)자로 나뉜다는 것은 앞이 터졌다는 뜻이고, 이런 곳은 바람을 온화하게 할 수 없는 곳이므로 맥이 머물지 못한다. 자리를 잡는 자체가 잘못된 것이다.

㉒사철수(斜撤水) : 물이 혈 앞 명당에 이르지 않고 옆으로 빗겨 흘러가는 것이다. 재산을 탕진하고 지위와 직장을 잃는다고 했으며 혈에서 한 쪽 물만 빗겨 흘러가는 것이 보여도 그 흉함은 변함이 없다고 한다. 물이 혈 앞에 이르지 못한다는 것은 혈 앞을 보호사가 감지 못하고 트였기 때문에 바람을 갈무리하지 못하는 형상이라는 것이다. 그러므로 맥이 머물지 못하여 혈이 맺힐 수 없는 땅이다.

이상에서 길한 물과 흉한 물에 대하여 살펴보았다. 혈이 맺힌다는 것은 맥이 흐르다가 멈추는 곳에서 자리를 잡는다는 것이다. 맥이 멈추는 환경은 바람을 스스로 막든지 주위에서 막아주는 곳이다. 바람을 처리하지 못하는 곳은 맥이 머물지 않는다. 풍수서적에도 바람은 생기를 흩어지게 한다고 쓰여 있다. 길한 물이 있는 곳은 바람 처리가 완벽한 곳이고, 흉한 물이 있는 곳은 바람 처리를 제대로 하지 못하는 곳이다. 뒤에서 천기(天氣) 혈에 대하여 소개할 것인데 천기 혈은 공중의 기운이 응축되는 곳이므로 바람의 영향이 아주 크다.

*길(吉)한 샘물

①가천(嘉泉) : 물빛이 맑고 물맛이 달며 물에 향기가 있는 아름다운 샘물로 약수(藥水)가 이에 해당한다고 한다. 진응수가 되면 혈은 대부대귀(大富大貴)하며, 특히 집터에 가천이 있으면 부귀장수하고 경사가 많이 일어난다고 한다.

②감천(甘泉) : 물맛이 식혜와 같이 달고 혈 근처에 있으면 대부대귀와 무병장수가 기약된다고 한다.

가천과 감천은 맥을 호위하고 혈을 맺은 후 합쳐진 원진수가 내려와 샘물이 된 곳인데 혈처 아래에 주로 나는 것이다. 혈처에 정확하게 용사를 하든지 혈처에 집을 지은 자체만 해도 경사가 끊이지 않는데 생기가 응축된 물까지 마시니 무병장수는 당연한 것이다.

고란사 터는 큰 인물이 태어날 자리다. 바위로 형성된 곳이지만 바위 속으로 강한 맥이 뭉쳤다. 자리 옆에 바위로 된 선익이 뚜렷하게 형성되고 맥이 내려오는 좌우로 보호사가 보호를 하고 있다. 3천 궁녀가 꽃잎처럼 몸을 날린 낙화암은 좌청룡이다. 고란사 샘물은 맥을 호종하는 원진수가 터져 나오기 때문에 생기가 녹아 있는 물이다. 전순 아래는 좌우 하수사가 팔을 안으로 오므려 전순을 갈무리하고 있다. 짜여

진 국(局)의 중심 균형 잡힌 곳에 건물을 세웠기 때문에 정확한 혈처에 세웠다. 누구든지 이곳에 갈 기회가 있으면 풍수지리의 연구 측면에서 살펴보면 매우 아름답다는 것을 느낄 것이다.

충남 부여군 부여읍 쌍북리 698 (고란사)

이곳 외에도 전국에는 전설이 서려 있는 약수가 산재되어 있는데 여름에는 시원하여 목욕을 하면 땀띠가 사라지고, 겨울에는 김이 무럭무럭 나는 곳인데 오래 마시면 속병이 낫는다고 하였다. 고란사 터는 국립공원이므로 훼손의 염려가 없지만 다른 곳은 명혈이 빈터로 있기에 훼손을 방지하기 위하여 주소는 밝히지 않는다.

*흉(凶)한 샘물

시중의 풍수서적에 있는 내용을 소개한다. 맥이 흘러 맺힌 혈처(穴處)에는 흉한 물이 없으므로 아래에 소개하는 샘물이 있으면 아예 혈을 찾지 말아야 한다.

①냉장천(冷裝泉) : 더럽고 썩은 진흙에서 솟아나는 물이다. 마치 미음을 쑤어놓은 것과 같으며 맛은 싱겁고 색은 흐리고 비린내가 나서 양치나 세수도 할 수 없다고 한다. 계곡으로 등산을 하다 보면 부옇게 흐려서 내려오는 곳도 있다. 특히 석회석이 매장된 지형에서 볼 수도 있는데 맥이 흐르는 곳에서는 완전히 다르다. 주위가 온통 회색의 돌인데 맥이 흐르는 곳은 누런색을 띠고 있다.

②온천(溫泉) : 뜨거운 유황천이 펄펄 끓으면서 솟아나는 곳이다. 온천수가 흐르는 곳에서는 맥이 흐르지 않는다. 그러나 온천이 나는 옆의 능선은 완전히 다르다. 그러므로 온천이 난다고 하여 옆에 있는 능선마저 맥이 없다고 판단해서는 안 된다.

③광천(鑛泉) : 철분 등 광물이 섞인 물이 솟아나는 곳이다. 철분이 많이 섞인 오색약수가 여기에 해당된다. 설령 맥이 흐른다고 해도 광물을 캐내면 절단되기 때문에 쓸 수 없는 곳이다.

④동천(銅泉) : 쓸개액과 같은 색깔의 샘물이 솟아나는 곳이다. 담천(膽泉)이라고도 하나 필자는 전국을 돌아다니면서도 아직 보지 못했다.

⑤용천(湧泉) : 땅속이나 암석 속에서 솟아나는 샘물이다. 거품이 나기도 하고 잠깐 일어나 잠깐 그치는 것을 반복한다. 명승지는 될지언정 혈의 결지는 불가능하다. 약수가 샘솟는 지역은 여러 곳에서 물이 솟는 곳이 있는데 물방울이 뽀글뽀글 솟는 곳도 있다. 여러 곳에서 물이 솟는다는 것은 물길이 지하에서 흩어져 흐른다는 증거이므로 지하에서 맥을 호위하지 못한다는 증거이기도 하다.

⑥음천(淫泉) : 구멍 속에서 쏘듯이 나오는 샘물을 천천(賤泉)이라고도 한다. 음극(陰極)의 보살기(甫殺氣)가 발살(發殺)되는 것이므로 가장 흉(凶)하다고 표현했다. 이 표현은 음부에 빗대어 표현한 것인데 구멍에서 쏘듯이 나오기 때문에 흉한 것이 아니고 만약 맥을 호위하는 원진수라면 모두 쏟아지는 것이므로 맥이 진행을 하지 못하게 되어 혈이 맺힐 수 없기 때문에 흉(凶)이 큰 것이다.

⑦몰천(沒泉) : 혈장 아래로 물이 스며나가는 것을 이르는 말인데 혈이 맺힌 곳이라면 있을 수 없는 현상이다. 계곡물이 지하에서 옆으로 새어나는 곳에 집을 짓거나 무덤을 조성한 곳이 있는데, 집은 흉물로 변했고 무덤은 잡초에 싸여 있다.

⑧황천(黃泉) : 사시사철 말라 있다가 비가 오면 생기는 샘물인데 이곳을 밟아보면 신발이 푹푹 빠져 자국이 남는다. 수락황천(水落黃泉)이라고도 한다. 이런 땅은 맥 자체가 흐르지 않으므로 혈이 맺히지 않는 곳이다.

⑨누천(漏泉) : 원진수가 혈까지 오지 못하고 중간에서 새는 물이다. 원진수가 중간에서 샌다는 것은 맥이 절맥될 가능성이 높기 때문에 맺혔던 혈도 생기가 소멸될 것으로 본다.

⑩냉천(冷泉) : 물이 너무 차가워 음기가 강한 것이다. 춥고 음습하여 따뜻한 기운이 없기 때문에 혈을 맺지 못하게 된다. 맥이 흐르는 곳은 맥의 좌우에서 두 줄로 원진수가 흐르는데 한 줄로 물이 흐르는 곳에서는 맥의 흐름이 없다.

고정관념을 깨다

규봉(窺峰)

　규봉이란 혈처 주위를 감싸고 있는 사격 너머에서 바르게 솟아 겹겹이 감싸는 사격 중에 앞 능선에 가려서 일부가 돌출되어 마치 담 너머로 엿보는 것처럼 보이는 사격이다. 시중에 있는 풍수지리서에는 방위별로 흉하게 기록되어 있는 곳도 있고 방위와 규봉의 종류에 따라서 좋게 풀이한 책도 있으니 참고만 하기 바란다. 풍수지리 책에 있는 내용을 조금 기술하고자 한다.
　"술건해방(戌乾亥方)에 규봉이 금성(金星)이나 목성(木星)이 있으면 법조계에 높으신 분이 나오(出)지만 수성(水星)인 야봉(野峰)이 있으면 도적으로 자손이 감옥에 가거나 법적 시비가 있기도 하며 어려움으로 집이 망한다. 진사방(辰巳方)에 규봉이 목성(木星)이면 영화와 귀함이 끊어지지 않으나 수성(水星)인 야봉이 있으면 자손이 감옥에 간다. 손방(巽方)의 야봉은 화재가 난다. 신경유신방(申庚酉辛方)에 금성이 있으면 왕비가 태어나고 부귀영화지(地)이다. 인갑묘을방(寅甲卯乙方)에 목성이 있으면 문사(文師)가 태어나고 영귀(榮貴)가 끊어지지 않는다. 건곤간손방(乾坤艮巽方)에 고대봉(高大峰)이 있으면 법조계에서 고관이 끊어지지 않는다. 오미방(午未方)에 첨수봉(尖秀峰)이 있으면 문과급제(文科及第)하여 입신(立身)하게 된다. 임자계(壬子癸)방에 수성봉(水星峰)이 있으면 무사(武士)가 태어나지만 야봉(野峰)에 속하므로 각종 질병에 쟁송시비(爭訟是非)로 감옥에 간다."

　어느 책에서는 규봉이 모두 나쁜 것으로만 기술되어 있다. 필자는 다음과 같이 생각한다. 명혈이 맺히면 주위는 탐랑, 거문, 무곡, 보좌성의 길성이 나열하게 되며 바람을 완벽하게 스스로 막든지 외부에서 막아주게 된다. 바람을 완벽하게 갈무리할 수 있는 곳이면 혈처의 기운에 의한 것이지 외부와는 무관하다고 본다. 칼 한 자루가 있을 때 밤손님이 들면 흉기가 되지만 가정주부가 들면 사랑의 도구가 된다. 길흉화복은 혈처 자체에 달려 있다고 본다. 수맥이 있고 바람의 영향을 받는 비(非)혈지에 아무리 좋은 사격이 즐비하게 나열되어도 아무 소용이 없다. 명혈에서 본 규봉을 소개한다.

참고로 책에는 월봉(越峰)과 규봉(窺峰)을 다르게 보고 있다. 월봉은 능선을 바르게 넘겨다보는 것이고, 규봉은 경사진 옆에서 비스듬히 넘겨다보는 것이다. 일반적으로 규봉은 도둑이 담 너머로 내부를 살피기 위하여 넘겨다보듯 한다고 하여 안 좋게 보는 것 같은데 필자는 다르게 생각한다. 혈처의 역량에 따라 결정되는 것이지 규봉과는 무관하다고 본다.

입석(立石)과 복석(伏石)

입석과 복석은 전국 어디든지 존재하여 24방위에 따라 풍수지리 책에 기재된 내용을 소개한다. 입석은 1m 높이 이상의 돌이 서 있는 경우이고, 복석은 1m 이하의 돌이 땅에 박혀 있는 경우이다.

"*해임방(亥壬方) : 立石은 登科子孫出/ 伏石은 眼疾患者必出, 不具者, 缺脣, 六指者出

*감계방(坎癸方) : 立石은 兄弟나 叔姪間 登科/ 伏石은 홀로될 婦女子나 淫亂한 子孫 出

*축방(丑方) : 立石은 富貴者라도 短命/ 伏石은 夫婦 不和, 大凶

*간방(艮方) : 立石은 孝子, 忠臣 出/ 伏石은 溺死者, 火災로 家室保存 難

*인갑방(寅甲方) : 立石은 小富하나 萬事에 敗하고 子孫夭死/ 伏石은 眼疾患者 必出, 缺脣, 鰥寡에 養子가 承繼

*묘을방(卯乙方) : 立石은 登科 立身/ 伏石은 兄弟 不和, 眼疾患者, 夭死者

*진손방(辰巽方) : 立石이나 伏石은 非命橫死나 酒色雜技에서 急死나 疾病不絶하는 災禍之이다.

*사병방(巳丙方) : 立石이나 伏石은 萬事에 敗하고 子孫夭死에 大凶

*오정방(午丁方) : 立石은 登科 立身/ 伏石은 各種의 災禍

*미곤방(未坤方) : 立石은 賢明한 人才 出/ 伏石은 寡婦 出

*신방(申方) : 立石이나 伏石은 萬事에 敗하고 子孫夭死

*경유방(庚酉方) : 立石은 孝子에 武官 出/ 伏石은 敗家에 不具者不絶

*술건방(戌乾方) : 立石은 登科 立身/ 伏石은 眼疾患者, 不具者, 監獄
  이나 人敗
*청룡방(靑龍方) : 岩石이 旺强하면 武官 出, 板石은 中途罷職
*백호방(白虎方) : 岩石이 旺强하면 文武兼職, 板石은 詐欺, 萬事不成
*입수방(入首方) : 岩石이 旺强하면 特出한 子孫이 武官으로 成功
*혈처하(穴處下) : 岩石이 旺强하면 官祿을 得하고 당대에 發福되는
  子孫吉昌地이다."

위의 내용을 보면 모든 방위에 대하여 복석은 흉물로 표현되었다. 필자가 전국 산천을 답사하면서 혈처를 찾아본 바에 의하면 주위가 온통 복석으로 덮인 곳도 있고 심지어 혈처에도 돌이 얹혀 있었고 잡석을 깔아 놓은 곳도 있었다. 아래에 예를 들고자 한다. 그러나 천장지비를 위해 자연이 지형을 변형시켰고 돌들을 혈장에 올려놓았으므로 주소를 기록하지 못하는 데 대해 양해를 바란다. 다만 바르게 알고 풍수지리를 배우려는 분들을 위하여 기록하는 것이니 도움이 되기 바란다.

혈처가 아니고 습기가 있거나 수맥이 흐르는 곳으로 바람을 피할 수도 없다면 주위에 아무리 훌륭한 사격이 있어도 무용지물이다. 폐절과 우환이 겹치는 원인을 복석에서 찾으면 안 된다. 자세한 것은 사진을 게재하면서 설명하고자 하니 참고하기 바란다. 이곳에 기록하는 것은 일부에 지나지 않으며 대부분의 혈처는 돌이 없는 곳에 자리하고 있다. 혈처가 아닌데 돌이 많은 곳은 암반수의 피해를 입을 수 있으니 신중해야 한다.

용맥이 가늘게 내려와 방향을 틀면서 좌우가 넓어지기 시작하여 혈처에 이르러서 좌우가 가장 두툼하고 전순이 후부한 곳에서 유혈로 맺힌 곳인데, 혈처에서는 돌이 보이지 않지만 조금만 앞으로 가면 복석이 무더기로 박힌 것을 볼 수 있으며 혈처 아래는 암반으로 된 절벽에

가까운 급경사지다. 기운이 대단하며 대단한 인물이 나올(배) 수 있는 곳이다.

혈처 앞 전순 부분에 돌이 서 있으며 잔돌도 많이 깔려 있다. 이 돌들이 능선 부분에 있음으로써 두툼한 전순을 형성하여 전면에서 불어오는 바람을 차단하게 되고 능선을 타고 오는 맥이 아래로 더 이상 진행하지 못하도록 차단하는 것이다. 복석이 이와 같은 역할을 하는데 복석이 있다고 하여 명혈을 버릴 것인가.

능선이 경사로 내려오다가 수평을 이루는 수평 끝이 암반으로 되고 그 암반 위에 혈을 맺었다. 강한 맥을 세우려면 흙막이로는 불가능하기에 바위를 배치하였다. 주위에는 아름다운 길사들이 조응을 하고 있지만 길사들은 이 명혈을 위한 것이다. 아래는 여러 기의 무덤이 있지만 한두 개 천기혈로 인하여 관리되고 있다.

수평으로 된 능선 끝이 둥그렇게 뭉치더니 계곡 바람을 견디지 못하여 방향을 틀고 기슭으로 조금 내려와 오목한 곳에서 자리를 잡았다. 혈처 뒤는 둥글게 복석이 사성을 이루고 오른쪽은 불룩하게 되어서 너머가 보이지 않으며 왼쪽도 불룩하지만 크고 작은 입석이 혈처를 보호한다. 전순 아래는 암반으로 되어 자리를 받치고 있다. 왼쪽 아래 불룩한 곳에는 묵묘가 있다. 혈처를 보호하기 위하여 불룩한 곳인데 큰 실수를 한 대가를 치렀다.

 주위에는 많은 돌들이 박혀 있지만 혈처는 깨끗하다. 능선을 타다가 갑자기 좌우가 넓어지고 앞은 두툼하면서 오목한 곳이 있으면 살펴보아야 한다. 석맥이고 혈처 옆에 많은 돌이 박혔다는 것은 천장지비하기 위한 수단으로 보면 된다. 이 돌들은 지표에 얹어 놓은 돌이므로 들어서 제절을 조성하는 데 사용하면 된다. 옆과 전순 아래는 바위로 된 절벽이다. 그러므로 이곳에 미치는 바람은 공중 바람이다. 터를 닦을 때는 사성을 두툼하게 하여 천기를 모아 아늑한 분위기를 만들어야 한다.

토체를 이룬 현무봉의 봉우리 끝에서 내려와 입수되기 전에 수평을 이루어 둥그렇게 뭉친 끝에서 유혈로 맺힌 곳이다. 오른쪽은 개울이 흐르는데 바위로 된 절벽이다. 혈처는 널찍하지만 호박돌이 쫙 깔려 있고 전순은 인위적으로 돌을 둥그렇게 다듬어서 만든 것처럼 되었다.
아래에 많은 무덤이 있지만 근래에 조성한 무덤 외에는 모두 묵묘들이다. 전면이 심한 경사지이므로 바람에 견디지 못하기 때문이다. 이 자리가 비어 있는 것은 혈처 주위에 돌들이 박혀 있기 때문일 것이다. 혈처를 사용할 때는 돌들을 모두 캐내어 사성을 조성하는 데 이용하면 된다. 지면에 얹어 놓은 돌은 들어내면 되고 울퉁불퉁한 지표면은 다듬으면 된다. 태고 이래로 긴 세월을 버티면서 지표면이 깨끗한 것이 비정상이다.

　국립공원에 있어서 누구나 안다고 해도 쓰지 못하는 곳이므로 지명을 밝힌다. 이곳은 북한산에 있는 명혈인데 돌로 된 석맥이며 주위가 입석과 복석으로 되어 있다. 좌우의 보호를 받으면서 내려오다가 왼쪽 보호사가 멈추니 맥선에서 다시 보호사를 내어 혈처를 보호하며 혈처는 오목하고 전순 아래는 보이지 않는다.

대부분 혈처에 돌이 있는 곳은 둥글둥글한 돌이지만 이곳은 파쇄한 지 얼마 되지 않은 것 같은 각진 돌이다. 석맥의 경사지에서 갑자기 평탄해지기 때문에 만약 각진 돌이 없다면 현재까지 명혈이 남아 있었을까. 돌이 있어도 혈처는 스틱이 부드럽게 들어간다. 터를 닦을 때는 주위에 널려 있는 각진 돌을 캐내어 사성을 조성하는 데 이용하면 될 것이다. 흙이 부족하기 때문에 자연이 돌을 미리 준비한 것 같다.

　가족 묘지를 조성한 곳이다. 좌우로 팔을 벌리고 오목한 터를 마련한 곳인데 진정한 와혈은 비워 놓고 모두 뒤에 조성했다. 사진에서 보는 바와 같이 혈처 아래가 돌로 이루어져 있고 자리는 오목하게 되었으니 자연히 이것들을 피해서 뒤로 간 것이다. 혈처는 교묘하게 사람의 눈을 속이고 있는데 사람은 쉽게 당한 것이다. 우거진 숲으로 인해 복석이 보이지 않는다.

고정관념을 깨다　349

혈처 뒤에 무더기로 돌이 박혀 있다. 맥이 돌무더기를 관통한다는 것은 겉에 놓인 돌이란 뜻이다. 깊게 박힌 돌이면 맥은 돌 옆을 돌게 된다. 전순이 둥그런 전형적인 유혈인데 사람들은 혈처 뒤에 있는 돌 때문에 묘지를 조성할 엄두를 내지 못한다. 돌무더기는 명혈을 지키기 위한 수단이다.

혈처의 전후좌우에 돌이 박혀 있는 곳이다. 약간 경사로 맥이 내려와 평탄한 곳에서 자리를 잡았다. 돌로 이루어 전순 아래는 경사가 심하다. 돌은 둥글지 않고 모가 나 있다. 언뜻 보기에는 살기가 어린 것처럼 보인다. 이런 모양이 이곳에서 혈을 감추는 비결이다. 터를 닦을 때는 표면에 보이는 돌은 모두 걷어내어 제절을 조성하는 데 쓰면 부드러운 혈처가 될 것이다. 들어낼 수 없는 돌이 혈처 근처에 있을 때는 둥글둥글한 모양새이다. 진혈은 돌이 있어도 면으로 되어 있고 둥근 것이 일반적이다.

혈처 뒤에 큼직한 입석이 있는데 나무에 가려서 보이지 않으므로 확대사진을 게재한다. 혈처 뒤에 큰 바위가 있는 경우는 흔한 일이 아니며, 가끔 바위 앞에 맺은 혈을 발견할 기회는 드문 현상이다. 맥은 바위 옆으로 흘러 혈처에 입수하게 된다. 이것은 석맥과는 다른 현상이다. 석맥은 돌 사이로 맥선이 형성되어 있는데 맥은 흙 속을 흐르는 것과 다르게 기름을 바른 것처럼 반들반들한 것도 있다.

　벌목한 지형인데 맥선과 보호사에는 많은 돌이 박혀 있다. 돌이 없는 능선에 여러 기의 무덤이 있으나 맥은 이 무덤을 피해서 전혀 손상되지 않고 혈처에 도달했다. 혈처는 입석 아래 좌우가 불룩하면서 두툼한 곳에 맺혔다. 오목한 와혈(窩穴)이다. 자체적으로 바람을 막고 있는 곳이다.

혈처를 비롯하여 주위에는 많은 돌들이 깔려 있다. 평탄하면서 넓고 오목한 곳에서 맥은 멈추었다. 여기에 있는 돌들은 모두 지면에 올려놓은 돌들이므로 걷어내어 둥그렇게 사성을 쌓는 데 사용하면 좋을 것 같다. 이곳은 지면에 돌을 올려놓는 방법이 천장지비술이다.

주위에 복석이 박힌 곳인데 무덤은 혈처를 벗어났다. 혈처 주위에 있는 무덤 중에서 관리되는 무덤은 보지 못했다. 이곳은 잘못된 까닭을 실혈한 데서 원인을 찾지 않고 복석을 핑계로 댈 것이다. 복석이 놓인 것이 혈처를 향하여 모두 면으로 되어 있다. 이것이 자연의 이치인 것이다.

과협을 이루고 좌우로 넓고 둥글게 벌린 중간에 큰 돌을 올려놓았다. 두 돌 사이가 혈심이다. 만약 이 돌이 없다면 지금까지 명혈이 남아 있지 않았을 것이다. 풍수지리 세계에서는 천장지비란 말을 많이 사용한다. 예전에도 명인이 많았을 것으로 보이나 풍수지리가 과학화되지 못한 것은 천장지비라는 말 한 마디 때문일 것이다. 자세히 살피면 틀에 박은 듯이 뚜렷한데 자연은 교묘한 방법으로 혈을 감추고 있으니 자연 앞에 감탄하지 않을 수 없다.

능선 입구부터 암반으로 되어 있는 곳이다. 위의 사진은 경사지를 거의 올라간 곳에 돌줄이 박힌 곳이다. 아래에서는 암반으로 되어 있지만 혈처는 돌 하나 없이 깨끗하다. 수평으로 된 긴 능선 상에 명혈이 머물고 있다. 긴 능선 상에 있는 혈은 찾기 쉽지 않은 곳이지만 그래도 혈처는 다른 곳과 구별된다. 뱀이 개구리를 금방 삼키어 불룩한 모습과 흡사하다. 둥근 당판을 감싸고 있으므로 흙이 불룩하게 불거진 것이다. 골진 겸혈 앞이 불룩한 것이나 와혈 앞이 불룩한 것도 같은 이치다. 책에는 혈을 맺은 여기가 뭉쳤다고 표현했는데, 필자는 이 표현이 맞지 않다고 본다.

능선이 올라와 암반으로 뭉치고 좌우로 불룩하게 팔을 벌려 오목한 내부를 감싸고 있다. 바위 아래가 푹 꺼졌는데 이곳은 자리가 아니고 조금 아래 지형의 중심을 이루는 곳, 옆에서 돌이 면으로 바람을 막아주는 곳에서 혈을 맺었다. 혈처에서는 아래가 잘 보이지 않지만 전순 아래는 큰 바위들이 얽혀 있다. 전순 아래가 바위인 것은 맥이 아래로 흐르지 못하도록 차단하고 있는 것이다.

　이곳은 좌우와 전순이 불룩한 유혈인데 사진에서 보듯이 돌들이 박혀 있다. 그러므로 명혈을 피해서 뒤에 무덤을 조성했다. 혈처 옆의 돌은 혈장을 받치는 역할을 하고 혈처에 있는 돌은 엎어 놓은 돌인데 천장지비를 위한 것이다. 주위에 나열된 길사들은 이 명혈 하나를 위해 존재하는 것인데 주위에는 많은 묘들이 있다.

혈처 뒤가 돌무더기로 되어 있다. 내룡(來龍)에 돌이 있는 것이 아니라 혈을 맺기 전에 쌓여 있다. 이 돌들은 지면에 올려놓은 돌들이다. 혈처를 비롯하여 앞에는 돌이 없다. 뒤에 돌이 있고 혈처는 오목하니 아무도 이곳에 묘지를 조성할 엄두를 내지 못한다. 이곳은 이것이 천장지비라고 할 수 있다.

누군가 혈처를 찾아 왔지만 혈처에 돌이 놓여 있으므로 돌을 피하여 아래에 묘지를 조성했다. 이 돌은 지표면에 얹어 놓은 돌이므로 들어내고 쓰면 된다. 혈처를 숨기는 방법은 혈처 주위를 거칠게 하여 파산된 것처럼 보이게 하거나 이곳처럼 혈처에 돌을 얹어 놓는 것이다. 파산된 것처럼 보이게 하는 것은 넓고 오목한 지형에 많고 돌이 있는 지형은 능선에 있는 자리에 많다.

혈처는 깨끗한데 지표면이 매끈하지 못하고 울퉁불퉁하다. 주위에는 많은 돌이 놓여 있는데 돌이 있는 부분은 불룩하게 되어 바람을 막

아주는 역할을 한다. 돌들이 둥글지만 혈처에 가까이 있는 돌들은 주워서 제절과 사성을 조성할 때 사용하면 멋진 자리가 될 것이다. 아래에 있는 경사지의 돌은 지면 보호를 위해 건드리지 않는 것이 좋다.

혈처는 오목하면서 깨끗한데 혈처 아래는 층층이 돌이 박혀 있다. 혈처는 돌 위에 얹혀 있을 확률이 높다. 맥이 없는 곳이라면 암반 위에 고인 암반수의 영향을 받아 파산할 수 있지만, 이곳은 맥이 멈춘 곳이므로 불룩한 암반 위에 혈토가 얹혀 있을 것으로 본다. 보이는 돌이 맥상이라면 이끼 없이 깨끗할 것인데 혈처 아래 위치에 있는 돌이므로 이끼가 끼었다.

불룩한 곳에 돌을 얹어놓고 좌우로 팔을 벌린 다음 가운데 오목한 곳에서 자리를 잡았다. 혈처 옆에 각진 돌을 놓아 사람의 접근을 막고 있다. 뒤의 큰 돌은 바람을 막는 역할을 하므로 건드리지 말고 작은 돌 두 개는 들어내고 터를 만들면 멋진 명혈이 될 것이다.

　혈처 뒤에도 능선에 횡으로 돌줄이 박혀 있고 전순 끝에도 돌이 박혀 있으며 전순 아래는 경사지이므로 돌이 없으면 혈이 아래로 쏠릴 것이다. 뒤의 돌은 맥이 급하게 내려오는 것을 1차로 속도를 줄이게 하고 앞의 돌은 맥이 아래로 내려가는 것을 차단하는 역할을 한다. 전순의 돌 때문에 전순이 불룩하고 풍만하다. 복석이 이처럼 중요한 역할을 하는데 복석을 무조건 나쁘게만 보아서는 안 된다.

　발원지에서 바로 떨어지는 대단한 자리이지만 혈처 근처에 돌이 놓였으므로 알아보기가 쉽지 않은 곳이다. 전순 아래부터 둥글고 왕강(旺强)한 바위로 되어 있으니 접근하는 순간부터 가슴을 뛰게 한다. 보기 드문 명혈이지만 순수한 마음이 아니면 접근하기 어려울 것이다.
　필자가 이곳에 온 날은 비가 내리고 있었다. 차에서 내려 우의를 입고 우산을 든 채 사진을 찍기 위하여 능선 밑에까지 갈 때는 많은 비가 내렸으나 약 50보정도 능선을 올랐을 때는 빗줄기가 가늘어지기 시작하더니 혈처에 이르니 비가 그쳤다. 모든 것을 확인하고 사진까지 찍은 다음 하산하여 차를 타니 갑자기 소나기가 쏟아지기 시작했다. 묘한 기분이 들었다.

　입수가 돌서렁이고 전순은 바위로 되어 있다. 좌우도 온통 돌이다. 이곳에는 묵묘가 있는데 돌을 피해서 조장을 했다. 혈처에는 많은 돌들이 놓여 있기 때문에 아래에 무덤을 조성한 것 같다. 무덤을 조성할 때는 주위 사격이 아름답고 국(局)이 둥그렇게 담장을 두르며 이곳이 국의 중심이 되었을 것이다. 주위는 온통 돌이고 묵묘가 있는 곳만 흙으로 되어 있기 때문에 묘지를 조성하지 않을 수 없었을 것이다. 혈처에는 큰 돌이 얹혀 있다. 이 돌들을 들어내면 깨끗한 혈토만 남게 된다. 감쪽같이 사람의 눈을 속이고 있다. 묵묘 집안에서는 점혈을 잘못한 것을 깨닫지 못하고 복석 탓으로 돌릴 것이다.

 수평 능선이 머리를 숙인 곳에 왕강(旺强)한 돌이 받치고 있어 전순은 자연히 두툼하게 되었다. 좌우도 두툼하고 전순과 연결되어 원호를 그리고 있다. 혈처의 앞과 옆에는 큰 돌들이 서 있는데 자세히 살펴보면 땅이 들어가서 바람이 모여 흐를 수 있는 곳에는 큰 돌이 서서 바람 길을 막고 있다. 깊은 골짜기가 보이는 곳에는 바위가 담장을 두른 것처럼 서 있다. 혈처 아래에는 입석들이 지그재그로 빈 공간을 막아 바람 길을 방해하고 있다. 누차 강조하지만 발원지에서 먼 길을 달려온 맥이 머무는 곳은 주위에서 바람을 막아 주든지 스스로 바람을 막을 수 있는 조건이라야 한다.

명혈 주위에 돌이 있는 것은 모두 이유가 있다. 강한 맥이 힘차게 흐르는 것을 막아 혈을 멈추게 하고 혈처 앞이 경사를 이루어 아래로 흘러내리는 것을 방지하기도 하며 좌우가 허하여 살풍이 부는 곳에는 입석을 세워 바람을 막기도 한다. 누구나 쉽게 자리임을 알 수 있는 곳에는 돌을 올려놓아 혈처를 숨기기도 한다.

혈처 뒤에 돌이 많이 박혀 있으므로 현재 무덤은 아래로 내려 불룩한 전순 아래에 석축을 하고 전순에 조성되었다. 혈처는 박힌 돌 때문에 아무도 감을 잡지 못할 것이다. 혈처에서 보면 좌우가 불룩하고 혈처는 뒤로 바짝 붙어 능선에 안긴 것처럼 되어 있는데 앞의 무덤은 능선에 돌출되어 능선을 타고 도는 바람 길에 놓여 있다. 돈을 많이 들여 꾸몄지만 필자의 눈에는 흉물스럽게 보였다.

혈처에 돌이 있으므로 아래에 무덤을 조성한 곳이다. 무덤 앞에도 둥글고 큼직한 돌이 있다. 이 돌은 뒤에 있는 혈처를 위한 바람막이인데 묘주는 착각을 했다. 돌이 있는 곳이 혈처인지 알려면 좌우를 살필 줄 알아야 한다. 혈처의 좌우는 두툼하고 불룩한 것이 특징이다. 지형적으로 균형이 잡혔다. 이 돌들은 모두 지표에 올려놓은 것이다.

평탄하고 넓은 곳인데 그 중에 약간 불룩한 곳이 있어 가보니 불룩한 아래가 오목하게 되었다. 혈처 옆의 낮은 곳에는 물이 흐르다가 물이 마르고 돌만 남은 개울처럼 되었다. 혈처는 갑자기 푹 꺼진 것처럼 되었지만 앞이 두툼하여 전형적인 와혈을 이루고 있다. 주위는 잔돌

이 깔렸지만 혈처에는 돌 하나 없이 깨끗하다. 혈처 앞의 명당은 넓으며 평탄하고 그 아래는 개울과 접하는데 절벽 같은 급경사지다. 개울을 타고 도는 바람은 개울 따라 흐르고 잔여 바람은 경사지를 타고 하늘로 날아오르며 혈처에는 미풍만이 스쳐갈 뿐이다.

이곳은 좀 높은 곳인데도 좌우 보호사가 유정하게 감아 돌며 혈처 주위는 큰 바위들이 조금이라도 바람이 올라오는 곳이면 어김없이 막고 있다. 능선 아래에도 돌 사이가 있으면 그 전단에서 바위를 세워 틈을 막고 있다. 전순 아래는 갑자기 바위가 높게 있어 진로를 방해하는데 바위 틈새로 힘겹게 오르게 된다. 바위를 오르면 사방이 돌을 세운 평탄한 공간이 나타난다. 혈처를 보호하기 위하여 뒤로 약간 경사를 이룬다. 이것으로 인하여 아무도 이곳이 혈처인 줄 알지 못한다.

이것으로 혈처와 주위에 입석과 복석이 있어도 명혈이 존재한다는 사실에 대해 예로 들어 설명했다. 혈처가 아닌 곳은 복석의 유무를 불문하고 잘못되는 것이며 복석 때문에 잘못되는 것은 아니라고 본다. 그러나 큰 돌 주위는 암반수가 고여 있을 수도 있으며 각진 돌이 묘지를 향하면 비혈지(非穴地)에서 더 큰 화를 초래할 수 있으니 피하는 것이 옳을 성싶다. 위에 열거한 자리는 돌이 있는 자리 중에서 일부에 불과하며 돌이 없는 자리가 대부분이다. 위에서 예를 들어 설명한 글을 읽은 독자들이라면 복석에 대해 충분히 이해했을 것으로 본다.

천기(天氣) 혈

혈(穴)은 맥(脈)에 의해서만 맺히는 것이 아니다. 천기(天氣) 혈이 그런 경우다. 시중의 풍수지리 서적이나 풍수지리 단체에서는 대개 혈(穴)은 맥에 의해서만 맺힌다고 이야기한다. 그러나 필자가 연구한 바로는 맥(脈)이 없는 곳에서도 인체에 유용한 생기가 작용함을 알게 되었다. 필자는 맥의 발원지에서 발원하여 사방으로 흘러가서 혈이 맺히는 것을 지기(地氣)혈, 맥은 없지만 조건에 의하여 생기가 뭉친 곳을 천기(天氣)혈로 구분하기로 한다.

지기(地氣)혈은 맥이 머물러서 혈이 맺혔지만 천기를 동시에 포용하므로 기운이 큰 반면 천기(天氣)혈은 천기만 응집되었으므로 기운이 지기혈처와는 비교가 되지 않는다.

천기(天氣)혈은 맥이 진행하면서 둥글게 원을 그려서 천기를 응축하기도 하고 맥을 호종하는 원진수가 옆으로 이탈하여 원을 그리며 천기를 응축하고 다시 맥을 보호하기도 한다. 세 번째는 맥이 멈추어 맺은 혈처를 원진수가 감싼 후 합쳐서 아래로 흐르면서 원을 그려 천기를 응축하기도 한다. 네 번째는 지형이 바람을 막을 수 있는 조건에서 생기를 모아 천기(天氣)혈을 맺기도 한다. 다섯 번째는 인위적인 장법에 의하여 바람을 막을 수 있는 조건을 만들어 천기를 모을 수도 있다.

사람들은 맥을 측정할 때 능선을 가로질러 폭을 측정하면서 맥이 흐르다가 원을 그려 만든 천기혈에서 폭이 아주 넓으니 맥이 뭉친 혈처로 오인하기도 한다. 천기혈 아래는 다시 맥이 감지되니 혈을 맺고 나온 맥이 내려가서 열매를 맺는 것으로도 오인한다.

참고로 혈처 아래에 또 하나의 혈이 맺힐 때는 먼저 맺은 혈처의 입수도두에서 맥이 분기되어 혈처 주위를 돌아내려가서 두 번째 혈을 맺는다. 앞에서 상세히 소개했으므로 여기서는 소개를 생략한다.

*맥이 진행하면서 맺힌 천기혈

①맥이 진행하면서 맺힌 천기혈의 예1

돌처에 밝고 깨끗한 묘지가 하나 있다. 확인을 하니 내맥이 둥글게 감고 내려간다. 천기를 모우고 있는 천기혈처인 것이다. 역량이 큰 편에 드는 자리다. 후손 중에 고관이 나올(배) 수 있는 자리다. 맥이 흐르는 중에 있는 묘들은 과룡지장이라 하여 폐절을 면하기 어려우나 이 자리는 오히려 맥이 보호한 후 내려가니 승승장구하는 자리다. 천기혈처에 정확하게 쓰기란 쉬운 일이 아닌데 정확하게 썼을 뿐 아니라 장법도 잘 했다.

　대부분 사성을 쌓고 봉분을 사성에 꼬리로 붙여 조성하는 것이 일반적인데 꼬리 없이 둥글게 하여 천기가 최대한 모이도록 했다. 조금 아쉬운 것은 사성을 쌓고 꼬리 없이 봉분을 둥글게 했더라면 더 좋았을 것이다. 높은 곳이므로 사성을 쌓아 천기가 날리지 않도록 했어야 했다. 현재는 지하에서 맥이 막아준 결과인 것이다.

전남 강진군 대구면 용운리

②맥이 진행하면서 맺힌 천기혈의 예2
　맥이 석중으로 달려오는데 맥은 선바위 옆으로 돌아 둥글게 원을 그리고 대혈을 맺기 위하여 아래로 흘러간다. 원 내에는 천기가 모인 곳인데, 현재 묘지는 정확하게 혈처에 안치되었다. 뒤에 서 있는 바위는 혈처를 향해 면으로 되어 있고 주위에는 바위들이 서서 혈처를 두

전북 무주군 안성면 공정리

르고 있다. 만약 묘가 좌우에 선 돌을 벗어났다면 묘는 실혈을 한 것이다. 좌우에 선 돌은 혈처를 보호하기 위하여 있는 것이며 책에서는 선익이란 표현이 있는데 이것은 보호사의 일종이다. 이 모든 것들은 바람을 막기 위한 수단인데 사람이 자연의 원리를 읽지 못하면 큰 낭패를 보게 되는 것이다.

풍수지리는 원리만 터득한다면 단순한 것인데 사람들이 어려운 문구를 사용하고 어려운 이기를 열거함으로써 대단하고 고상한 것처럼 묘사하고 있다. 물론 원리를 터득하기가 어렵고 터득하기에 적잖은 노력이 필요하다고 본다. 근본 원리는 바람을 스스로 막거나 주위에서 막아주는 것이며 균형을 이룬다는 점이다. 이러한 기본을 터득했다면 자연이 보존하고 유지하려고 교묘하게 주위를 변화시킨 것을 보게 된다. 이것은 사람들이 잘 보지 못하기 때문에 책에서는 천장지비라는 표현을 쓰고 있다.

또 중요한 것은 땅 속을 읽을 수 있어야 한다. 땅 속을 읽을 줄 모르면 정확한 점혈을 할 수 없다. 풍수서적에 '털끝만 한 오차가 결과는 천지지간'이라는 표현이 있다. 정확하게 점혈하고 재혈해야 한다는 말이다. 아울러 중요한 것은 좌향을 정확하게 정해야 한다는 것이다. 세상은 기(氣)로 이루어져 있는데 최대로 기운이 작용되어야 한다. 최대한 기운이 작용하는 방향으로 좌향을 정해야 한다. 자연은 완벽하게 이루어져 있다.

③맥이 진행하면서 맺힌 천기혈의 예3

경남 산청군 시천면 중산리

능선이 석맥으로 되어 있고 좌우는 돌로 병풍을 친 것처럼 둥그렇게 두르고 있다. 둥근 국(局)의 중심에 자리를 잡은 천기혈이다. 이곳은 아래에 대혈을 맺기 위하여 맥이 지나면서 둥글게 감은 곳이다. 만약 쌍분으로 하지 않고 혈심에 합장으로 조성했더라면 3정승 6판서가 태어났을 자리인데 쌍분으로 썼기 때문에 벼슬은 하지 못하고 집안이 편안하게 살 수 있게 되었다. 마침 산소에 온 후손을 만날 기회가 있었는데 후손의 말에 의하면 왜정 때 군에 끌려갔지만 한 사람도 낙오되지 않고 돌아왔으며, 6.25를 겪었어도 한 사람도 잘못된 사람이 없었고, 현재는 별다른 우환 없이 무난하게 살고 있다고 한다.

아래에 있는 혈처(穴處) 아래에도 묘가 있는데 이곳은 혈처를 감싸고 합쳐진 원진수가 둥글게 감고 내려가는 곳에 천기혈이 맺혔는데 한 뼘 정도 내려 썼더라면 3명의 판서가 날 수 있었는데 좀 아쉬운 느낌이 든다. 하지만 후손은 서울에서 무난하게 살고 있다고 한다. 이곳은 지리산의 국립공원 내에 있는 자리이며 현재는 좋은 자리가 있다고 하더라도 묘지 조성은 불가능하다.

요즘 사람들은 조상의 음덕으로 먹고 살만 한데 자기들이 잘 나서 그런 줄 알고 있다. 그래서 조상을 좋은 곳에 모시려고 하지 않으며 심지어 좋은 자리에 모셔져 있는 조상마저 관리하기 힘들다는 핑계로 모두 파내어 화장한 다음 납골당으로 꾸미기도 하고 접근이 용이한 곳에 인분(人粉)을 나열하여 묻고 돌로 눌러 놓기도 한다. 어떤 집안은 접근이 용이한 곳에 차례대로 이장하여 가족묘로 꾸미기도 한다. 치장을 요란하게 하여 그들 눈에는 좋게 보이지만 필자의 눈에는 흉물로 보이며 강제로 좋은 곳에서 흉지(凶地)로 옮겨 영혼이 울부짖는 소리가 들리는 듯하다. 요즘 한창 붐이 일기 시작하여 윤달이 낀 해에는 이장꾼들이 신바람이 나게 설치기도 한다.

이제 서서히 석물이 넘어지고 잡초에 뒤덮여 흉물로 변해가는 곳의 수가 늘어가고 있다. 관리가 되지 않는다는 것은 집안이 잘못되었다는 증거이기도 하다. 요즘 100세 시대를 갈망하는 시기에 오래 살기 위하여 산에는 자주 오르는데 가끔 조상 묘소에도 운동 삼아 오르면 개인 건강은 물론 집안의 화목을 다지는데도 도움이 되리라고 본다. 자손을 위하는 마음의 10분의 1만 조상에게 정성을 쏟는다면 반드시 보답을 받으리라고 본다.

④맥이 진행하면서 맺힌 천기혈의 예4

전남 장흥군 대덕읍 연지리

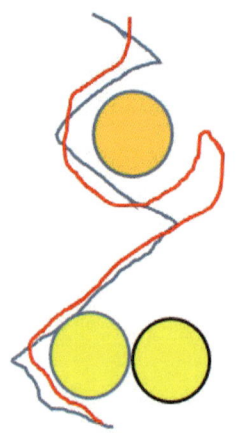

　　그림은 사진에 맺힌 천기혈처를 설명하기 위한 것이다. 황색 원은 천기혈처이고 노란 원은 천기혈처 앞에 있는 현재의 합장묘다. 청색 선은 일반적으로 흘러가는 맥선이고 빨간 선은 현재 흘러가는 맥선이다. 현재 천기혈이 맺힌 곳은 맥선이 천기혈처를 둥글게 감싼 후 일반적인 루트로 흘러가고 있다. 맥상에 있는 천기혈처는 위와 같은 구조로 되어 있다.

*원진수가 혈처를 감싼 후 내려가면서 맺힌 천기혈

①원진수가 혈처를 감싼 후 내려가면서 맺힌 천기혈의 예1

전남 강진군 대구면 용운리

 맥을 호위하는 원진수는 맥이 뭉친 혈을 호위한 후 합쳐서 혈처 앞을 좌우로 여러 구비를 이루면서 파란색 선처럼 흘러가는 것이 정상적인 혈처의 현상이다. 이곳에 맺힌 천기혈처는 뒤에 있는 혈처를 감싼 후 합쳐진 원진수가 좌우로 왔다 갔다 하면서 내려와 천기혈처 옆을 돌아 감싼 후 빨간색 선처럼 흘러간다. 이곳에서는 기운이 안정적이므로 후손에게 미치는 인자의 기운도 안정적이 되어 후손이 잘 되는 것이다. 이것을 풍수지리에서는 동기감응(同氣感應)이라고 한다.
 일반적으로 혈처 앞뒤에 있는 묘들은 모두 폐절(廢絶) 묵묘로 되는 이유는 내맥(來脈)과 앞에 흐르는 원진수 위에 놓이게 되므로 수맥파의 영향을 받아 불안전한 인자가 후손에게 불안전하게 전달(동기감응)되어 불안전한 형태로 미치기 때문인 것으로 판단된다.

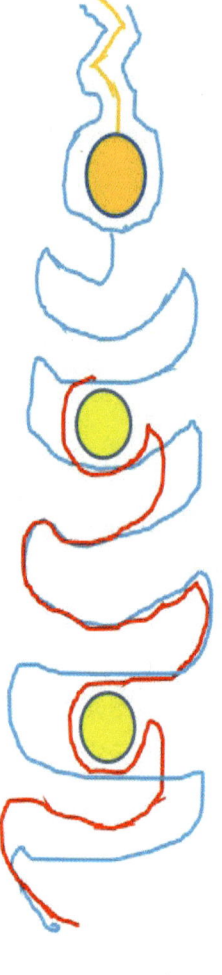

황토색 원 : 혈처

황토색 선 : 맥

파란색 선 : 맥을 호위하는 원진수 선

노란색 원 : 천기혈처

빨간색 선 : 천기혈처를 호위하는 원진수

②원진수가 혈처를 감싼 후 내려가면서 맺힌 천기혈의 예2
  뒤에 명혈을 보기 위하여 능선을 오르는데 널찍하고 오목한 곳이 나타난다. 이곳은 뒤에 있는 명혈을 감싼 후 합쳐진 원진수가 좌우로

경북 경주시 남산동

흔들면서 내려오다가 둥글게 원을 그리고 아래로 흘러간다. 둥근 원 내에 천기혈이 맺혔다. 혈처 아래는 파묘 터인데 파묘 터에서는 전순이 너무 가까워 답답한 느낌을 주지만 혈처에서는 좌우의 윤곽과 전순이 원을 이룬다. 가슴이 확 뚫리는 기분이다. 풍수지리 책에서도 향을 정하고 중심을 정할 때 전순을 기준으로 한다는 구절이 나온다. 이 말은 균형을 중요하게 표현한 것이다. 모든 자리는 바람을 피하거나 막아야하고 균형이 맞아야 한다. 이러한 조건이 되지 못하면 뒤도 돌아보지 말아야 한다.

③원진수가 혈처를 감싼 후 내려가면서 맺힌 천기혈의 예3

암반으로 된 경사지를 올라가니 경사가 완만한 넓은 공간이 나타난다. 처음 만나는 오목한 곳이 이곳인데 확인하니 맥이 내려오지 않고 수기가 원을 그리는 곳에 천기가 모인다. 앞을 보면 섬진강이 혈처 쪽으로 들어오는데 책에서는 득수국이라고 하여 좋게 본다. 물이 마르기

전남 구례군 문척면 죽마리

전에 복록이 끊이지 않는다고 한다. 오목한 와혈이며 좌우는 불룩하여 혈처를 감싸고 있다. 이곳은 풍수지리에 조금만 학식을 갖추어도 찾을 수 있는 곳이지만 수기가 둥글게 원을 그리는 가운데에 정확하게 점혈하는 것은 쉽지 않을 것으로 본다. 땅 속을 읽을 줄 모르면 실혈하기 쉬운 곳이기 때문이다.

　오목한 곳에서 뒤로 바짝 붙여야 하는데 오목한 중앙에 묘를 지으면 폐절하게 되는 자리다. 옛날로 따지면 3정승 6판서가 나오(Ⅲ)는 자리이기 때문에 인연이 아니면 얻지 못할 확률이 높다. 명당은 귀하고 드물기 때문에 일반인들은 심지어 명당 찾는 풍수지리를 미신으로 간주하는 사람이 많다. 어렵게 땅을 구하여 이름 있는 명사라는 풍수사를 초빙하여 장사 지냈는데 장사를 치르자마자 좋지 않은 일만 생기니 당하는 사람은 얼마나 황당하고 어처구니없겠는가. 풍수사라는 사람들이 평생교육원에서 조금 교육을 받고 돈 벌이를 하기 때문이다. 땅 위를 보고 판단하기도 어려운데 땅 속까지 살펴야 하니 짧은 시간에 이루어지는 학문이 아니다. 풍수지리는 바람과 물과 땅의 이치를 연구하는 학문이고 자연과학이며 심령과학인 것이다.

④원진수가 혈처를 감싼 후 내려가면서 맺힌 천기혈의 예4

경북 문경시 산북면 약석리

뒤에 명혈을 낳고 명혈을 감싸 혈을 보호한 원진수가 좌우로 왔다 갔다 하면서 여러 구비로 내려와 그냥 흘러가지 않고 둥글게 한 곳을 감은 후 내려가는데 둥글게 감긴 안쪽에 천기혈이 맺혔다. 자연은 뒤에 명혈을 보호하기 위하여 이곳에 천기혈 하나를 선사했다.

천기혈은 맥 뒤에 있을 때는

맥이 둥글게 감은 후 내려오고 혈처 앞에 있을 때는 원진수가 둥글게 감은 후 내려간다. 공통점은 생기의 기운이 미치는 범위 내에서 가능한 것이다. 맥 좌우의 일정한 범위 내에는 생기가 형성되고 혈이 맺힌 좌우와 아래에도 어느 범위까지는 생기가 미치게 된다. 맥이 없는 곳에서도 생기가 형성되는 곳이 있는데 길게 연결되면 생기 맥이 흐른다고 말하고 한 지역에 분포된 곳에서는 생기가 밀집된 것이다. 생기가 밀집된 곳은 주위가 둥글게 호위하고 생기가 집중된 곳은 포근하고 아늑한 느낌이 있다.

⑤원진수가 혈처를 감싼 후 내려가면서 맺힌 천기혈의 예5

경남 밀양 산내면 용전리

이곳은 맥이 내려오지 않는 곳이지만 천기가 모여 이루어진 천기혈처로서 4성 장군이 나올(卌) 수 있는 장군대지이며 기운에 견디지 못하고 파묘를 한 곳이다. 혈처는 능선 뒤로 바짝 붙여서 앉았는데 아래에 수맥 위에 썼기 때문이다. 전순 바위로 되어 있고 뒤에도 암반으로 이루어진 능선에 오목한 곳이다. 암반 뒤는 바위 위에 고인 암반수가 있을 확률이 높은데, 이곳은 암반수가 고인 것이 아니라 뒤에 명혈을 맺도록 일조를 한 원진수가 내려오면서 원을 그려 천기혈을 맺고 흘러가는 곳이므로 파묘 터는 원진수 위에 놓였던 것이다.

책에서는 석산에는 혈이 맺히지 않는다고 쓰여 있으므로 사람들은 석산은 아예 오르려 하지 않는 경향이 있다. 천하 특급 대혈은 대부분 석산에 있는 경우가 많으며 혈처에서는 돌들이 둥글거나 자리 옆에서는 돌이 보이지 않는 경우도 있다. 혈처 아래에 있는 돌들은 거무틱틱한 색을 띠고 있어도 내룡(來龍)상의 돌들은 깨끗하며 혈처에 있는 돌들은 광채를 발하고 있다. 등산을 하더라도 맑고 깨끗한 돌이 있는 산을 타는 것이 건강에 유리하며 이끼가 잔뜩 끼고 거무틱틱한 돌이 있는 산은 피하는 것이 좋다.

⑥원진수가 혈처를 감싼 후 내려가면서 맺힌 천기혈의 예6

경북 울진군 온정면 덕산리

뒤에 대혈을 맺고 능선이 내려와 오목한 곳에서 와혈의 천기혈을 맺었다. 명혈을 맺은 능선은 다시 가늘게 되고 좌우로 넓게 펼치는데 둥그렇게 감싼 부분이 현능사가 되어 전순 앞에서 교차를 한다. 능선이 내려가는 오른쪽의 현능사는 둥근 바위로 되어 능선 너머에서 오는 바람을 완벽하게 차단하고 있다. 만약 이곳에 맥이 내려왔다면 아주 큰 대혈이 맺혔을 텐데 맥은 뒤에서 멈추고 혈처를 감싸고 합쳐진 원진수가 흘러가면서 이곳에서 원을 그려 천기를 가두었으니 3정승 6판서가 나오(Ⅲ)는 명당이 되었다.

이곳에서 묘지를 조성할 때는 묘지 부분만 다듬고 왼쪽은 조금 더 높여 오른쪽과 균형을 맞춘다. 자연에 가깝게 묘지를 조성해야 하며 석물은 사용하지 않는 것이 좋다. 묘지를 조성하는 자체만으로 자연을 훼손하는 행위인데 마구 파헤치면 자연은 좋아하지 않을 것이다. 세상에 영원한 것은 없으며 이 자리도 세월이 흐르면 언젠가는 자연으로 돌아가야 하므로 잠시 빌려 쓰다가 때가 되면 돌려주어야 한다.

이 능선 아래에는 석물을 요란스럽게 하여 묘주에게는 좋게 보일지 모르지만 필자의 눈에는 흉물로 보인다. 땅을 마구 파헤쳐 천기혈마저 손상하여 둘레석으로 묘지를 조성했는데 조성한지 얼마 되지 않아 깨끗하게 관리되는 것 같지만 3대를 넘기기 어려울 것으로 본다.

요즘은 살만 하다고 벌초하기 싫어서 좋은 자리에 있는 시신도 파내어 화장하여 납골당을 만드는 것이 붐을 이루고 있는데 어느 곳은 벌써 수풀이 뒤덮고 있어 흉물스런 곳이 있다. 나쁜 자리에 있는 묘들은 좋은 자리를 찾아 혈장 내에서 유골을 모시고 봉분을 하나로 하면 여러 대가 혈처의 영향을 받으므로 괜찮을 것으로 생각한다. 이때도 석물은 권하고 싶지 않다. 이유는 석물로 인하여 내부에 물(천수)이 고일 수 있기 때문이다.

㉮원진수가 혈처를 감싼 후 내려가면서 맺힌 천기혈의 예7

전남 장흥군 관산읍 부평리

　사진에서 모자가 있는 곳은 맥이 머무는 혈처이고 묘지는 천기가 뭉친 천기혈처다. 능선이 가늘게 내려오다가 좌우로 벌리면서 길쭉하게 형성된다. 맥이 내려와 혈을 맺은 곳은 두툼한 입수도두 아래인데 현재 생지로 남아 있다. 두툼한 입수도두 뒤에는 3개의 묘가 있는데 두툼한 입수도두를 전순으로 잘못 읽어서 뒤에 묘지를 조성한 것 같다. 다행히 맥은 3기의 묘를 피해서 내려왔기 때문에 손상이 되지 않았다.
　혈처 앞에도 묘지가 있는데 천기혈터다. 혈처 바로 앞에 천기혈이 있는 경우는 희귀한 현상이다. 이 집안이 유지되는 것은 천기혈터 덕인 것 같다. 혈처 앞에 천기혈이 맺히는 경우는 맥을 호위하면서 내려온 원진수가 혈처를 감싸고 혈처 앞에서 합치어 좌우로 구불구불 돌면서 내려가는데 천기혈터에 이르러서는 천기혈을 관통하지 않고 천기혈터를 감싼 후 다시 지그재그로 흘러간다.

아래 그림에서 황색 선은 맥선이고 황색 원은 맥이 뭉친 혈처이며 청색 원은 천기혈처다. 청색 선은 맥을 호위한 원진수가 정상적으로 흘러가는 루트이며 빨간 색은 혈처를 감싼 원진수가 천기혈처를 감싼 후 흘러가는 루트이다. 원진수에 갇힌 공간에 천기가 모인 것이다. 일반적으로 혈처 앞에 천기혈이 맺히는 경우는 원진수가 혈처를 지나 몇 구비를 돈 후 천기혈처를 감싸는 경우인데 이곳은 특이하다고 할 수 있다.

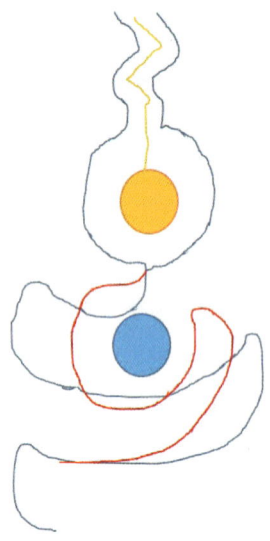

 풍수 책에서는 혈처 앞에서 굽이굽이 돌아나가는 물이 몇 구비로 돈다고 표현했으며 구비 수에 따라 발복 강도를 기록했다. 왕후장상지지는 최소 12구비 이상이어야 한다고 기록되어 있다. 그러나 어느 곳을 막론하고 나아가는 물이 12구비로 흘러가는 곳은 없다고 본다. 필자가 연구한 바로는 지하에서 이루어지는 원진수가 흘러가는 것을 기록했다고 본다.
 모든 혈처는 원진수가 혈처를 감싼 후 앞에서 합쳐져서 몇 구비를

흘러가는데 혈처의 강도와 발복에 따라 구비수가 다르다. 원진수가 없는 경우는 혈처가 될 수 없으며 양택지(陽宅地)든지 음택지(陰宅地)든지 모두 같은 이치다. 모든 것은 기로 이루어져 있으며 기의 작용이라고 할 수 있다. 맥이 잘리기 전에는 원진수가 감지되었으나 맥이 잘린 후에는 맥도 원진수도 감지되지 않는 곳이 있었다. 참고로 환경에 의한 천기혈터와 인위적인 천기 모음터는 원진수가 없다.

*호종수에 의한 천기혈

①호종수에 의한 천기혈의 예1

경북 울진군 온정면 조금리 맥의 호종수 / 진행하는용

능선을 타고 맥이 흐르는데 좌우로 맥을 호위하는 원진수가 함께 흐른다. 왼쪽으로 흐르던 원진수가 옆으로 불거져서 둥그렇게 원을 그리고 다시 맥을 따라간다. 맥이 지나는 주위에는 생기가 미치는데 생

고정관념을 깨다 383

기가 미치는 범위 내에서 맥이 원을 그리든지 원진수가 원을 그리든지 원 내에는 천기를 가두게 되어 좋은 기운이 미치게 되는데 이것을 천기혈이라고 한다. 맥이 뭉쳐서 이루어진 혈처든지 맥과 원진수가 둥글게 감싸서 이루어진 혈처는 주위 조건이 비슷하다. 그런데 이것들은 땅 속에서 형성되는 것이기 때문에 눈으로는 볼 수 없다.

추맥법을 모르면 장님이 코끼리 뒷다리 만지는 것과 같다. 두 곳 모두 혈장 내에서 정확하게 혈심에 안장되어야 하고 좌향이 정확하게 맞아야 한다. 정확한 좌향이란 생기의 기운이 최대로 적용되는 좌향을 말한다. 세상 모든 것은 기(氣)로 이루어졌으므로 주위 조건에 정확하게 맞추어야 기운이 최대로 적용되는 것이다.

사진 상의 묘지는 천기혈장을 벗어났다. 사진에서 형기적으로 따지더라도 묘지와 전순이 너무 가깝게 느껴지지만 원내에서 보면 좌우와 전순이 둥글게 원을 그리고 있으므로 균형이 잘 맞음을 알 수 있다. 풍수를 연구하는 사람들은 형기를 중요시하지만 혈장을 정확하게 맞추지 못하는 형기법은 잘못된 것으로 본다. 혈처에 가서 주위를 살펴 정확한 혈심에 스틱을 꽂을 수 있어야 형기를 안다고 할 수 있을 것이다.

②호종수에 의한 천기혈의 예2

완만한 능선을 타고 내려가는 맥을 좌우에서 보호하는 원진수가 옆으로 빠져서 오목한 곳에서 원을 그려 천기혈을 하나 맺게 하고 다시 맥을 호위한다. 능선 옆이 새둥지처럼 오목하게 되어 있어 전형적인 와혈인데 아무도 이곳을 알지 못한다. 전순도 두툼하고 아래는 급경사를 이룬다. 만약 맥이 없어 수맥이 감싸지 않더라도 천기가 모일 수 있으니 놓치지 말아야 한다. 어느 풍수서적에서도 와혈은 새둥지처럼 오목하게 생겼다고 모두 기록하고 있다. 그러나 현장에 와서는 오목한 곳은 모두 멀리한다. 오목하다는 것은 다른 곳에서 바람을 막아주지 않더라도 자체적으로 바람을 막는 수단인데 이런 이치를 모른다.

경남 고성군 마암면 석마리

③호종수에 의한 천기혈의 예3

전남 구례군 간전면 삼산리

고정관념을 깨다 385

맥을 호위하는 원진수가 옆으로 흘러 둥글게 원을 그려 천기를 모은 후 달려가서 다시 혈처를 감싸고 혈처에서 왼쪽 원진수와 합쳐서 혈처 아래로 흘러간다. 전순 아래는 급경사를 이루고 급경사지에는 암반이 불룩하게 불거져 절벽을 이루어 바람을 차단하고 있으며 그 아래에도 암반이 다시 불거지고 절벽을 이루어 1차적으로 바람을 차단하고 있으니 위에 혈이 맺히지 않을 수 없는 조건이다. 주위에 있는 명혈을 감추기 위해 누구나 알 수 있도록 오목한 지형을 선물했는데 사람들은 이것을 살피지 못하고 있다. 명혈은 천장지비를 하여 누구나 쉽게 볼 수 없지만 일반적인 혈처는 누구나 쉽게 볼 수 있을 정도로 단순한데도 놓치고 있다.

④호종수에 의한 천기혈의 예4

경남 산청군 시천면 외공리

이 능선에는 혈처가 두 개 있는데 한 곳은 명혈이고 한 곳은 천기혈이다. 이곳이 천기혈처인데 와혈이며 전순 아래는 암반으로 받치고 있으며 그릇에 천기를 담고 있는 것이다. 능선이 수평으로 오다가 갑자기 떨어져 완만하게 되면서 오목하게 되고 아래는 절벽을 이루었다. 만약 이곳에 맥이 흘러 머물렀다면 천하 대혈이 되었을 터인데 맥은 다른 곳으로 가고 맥을 호위하던 원진수가 새어 둥글게 감싸서 천기를 가두었다. 이곳은 가파른 경사지에 매달려 있으므로 책에서는 이런 곳을 연소혈이라고 적고 있다. 이곳은 점혈하기 쉽지 않으며 인연이 되지 못한다면 혈처를 벗어날 수도 있다. 이곳은 땅 속을 읽을 줄 모르면 쓸 수 없는 자리이므로 신중하게 생각해야 한다. 혈처에서는 모가 아니면 도다. 혈심에 정확하게 쓰면 모가 되어 대박이지만 혈처를 벗어나면 도가 되어 아니 온 것만 못하다. 혈처 주위에 있는 묘들이 고총이 아닌 자리는 본 적이 없다.

⑤호종수에 의한 천기혈의 예5

전남 해남군 계곡면 당산리

능선이 수평을 이루면서 가볍게 기복과 위이를 반복하면서 달려오는데 맥을 호위하는 원진수가 옆으로 흘러 오목한 곳에서 둥글게 원을 그려 천기혈을 하나 맺고 다시 올라 맥을 호위하여 혈이 맺힌 곳에서 혈처를 둥글게 감싼 후 합쳐져 아래로 구불구불 요동치면서 내려간다.

이곳은 새둥지처럼 오목하게 생겼으며 터를 닦을 때 꾸미거나 지형을 변형시키지 말고 생긴 형태대로 조성하면 멋진 새둥지 같은 와혈이 될 것이며 명문 집안이 되면 풍수지리에 관심이 많은 사람들의 발길이 끊이지 않을 것으로 본다. 만약 아래에 있는 명혈까지 취한다면 와혈의 진가를 보여주는 교육장이 될 것이다.

*환경에 의한 천기혈

천기혈은 주위 여건이 기운을 담을 수 있는 그릇 형태를 이룬 곳에 맺힌다. 맥이 원을 그려서 만든 그릇이든지, 수맥이 원을 이루어 그릇을 만든 곳에는 양명한 기운을 담지만 주위 여건이 그릇을 만들어 양기를 담을 수도 있으니 이것을 환경에 의한 천기혈로 간주한다.

기초 편에서 다루었듯이 우주는 기로 이루어져 있는데 기는 좋은 기와 나쁜 기가 공존하게 된다. 사람이 편하게 생활할 수 있는 기운을 생기(生氣, 陽氣)라 하고 나쁜 영향을 미치는 기운을 오기(汚氣, 陰氣)라고 한다. 산 사람이 생기가 미치는 곳에서 생활하면 건강하고 활기찬 생활을 할 수 있듯이 죽은 사람도 생기가 머무는 곳에 누워 있으면 편안할 것으로 본다. 망자의 좋은 기운이 후손에게 미치게 되는 것을 동기감응이라고 한다. 그러므로 함부로 다루어서는 안 될 것이다.

①환경에 의한 천기혈의 예1

가시덤불 속에 까투리가 앉아 있는 것 같다. 밭 상부 끝부분이며 위와 왼쪽에 묘가 있다. 대개 좋은 자리를 구해 놓고 이기에 따라 좌향을

삼척시 원덕읍 사곡리

정하는데 현재 국내 풍수지리 분야에 여러 이기법이 있지만 모두 일치하지 않는다.

  자연은 자리에 서면 주위 국과 자리의 균형에 맞게 좌향이 정해져 있다. 좋은 자리도 좌향이 잘못되면 무용지물이 되는 수가 있으니 신중을 기해야 한다. 기운이 최대로 작용하는 곳으로 좌향을 정해야 한다. 나경은 공망을 피하고 기록을 남기기 위하여 참고만 하여야 한다. 나경에 너무 의존해서는 아니 될 것이다.

  자북이 1도 움직이는데 약 20년이 소요되고 태양계가 264Km/S로 이동하여 은하계를 돌아 제자리로 오는 데 2만 5천 년~2만 6천 년이 소요되므로 균형이 중요하다고 본다.

  ②환경에 의한 천기혈의 예2

  뒤에 있는 명혈을 지키기 위하여 천기혈을 하나 마련한 곳인데 앞에 파묘 주는 복이 없어서 이것마저 잡지를 못했다. 두툼한 좌우와 전순이 원을 그리고 있어서 혈이 맺히는 이치를 조금만 알고 있었더라면

고정관념을 깨다

경남 고성군 개천면 좌연리

놓칠 수 없는 곳인데 대단히 아쉽다. 하지만 인연이 안 되는 것을 어찌 하겠는가. 좌우를 둥그렇게 에워싸고 가운데에 우뚝 솟은 봉우리여서 누구나 명당이 있을 것으로 보지만 명당이 있어도 알아보지 못하고 묵묘 또는 파묘를 하고 말았으니 이제는 풍수지리에 해박한 지식을 갖춘 사람이 아니면 오랫동안 보존될 것으로 본다. 파구처는 완벽하게 관쇄되고 주위에는 발복을 예고하는 사격들이 조응하고 있다.

③환경에 의한 천기혈의 예3
위에서 명혈을 보고 내려오던 중 암반이 받치고 있는 수평 지형을 보고 살피기 시작했다. 일반적으로 암반이 받치고 있는 위에 수평으로 된 곳에는 혈이 맺히는 경우가 많다. 그러나 이곳 능선에서는 특별한 곳을 발견하지 못했는데 일단 맥은 없으니 대혈은 없는 것으로 보고 좌우를 살피니 왼쪽에 전순이 뚜렷하고 오목한 지형이 보인다. 천기혈

전남 광양시 다압면 금천리

처다. 혈처의 왼쪽은 불룩한 현능사가 혈처 안쪽으로 휘면서 아래까지 내려가고 오른쪽은 수평 능선 끝에 있는 암반에서 시작한 불룩한 현능사가 오른쪽 강변의 허한 곳을 방어하고 있다. 이곳은 지리를 연구하는 사람이면 알 수 있는 곳인데도 45도 왼쪽에 고총이 있다.

④환경에 의한 천기혈의 예4

위에 명혈이 2개가 있으며 맥은 명혈에서 멈추고 이곳까지 내려오지는 못하고 명혈을 낳은 생기의 기운이 이곳까지 미치어 천기혈을 맺었다. 일반적으로 기운이 큰 천기혈에서는 총리와 장관급의 후손이 태어나지만, 이곳은 총리, 장관급은 물론 장군이 나오(Ⅲ)는 자리다. 좌우가 암반으로 되어 있으나 모두 면으로 되어 마치 인위적으로 조성한 것처럼 보인다. 앞에는 돌이 박혀 있으니 사람들은 바위인 줄 알고 묘를 쓸 생각은 아예 하지 못할 것이다. 뒤로 바짝 붙여서 묘지를 조성

경북 예천군 용문면 노사리

해야 되고 앞 돌은 캐내어 앞 제절을 조성하는 데 사용하면 된다. 맥이 맺힌 혈처는 중심에 써야 제대로 효력을 보듯이 이곳도 천기혈처의 중심에 정확하게 써야 한다.

⑤환경에 의한 천기혈의 예5
위에 큰 혈을 맺고 맥은 이곳까지 내려오지 않지만 주위가 워낙 넓고 풍만하며 사방이 절벽처럼 급경사를 이루고 있으므로 넓은 호수에 둥그런 섬이 떠있는 모양이다. 위에는 근래에 파묘한 파묘 터가 있고 아래에는 평탄한 넓은 공간이 있다. 두 곳 모두 천기혈이 맺힌 곳이다. 혈처는 생기가 가득 찬 곳이므로 맥이 머무는 혈처처럼 나뭇잎의 색깔이 아름다운 연두색을 띠고 있다. 흙도 황금색을 띠고 밝은 빛을 발하고 있다.
맥이 뭉친 곳이면 대혈이 되겠지만 맥없이 천기가 뭉친 곳이므로

경북 울진군 온정면 온정리

 총리와 장관급의 후손이 나는 땅이다. 수수하고 매우 안정적인 곳이다. 천기혈터도 혈심을 벗어나면 무용지물이므로 혈처에 정확하게 재혈하는 것이 중요하다. 이곳은 파묘 터이므로 혈처가 생지라고 하더라도 아무도 거들떠보지 않을 것으로 본다.
 이러한 천기혈터는 명혈보다 많이 있고 쉽게 볼 수도 있지만 실수하는 경우도 적지 않게 보게 된다. 천기혈터에 장사지내도 마을에서는 잘 산다는 소리를 듣게 되며 총리, 장관급 자손도 나오(㠭)는 곳이 많으므로 일반인에게는 명당으로 불리게 될 것이다. 자연이 만든 천기혈도 진혈이지만 사람의 수에 비하여 적고 귀한 자리이므로 많은 사람이 모두 얻기 어려운 것이다. 그래서 필자는 장법을 잘하여 천기를 모으는 방법을 연구함으로써 누구나 조상의 음덕을 받을 수 있는 방법을 실험하게 되었다.

⑥환경에 의한 천기혈의 예6

충남 당진시 송산면 유곡리

　숙소에서 산책을 하다가 국이 잘 생겨 접근을 하게 된 곳이다. 수풀을 헤치고 들어가니 잡풀 없이 깨끗한 곳이 나타난다. 물론 맥이 흐르지 않는 곳이다. 전순에 둥근 돌이 박혀 있으며 좌우로 불룩한 현능사가 감싸고 있는 와혈이다. 오른쪽 현능사 너머 두툼한 곳에는 무덤이 있다. 무덤은 혈처를 보호하기 위해 불룩하게 된 곳이다. 그러므로 바람을 맞지 않을 수 없는 곳이다. 혈처는 맥이 흐르지 않는 무맥지이지만 바람을 가두어 생기가 담긴 천기혈터이므로 정승 판서가 나는 귀한 자리다. 그래서 자연은 혈처를 보호하기 위하여 돌을 엎어놓았나 보다. 엎어놓은 돌의 효과가 통했는지 이곳을 피하여 주위에 무덤들이 널려 있다. 전후좌우가 이 자리를 위해 겹겹이 싸고돌아 교묘하게 바람 길을 돌려 아늑한 분위기를 조성하고 있다. 혈처에서도 현능사가 전순 앞을 돌아 미풍마저도 돌도록 하여 순화시키려고 최후까지 애쓰고 있는 느낌이다.
 이 지역에는 맥은 없지만 천기혈이 여러 곳에 산재해 있다. 하지만 조그마한 천기혈은 사용이 되었지만 역량이 큰 천기혈은 모두 빈 터로 남아 있다. 역량이 크다는 것은 고관대작이 날 수 있는 대혈에 속하므로 일반인들의 눈을 속이고 있다. 혈이 맺히는 조건은 주위 사격이 멀리서부터 겹겹이 좁혀져서 혈처에 이르러서는 좌우 선익이 되고 현능사가 된다. 군주를 위하여 에워싸듯이 자리를 위하여 에워싸서 바람으로부터 혈을 보호하는 것이다. 세상 이치는 같은 원리다.

*수맥에 의한 천기혈

 풍수지리에서 혈(穴)이라는 것은 맥이 내려와 맺힌 것을 일컫는데 맥(脈)이라는 것은 맥의 발원지에서 발원하고 흘러가서 혈이 맺히는 것은 인구에 비하면 극소수이므로 귀한 것이며 참된 것은 하늘의 뜻이 아니면 얻기 어렵다고 본다. 필자가 언급하는 천기혈도 맥에 의한 혈보다는 많지만 인구에 비하면 매우 귀한 것이다. 그렇기 때문에 사람들은 혈처 자체를 믿지 않는 경향이 있다고 본다. 심지어 허황된 얘기로 여기는 사람도 있다.
 지구는 지하에서 지자기가 방출되며 남북으로 자력선이 일정한 간격으로 흐른다. 지자기와 자력은 고루 분포되었지만 지층의 밀도가 다른 곳을 통과할 때는 흐름의 변형을 일으키게 된다. 안정된 주파수는 7.8Hz이지만 수맥이든지 밀도가 다른 층을 통과할 때는 변하게 된다. 변한 파장이 우리 몸을 통과할 때는 피의 흐름을 교란시켜 제 시간에 영양분과 산소의 공급이 이루어지지 않도록 지연시키기 때문에 우리 몸에 이상이 생기는 것이다.
 수맥과 맥선이 주위와 다른 영역을 형성하는데 그 선이 둥글게 된 안쪽은 하나의 그릇을 만들게 된다. 그릇 안에 안정된 공기를 담은 것이 천기혈인 것이다. 천기혈터도 맥에 의하여 맺힌 혈터와 마찬가지로 주위와 다른 분위기를 나타낸다. 혈처(穴處)는 깨끗하고 밝으며 풀빛도 깨끗하다.

①수맥에 의한 천기혈의 예1

경북 청송군 부동면 내룡리

이곳은 맥이 내려오지는 않지만 위에 맺힌 대혈 주위에 형성되는 생기의 영향권에 있으므로 천기가 맺힌다. 천기혈은 지하의 영향으로 천기가 모이기도 하고 지상의 구조상 바람을 갈무리할 수 있는 곳에 천기가 모이기도 하는데 이곳은 수맥이 내려오면서 둥글게 형성되어 천기가 뭉친 곳이다. 이곳에 터를 닦을 때는 추맥법을 동원하여 수맥의 흐름을 감지하여 둥글게 도는 중심에서 혈심을 찾아야 하며 혈심을 정했으면 둥그렇게 사성을 조성하여 공중에 퍼져 있는 기운을 모아야 한다. 그러면 천기의 효과를 완벽하게 볼 수 있다. 아래에는 묘가 있는데 너무 내려 쓰는 바람에 아래가 훤히 내려다보이므로 바람 길이 되어 바람을 직접 받고 있다.

혈처에서는 전순이 두툼하고 아래가 보이지 않으므로 하늘로 날리고 남아서 퍼져오는 바람만 스칠 뿐이다. 혈처의 좌우도 두툼하고 사성까지 조성되었으니 옆에서 오는 바람의 영향도 받지 않는다. 사성을 넘는 적은 바람도 사성 뒤에서 머물게 되니 혈처는 더욱 아늑하다.

②수맥에 의한 천기혈의 예2

경남 고성군 개천면 명성리

암반으로 된 석산인데 돌처에서 내려앉아서 평탄하면서 넓고 약간 오목한 느낌이 있는 지형이다. 이곳에는 많은 무덤들이 있으나 모두 묵묘인 것으로 보아 한 집안이 멸문을 당한 것 같다. 넓은 공간을 확인하니 수기가 감지된다. 암반 위에 물이 고여 있다는 것이다. 땅 속에 연못을 이루고 있는 것 같아서 시신들은 모두 연못 위에 떠 있는 느낌이다.

그 중 수기가 감지되지 않는 곳이 있다. 아마도 암반이 돌출된 곳이어서 물이 고이지 않은 곳일 수도 있다고 본다. 연못 속에서 한 송이 연꽃이 핀 것 같은 곳이다. 이런 자리를 연화부수형이라고 할 것이다. 보기 드문 천기 명당이다. 전순도 확실하게 두툼하다.

③수맥에 의한 천기혈의 예3

예산군 신암면 신종리 105-3 여사울 성지

"여사울 성지는 한국 천주교회의 못자리이며 충청도에서 최초로 천주교가 전파되어 복음의 빛이 전해진 곳이다. '내포의 사도' 라 불리는 이존창 루도비꼬 곤자가의 생가 터로 알려져 있는 여사울은 내포 천주교회의 심장이자 신앙의 고향이며 한국 천주교회 역사 안에서 순교자의 못자리로서의 역할을 하는 데 의미가 있다."

이것은 안내문에 적힌 내용이다. 필자는 터에 대하여 풍수지리로 설명하고자 한다. 이곳은 지하로 흐르는 수맥이 터를 감싼 후 흘러가는데 수맥이 감싼 안쪽에 천기가 뭉쳐서 천기혈터를 생성했다. 응축된 천기의 영향을 받고 태어났기에 남다른 인품을 지닌 훌륭한 분이 태어났던 것으로 본다. 혈처의 결과를 나타내는 좋은 예이기도 하다.

혈심은 제단 앞 사람이 서 있을 수 있는 곳이다. 또 신비스러운 것은 뒤에 있는, 예수가 못 박혀 있는 십자가가 서 있는 곳에 작은 천기혈이 맺혀 있는 것이다.

처음 자리를 쳐다보는 순간 눈이 내리는 매우 추운 날씨였는데도 필자의 눈에는 밝고 온화하게 느껴졌다. 십자가에 있는 예수님과 성모상이며 돌 조각품들이 모두 밝게 빛을 발하고 있는 것 같았다.

④수맥에 의한 천기혈의 예4

전남 장흥군 안양면 수락리

이곳은 넓게 퍼진 곳인데 옆에는 약간 불룩한 곳으로 맥이 내려와 대혈을 맺었고 이 자리는 뒤에서 경사로 오다가 완만해진 곳에서 좌우가 약간 두툼하고 오목한 곳에 수맥이 둥글게 돌아서 천기를 모은 곳이다. 오른쪽 옆의 불룩한 곳에는 묘지가 조성되어 있는데 불룩한 것은 이 자리를 위한 보호사 역할을 하는 곳이다. 넓게 퍼진 곳에서는 오목한 곳을 찾아 좌우가 불룩하고 앞은 두툼한 전순이 분명한 곳을 살펴서 맥을 확인하고 맥이 없으면 천기가 뭉친 곳인지 확인한다. 천기가 뭉친 곳이면 수맥이 감싸고 있을 확률이 높다. 만약 수맥이 감지되지 않아 천기가 뭉치지 않았다면 수맥 흐름 여부를 확인하여 수맥이 없다면 인위적으로 천기를 가두도록 하여 천기혈을 만들어서 양명한 땅으로 만들어야 한다.
　혈처는 읍면에 몇 개 되지 않으므로 많은 사람이 모두 묻힐 수 없다. 특히 명혈은 하늘이 점지한 특별한 사람만이 묻힐 수 있는 곳이므로 일반인이 묻히어 후손에게 도움을 줄 수 있는 터를 만들어야 한다. 사람이 집을 지어 사는 것처럼 망자도 음택을 마련하여 편하게 영면하도록 해야 한다. 집을 짓는 곳은 수맥이 없는 곳에서 바람을 막을 수 있도록 건축한다. 묘지도 수맥이 없는 곳에서 바람을 막도록 조성하면 천기를 가둘 수 있다. 가족묘도 장법을 잘하면 천기를 가두어 양기가 머물도록 하여 명당 터를 인위적으로 만들 수 있다. 양기가 충만한 곳에 묻힌 망자는 편안하여 후손에게 동기감응을 전달하여 후손이 편안한 마음으로 잘 살 수 있도록 할 것이다.
　인간의 성공 여부는 부단한 노력의 결과물인데 사람이 건강하게 편안한 마음을 가져야 일이 잘 풀릴 것으로 본다. 몸이 불편하고 조금만 움직여도 피곤을 느낀다면 하고 싶어도 할 수 없으니 일이 잘 될 리 없는 것이다. 일은 노력만 한다고 모두 이루어지는 것은 아니다. 눈에 보이지 않는 손의 도움이 없으면 성공할 수 없다고 본다.
　요즘은 자기 땅이 없으면 장사를 지낼 수 없다. 좋지 않은 곳에 매장하여 피해를 보는 것보다 수맥이 없는 곳에 터를 마련하여 장법을 잘 하면 천기를 모을 수 있으니 자연도 살리고 망자도 편안하게 영면할 수 있고 후손들도 건강하게 노력한 만큼 살 수 있으며 집안의 화목도 돈독히 할 수 있으니 바람직한 일이라고 하겠다.

ⓢ수맥에 의한 천기혈의 예5

경남 함양군 마천면 강청리

뒤에 있는 명혈을 지키기 위하여 이곳에 양명한 자리를 마련한 것처럼 보인다. 뒤에 있는 명혈은 주위가 흩어진 것처럼 보이지만 이곳은 주위가 말끔하고 둥근 바위가 둥그렇게 감싸고 있으면서 기운을 모으고 있다. 안타까운 것은 묘지가 있으나 천기혈처를 벗어났다. 봉분이 천기혈의 기장 내에 물려 있지만 혈심에 있지 않으므로 기운을 받지 못하고 있다.

풍수지리 연구에서 지하를 살필 줄 모르면 오히려 큰 화를 부를 수 있으므로 눈으로 대충 정하는 것은 금물이다. 첫째는 맥을 감지할 수 있어야 하고, 둘째는 수맥의 흐름을 감지해야 하고, 셋째는 생기와 오기를 구분할 수 있어야 한다. 넷째는 지자기파와 전자기파를 구분하고 감지할 수 있어야 하며 좌향을 생기가 가장 많이 작용하는 방향으로 정할 수 있어야 한다.

책에서 논하는 이기를 적용하여 옳고 그름을 직접 확인할 수 있어야 한다. 시중에 발간된 풍수지리 서적에는 여러 종류의 이기가 설명되어 있으나 모두 일치하지 않는다. 혈심에 정확하게 배꼽 부분을 맞추고 생기가 가장 많이 작용하는 방향으로 좌향을 정하는 것이 옳다고 본다. 형기적으로는 향의 방향과 안산이 수직을 이루면 맞는다고 본다. 수직을 이루는 곳에서 주위를 살펴보면 균형이 맞고 자리가 국의 중심에 있음을 보게 된다. 전순도 뚜렷하고 향은 전순의 중앙을 향하게 되는 것이 기본이다. 혈이 있는 곳에서는 무엇보다 중요한 것이 바람을 스스로 막거나 주위에서 막아 주어야 한다. 바람에 노출된 곳은 자리가 아니다. 자리에서 향이 맞으면 가까이에서부터 먼 곳까지 균형이 맞는다. 균형이 맞지 않는 곳은 자리가 아니다.

⑥수맥에 의한 천기혈의 예6

좌우로 둥그렇게 감싼 곳의 중심부에 천기혈을 맺은 곳이다. 천기혈은 수맥이 지나면서 둥글게 감싼 곳이다. 이곳은 한 집안의 가족묘가 조성된 곳으로 천기혈을 중심으로 일정 범위 내에 생기가 가득하게 작용을 하고 있다. 그러므로 천기혈은 아니지만 생기 내에 있는 후손들로 인하여 명맥이 유지되며 여유 있게 살고 있을 것으로 본다.

아래에 있는 두 묘는 다른 곳과 달리 이끼가 가득 끼었는데 수맥이 관통하는 곳이다. 아마 이 묘의 후손들은 어려움을 겪고 있을 것이며 관리되는 것은 덤일 것으로 본다. 지금이라도 수맥 위에 있는 묘들은

전남 강진군 도암면 봉황리

다른 곳으로 이장을 하고 천기혈처에 조상 중 한 세대를 합장으로 조장을 한다면 금세 발복(發福)될 것이며 명문 집안이 될 것으로 본다. 이곳에 천기혈처를 주고 생기가 머물도록 한 것은 옆에 있는 명혈을 지키기 위하여 마련된 것으로 본다. 이 집안이 명혈까지 취한다면 더할 나위 없이 영광스런 집안이 되겠지만, 과연 얻을 만한 자격이 되는지는 하늘만이 정하게 된다.

*인위적으로 만든 천기혈

①인위적으로 만든 천기혈의 예1
산비탈로 생긴 지형으로 위에 대혈 두 개를 맺은 곳인데 대혈은 은폐하여 일반인들이 알아보기 어려워 빈 터로 있는 것이 당연하고 혈처 아래 양명한 곳에 가족묘를 꾸민 곳이다. 석물을 사용하지 않고 봉

전북 남원시 산내면 백일리

분도 화려하지 않으며 꾸밈없이 단정하고 수수하다. 그런데 묘지에는 생기가 가득하며 주위는 깨끗하다. 살펴보니 천기가 맺힌 곳이 아닌데 뒤에 사성을 둥그렇게 조성하고 앞과 옆에는 키 작은 사철 푸른 나무로 바람이 새지 않도록 빽빽하게 심었고 출입구는 기운이 들어오는 방향(납기처)으로 내어 천기를 가득하게 가두어 놓았다.

  천기혈은 맥이 진행하면서 원을 그린 후 내려가는 곳이나 수기가 둥글게 돈 후 흘러가는 곳에서 맺히지만 이곳처럼 맥도 없고 지하에 수기 없이 양명한 곳에 인위적으로 천기를 가두어 인위적인 천기혈터를 만든다. 인위적인 천기혈터는 필자가 실험을 해보니 어디서든지 가능했다. 필자의 바람은 맥이 흘러 맺히는 혈처는 인구에 비하여 희귀하기 때문에 모든 사람이 묻힐 수 없고 명혈은 천명을 받지 못하면 들어가지 못하니 인위적으로 천기를 가두어 많은 사람들이 흉지에 묻혀서 받는 고통을 덜어주고자 함이다.

음택뿐만 아니라 양택도 기운을 가두어 사는 동안 건강하게 천수를 누리도록 돕고자 하는 것이 필자의 목표다. 아주 거창하거나 금방 많은 돈을 버는 것도 아니며 살면서 건강하고 문제없이 살기를 원할 뿐이다. 건강하고 문제없이 살다보면 행복한 삶이 될 것으로 본다.

②인위적으로 만든 천기혈의 예2

고정관념을 깨다

두 사진 중 첫 번째 사진은 천기가 모인 곳이고 두 번째 사진은 기가 흩어진 사진이다. 이곳은 위에 큰 혈처가 있는 곳으로 원진수가 혈처를 감싼 후 지그재그로 흘러가는 곳을 피하여 묘지를 조성했다. 한 곳은 천기가 모이고 한 곳은 천기가 흩어진 원인을 설명하고자 한다.

같은 조건에서 천기가 모이는 곳은 사성을 균형에 맞추어 조성을 했고, 천기가 흩어지는 곳은 사성을 오른쪽에만 조성하여 균형이 맞지 않는다. 별 것 아닌 듯싶지만 결과는 아주 크다. 결과는 서서히 나타나게 되며 천기가 모인 후손은 잘 살고 기가 흩어진 집안은 서서히 꼬일지도 모른다. 한 직계손이라면 한 때는 잘 되다가 서서히 안 되면 사람들은 운 타령을 하고 본인의 실수와 노력 여하에 따라서 결과가 나타난다고 생각할 것이다. 지금이라도 양쪽이 균형을 유지하도록 사성을 조성하면 된다. 사소한 것 같지만 결과는 크게 나타난다.

방건웅 박사의 저서 『기가 세상을 움직인다』에서 보면 세상이 움직이는 것은 기의 작용이 크다고 하는데 필자도 동감한다. 지기는 땅 속을 흐르는 기운이고 천기는 공중에 분포된 기운이다. 기운은 양기(陽氣), 음기(陰氣)로 나누며, 이로운 기운을 양기라 하고 해로운 기운을 음기라 한다. 지상에 있는 기를 천기라 하고 지하에 있는 기를 지기라 한다. 지하에는 맥기와 수기와 지기가 존재한다. 풍수지리에서 논하는 혈이라고 하는 것은 맥기가 한 지형에서 발원하여 어느 곳으로 흐르다가 뭉친 곳을 말한다. 맥이 흐르는 곳에는 원진수라고 하는 수기가 맥의 좌우로 맥과 같이 흘러 혈이 뭉친 곳에서 혈을 감은 후 앞에서 합쳐 하나로 흐른다.

맥이 흐르는 주위는 생기가 작용하는데 생기가 미치는 범위 내에는 장법에 따라서 천기를 모을 수 있다. 이곳처럼 맥이 흐르지 않는 곳에도 아늑하게 바람을 피할 수 있도록 조건을 만들면 천기를 모을 수 있다. 풍수지리 서적에 '기(氣)는 바람을 타면 흩어진다.'는 구절이 있는데 천기를 일컫는 말이다. 맥을 타는 혈처는 어차피 바람을 피하는 곳이니 생기가 작용하는 것은 당연하다. 생기가 미치는 곳에서 사성을 조성하지 않고 봉분을 꼬리 없이 둥글게 하여도 천기가 약간 감지되지만 사성을 조성하면 기의 강도는 확실히 크게 감지된다. 기의 흐름을 방해하는 둘레석과 석물 같은 조형물을 설치하지 말아야 한다. 특히 둘레석으로 빗물을 가두는 행위는 삼가는 것이 좋다.

③인위적으로 만든 천기혈의 예3

경남 하동군 악양면 중대리

뒤에 있는 명혈을 보고 내려오다가 화장을 하여 작고 둥근 봉분을 조성한 다음 봉분 앞에 상석을 놓고 비석을 세운 가족묘를 보게 되었다. 11월 25일이어서 잔디가 노랗게 되었는데 깨끗하게 보였다. 엘 로드(L-Rod)를 꺼내어 확인하니 양명한 생기가 느껴진다. 원인 분석을 위해 몇 가지를 확인하니 첫째는 수맥이 감지되지 않았고, 둘째는 묘지를 조성한 터의 가장 자리를 낮은 담장처럼 둥그렇게 사성을 조성하였다. 사성을 둥그렇게 조성하여 공기를 담을 수 있는 큰 그릇을 만든 것이고 큰 그릇에 유분을 묻고 봉분이 작은데 둥그렇게 조성한 것이다. 그리고 중요한 것은 일반적으로 화장하면 석판으로 덮는데 이곳은 잔디로만 조성되었다. 석판을 덮으면 증발하려는 수분이 돌에 이슬로 맺혀 인분에 고이게 되므로 인분이 물속에 놓이게 되어 썩게 된다. 화장을 한 인분이지만 뼈를 구성하는 성분은 남게 되어 자연스럽게 흙으로 돌아가는 유골과 썩는 유골은 차원이 다르다. 필자는 가능하면 묘지 조성할 때 돌을 사용하는 것은 옳지 않다고 본다. 무너질 염려가 있어서 부득이하게 석축을 쌓는 경우는 어쩔 수 없지만 봉분에는 돌을 사용하지 않는 것이 옳다고 본다. 자연을 최소로 변형시켜 먼 훗날 자연스럽게 자연으로 복귀하도록 하는 것이 맞는다는 생각이다.

명혈은 선택된 사람만 들어갈 수 있으므로 아무나 들 수 없지만 일반인들은 수맥이 없는 양명한 땅에 천기를 가두도록 장법을 잘하여 정성스럽게 선대를 모시면 생기가 충만하여 보백이 유지되며 후손은 행복한 삶을 살다가 돌아가리라고 믿는다.

④인위적으로 만든 천기혈의 예4

1939년에 건립된 건물인데 맥은 내려오지 않지만 건물 배치를 잘하여 천기를 가둔 건물이다. 현재는 기운이 모두 흩어져 평범한 건물이 되었다. 이 건물은 조선조 생육신의 한 분인 어계 조려의 15세손인 중추원 의관을 지낸 조규진이 지은 집으로서 맏아들인 조용일이 기거했던 가옥이다. 조용일은 해방 전후 안동 길안과 청송 지경리에 많은 토지를 소유했던 조부자로 이름을 날렸던 인물이라고 한다. 이 건물은 근대기 우리나라 한옥 건축 양식의 변천사와 경북 북부 지방 부농들의 생활상을 보여주는 귀중한 자료로 평가받고 있지만 처음 생기가 가득했으나 현재는 평범한 건물로 되어 있다. 풍수지리상으로 그 원인을

경북 청송군 파천면 지경리 391

분석해 보고자 한다.

　건물의 구성은 ㄷ자 형태로 되어 있으며 주 건물인 안채, 사랑채, 부속 건물인 대문간채, 고방채로 이루어져 있다. 현재 남아있는 흔적을 살펴보면 건물 주위에 담장을 둘렀던 것 같다. 출입문은 대문 한 곳뿐이었다. 확인을 하니 대문으로 기운이 들어가고 나오지는 않았으나 현재는 돌흙담장이 모두 무너지고 대문과 건물만이 남아 있다. 그래서 대문으로 들어간 기운이 모두 흩어져 나가고 있다. 생기(천기)의 기운이 얼마나 중요한지 보여주는 곳이고 생기의 모음 방법을 보여주는 곳이다. 뒤에 소개하는 요르단 유적지를 보면 확실하게 이해가 갈 것으로 본다. 풍수지리의 대부로 불리는 양균송 선생이 구빈의 호를 얻게 된 것이 가난한 집의 출입구를 고쳐주고 위치를 변경시켜 기운이 들어가도록 조치하여 가난을 면하게 해준 것이 위에 설명한 예가 되겠다.

고정관념을 깨다　409

오늘날 전원주택 붐이 일고 있기에 참고할 사항을 적어 본다. 전원주택의 택지를 선택하기 전에 확인할 사항은 다음과 같다.

1. 수맥과 지전류가 없는지 확인한다.
2. 도로보다 지형이 높고 전망(展望)이 확 트인 땅이면 금상첨화다. 주의할 점은 앞이 좁아 바람이 모여 부는 살풍이면 곤란하다. 집터 앞에서 바람을 하늘로 날리는 지형이고 퍼져오는 하늘 바람이어야 한다.
3. 주변이 아늑하게 느껴지거나 편안함을 주는 땅인지 확인한다. 바람을 갈무리할 수 있는 온화한 곳이 좋다.
4. 주변에 혐오시설(嫌惡施設)이 없는지 확인한다.
5. 자연(自然) 마을과 너무 멀지 않아야 한다. 산돼지의 출현을 방지할 수 있고 위급할 때 도움 요청이 수월하다.
6. 뒷산이 완경사로 된 땅을 선택하여 산사태의 위험을 방지해야 한다.
7. 지적도상에 도로(道路)가 있는 땅이어야 한다.
8. 지하수(地下水) 개발에 어려움이 없는 땅이어야 한다. 전원주택지는 맥을 타면 최상이겠지만 흔한 일이 아니므로 자연적인 천기혈터를 얻었으면 주위에는 수맥이 있으므로 가능하면 집 앞에 호신수가 합쳐진 곳에 지하수를 개발해야 한다. 혈처 뒤에서 물길을 끊으면 기운을 흐트러지게 할 수 있으므로 신중해야 한다.
9. 멀리 물이 보이는 땅(득수국)이어야 한다. 하지만 자리는 기운이 약한데 센 물이면 터가 감당하기 버거우므로 거칠고 세차게 보이는 물은 피한다.
10. 대로(大路)와의 접근성(接近性)이 용이(容易)한 땅이면 좋다.
11. 주변(周邊)이 새로 개발(開發)되고 있는 땅이면 주의할 부분이 있다. 주의할 것은 맥이 흘러 뒤에 혈이 맺힌 아래는 피해야 한다. 원진수로 인한 수맥파의 피해를 볼 수 있다.
12. 양명한 곳에서 혈이 맺히지 않았으면 인위적으로 천기를 모을

수 있는 구조로 건축해야 한다. 건축 자재에 대해서는 인터넷에서 유용한 것을 찾아볼 수 있겠지만, 맥이 흐르는 곳에서는 철재를 사용하면 기운을 분산시킬 수 있으므로 주의해야 된다. 다만 맥이 흘러 맺힌 혈이 아니라면 천기를 모을 수 있는 구조일 경우 자재의 구분은 필요하지 않고 편리하고 저렴하고 견고한 자재면 문제가 없다고 본다.

⑤인위적으로 만든 천기혈의 예5

충남 예산군 신암면 용궁리 추사 김정희 묘소

추사 김정희 묘소는 맥이 흐르는 곳이 아니다. 무맥지로서 수맥도 없다. 뒤를 보면 양쪽에 봉우리를 세우고 능선을 내려 자리를 보호하는 청룡 백호에 해당한다. 앞은 넓은 전답이 펼쳐지며 안산은 다른 곳에서 와서 가로질러 좌우로 펼친다. 추사의 묘는 현재 천기가 모여 있으며 이것은 장법의 영향이라고 본다. 국은 담장을 두른 듯 둥글고 평탄하게 이루어졌고 거센 바람이 한 곳으로 치우쳐 불지 않는 곳이다. 조용한 주위의 영향을 받는 것이 긍정적이긴 하지만 현재 조성된 사성이 없다면 천기는 흩어져서 흉지로 변할 것으로 본다.

　사성으로 인하여 삼태기 형태를 이루고 묘지가 삼태기에 담긴 형태이므로 천기도 삼태기에 담긴 형태가 되어 묘지에 스며들어 좋은 영향을 미치고 있는 것이다. 사성의 역할은 바람이 사성을 넘는 순간 흐르는 반대쪽에는 유속이 줄어 포근하게 된다. 포근한 바람이 머무는 곳에서는 좋은 기운이 머물게 되지만 센 바람이 부는 곳에서는 참기 어려운 기운이 작용하게 된다. 좋은 기운을 양기(陽氣)라 하고 나쁜 기운을 음기(陰氣)라고 명명한다. 또 생기(生氣)와 오기(汚氣)로 구분한다.

　생기는 우리에게 좋은 영향을 미치고 오기는 나쁜 영향을 미친다. 명당에서 생기는 기운은 생기이고 수맥에서 생기는 기운은 음기로 본다. 부드러운 바람이 미치는 기운을 양기라 보고 칼바람이 미치는 기운을 음기로 본다. 계곡에서 텐트를 치고 머물면 금방은 시원하고 좋은 것 같지만 며칠만 머물면 몸의 컨디션이 좋지 않음을 느낄 것이다.

⑥인위적으로 만든 천기혈의 예6

　이곳은 추사의 증조부와 증조모(영조의 둘째 딸인 화순옹주)의 합장 묘지다. 맥은 없고 수맥도 없는 자리다. 좌우에 자연적으로 불룩한 것을 최대한 이용하여 사성을 조성했고 묘지에 가깝게 담장을 둘러 이중으로 천기를 담는 그릇을 만들어 묘지에 영향을 미치도록 하였다.

　이곳은 좌우 담장과 사성의 높이가 균형을 이루었으므로 최대로 생기를 담을 수 있다. 봉분의 모양도 영향을 미치게 되는데 이곳 같은 곳은 묘의 뒤꼬리를 없애고 둥그렇게 하면 더 많은 천기가 작용할 것으로 본다. 다행인 것은 둘레석을 사용하지 않았다는 것이다. 둘레석을 사용하면 묘지 내에 천수가 스며들어 증발하지 못하여 묘지 내에 물이 고이게 된다. 이 물은 지하에서 작용하는 지자기파장을 교란시키게 되

충남 예산군 신암면 용궁리 추사 김정희 증조부모 묘

고 이 파장이 천기를 밀어내게 되므로 묘지에 음기를 생성시켜 망자를 괴롭히게 되어 그 영향이 동기감응 원리로 인하여 후손에게도 영향을 미쳐 괴로움을 받게 되는 것이다. 필자의 관찰에 의하면 수맥 위에 조장된 묘는 근래에 조성한 묘지를 제외하고 오래된 묘지는 모두 묵묘이거나 파묘 터였다.

조선시대 양반집들은 둘레석과 석물을 많이 사용하는 것이 보편적인데 추사의 집안은 그렇지 않으니 당시 지사의 안목을 짐작하게 한다. 청오경(靑烏經)에 멋진 글이 있기에 소개한다.

"幽陰之宮 神靈所主 葬不斬草 名曰盜葬"
음택은 신령이 주관하는 곳인데 장사할 때 풀을 베지 않는 것(터를 다듬지 않는 것)은 남의 땅에 도둑 장사 지내는 것과 같다는 뜻이다. 이 말은 사성을 쌓고 제절을 짓고 제대로 터를 만들어 기운을 가두라는 말이다. 다시 말하면 천기를 모으라는 말이다.

"葬近祖墳 殃及兒孫"
조상 묘 근처에 장사지내면 그 재앙이 어린 손자에게까지 미치게 된다는 것이다. 이 말은 맥이 내려와 맺힌 혈처는 하나이며 맥을 호위하는 원진수가 혈을 감싼 후 합쳐서 아래로 지그재그로 흘러가는데 혈처 주위에 묘를 쓰면 수맥 위에 놓이게 되어 그 재앙이 크다는 것이다. 실제로 명당 주위에 있는 오래된 무덤들은 모두 묵묘들이다.

"穴吉葬凶 與棄屍同"
혈은 좋은데 장법이 흉하면 시신을 버리는 것과 같다는 것이다. 둘레석을 사용하여 빗물을 가두어 시신을 물속에 있게 하고 좌향을 잘못하여 생기를 모으지 못하고 바람을 가두지 못하여 기운을 흐트러지게 하는 것을 말하고 있다.

⑦인위적으로 만든 천기혈의 예7

본채

영당

　추사 김정희의 고택 자리는 추사 묘지를 보호하는 보호사 위에 지어졌으므로 능선을 넘나드는 바람 길이다. 건물 소개는 생략하고 필자는 풍수지리를 기준으로 검토하고자 한다. 이곳은 지맥이 없는 곳이며 수맥도 없는 곳이다. 건물을 처음 건축했을 때는 사각형 배치로 인하여 사각 그릇에 천기를 담는 꼴이었는데 추사 선생의 영정을 모시기 위하여 당을 짓는 바람에 천기의 흐름이 원활하지 않고 천기가 소용돌이치게 되어 생기가 감지되지 않고 있다.
　영당이 없을 때는 출입문으로 생기가 빨려 들어가지만 영당의 영향으로 생기가 들어가지 않고 있다. 담장으로 인하여 부드러운 기운이 원활하게 회전하면서 사각 건물에 담겼지만 영당으로 인하여 양기의 흐름이 영당과 건물 사이를 흐르면서 소용돌이를 일으키게 되어 불규칙한 기운이 건물에 미치게 되니 천기가 교란되어 오기가 생기게 되었다.
　추사 선생은 증조부모의 천기혈과 천기혈 집터의 영향으로 태어날 때부터 양기를 듬뿍 받고 태어났으며 자랄 때도 양기를 받으며 자라게 되어 명석한 두뇌를 갖게 되었다고 보며 좋은 유전인자의 영향이 가미되어 훌륭한 사람이 되었다고 본다.

⑧인위적으로 만든 천기혈의 예8

2014년도에 업무상 요르단에서 근무한 적이 있는데 휴일이면 요르단 전국을 돌며 관광을 했다. 가는 곳마다 유적지에 놀라고 감탄하지 않을 수 없었다. 맥이 흘러 혈이 맺힌 아즐룬과 제우스 신전이 있는 사원 터, 예수님이 세례를 받으시고 첫 강의를 하신 천기혈처를 제외한 다른 곳은 혈이 맺힌 곳이 없으나 건물을 천기가 모이도록 지었다. 대단한 영적인 기술을 접목한 건축술이기에 소개를 한다. 아래에 기운을 머금고 있는 몇 곳을 소개한다.

*요르단에서의 풍수지리

〈Umm Qays〉

갈릴레이 호

이스라엘과 시리아와 요르단이 국경을 접하고 있는 곳이다. 물론 맥은 존재하지 않는 산꼭대기에 갈릴레이 호스를 바라보고 웅장한 돌로 건물을 지은 곳이다. 바람이 넘나드는 곳이라 기운이 머물 수 없는 곳이지만 건물을 모두 인위적으로 천기를 가둘 수 있는 구조로 지었다.

마지막 2장의 사진은 무대인데 원형으로 되어 있으며 출입문은 좌우 2개소이고 출입구를 따라가 보니 무대에 바로 연결되는 것이 아니고 돌아서 기운을 유도하며 내부의 기운은 외부로 배출되지 않도록 설계했다. 무대 내부는 맥이 흐르는 곳이 아니지만 무대 내부에는 생기가 가득하게 채워졌다. 천기를 모은 것이다. 이곳에 많은 사람들이 앉아서 관람을 했으니 많은 사람들의 생기가 내부에 응축된 천기와 융합되어 무대 내부는 커다란 생기의 덩어리가 응축되었을 것이다. 출입문도 곡선을 이루고 있어 부드러운 느낌을 준다.

Umm Qays는 오목한 지형이 아니고 능선 위에 형성된 도시로서 전후좌우로 바람을 막을 수 없었기 때문에 도시가 오래 버티지 못한 것 같다. 하지만 흔적으로 보면 건축물이 모두 정방형과 원형으로 지어졌으나 원형이 대부분이다. 그러므로 구조물 개체는 천기를 모아 양기가 응축되어 건물 내에 머물 때는 건강하고 편안했을 것으로 본다.

〈요르단 암만〉

①요르단 수도 암만의 원형극장
이곳은 지기는 없으나 구조물을 원형으로 만들고 출입구를 한 곳으로 내어 천기가 모이도록 건설되었다. 모인 천기가 밖으로 나가지 못하도록 문을 여러 곳으로 내지도 않았다. 비율도 정확한 원형이며 이곳에 모인 사람의 원기마저 한 곳으로 모을 수 있었으니 당시의 정신적 심령과학의 수준을 감탄하게 한다. 출입문마저 납기가 모여 안으로

들도록 정확한 위치에 설치하였다. 기록이 없어서 알 수는 없으나 당시의 과학과 영적 수준은 대단했던 것 같다.

요르단에 있는 로마제국 시대 원형 무대

②헤라클레스 신전

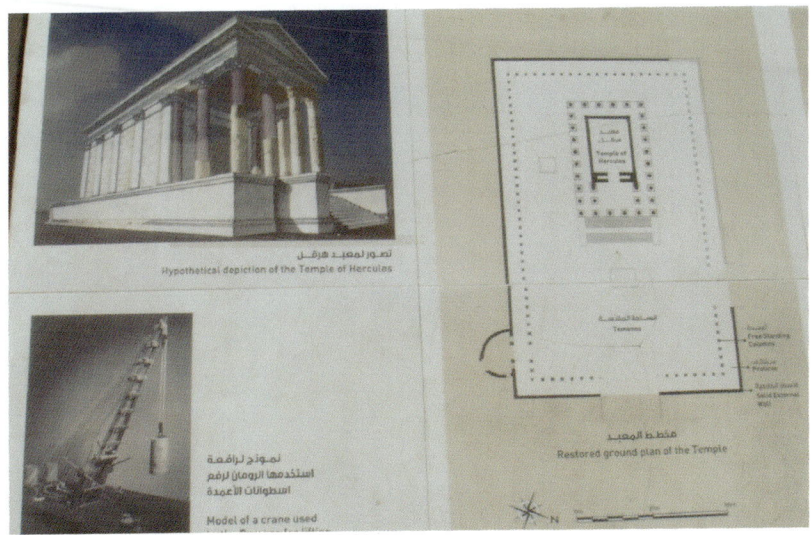

Temple of Hercules (161 - 166 AD)

The Byzantine Church (ca. 550 AD)

③Mosque(회교 사원)

이곳은 요르단 암만에 있는 모스크(mosque, 회교 사원)인데 규모는 매우 크지만 로마제국 시대에 지어졌던 건물과는 풍수지리의 차원에서 많은 차이가 있다. 로마제국 시대에 지어졌던 건축물은 원형이거나 정방형으로 출입문을 하나만 설치하여 천기를 가두어 새나가지 않게 하였으나 이곳에 있는 회교 사원은 규모는 크지만 문을 여러 곳으로 내어 천기가 모이는 대신 흩어지고 있다. 더욱이 언덕의 높은 곳에 지어졌으므로 사람이 살 수 없는 조건이었다.

위에 소개한 원형극장, 헤라클레스 신전, The Byzantine Church, The Mosque는 한 지역에 위치하여 있다. 이곳 지형은 형기적으로 주위가 둥글게 감싸주고 있어서 아늑하며 중심 건물들을 비율에 정확하게 맞게 분배하여 조금도 한 쪽으로 치우치지 않도록 지어졌다.

그런데 로마제국 시대의 건축물과 회교도 건축물은 큰 차이를 보인다. 위에서도 설명했듯이 로마제국 당시는 영적 과학 차원에서 기의 존재를 중요하게 여겨 건축에 접목시켰지만 회교도 건축은 생활에 편리하도록 건축했다. 이것은 움직임에는 편리할지 몰라도 영적으로는 자유롭지 못하여 삶이 고달팠을 것으로 본다.

현재 학교에서 건축공학을 학생들에게 가르칠 때, 천기를 모을 수 있는 구조공학을 가르치면 많은 사람들이 편안하게 생활할 수 있으며, 국가 번영에도 이바지하는 길이 될 것이라고 생각한다.

천기를 모으는 조건은 아래와 같다.

첫째, 수맥이 없어야 한다.

둘째, 좌향을 주위와 균형을 이루도록 정해야 한다.

셋째, 납기처(기운의 입구)를 확인하여 출입구를 결정하고 기운이 새지 않도록 해야 한다.

넷째, 천기를 가둘 수 있는 건물 모양을 결정해야 한다.

다섯째, 내부 구조를 결정하여 기운이 회전하도록 해야 한다. 이때 가구 배치도 결정한다.

<제우스 신전>

제우스 신전이 있는 공원 내에 혈이 맺힌 곳이다. 앞에는 자기 안산을 세워 오른쪽 계곡에서 불어오는 바람을 막는다. 커다란 과협을 이루고 현무봉을 세웠고 아래로 내려와 건물터에서 약 45도 방향으로 입수되어 자리를 만드는데 건물은 거의 혈의 중심에 세웠다. 혈처는 주위 국의 중심에 위치해 있다.

　공원 남쪽이 남문 출입구인데, 파구처는 완벽하게 관쇄가 잘 되어 있었다. 국의 내부 기운을 잘 갈무리하고 있다. 동서를 불문하고 자연의 이치가 같음을 느낀다. 위의 혈처를 제외하고 모든 건물은 원형이며 일부 건물은 정방형으로 지어졌고 출입구는 기운이 들어오는 곳으로 정확하게 정하였고 건물 내부는 천기를 모아 생기가 가득하도록 지었다. 생활과학뿐 아니라 심령과학 면에서도 대단하다고 본다.

　〈Al-Azraq Casle〉

　오아시스 작은 마을 한가운데 있는 성인데 <아라비아의 로렌스>라는 영화의 실제 무대가 바로 여기다. 1917년 T. E Lawrence가 오토만 제국을 상대로 일어난 대아랍혁명의 헤드쿼터로 사용했던 곳이다. 이곳에서 로렌스가 아랍혁명에 참여했던 것.
　여기서는 역사적 고찰이 아니고 풍수지리상으로 살피는 곳이므로 풍수지리의 차원에서 설명하고자 한다. 바닥이 평탄한 암반으로 이루어진 위에 돌을 쌓아 축조한 곳인데 큰 암반이므로 수맥은 없으며, 건물은 정방형으로 짓고 출입구는 하나만 내어 기운이 들어가서 나오지 못하도록 지어졌다. 내부는 넓은 공간인데도 천기가 골고루 응축되어 있다.

　<예수님 세례 터와 강의 터>
　이곳 요르단 강에 양 발을 담그는 사람도 있고 물로 얼굴을 닦는 사람도 있었다. 나는 손만 씻었다, 경건한 마음으로. 당시의 예수님은 굉장한 기감을 가지신 분이며 기운을 모으는 법을 아셨던 분인 것 같다.

세례 터

세례 터와 제자들에게 강의하신 강의 터는 천기가 가득한 혈이다.

<네보 산>

네보 산에서 내려다본 풍경

　모세가 이집트 땅에서 이스라엘 백성들을 이끌고 네보 산을 넘다가 이 정상에서 숨을 거두었다는 곳이다. 맥은 흐르지 않지만 교회 건물은 천기가 모이도록 건설되었다.

<아즐룬 성>

바로 여기가 아즐룬에 있는 이슬람 성채

성에서 바라 본 파구처(용맥이 달려 오는 쪽으로 파구가 되어 있음)

성에서 바라본 힘차게 달려오는 내룡(來龍)

　숙소에서 8시에 현지인 2명과 우리 직원 3명이 아즐룬 성(Qal'at Ar-Rabad)을 보기 위해 출발을 했다. 다른 사람들은 단순히 성 자체를 관광하는 것이 목적이지만 나는 혈과 맥의 유무를 확인하러 갔던 것이다. 도착하자마자 나의 발길이 빨라졌고, 탐봉(L-Rod)을 잡은 손과 머리의 회전이 분주하다. 외국 관광객들이 신기한 듯 바라보고 사진까지 찍는 사람이 있었다. 나는 그것에 개의치 않고 나의 목적을 위해 정신집중을 하였다.

　주위 국이 둥그렇게 감싸고 보호를 받으면서 가운데 우뚝 솟은 성은 혈 덩어리였다. 어떻게 이곳을 알고 성을 쌓았는지 감탄할 따름이다. 돌혈이며 주위 사격의 거리가 일정하고 둥그렇게 된 가운데 정확히 혈심에 자리를 잡았다. 파구도 겹겹이 얽히어 내부 기가 밖으로 쉽게 빠지지 않도록 되어 있다. 웅장한 돌을 운반하여 어떻게 산꼭대기

고정관념을 깨다　433

에 성을 쌓았는지 신비 그 자체다. 돌을 조각하고 다듬어서 아치형으로 천정과 지붕을 만들고 창문과 통기구를 낸 것이 정교하기 이를 데 없다. 이것은 종교의 위대한 위력과 수학적이고 과학적인 것의 뒷받침이 아니면 불가하다고 본다.

이곳은 천기혈을 다루는 장이지만 혈이 맺힌 곳을 싣는 것은 요르단에 있는 유적지를 다루었기 때문에 함께 기록하는 것이다. 혈이 맺힌 곳은 어디를 가든지 혈처는 중심에 있고 주위 국(局)은 감싸면서 균형을 이루고 국(局) 내에는 많은 사람이 살고 있다는 것이 공통적이다.

요르단의 역사는 선사시대부터 거슬러 올라가 BC 500년부터 AD 1세기에 걸쳐 나바트 왕국이 수도 페트라를 건설한 후 그리스·로마 시대를 걸치면서 데카폴리스, 제라쉬 등이 세워졌고 구약성경에 나오는 역사적 성지 느보 산, 예수 세례 터, 롯의 동굴과 소금기둥, 그리고 소돔과 고모라의 이야기를 가지고 있다.

십자군전쟁을 이야기하면 영화 <킹덤 오브 헤븐>이 생각난다. 아랍의 영웅 살라딘 장군이 십자군의 성채인 카락을 정복한 후, 그의 조카가 이곳 아즐룬에 1184년 이슬람 성채를 만들었다고 한다.

 입수 쪽 옆으로 출입구를 제외한 성 주위가 움푹 파여 적들이 접근하지 못하도록 되어 있다. 입수처인 출입구는 손상이 전혀 없다. 자연의 기운을 알고 축조한 것 같은 느낌이 든다. 성 꼭대기가 자연석으로되어 맥의 흐름을 손상시키지 않았다. 내부와 자연적인 것은 원형 그대로지만 인위적으로 쌓은 곳은 세월 앞에는 어쩔 수 없다. 겉은 사각형이지만 내부는 원형의 아치로 되어 있으며 대부분 원형을 이룬다. 방마다 각각 생기가 가득하다.

***천광하림**(天光下臨)

곽박(郭璞)의 장경(葬經)에 '천광하림(天光下臨)'이라는 문구가 나온다. 이 천광하림이라는 문구를 후세 사람들은 나름대로 해석을 하고 있다. 풍수지리를 연구하는 학자들이 천광하림에 대하여 잘못 해석하여 사람들에게 많은 피해를 주고 있으니 이 기회에 필자의 경험으로 설명하고자 한다. 백학명은 구법에 의거하여 다음과 같이 논하고 있다.
 1. 양택의 중앙부분을 새로 축조한다.
 2. 집의 기와를 걷어내고 하늘의 양광(陽光)을 백일 동안 받게 한 다음 다시 기와를 덮는다.
 3. 100일 동안 이사를 나갔다가 다시 이사를 들어온다.
 4. 음택은 광중의 金頂이 보일 때까지 파고 다시 새로운 흙으로 봉분을 덮는다.
 곽위상(郭遠祥)은 비록 7운에 건립한 양택에 지속적으로 사람들이 거주하면 8운으로 진입할지라도 대문, 창문, 가구 등을 통하여 당운의 기가 들어와서 8운으로 바뀐다고 말한다.
 "七運轉八運 變身成爲當運樓 提升家宅旺氣入八運"
 유계치(劉啓治)는 모든 집은 전운(轉運)이 되면 새로운 비성반을 만들어 길흉을 논해야 된다고 말하고 있다.
 이런 부분에 대한 필자의 생각은 다음과 같다.
 1. 양택에 거주하는 사람들이 아파서 병원 신세를 많이 지는 경우는 지병이 있어서 그런 경우도 있지만 수맥 위에서 거주하는 경우도 있을

수 있으니 수맥을 확인해 보는 것도 나쁘지 않다고 본다. 집안에 수맥이 흐르면 음침한 기운(汚氣)이 실내에 가득 차 있어서 신선한 공기를 밀어낸다. 몸이 건강하고 정신이 맑아야 일에 의욕이 생기고, 하는 일마다 잘 풀리는 것이다. 학생들도 지칠 줄 모르고 공부를 하게 되니 성공할 수밖에 없다.

  2. 바람 길에 집이 있으면 온화한 기운을 밀어내어 건강을 잃게 된다. 바람이 몰아치는 곳의 바람을 살풍(煞風)이라고 한다. 공기는 온화한 것이 좋다. 뒤에 산이 있어 북서풍을 막아주고 남쪽을 향하여 집을 짓는 것도 살풍을 피하는 한 방법이다.

  3. 풍수지리(風水地理)는 바람과 물과 땅의 이치를 연구하는 학문이다. 물이 흐른다는 것은 지형이 낮고 골이 생기는데 바람 길이기도 하다. 생명체는 물이 없으면 살 수 없고 바람(공기의 이동)이 없어도 살 수 없다. 그러나 지나친 것이 문제다. 온화하게 변화시켜야 한다.

  4. '풍수지리'라면 좌향을 논하게 되는데, 잘 살고 성공한 사람들의 주택과 선대 음택을 살피게 되어 양택과 음택의 좌향과 주위 사격을 보고 정리하기 시작하였다. 터의 근본적인 것을 배제한 채 외형적으로 거론하여 정리를 거듭하였다고 본다.

  5. 앞에서 여러 차례 강조하였지만 혈처라는 것은 발원지에서 맥이 발원하여 진행하다가 바람을 갈무리할 수 있는 곳에서 멈춘 곳이다. 맥이 멈춘 곳에서는 주위 여건이 이미 완벽하게 짜여 있다. 뒤에서 논하는 이기(理氣, 玄空大卦)대로 되어 있다. 이것이 자연의 이치다. 정확한 위치를 찾아서 조금도 벗어날 수 없도록 조치하는 것이 지사의 의무다.

  6. 위에서 거론한 천광하림(天光下臨)의 논리는 다음과 같다.

  지구는 남북으로 자기장이 형성되어 있고 지하에서 지자기파장이 밖으로 나오는데 안정된 주파수는 7.8헤르츠라고 한다. 맥으로 뭉친 혈처는 혈토라고 하는 일정한 입자로 되어 지자기파장이 혈토 층을 통과할 때 고르게 분출되므로 주위와 구분되는 것이고 수맥이 둥글게 감싼 수기 층을 통과한 지자기파는 높게 형성되어 큰 그릇을 이루어 내부에 공기를 가두게 된다. 맥이 진행하면서 둥글게 형성된 곳도 같은 이치이고 혈처를 감싼 후 내려가는 원진수가 둥글게 형성하여 공기를 가둔 것도 같은 이치다. 이것을 곽박은 천광하림으로 표현했다. 필자는 이것을 천기혈(天氣穴)로 간주한다. 자연이 만들어낸 파장 그릇은 높고 깊은 그릇이지만 필자가 제안하는 바, 지상에 설치하는 공기를 담을 수 있는 그릇은 제한적이므로 기운의 역량에 차이가 있다.

7. 음택이 잘못되어 후손이 폐절하는 것은 좌향과 시운이 맞지 않아 폐절하는 것보다 근본적인 원인이 다른 데 있다고 본다. 첫째는 수맥 위에 매장되었고 바람 길에 놓이게 된 것이다. 움직이는 사람도 영향이 큰데 고정적으로 영향을 받는 유골은 잘못될 수밖에 없다. 그 영향이 후손에게 전달되어 어려움을 겪는 것이다. 장례 후 좋지 않은 변화가 있으면 주저하지 말고 원인 분석을 하여 조치했으면 좋겠다. 풍수지리는 미신이 아니라 심령과학이다.

8. 양택도 이사한 다음 기분이 좋지 않으면 전문가에게 도움을 요청하여 수맥을 확인하고 수맥이 있으면 수맥을 차단하고 가구 배치와 함께 집기 위치를 변경하여 천기를 모을 수 있도록 하고 집안 분위기를 양명하게 바꾸어 행복하게 살 수 있도록 해야 한다. 집이라는 것은 공기를 담을 수 있는 큰 그릇으로 보면 된다. 규모나 모양이 비슷하더라도 일부 가옥은 기운이 차단되고 있다. 필자가 내부를 확인했더니 건물 내로 수맥이 흐르고 있었다. 수맥을 차단하고 다시 확인을 하니 좋은 기운이 건물 내에 가득했다.

수맥이 흐르면 수맥으로 인하여 나쁜 기운이 좋은 기운을 밀어내고 공간을 점유하고 있어서 수맥 위에 있지 않더라도 그 공간에서 생활하는 사람은 정상적인 컨디션이 아닌 것이다. 건장한 사람은 즉시 느끼지 못하더라도 오랫동안 나쁜 공간에서 생활하면 서서히 기분이 가라

앉아 지구력이 떨어질 수 있다고 본다

천광하림(天光下臨)의 원리를 잘 활용하여 모든 사람들이 건강하고 행복한 삶을 영위했으면 좋겠다. 이것이 필자의 바람이다.

우리나라의 전국 곳곳에는 맥의 발원지가 골고루 분포하여 지역마다 명혈을 맺고 있다. 명혈이 있는 곳에는 풍수지리에서 길사라고 하는 사격이 나열되어 있다. 한 국내(局內)에는 명혈이 몇 안 되는데 대부분 생지로 있고, 주위에는 묵묘들이 널려 있다. 이곳에서 지번을 기록하면 필자는 많은 죄를 짓게 되므로 모두 밝히지 못하고, 특별한 몇 곳만 아래에 소개하고 위치를 마을(里)까지만 나타내고자 한다. 위에서 혈이 맺히는 원리와 보는 법을 설명했으므로 독자들은 참고하여 검토하기 바란다.

반궁수(反弓水) 지형에서는 혈이 맺히지 않는다

강원도 춘천시 남면 발산리, 합장지

도로에서 쳐다보면 둥근 봉이 보인다. 냇물에 접한 능선 끝은 절벽이고 암반으로 되어 있다. 혈처가 암반 위에 있을 줄 알고 접근하니 맥의 진행 방향에서 옆으로 돌려 왼쪽 보호사를 안산으로 하고 득수처를 이루었다.

　지도상으로는 반궁수(反弓水) 형국이다. 시중의 어느 풍수 서적에는 반궁수 형국에는 자리가 없다고 기록되어 있다. 능선과 마주치는 반궁수에는 바람을 막을 수 없으므로 혈을 맺는 경우가 드물지만 이곳처럼 방향을 돌려 득수국을 이루며 득수에서 불어오는 바람을 전순이 바위로 완벽하게 방어를 하여 바람을 공중으로 날리고 혈처는 오목하여 바람을 피할 수 있는 곳이면 혈은 어디서든지 맺게 된다고 본다. 때로는 고정관념에서 벗어날 필요도 있다.

혈은 박환된 곳에서 맺힌다

강원도 춘천시 남면 가정리, 합장지

산 입구에 들어서니 암석이 길을 방해한다. 거친 암반이 서 있는 것을 보고 한참 뒤에 자리가 있음을 직감하면서 한참을 올랐다. 오를수록 바위들이 조금씩 부드러워지기 시작했다. 혈처에 이르러서는 바위가 없고 잔돌만 약간 깔렸다. 더 오르려고 하니 날카로운 능선에 돌이 박혀 있다. 스틱으로 찌르니 고운 혈토가 나온다. 지표의 잔돌은 위장이다. 능선 입구의 거친 선돌은 수문장인 셈이다.

풍수지리에 박환(剝換)이라는 말이 있다. 거친 암석이 고운 흙으로 바뀐다는 말이다. 고운 흙으로 바뀐 곳에 혈처가 있다는 뜻이다. 이 말을 액면 그대로 받아들이면 안 된다. 아래에 암반으로 받치고 있는 상부에 혈이 있는 곳이 많기 때문이다. 맥이라는 것은 전기가 발전소에서 발전하여 도체를 타고 흘러 우리가 사용하는 곳곳에 보급되듯이 발원지에서 발원하여 맥토라는 특정한 매개체를 타고 흘러 한 곳에 머무는 것이다.

발원처는 흙산에서 발원하여 더 이상 아래로 흐르지 못하도록 암반으로 막으면서 혈을 맺기도 하고 돌산에서 발원하여 돌 틈새로 흘러 돌이 전혀 없는 곳에 혈을 맺기도 한다. 박환이라는 말은 인간이 스스로 생각하여 그럴 것이라 여기면서 책에다 표현했다고 본다.

맥의 발원지(태조산)는 거칠고 위압적이다

이곳에서 발원한 맥에서 11개의 열매를 맺었다. 높지도 않고 거칠지도 않고 강해 보이지도 않고 부드러운 곳에서 많은 열매를 맺은 편이다. 시중의 풍수 서적을 보면 발원지인 태조산은 거칠고 위압적인 것이며 진행하면서 서서히 박환되어 부드럽게 되는 것으로 묘사되어 있다. 신비감을 주기 위해 풍기는 외모가 위압적인 것으로 표현되어 있다.

필자가 여러 곳의 발원지를 살펴본 바로는 거친 암반으로 이루어진 석산도 있고, 속은 어떨지 모르나 겉모습은 흙으로 이루어진 부드러운

충남 논산

토산도 있었다. 어느 곳은 둥글둥글한 바위로 된 곳도 있고, 시작은 토산이었으나 진행하면서 석맥을 이루는 산도 있었다.

우리는 풍수지리 공부를 하면서 고정관념에서 벗어나야 한다고 본다. 필자가 연구한 바에 의하면 불꽃같은 형상의 거친 암반이 있는 곳은 맥이 발원되지 않았다. 바위산이더라도 맥이 발원되는 곳은 부드러운 감을 풍긴다. 풍수지리 책에 위압적으로 표현된 것은 잘못되었다고 본다. 속리산의 문장대와 지리산의 노고단을 올라본 사람들은 이해할 것으로 본다.

동북아의 산맥은 중국 수미산에서 발원하여 각처로 전달된다고 중국에서 발간된 책에 기재되어 있다. 이 말도 잘못되었다. 수미산이 중국에서는 중심이 되는 산이고 백두산은 한국에서 가장 높기 때문에 당연히 그럴 것이라고 믿는 데서 근거를 찾는다.

중국에서는 각 지역에 중심이 되는 산이 있어 각각 독립되어 발원되고, 한국에서도 각처에 중심이 되는 산이 있어 독립적으로 발원된다. 중동에서도 맥이 감지되는데 그곳의 맥도 그 지역의 중심이 되는 산에서 발원하여 각지로 전달된다.

이것은 필자가 직접 맥을 따라 거슬러 올라가서 확인한 사실을 근거로 제시하는 것이다. 어느 발원지에서는 60여 개의 혈처를 낳는 곳도 있고 어떤 발원지에서는 단 하나만 혈을 맺은 곳도 있다. 상기의 열매는 대혈을 기준으로 하는 것이고, 소혈은 많이 있을 것으로 보며, 맥이 없는 곳에서도 천기혈을 맺는 땅이 많이 있다.

우리는 과학이 발달한 이 시점에서 풍수지리도 생각을 바꾸어야 한다고 본다. 맞지도 않는 옛 것에 매달리지 말고 잘못된 것은 과감하게 변화시켜야 한다. 변화시키는 것이 아니라 바르게 찾는 것이다. 우리는 풍수지리 공부를 하면서 고정관념에서 벗어나야 하고 덕이 있는 스승을 만나 기술을 전수 받고 발품을 많이 팔면서 스스로 깨우쳐야 한다고 생각한다.

명당(明堂)에 의한 지명(地名)

영덕 칠보산(七寶山)

  영덕 칠보산은 경북 영덕군 병곡면에 소재하며 울진군과 경계를 이루고, 현재 지도에는 810m 높이의 칠보산으로 표기되어 있으나 옛 지도를 보면 185m인 현재 칠암산도 칠보산으로 표기되어 있다. 책에는 낙동정맥이 백암산을 거쳐 남쪽으로 뻗어 내리다가 동쪽 해안가에 솟구쳐 오른 산으로 표기되어 있으나 영양군 수비면에 속해 있는 검마산이 발원지다. 칠보산의 유래는 아래와 같다.

  고려 때 중국의 현자가 이곳을 지나며 샘물을 마셔보고 물맛이 여느 샘물과 달라 필시 이 곳에 귀한 물건이 있을 거라는 말을 남기자 나중에 지역민이 찾아보니 돌옷, 더덕, 산삼, 황기 등 4가지 약초와 멧돼지, 구리, 철이 많음을 알고 칠보산(七寶山)이라 부르게 되었다고 한다. 다른 일설은 신라 선덕왕의 일곱 공주가 이곳에서 살다가 선화(仙化)하여 신선(神仙)이 되었다 하여 칠보산이라 불리게 되었다고 하는, 전래의 흔한 일곱 가지의 보편적인 것이 있으며 근대의 새로운 개념으로 바라보는 신칠보(新七寶)는 아래와 같이 표현되기도 한다고 기록되어 있다. 몽중루의 칠보산 칠보경(七寶景)은 아래와 같다.
  1. 칠보산의 동해 일출(日出)
  2. 등운산의 망운(望雲)
  3. 유금치의 망해(望海)
  4. 등운 팔각정의 낙조(落照)
  5. 칠보산의 솔숲(松林)
  6. 칠보산 휴양림의 일락휴(日樂休)

7, 칠보산의 산채미(山菜味)

그러나 필자는 풍수지리의 관점에서 다른 차원으로 본다. 영덕 칠보산에는 대통령, 총리, 장관이 날(出) 수 있는 보석이라고 불릴 만한 명당이 7개소가 있다. 모두 천장지비(天藏地秘)하여 지형은 변형되어 있고, 위장물이 혈처에 있기도 하며, 지형이 퍼진 곳에 입수맥의 흔적만 있을 뿐 교과서적인 측면에서는 접근이 어렵다.

칠보산에는 810m 칠보산과 165m 칠보산(현 철암산)이 있다. 165m 칠보산 주위에 보물이 모두 있다. 고려 때 중국 현자가 칠보를 거론했던 것이 이것을 두고 이야기했던 것으로 여겨진다. 혈의 등급이 모두 비슷하며, 정승, 판서(총리, 장관)가 나오(出)는 규모도 비슷하다. 이보다 더 큰 보물이 어디 있겠는가. 물맛이 좋았던 것은 맥을 호위하는 원진수가 명혈을 맺고 아래로 흘러 지상으로 분출되어 샘물이 되었던 것으로 볼 수 있다. 전국에 물맛이 좋기로 유명한 곳은 혈을 맺고 분출된 곳이 많다.

포항 구룡포(九龍浦)

구룡포라는 지명은 9마리 용이 승천하였다고 하여 구룡포라 하였고 용이 승천하면서 꼬리로 형주산 허리를 쳐서 경주 일대에 고인 물을 바다로 흐르게 하고 떨어진 흙더미가 날아가서 이루어진 곳이라 하여 구룡포라 명명했다고 기록되어 있으나 필자는 달리 생각한다. 용은 가상의 동물이다. 실제 용이 있다면 오늘날도 용을 본 사람이 있을 터인데 어느 누구도 실제로 용을 본 사람이 없다.

필자는 답산을 하면서 구룡포 일대의 9개소에 등급이 똑같은 9개의 혈처를 보았다. 혈처는 풍수에서 일컫는 용의 꽃이라고 할 수 있다. 한 지역에 9개의 혈처가 있으므로 옛 어느 현자는 구룡이라 표현했으며, 9개의 혈처가 있으니 현명한 자는 찾아보라는 암시라고 여겨진다. 2곳은 비어 있으며, 1곳은 정혈에 썼으나 좌향이 잘못되었고, 1곳은 근래에 썼으나 혈처를 벗어났으며, 1곳은 혈처를 벗어나서 묵묘이고, 나머지는 근처까지 갔으나 혈처를 벗어났다. 비어있는 2곳 중 한 곳은 어느 정도 알 수 있으나 한 곳은 기감이 없이는 전혀 알 수가 없을 것이다. 묵묘로 된 곳은 지금 써도 무방할 것이고, 나머지 네 곳은 오랜 세월이 흘러 혹시 묵묘가 되면 누군가가 쓸 수 있을 것이다. 그렇지 않고 현재 묘주가 인연이 된다면 정혈로 이장을 할 수도 있다. 자연의 이치는 오묘하여 이런 것을 두고 천장지비라 했던가. 때가 되지 아니하여 주위에 묘를 쓰게 하고 오래도록 보존하기 위해서일 것으로 본다.

울진 호월리(虎越里)

자리 아래에 2기의 묘가 있는데 이곳은 돌이 박혀 있어서 마치 암반을 방불케 하고 아래 묘의 현무봉으로 착각하게 한다. 이 자리 아래는 진짜 암반으로 되어 있으나 이 자리의 돌들은 박힌 돌이 아니며 돌로써 천장지비를 이루었다. 형기적으로는 청룡, 백호의 감쌈을 봐서는 현재 있는 묘가 자리인 것처럼 누구나 생각할 것이다.

울진군 울진읍 호월리 건좌(乾座, 天地否)

현재 묘가 자리가 되려면 당판이 넓고 둥글게 되어야 한다. 이곳은 밋밋하고 길게 흐른다. 혈처의 자리는 입수가 가늘고 맥이 힘차게 와서 머리를 세우고 유혈(乳穴)을 맺는다. 이 자리 아래에 능선이 흘러가서 작은 봉을 세우고 백호가 봉 앞으로 길게 돌아서 막는다. 좌향은 백호 쪽으로 약간 틀어 건좌로 놓아야 하며 좌향이 왼쪽으로 약간만 틀어지면 효과는 반 이하로 줄어든다.

강릉 산계리(山鷄里)

오목한 숲속에 꿩이 웅크리고 있는 형국이다. 앞산이 너무 가까워서 답답한 느낌이 들기도 하지만 숲속에 꿩이 웅크리고 앉아 있다고 생각하면 포근한 감을 주기도 한다. 좌우 선익이 두툼하여 골짜기가 보이지 않고 골바람을 막아 주고 있다.

강릉시 옥계면 산계리 風水渙6,2. 火山旅8,3. 水澤節8,7. 雷火豊6,8.

　주위에 범바위도 있고 서당바위도 있다. 범바위는 산닭이 날아서 도망가지 못하도록 노려보고 있고 서당바위는 큰 인물이 태어날 것을 암시하는 의미로 작명을 했을 것으로 본다. 주위 산의 바위들은 모두 거무틱틱하지만 내룡(來龍)상에 맥이 흐르는 곳의 바위들은 모두 황금색을 띠고 있다. 선익의 바위들도 검다. 주차된 곳에서 산길로 30분 거리이므로 정성이 없이는 쓸 수 없는 곳이다.
　내룡(來龍)과 좌의 괘운은 합오이고 내룡과 수구는 합십이고 착괘가 되며 좌와 수구는 칠성타겁인 동시에 괘운은 합생성을 이루고 내룡과 향은 괘운 합생성인 반면 칠성타겁이다. 향과 수구는 괘운 합십오가 된다. 시운에 구애받지 않는 불패지국(不敗之局)이다.

진안 오룡리(五龍里)

전북 진안군 부귀면 오룡리에는 등급이 비슷한 대혈이 5개가 있는데 한 곳은 훼손되고 네 곳은 생지로 주인을 기다리고 있다.

①오룡1

수평에 가까운 능선을 타고 맥이 내려오는데 능선 여러 곳에 묵묘가 있지만 맥은 이 묘들을 모두 피해서 내려와 두툼하면서 오목한 곳에 자리를 잡았다. 골짜기 끝자락에 있는 능선이며, 능선 앞에는 저수지가 조성되어 있다. 이곳은 오룡리에 있는 오룡 중 하나다. 능선 좌우는 급경사를 이루고 전순 앞도 경사가 심하며 끝이 뾰족하여 저수지를 지나 불어오는 바람이 양쪽 골을 타고 지나가게 함으로써 혈처에는 영향이 없도록 하고 있다. 혈처는 지형과 위치에 따라 지형지물을 교묘하게 이용하여 자기 몸을 보호하고 있다. 하지만 이곳은 금방 알 수 있는 곳인데도 주위에 여러 묵묘들이 있으니 임자가 아니면 보이지 않는가 보다.

②오룡2

　능선이 급하게 평지까지 내려와 수평을 이루고 끝은 두툼하고 둥그렇다. 전순에서 조금 뒤로 물러앉기는 했어도 좌우는 다른 곳처럼 두툼하지도 않다. 전순과 거의 같은 폭이다. 그런데도 조용한 것은 지대가 낮게 위치해 있기 때문이다. 파구 끝은 좌우의 보호사가 겹쳐 바람은 파구의 왼쪽으로 오르고 잔여 바람만 이곳으로 오는데 이곳에서 주위가 넓어 바람이 약해지고 더욱이 전순 끝은 뱃머리처럼 생겼으므로 배가 물을 좌우로 가르듯이 바람을 좌우로 가른다. 특히 이곳은 입수처에 돌이 박혀 있으며, 혈처에도 돌이 있으므로 바위산처럼 보이게 한다. 그러나 혈처에 있는 돌은 발로 차면 움직이는 돌이다. 사용할 때 돌을 들어내고 사용하면 된다.

③오룡3

 능선이 구불구불 내려와 평탄하고 둥그런 자리를 마련한다. 누가 보더라도 이곳에 자리가 있을 것 같은 곳이다. 물론 뒤에는 고총도 있다. 육안으로 보면 고총이 있는 곳이 자리처럼 보인다. 하지만 맥은 고총 옆을 지나 앞으로 나온다. 자리에서 옆을 보면 넓지도 않은 것처럼 보인다. 그러나 좌향을 정하고 향을 향해 서서 좌우를 보면 좌우가 가장 넓다. 자연은 자리를 은폐하는 방법이 여러 가지가 있다고 하지만 이곳처럼 눈을 현혹시켜 천장지비하는 방법에 감탄을 하지 않을 수 없다. 전국에 많은 명혈이 있지만 같은 모양을 한 자리는 한 곳도 없다.

④오룡4

　능선이 급경사로 내려와 오목해진다. 혈처는 오목한 뒤의 완만한 경사지에 있다. 오목한 곳에는 묵묘가 있으며 아래에는 돌이 박혀 있는데 혈처를 중심으로 원을 그리고 있다. 자연이 암시적으로 훈을 증명해 보이고 있는 것이다. 물론 고총에서는 균형이 맞지 않는다. 다만 오목할 뿐이며 혈처를 지키기 위하여 사람의 눈을 유혹한 것이다. 좌우는 두툼하고 좌우 아래는 급경사이고 전순 아래도 경사가 심하므로 바람을 공중으로 날리어 이곳은 조용하다.
　이곳은 오룡리의 다섯 용 중에 네 번째 용이다. 한 곳만 주위에 묘가 없고 다른 곳은 혈처를 피해서 주위에 여러 기의 묘들이 있으며 근래에 조성된 묘를 제외하고 모두 묵묘들이다. 명혈의 뒤에 있는 묵묘들은 내맥(來脈) 좌우로 흐르는 원진수 위에 놓였고 혈처 아래에 있는 묵묘들은 혈처를 감싼 후 지그재그로 흐르는 원진수 위에 놓여 수맥파의 영향을 받고 있었다. 혈처 좌우에 있는 묵묘들은 혈처를 보호하기 위하여 불룩한 곳의 바람 길에 놓여 바람의 영향을 받고 있었다. 혈처는 바람을 스스로 막든지 주위에서 막아주는 곳에 형성되어 있다.

영동 용암리(龍岩里)

황간면에 있는 용암리에는 명혈이 12개가 있는데 한 마을(里)의 좁은 공간에 명혈이 12개가 있는 경우는 드문 현상이다. 전국 지명을 보면 용(龍)자나 계(鷄)자가 들어가는 곳에는 대부분 명혈이 존재한다. 이곳 용암리에는 초강천이 감아 돌고 있으며 가까운 곳의 지명은 금계리, 연화동이 있으며 산수가 아름다운 왕산과 월류봉이 있다.

①능선에 있는 얼마 되지 않은 묘지들은 관리되고 있지만 오래된 묘들은 고총이 되어 있다. 능선 입구의 암반으로 보아서 큰 맥이 흐르지 못하도록 차단하고 있음을 암시하고 있다. 능선에 있는 묘들은 암반 위에 있으므로 암반수의 영향을 받아 봉분에 이끼가 가득하다.

이곳에 있는 명당들은 능선이 흐르는 방향이 허하므로 불룩하게 하고 지각을 내려 안쪽에서 방향을 틀어 자리를 잡은 혈처를 보호하고 있다. 자리는 오목하며 앞에 전개되는 국이 균형을 이룬다. 맥이 진행하는 방향이 허하면 앞을 세우고 뒤로 물러앉든지, 자기 안산을 일으켜 보호를 하든지, 이곳처럼 방향을 돌려 앉든지 한다.

②능선 입구에 맥이 흐르지 못하도록 암반이 받치고 있다. 위에는 고총들이 수두룩하며 천기혈이 맺힌 곳이 2개소 있는데 이곳에 있는 묘들도 실혈을 하여 묵묘다. 이곳 자리는 평지 능선에 맺힌 기마혈이다. 좌우가 불룩하고 잡초 없이 깨끗하다. 풍수서적에는 능선에

묘지를 쓸 때 잘 쓰면 기룡혈(騎龍穴)이 되어 대혈이고 잘못하면 대부분 과룡처이므로 폐절한다고 쓰여 있다. 사람들은 기룡혈이 대혈이라는 문구에 현혹되어 묘지를 조성하고 있으나 위험하기 이를 데 없다. 혈처가 있는 주위 사격과 국이 아름다워 자기가 쓰는 자리가 영향을 받을 것이라고 생각을 하지만 이 모든 것은 명혈 한 자리를 위한 것이다.

③주산이 반듯하고 능선을 하나 내려 소봉을 일으키고 그 아래에 오목하고 평탄하게 터를 만들고 자리를 잡았다. 위아래로 묘지가 있고 혈처를 제외하고 습지의 풀들이 자라고 있다. 언뜻 보아 골바람을 받을 것 같지만 당판이 넓으며 오목하고 당판 아래는 급경사이므로 바람의 영향이 없고 아늑하다. 낮은 지대에 있는 자리들은 혈처 앞의 구릉이 낮고 교새를 하여 물이 몇 구비를 돌든지 이곳처럼 당판이 넓고 오목하며 당판 주위가 급경사여서 바람을 위로 날리고 있다. 한 마디로 바람에 무방비인 곳은 혈처가 아니다. 풍수지리에서 물과 지형의 형성 구조는 모두 바람을 갈무리하는 형태라야 한다.

④도로 아래에 있는 자리이며 예전에 밭으로 사용되던 곳이다. 도로 위쪽과 자리 앞과 옆은 묘지가 있으나 보는 순간에 음침함을 느낀다. 현무봉이 반듯하고 주위 사격이 아름답고 도로 윗부분이 평평하여 윗부분이 혈처일 것으로 생각할 수 있으나 이것은 아래에 있는 혈처를 숨기기 위한 눈속임에 불과하다. 이 묘지들은 근래에 조성한 것으로 깨끗하게 단장되어 좋게 보이지만 바람에 무방비다. 다행인 것은 바람이 퍼져 들어오므로 살풍이 아니라는 것이다. 초강천이 앞에 있으나 물은 혈처를 위해 돌기 때문에 바람의 영향은 혈처의 도움을 받기도 한다. 아쉬운 것은 봉분을 둘레석으로 하여 우수를 가두었다는 점이다.

⑤혈처를 앞에 두고 위에 가족 묘지를 조성했다. 석맥으로 입수되었고 아래에는 맥의 흐름을 암반이 차단하고 있다. 혈처 뒤에 제절을 조성하여 맥의 입수도두를 가리었다. 때가 되어 현자가 나타나서 안내하기 전에는 오래도록 숨겨질 것으로 본다. 맥이 흐르는 곳에 장사를 지내면 맥을 호위하는 원진수 위에 놓이게 될 확률이 높으므로 후손에게 미치는 영향은 크다. 풍수서적에 과룡에 장사지내면 3대 내에 향불이 꺼진다고 한 것은 이를 두고 한 말일 것이다. 현재 시중에 소개되는 풍수서적은 오랜 세월 속에 나타나는 경험들을 모아 기록한 것이며 무엇 때문에 좋고 나쁜지를 자세히 분석한 책은 없다고 본다.

⑥골짜기를 한참 들어가면 막다른 곳에 보호 능선이 감아 돌고 암반이 먼저 맞는다. 능선 위에는 암반 사이에 여러 기의 가족 묘지가 있으며 앞이 시원스럽다. 혈처는 앞에 있으며 전순이 뚜렷하고 주위보다 평평하고 안정적으로 보인다. 다만 주위가 조금 패여 어수선하게 보인다. 이것은 오랜 세월 속에서 풍우에 깎인 결과다. 태초의 형태 그대로 있기를 바라는 것이 잘못된 생각이다.

위아래가 바위이므로 너무 깊게 파면 안 되고 청광할 때 혈토를 확인하면서 내광을 조성해야 한다. 혹시 혈토가 암반 아래에 있어 보이지 않을 경우에는 고운 흙을 깔고 시신을 안장하면 된다. 이것을 풍수서적에는 배토장이라 기록하고 있다. 이때 주의할 것은 암반이 약간 불룩하여 물이 고이지 않아야 한다. 물이 고이면 암반수가 되기 때문이다.

용암리는 이름 그대로 자리마다 바위가 없는 곳이 없다. 바위 사이로 맥이 흐른다. 어느 풍수서적에는 석산에는 혈이 없다고 기록되어 있지만, 이것은 잘못된 것이라고 본다. 천하 대혈과 장군이 나(出)는 혈처는 바위산에 많음을 확인했다. 주의할 것은 혈처가 아닌 곳은 암반수의 영향을 받을 수 있으므로 확실히 모르면 접근을 하지 않는 것이 좋다고 본다. 지나친 욕심은 화를 부른다.

⑦위에 있는 자리를 확인하고 내려오다 오목하고 평평하며 넓은 곳이 있어서 확인을 하니 입수도두가 분명하고 골짜기 옆인데도 당판이 넓고 오목하며 기슭으로 들어가서 바람의 영향이 전혀 없다. 예전에 농사를 지은 흔적이 있는 전(田)으로 되어 있다. 자리는 장소와 위치를 가리지 않는다. 바람을 막을 수 있는 곳이면 어디든지 자리를 잡는다. 맥이 자리를 잡으면 균형이 잡히고 국(局)이 형성된다. 맥이 내려오다가 좌우의 균형이 맞지 않으면 방향을 돌려 균형을 맞추고 스스로 몸을 보호하기도 한다. 풍수지리에 관심이 있는 사람이 이러한 자연의 이치를 터득하면 자리가 보일 것이다.

⑧향이 골짜기와 접해 있으므로 전순이 절벽에 가깝다. 내룡(來龍)이 암반으로 되어 있고 평지에 가까운 곳에 혈처를 사이에 두고 묘지를 조성했으나 고총으로 변한 지 오래 되었다. 혈처를 사이에 두고 위 아래로 조성된 묘는 근래에 조성한 곳을 제외하고 모두 묵묘였다. 전순도 군데군데 암반이 노출된 것으로 보아 암반층일 것이다. 석중 혈이 아니고서는 암반 위에 묘지를 조성하면 암반 위에 고인 물로 인하여 영향을 받게 되어 후손에게 피해를 준다. 이곳처럼 석물을 사용하지 않으면 오랜 세월이 흘렀을 때 자연으로 돌아가지만 석물을 사용하면 패했을 때 석물로 인하여 흉물이 될 것이다. 대혈이 아니고서는 영원하지 않으므로 석물을 사용하지 않는 것이 바람직하다.

⑨위 아래로 묘지가 있는 사이에 자리가 천연적인 모습을 하고 있다. 입수도두와 전순이 뚜렷하고 아래에는 암반으로 받치고 있다. 하나의 파구를 구비한 곳에 대혈이 5개가 있는 경우는 드문 현상인데 모두 비어 있다. 내룡과 전순이 모두 암반으로 되어 있다. 이곳은 암반이 보이는 곳에서 얼마 되지 않으므로 당연히 암반이 있을 것으로 짐작하여 피했을 가능성이 있다. 암반이 있어도 맥이 흘러 당판을 이룬 곳에

시신을 안장할 공간에는 혈토만이 존재하므로 정확하게 점혈하면 염려하지 않아도 된다. 혈토가 나오는 곳은 봉분을 조성할 넓이밖에 되지 않으므로 지사는 숲이 우거진 곳에서 정확하게 점혈하는 것이 얼마나 중요한지 알아야 한다. 주의할 것은 혈토 층이 얕으므로 혈토가 보이면 천광을 멈추고 시신을 안장해야 한다. 깊이 파면 혈장을 훼손하게 되어 무용지물이 될 수 있다.

⑩현무에서 경사로 내려와 평하게 맥이 흘러 둥글게 뭉쳤다. 현재 묘지가 선점하였으나 실혈을 했다. 현재 묘는 맥이 흐르는 방향으로 좌향을 놓았다. 당판의 좌우가 기울어 균형이 맞지 않았음에도 조금도 의심하지 않고 묘지를 조성했다. 풍수서적에 당판이 기운 곳은 혈처가 아니라고 기록되어 있다. 혈이 맺힌 곳이라면 당연히 좌향을 지면이 기운 곳으로 돌려야 한다. 이곳은 좌우 보호사의 균형도 맞지 않으므로 당연히 향을 돌려야 한다. 향을 돌리고 주위를 살피면 당판뿐만 아니라 주위의 균형도 맞음을 보게 된다. 지사의 한 순간 실수가 한 가문을 망하게 하는 것이니 그 업보를 어찌 할 것인가. 풍수지리 공부가 어느 정도 되었으면 고정관념을 버리고 책은 참고만 해야 한다.

⑪골짜기 입구에서 마주 보이는 능선에 서기가 서려 올랐더니 돌로 뭉친 뒤에 혈처가 있다. 돌로 된 자기 안산이다. 용암리 일대가 암반으로 되어 있는 곳이므로 가기 안산을 세우는 곳까지 자연은 돌을 사용했다. 이곳에 있는 암반은 각진 곳은 없고 모두 둥글둥글하여 부드럽다. 이 자리는 능선에 있는 혈처이므로 좌우가 빵빵하고 급경사이며 자기 안산은 좌우로 퍼져 전면을 완전히 방어한다. 다음 자리를 보러 내룡을 더 올라가니 산에 임도가 닦여 있어서 맥이 손상을 입지나 않을까 싶어 확인해보니 맥이 능선의 높은 곳을 지나지 않고 휘어져 흐르고 있다. 마치 먼 훗날에 손상 입을 것을 미리 예측하여 휘어 놓은

것처럼 생각되었다. 자연의 오묘한 이치에 감탄하지 않을 수 없다.

⑫고총의 봉분이 무너져 거의 평토처럼 된 두 묘지 사이에 혈처가 있다. 물이 흐르지 않는데 입수도두가 물이 흘러 오목하게 파인 것처럼 보인다. 좌우가 두툼하기까지 하여 더욱 그렇게 보인다. 혈처의 오목함이 반듯하면 지금까지 남아 있지 않았을 것이다. 혈처의 천장지비술은 교묘하기 이를 데 없다. 전순에는 암반이 불룩하게 형성되어 좌우로 퍼져 전면을 완전하게 차단하고 있다. 이곳은 골짜기 끝에 있는 자리이므로 암반으로 전면을 야무지게 방어하고 능선의 입구에서부터 암반으로 무장하고 있어 맥이 샐 수 없다. 내룡이 암반으로 되어 있는 곳은 장군이 나오(⧘)는데 이 용암리에는 암반이 일반적이어서 장군이 나오(⧘)는 곳은 아니다.

진안 남계리

진안 남계리는 남에서 북으로 흐르는 용맥인데 닭이 많은 알을 품듯이 한 지역에 많은 명혈이 맺혔고 특이하기에 소개하면서 혈이 맺히는 조건은 방향에 구애받지 않고 혈이 맺힐 조건만 되면 어디에서도 맺힐 수 있다는 점을 설명하고자 한다.

①돌처에서 완만하게 내려와 수평을 이루면서 둥그렇게 뭉친다. 이곳에는 혈처를 기준으로 뒤에 묘가 2개 있고 앞에도 묘가 2개 있다. 맥은 뒤의 두 묘를 피해서 내려와 좌우가 가장 넓은 곳에서 자리를 잡았다. 유혈이며 주위가 넓지만 자리는 하나이므로 혈심에 정확하게 하나의 묘를 조성해야 한다. 땅이 없어 매장할 여력이 되지 않으면 차라리 화장을 하는 것이 흉지에 매장하는 것보다 나을 수 있다. 현재는 개인 땅이 없으면 어디에도 묻힐 수 없으므로 장례 문제가 심각할 수도 있

다고 본다. 혈처는 한정되어 있으니 혈장 내에 여러 대의 조상을 혈장 내에 합장하고 봉분을 하나로 하는 것도 대안이 될 수 있다고 본다. 다만 조건은 혈장이 넓어야 한다.

②경사자로 내려와 수평을 이루는데 수평을 이루려는 곳에 묘가 있으며 맥은 묘를 피했다. 묘 앞에는 웅덩이가 있는데 맥은 이 웅덩이도 피했다. 맥은 진행하여 자리를 잡기 전에 있는 묘도 피하여 자리를 잡았으니 전혀 손상되지 않았다. 혈처 앞에도 묵묘가 있는데 시신의 머리끝과 혈장은 약 한 뼘 정도 떨어졌다. 전형적인 유혈이며 좌우 옆에 가서 보면 두툼하고 앞을 보면 젖통이 아래로 처져 겹쳐진 모양과 같다. 전순과 둥그런 형태를 이루며 균형이 잘 맞는다. 어떤 사람들은 유혈이 여자의 유방과 흡사하여 혈처의 위치를 논하는 데 있어 사람마다 젖꼭지의 위치가 다르듯이 혈처도 주위 조건에 따라 결정되어야 한다고 주장한다. 점혈이 얼마나 중요한지 알려주는 곳이다.

③능선이 완만한 경사지에서 수평을 이루는 곳에 묘가 있는데 누구든지 이곳에 묘를 쓸 것이다. 그러나 이것은 아래에 있는 명혈을 지키기 위한 속임수에 지나지 않는다. 맥은 묘지 옆을 지나 경사지를 내려오다가 사선으로 내려가 넓은 공간의 오목한 곳에서 자리를 잡았다. 맥이 꺾이는 아래에는 돌이 받치고 있어 맥의 흐름을 유도한다. 혈처는 평탄한 넓은 공간에 점 하나 찍듯이 혈이 맺혔다. 이곳은 넓은 공간이므로 주위와 균형이 맞게 봉분을 좀 크게 만드는 것이 어울린다고 본다. 생기가 미치는 범위 내에는 풀 없이 깨끗하고 생기 밖은 풀들이 많이 자라고 있어 대조를 이룬다.

④맥은 비룡입수하여 돌처에 자리를 잡았다. 돌처 아래에는 묵묘가 있는데 묵묘와 혈심과는 약 3.5m 정도 된다. 돌처의 정상에 자리

를 잡는 것은 드문 경우이지만 그만큼 좌우가 넓고 두툼하며 아래는 급경사를 이루어 바람의 영향을 받지 않는다는 것을 의미한다. 혈처 앞은 경사가 완만하며 전순이 두툼하고 전순 아래는 경사를 이룬다. 맥은 과협의 경사지를 올라서자마자 자리를 잡는데 터를 닦을 때는 조금 낮추면 주위가 둥그런 모양이 되어 멋진 자리가 될 것으로 본다. 이때 주의할 것은 너무 깊이 파내어 혈토 층을 손상시키지 않도록 해야 한다. 혈처를 찾는 것도 중요하지만 정확히 혈심에 시신을 놓는 것이 무엇보다 중요하다.

⑤능선이 경사지를 내려와 수평을 이루면서 좌우로 두툼하게 펼친다. 전형적인 유혈이 잠자고 있는 것이다. 전순 아래도 평탄하며 이곳에는 묘지가 있으나 위의 자리를 위하여 유혹한 곳이다. 아무리 땅이 그럴 듯하게 보여도 일단 맥이 내려와야 한다. 무맥지에서는 대혈은 아니고 천기혈 정도 맺힐 뿐이다. 맥이 내려와 맺힌 곳은 모든 기운이 함축된 곳이지만 천기혈터는 공중의 기운이 응집되어 생기가 머무는 곳이므로 기운에는 한계가 있다. 풍수지리를 연구하는 사람이면 천기, 지기, 맥기, 수기와 생기, 오기를 구분할 줄 알아야 한다. 양택지에서는 납기처를 구분하여 출입구를 선정을 할 줄 아는 것도 기본이다.

⑥급한 경사지를 오르니 평탄한 곳이 나타나는데 여러 기의 묵묘들이 숲 속에 방치되어 있다. 묘지 뒤쪽에 좌우로 크게 벌리고 좌우로 마치 인력으로 쌓은 것처럼 두툼한 현능사가 형성되어 가운데 혈처를 보호하고 있다. 이곳에는 사방에 고축사가 놓여 있다. 사방에 고축사가 이곳처럼 많이 있는 곳은 드문 현상이다. 이곳 남계리에는 골짜기 좌우로 혈처가 7개 있는데 모두 대혈들이며 주위에 묘지를 조성했어도 모두 고총이며 혈처는 전혀 손상이 없으니 생지와 다름없다. 한 골짜기에 양쪽으로 대혈이 몰려 있는 곳도 드문 현상이다. 귀지이며 명지

가 아닐 수 없다.

　⑦능선이 수평으로 달려오면서 혈처 앞에서 과협을 두 번 이루는데 이런 현상을 연주협이라고 한다. 마지막 과협에서 좌우로 넓어져 둥그렇게 뭉친다. 자리 중심을 기준으로 좌우와 전순이 둥그렇게 되어 있다. 전형적인 유혈이며 전순 아래는 둥그렇고 급경사를 이루어 바람을 돌리고 공중으로 날리어 혈처에서는 공중 바람만 부드럽게 스쳐간다. 좌우는 청룡, 백호가 유정하게 감싸고 있지만 앞은 열렸으므로 전순 앞은 풍만하고 둥그렇게 뭉쳐서 아래가 전혀 보이지 않는다. 전형적인 유혈이지만 지금까지 보존되고 있는 것이 신비스럽다. 남계리에는 명혈이 13개가 있으나 모두 생지이며 교묘하게 몸을 숨기고 있다.

　⑧맥이 연주협을 지나 진행하는 방향에는 유혈을 낳고 입수도두에서 갈라져 방향을 돌려 오목한 곳으로 내려와 자리를 잡았다. 전순 부분은 묵묘의 봉분처럼 볼록하게 되어 누구든지 묵묘로 오인하여 쓸 생각을 못할 것이다. 이것이 천장지비술이며 오목한 곳에서는 이곳처럼 불룩한 부분이 받쳐주고 있다. 그런데 사람들은 이곳을 피하여 좌우의 두툼한 현능사 위에 묘지를 조성하고 금세 폐절의 길로 전락한다. 바람을 피할 수 있는 곳이면 맥이 내려오지 않더라도 천기가 모여 천기혈을 맺게 되는데 책에 바람이 부는 곳에는 생기가 흩어진다고 표현한 것이 이런 것을 두고 한 표현일 것이다.

　⑨능선이 과협을 크게 이루고 서서히 올라 맥은 돌처에서 방향을 돌려 오목한 곳에 자리를 잡았다. 돌처이지만 와혈처럼 생겼다. 전순은 두툼하고 전순 아래는 암반이 받치고 있어 맥이 아래로 새지 못하도록 완벽하게 구성되어 있다. 뒤에는 인위적으로 판 것처럼 오목하게 패였고 전순처럼 볼록하다. 횡혈은 후귀가 분명해야 진혈이라고 책에

쓰여 있으므로 이처럼 후귀가 패였기 때문에 명혈임에도 아무도 관심이 없는 것 같다. 완벽한 천장지비다. 혈처 아래는 바람 길에 가족 묘지를 조성했다. 이 집안이 잘못되지 않으려면 맨 아래에 있는 천기혈 터를 사용해야 한다. 하늘이 낼 수 있는 집안이라면 잘못되기 전에 위에 있는 혈처를 사용할 수도 있을 것이다.

⑩두툼한 능선이 내려와 삼태기 같은 와혈을 만든다. 능선이 사태가 난 것처럼 푹 파였다. 물론 전순은 두툼하며 삼태기처럼 생겼기 때문에 자연적인 사성을 이루게 된다. 자리에서 보면 전순이 한 쪽으로 비스듬하게 기운 것처럼 보이지만 조금 앞에 가서 보면 아래가 둥그렇고 반듯하게 이루어졌다. 자리에서만 보고 판단해서는 큰 실수를 하게 된다. 자리에 오르기 전 능선 초입은 경사가 심하여 오르기 힘들고 조금 올라서면 경사가 조금 완만해지는데 자리에 근접하면 확실히 혈처임을 확신하게 한다. 조금도 벗어날 수 없이 혈처로서 완벽하다. 혈처 좌우에는 위에서부터 맥을 보호한 능선이 끝까지 동행한다.

⑪정오 전후에 걸쳐서 지인의 선조 음택지를 답사하면서 아래에 있는 어느 국회의원의 선대 묘라고 하면서 발복을 운운하기에 10여 분 정도 수맥 위에 머물렀더니 온몸이 욱신거리고 다리가 아프기 시작했다. 점심식사 후 두 자리를 힘겹게 둘러보고 세 번째인 이곳의 능선 입구에 이르니 두 곳을 보는 동안 컨디션이 좀 나아졌지만 발길을 돌리고 싶은 심정이었다. 그러나 참고 능선에 올라 멋진 유혈에서 조금 머무니 기분이 많이 좋아졌다. 유혈인 불룩한 지형인데 낙엽이 두툼하게 쌓였기에 10여 분 누웠다가 일어서니 모든 통증이 사라지고 몸이 가벼워졌다. 수맥과 혈처의 영향은 이처럼 대조적이다.
필자가 40대 초반에 무릎이 너무 아파 14년 동안 다니던 회사를 사직하고 건설회사로 옮겨 풍수지리에 관심을 갖고 공부하면서 수맥을

피하여 주말마다 좋은 혈처를 찾아다니면서 머무는 시간을 가진 결과 현재 60대 후반인데도 주말이면 배낭을 메고 산으로 혈처를 찾으러 나선다. 풍수지리 공부를 하면서 무엇과도 바꿀 수 없는 건강을 얻었다고 자부한다. 풍수지리를 연구하여 이것으로 생계를 꾸리기에는 어려움이 많다. 요즘은 화장률이 90%에 달하고 있으며, 흩어진 묘들도 한 곳으로 모으는 추세인지라 수요가 없다.

명혈은 한정되어 있고 또한 함부로 남발하면 천기누설이 되기에 발설하기도 어렵다. 다만 먹고 사는 데 지장이 없고 건강을 유지하며 다 함께 행복하게 살 수 있는 터를 만들면 좋을 것이라 여겨 오래 전부터 연구하고 있으나 이것은 진통제처럼 금방 효과가 나타나는 현상이 아니기 때문에 쉽게 신뢰를 하지 않는다.

⑫앞의 혈처에서 건강을 회복했기에 가벼운 마음으로 오늘 마지막 행선지를 찾아 오르던 중에 만난 자리다. 경사지를 오르니 수평에 가까운 두툼한 곳이 있어서 확인을 하니 전형적인 유혈이다. 그러나 생각 외로 대혈 중의 소급에 속한다. 확인하니 맥이 내려오면서 뒤에 있는 묵묘를 관통하고 있다. 묵묘를 피했더라면 대혈 중 중급은 되는 자리다. 흐르는 맥상에 묘를 쓰면 맥을 타기 때문에 좋다고 생각하는 사람들이 있으나 필자가 관찰한 결과를 보면 모두 묵묘들이었다. 책에도 과룡지처 조장은 '삼대 내 절향화'라 했다. 확실한 결과를 설명한 증거 문구이기도 하다. 조상을 묻어 흙으로 보내는 것은 옳은 일이라 여길지 모르나 이것으로 인하여 후손이 어렵게 되는 것은 슬픈 일이다.

⑬능선이 두툼하게 달려오면서 잘록하게 과협을 이루고 평탄하면서 널찍하게 퍼진다. 자리는 좌우가 가장 두툼한 곳에 있으나 앞에는 묵묘 2기가 있다. 뒤의 묘는 시신의 머리가 혈장에 닿을 정도다. 이런

현상은 모두 폐절이다. 일부 사람들은 추맥을 하면서 맥을 따라 내려와서 정확하게 혈심을 찾지 못하고 좌우를 측정하여 가장 넓은 곳을 선택하여 자리를 잡기도 한다. 맥이 흐르는 좌우에는 일정한 거리만큼 생기가 미치고 혈처 아래에는 어느 지점까지 생기가 형성된다. 맥이 내려오면서 굵기가 가늘어졌다가 넓어지기를 반복하면서 내려온다. 생기의 범위도 넓어졌다가 좁아지기를 반복한다. 무엇보다 맥선을 정확하게 타고 맥이 멈추는 지점을 확인할 줄 알아야 한다.

음택과 양택 조성할 때 주의사항

음택 조성할 때 주의사항

전북 정읍시 고부면 입석리

    능선이 현무봉에서 급하게 내려와 수평으로 달려와서 수평의 끝부분에서 둥글게 뭉치고 자리를 잡았다. 혈처 앞에 잘 관리되고 있는 묘가 있다. 이 자리로 보아서는 묵묘가 되었을 텐데 잘 관리되고 있는 것은 낮은 벼슬이지만 양반 가문이고 후손들의 묘가 여러 곳에 흩어져 있으므로 그 중 괜찮은 자리에 묻힌 후손도 있을 것이다. 만약 이 능선에 모두 모여 있었더라면 아마도 묘들은 숲 속에 방치되어 있었을 것이다. 하산 길에 아래의 오목한 곳에서 봉분이 큰 묘 하나를 발견했다. 천기 혈처에 정확하게 썼다. 같은 번지 내에 있는 것으로 보아서 같은 집안의 묘인 것 같다. 위에 있는 묘가 잘 관리되고 있는 이유를 알았다.

　현대는 관리상 한 곳에 모으는 경향이 있는데 매우 위험한 발상이라고 본다. 세월이 좋아져서 좀 사는 세상이 되었는데 잘 살게 된 것이 자신들이 잘 나서 잘 사는 줄 알고 있다. 일부러 시간 내어 힘들게 등산도 다니는데 운동 삼아 1년에 한두 번 조상 묘를 찾아보는 것이 가족 간에 화목도 되고 친척 간에 융화도 될 터인데 관리상 모은다는 것이다. 매장해서 쑥대밭이 되어 후손에게 안 좋은 결과를 초래한다면 한 곳으로 모을 것이 아니라 우선 좋은 자리를 찾아보다가 없으면 차라리 화장을 하는 것이 옳다고 필자는 생각한다.

　조상 묘를 화장할 때 주의할 것은 봉분이 잡초 없이 깨끗하면 절대로 건드리면 안 된다. 맥의 발원지에서 맥이 내려와 맺힌 혈처는 아니더라도 천기혈처에 있는 경우도 봉분이 깨끗하기 때문에 건드리면 안 된다. 지금까지 잘 먹고 잘 살았던 것은 이분의 음덕 때문일지도 모른다. 그리고 요즘은 자기 땅이 없고 형편이 여의치 않으면 어디에도 묻힐 수 없는 세상이다. 요즘(2018년 기준)은 화장률이 80%를 넘었다고 한다. 특히 도시에서는 90% 이상일 것으로 본다. 아무 곳에나 묻혀서 좋지 않은 효과를 본다면 화장을 권하고 싶다.

　명당은 흔한 것이 아니며 모두 명당에 묻히고 싶지만 선택된 사람이 아니면 어렵다. 인간은 자연에서 와서 자연으로 돌아가는 것이 순리라고 하지만 죽어서 편하게 영면하지 못하고 수풀 속에 방치되어 괴로움을 당하느니 재로 변하여 흔적을 없애는 것이 망자 본인에게도 나을지 모른다. 이렇게 하면 후손들은 조상의 음덕을 바랄 것이 아니라 본인의 노력 여하에 따라서 운명대로 살다가 가게 될 것으로 본다.

　필자의 다른 제안은 수맥이 없는 양지 바른 곳에 여러 대의 조상을 한 곳에 모시고 봉분을 크게 하여 관리하는 것도 괜찮은 방법이 아닐까 생각해 본다. 물론 지기(地氣) 혈이든지 천기혈처면 더할 나위 없이 바람직한 일이겠지만 혈처가 아니더라도 천기를 모으는 구조로 조성해야 한다는 것이다. 만약 잘못하면 아니함만 못할 경우가 발생한다. 비혈지인 한 지역에 모으는 것보다 더 치명적일 수도 있기 때문이다.

양택 조성할 때 주의사항

근래는 도시를 중심으로 생활공간이 이루어지고 있다. 특히 공업과 상업과 서비스업이 발달되어 돈이 돌고 돌기 때문에 농·어촌보다 편리한 생활을 하게 되는 데 있다. 촌에서는 지형이 넓기 때문에 집을 건축하는 데 대지를 넓게 하고 출입구를 원하는 대로 낼 수 있지만 도시에서는 계획된 건축이 이루어지므로 개인 취향에 맞게 집을 지을 수 없는 제약을 받는다.

집을 짓는다는 것은 공기를 담을 수 있는 그릇을 만드는 것이다. 생기가 가득한 집에서 살 수 있다면 바람직한 것이지만 때로는 나쁜 기운(汚氣)이 가득한 공간에서 생활할 때도 있다. 이미 지어진 생활공간이 나쁘다고 하여 함부로 부수고 다시 지을 수는 없다. 도시는 고층건물이 주를 이루고 있기 때문이다. 방법은 생기를 응집시키는 것이다. 다시 말하면 천기를 모으는 것이다. 천기가 모이는 조건은 아래와 같다.

첫째, 수맥이 없어야 한다. 수맥이 있으면 수맥을 차단한다.

둘째, 좌향을 주위와 균형을 이루도록 정해야 한다. 이것은 도시에서는 불가능하다. 이미 만들어진 도로를 따라 건축하기 때문이다. 다만 생기가 응축되도록 조치를 취하는 수밖에 없다.

셋째, 납기처(기운의 입구)를 확인하여 출입구를 결정하고 새지 않도록 해야 하는데 이미 지어진 도시에서는 어려운 일이지만 기운이 들어오도록 조치를 해야 한다.

넷째, 천기를 가둘 수 있는 건물 모양을 결정해야 하는데 신축 공사의 경우는 설계가 가능하지만 이미 지어진 건축물에 대해서는 내부 공간을 조정하여 천기를 가두도록 해야 한다.
 다섯째, 내부 구조를 결정하여 기운이 회전하도록 해야 한다. 이때 가구 배치도 결정한다.

 예전에는 돈을 벌고 편리하게 살기 위하여 도시로 갔지만 요즘은 도시에서 돈을 번 다음 행복한 삶을 꿈꾸면서 여유로운 삶을 영유하기 위하여 다시 시골로 귀촌하는 붐이 일고 있다. 그런데 서서히 빈집이 늘어가고 있다. 터의 문제로 건강을 잃어 살 수 없기 때문에 떠나버렸던 것이다. 필자가 분석을 해보니 수맥 위에 집을 지었고 바람 길에 위치해 있었다. 앞에서도 전원주택에 대하여 거론했기 때문에 전원주택지를 선택하기 전에 확인할 사항을 살펴본다.
 1. 수맥과 지전류가 없는지 확인한다.
 2. 도로보다 지형이 높고 전망(展望)이 확 트인 땅이면 금상첨화다. 주의할 것은 앞이 좁아 바람이 모여 부는 살풍이면 곤란하다. 집터 앞에서 바람을 하늘로 날리는 지형이고 퍼져오는 하늘 바람이어야 한다.
 3. 주변이 아늑하게 느껴지거나 편안함을 주는 땅인지 확인한다. 바람을 갈무리하는 온화한 곳이다. 건강한 생활을 위해서 바람이 온화해야 한다.
 4. 주변에 혐오시설(嫌惡施設)이 없는지 확인한다.
 5. 자연(自然) 마을과 너무 멀지 않아야 한다. 산돼지의 출현을 방지할 수 있고 위급할 때 도움을 요청하기가 수월하다.
 6. 뒷산이 완경사로 된 땅을 선택한다. 산사태의 위험을 방지할 수 있기 때문이다.
 7. 지적도상에 도로가 있는 땅이어야 한다.
 8. 지하수 개발에 어려움이 없는 땅이어야 한다. 전원주택지는 맥을 타면 최상이겠지만 흔한 일이 아니므로 자연적인 천기혈터를 얻었으면 주위에는 수맥이 있으므로 가능하면 집 앞에 호신수가 합쳐진 곳에

지하수를 개발해야 한다. 혈처 뒤에서 물길을 끊으면 기운을 흐트러지게 할 수 있으므로 신중해야 한다.

9. 멀리 물이 보이는 땅(득수 국)이어야 한다. 득수 국에서 자리는 기운이 약한데 센 물이면 터가 감당하기 버거우므로 거칠게 보이는 물은 피한다.

10. 대로(大路)와의 접근성이 용이한 땅이면 좋다.

11. 주변이 새로 개발되고 있는 땅이면 주의할 부분이 있다. 주의할 것은 맥이 흘러 뒤에 혈이 맺힌 아래쪽은 피해야 한다. 원진수로 인한 수맥파의 피해를 볼 수 있다.

12. 양명한 곳에서 혈이 맺히지 않았으면 인위적으로 천기를 모을 수 있는 구조로 건축해야 한다. 건축 자재에 대해서는 인터넷에서 유용한 것을 찾아볼 수 있겠지만, 맥이 흐르는 곳에서는 철재를 사용하면 기운을 분산시킬 수 있으므로 주의해야 된다. 다만 맥이 흘러 맺힌 혈이 아닐 경우 천기를 모을 수 있는 구조라면 자재의 구분은 따질 필요 없이 편리하고 저렴하고 견고한 자재를 선택하면 문제가 없다고 본다.

양택지

음택지가 죽은 사람의 안식처라면 양택지는 산 사람이 사는 곳이다. 모든 동물은 보금자리를 꾸미고 살게 마련이다 물에 사는 동물도 은신처를 꾸미고 뭍에 사는 동물도 보금자리를 꾸린다. 하물며 만물의 영장이라고 하는 인간이 집을 짓는 것은 당연하다. 이것은 의식주의 기본이다. 사회의 가장 큰 이슈도 주택 문제이며 가장 큰 관심거리가 아닐는지.

집은 먹고 자고 생활하는 보금자리지만 보금자리가 편안하고 아늑해야 건강하고 행복한 삶을 살 수 있을 것이다. 그런데 실제적으로 그렇지 않은 경우가 있다. 집에만 들어오면 기분이 가라앉고 컨디션이 좋지 않으며, 특히 잠을 자고 나면 개운하지 않고 피곤함을 느끼기도 한다. 자주 병원에 드나들게 되기도 한다. 그런가 하면 집에만 들어오면 기분이 상쾌하고 특히 자고 나면 몸이 가벼워진다. 이것이 정상적인 것이다.

앞에서도 여러 번 거론했지만 집이란 공기를 담는 그릇이다. 담긴 공기가 양명하지 못하면 음기(陰氣, 汚氣)이고 양명한 공기면 양기(陽氣, 生氣)다. 우리는 양기가 가득한 곳에서 살아야 건강하고 행복하게 살 수 있다. 좋은 곳은 어느 곳에 어떻게 집을 짓느냐에 따라서 달라진다.

첫째는 발원지에서 온 맥이 뭉친 땅에 집을 짓는 것이다. 둘째는 천기가 뭉친 터에 집을 짓는 것이다. 셋째는 주위 환경이 아늑한 곳으로 수맥이 없는 터에 천기를 모을 수 있는 집을 짓는 것이다. 그런데 맥이 뭉친 터는 희귀한 것이고 천기혈터도 인구에 비하면 귀한 것이어서 누구나 부담 없이 선택할 수 있는 것은 천기를 모으는 집터이다. 주위를 보면 천기마저 가두지 못한 곳에 사는 사람들이 의외로 많은 것을 보고 도움을 주고자 책에 수록하게 되었다. 자세한 것은 '양택 조성할 때

주의사항'에서 설명했으므로 여기서는 생략한다.

이 책은 필자가 전국을 돌아다니면서 보고 느끼고 경험한 것을 토대로 집필하는 것이기 때문에 양택(陽宅)에 대해서도 전국에 있는 양택지의 실례를 들면서 설명하기로 한다.

양택지의 예1

경기도 화성시 장안면 노진리

능선은 밭이고 능선 아래도 밭이며 밭 사이 둔덕은 잡초가 무성하다. 경계 부분에는 소나무도 있다. 아래는 현재 우사(牛舍)여서 여름에는 소의 배설물로 인하여 냄새가 날 것 같다. 요즘은 약품처리를 하여 냄새가 거의 나지 않기도 한다. 오른쪽은 본래 약간 두툼했을 것으로 추측된다. 현재는 깎아서 평토작업을 했으며, 그것으로 대지도 약간 경사진 것처럼 보인다. 대명당을 비워놓고 주위에 많은 집들이 있다. 자리에서 주위를 살피면 내가 국(局)의 중심에 위치해 있음을 보게 된다.

이곳에 건물을 지을 때는 단층으로 지어야 한다. 높게 지으면 집 뒤 능선 너머에서 불어오는 바람의 영향으로 피해를 보게 된다. 높게 지어서 산 너머 풍광도 즐기면 좋을 것이라고 생각하겠지만 득보다 실이 크므로 높게 지으면 안 된다. 모든 자리는 장풍(藏風)을 기본으로 한다. 터를 너무 많이 깎아도 안 된다. 현재도 능선과 많은 단차가 있는데 더 깊이 파내면 실혈(失穴)을 하게 되기 때문이다.

　어떤 곳에 가보면 대지를 크게 하려고 너무 깊이 파내어 앞쪽을 넓힌 곳을 보게 된다. 혈 자체를 들어내게 되어 무맥지로 된 곳이 있다. 물론 터만 닦고 집도 짓지 못한 곳도 있고 망해서 흉물스런 빈집으로 되어 있는 곳도 있다. 혈처가 아닌 곳은 수맥만 없으면 사는 데 별다른 애로 사항이 없으나 망가진 혈처에 자리 잡은 터는 살기 어려운 것 같다.

양택지의 예2

충북 괴산군 청안면 문당리

위아래에 주택이 있고 두 주택 사이의 공터가 명당이다. 현재는 잡초만이 자리를 지키고 있다. 이곳에 집을 짓고 살면 세월 가는 줄 모르고 살아갈 것이다. 눈 뜨고 밖을 내다보면 아름다운 산의 풍광이 펼쳐진다. 봄의 벚꽃 향연이 끝나면 실록의 산자락으로 운무가 펼쳐지고 울긋불긋한 가을의 정취에 취하여 깨기 전에 백색의 설경을 맞는다. 자연과 더불어 사는 것 자체가 좋은데 명당에서 좋은 기운을 받으면서 모든 것을 향유할 수 있으니 살아서 이보다 더 좋을 수가 있을까.

양택지의 예3

충남 금산군 금성면 의총리

이곳은 옥좌에 앉아 앞으로 문무백관을 거느린 형국이다. 명당 앞에는 외부천과 기사천이 합류하여 자리의 기운을 갈무리하고 있다. 겹겹이 좌우와 전후를 호위하니 부귀 겸전이다. 이곳은 지네가 물을 향해 들판을 기어가는 형국이며 이곳에 명당이 존재한다는 설이 있어서 그런지 주위에는 많은 묘들이 산재되어 있다. 명당 주위에서는 생기가 일정한 범위 내에 존재하는데 수맥을 피해 생기 내에 장법을 잘하여 장사지내면 천기를 모을 수 있기 때문에 정성을 다하면 부를 이루게 되는 방법이기도 하다. 대 혈처(穴處)는 아무나 찾을 수 없지만 천기 혈처는 형기적인 풍수 지식을 갖추고 수맥을 감지할 수 있는 사람이면 찾을 수 있으리라 본다.

양택지의 예4

충남 당진시 석문면 교로리

대혈의 양택지를 피해서 좌우로 건물을 세웠다. 뒤에는 맥이 내려오는 모습이 보이는데도 일반인들은 땅이 조금 불거진 것으로 여긴다. 좌우의 집들은 자리를 위한 보호사 위에 세웠다. 사람들은 오목한 것은 아예 거들떠보지도 않는다. 음택·양택을 불문하고 바람을 피해 몸을 낮추든지 보호사를 대동한다. 풍수 공부는 장풍의 원리를 터득하면 자리가 보이기 시작할 것으로 본다. 풍수서적에 장풍득수라는 구절이 있다. 이 말은 바람으로부터 보호를 받고 물을 얻어야 한다는 것이다. 물을 얻는다고 하니 자리에서 제 몸을 숨기지도 않고 물이 들어오든지 말든지 자리 앞을 환포하는 것만 본다. 물이 돈다는 것은 지형이 돌기 때문이며 지형이 돈다는 것은 바람이 돌아서 부드러워진다는 것이다. 결국은 바람을 다스린다는 말이 된다. 물이 앞으로 모인다는 말도 물이 모이는 곳은 지형이 낮다는 의미이며, 지형이 낮다는 것은 바람으로부터 보호를 받고 있다는 증거로서, 국이 둥글게 환포하고 있다는 말이다. 글만 외울 것이 아니라 넓게 해석할 줄 알아야 한다.

양택지의 예5

충남 부여군 부여읍 쌍북리

명당을 구했어도 돼지우리에 진주를 넣은 것과 같다. 이곳에 사는 사람이 돼지라는 말이 아니라 모르면 아무리 값 비싸고 좋은 물건도 가치를 모르고 함부로 한다는 말이다. 인연이 되면 자연히 안내가 되지만 인연이 되지 않으면 가르쳐 주어도 콧방귀만 뀐다. 혹시 집주인을 만나면 알려 주려고 헛기침을 하면서 오랫동안 주위를 서성이면서 머물렀는데도 누구 하나 관심이 없다. 할 수 없이 발길을 돌려 다음 행선지로 갔다. 어떤 곳에서는 과수원에서 관룡자를 들고 한참을 서성거렸는데 과수원에서 일하는 사람 중 어느 누구도 말을 거는 이가 없었다. 어느 곳에서는 이곳에 명당이 있다고 가르쳐 주었는데도 관심이 없었다.

양택지의 예6

경북 상주시 모서면 화현리

국부 급의 대부호와 대학자를 배출하는 큰 자리가 마을 한쪽에서 잠자고 있다. 아무도 알지 못하도록 밭이 층을 이루어 조그맣게 암시만 하고 있다. 만약 안쪽에 있는 절이 이곳에 지어졌더라면 번창하여 오래도록 명성을 남길 것이다. 누군가가 이곳에 건물을 지으려면 아마도 깊게 파서 혈처를 훼손할 것이다. 만약 혈처를 훼손하면 건물을 짓기도 전에 망하고 흉물로 남을 것이다. 이곳에 오기 전에 한 혈처를 찾아갔는데 능선을 들어내어 혈처를 완전히 훼손한 곳을 보았다. 여기저기 혈토만이 흩어져 나뒹굴고 있었다. 굴삭기 한 대만이 쓸쓸하게 방치되어 있었다. 무생물인데도 파괴한 자에게 내린 가혹한 결과인 것이다.

양택지의 예7

충남 서산시 대산읍 운산리

시골길 아래에 위치한 양택지다. 뒤편과 좌우가 포근하게 감싸고 있는 아늑한 곳이며 전면에는 광활한 논으로 되어 물이 충만하다. 여름이면 초록의 싱그러움과 가을의 황금물결이 출렁이는 풍광은 마음을 시원스럽게 한다. 길 위쪽에는 여러 채의 집들이 있는 동네이다.

명당을 길 밑에 비워 놓고 있는데 때가 되면 어느 복 있는 사람이 나타나 집을 짓고 살게 될 것이다. 사람들은 시골에서 전원주택만 짓고 살면 공기도 맑고 조용하여 건강도 좋아지고 행복할 것으로 생각한다. 그러나 오히려 건강은 더 나빠지고 행복보다 불행이 닥치는 경우가 있다. 다른 원인도 있겠지만 수맥과 바람의 영향을 무시한 결과다.

양택지의 예8

충남 서산시 운산면 갈산리

도로 위에는 묘가 있고 도로 아래는 집을 지으려고 석축을 쌓고 있다. 터를 닦은 모양을 보니 건물은 혈심을 벗어나고 있다. 한참동안 시간을 보냈는데 이곳을 지나는 사람이 없다. 주인을 만나면 바르게 알려 주려고 했으나 연락처도 알 수 없기에 발길을 돌렸다. 아마도 인연이 아닌가 보다. 인연이면 우연히 나타나게 된다. 하늘이 점지하는 자리를 아무에게나 줄 수는 없는가 보다. 집터가 겸혈(鉗穴)인 것은 희귀한 경우인데 이곳에서 감상을 하게 된다. 한 능선에서 좌우로 갈리어 나아가면서 자리 좌우를 보호하고 가운데에 터를 잡았다. 좌우에서 보호하는 능선은 짧고 터 아래는 급경사이며 앞이 시원스럽게 열렸으나 바람의 영향은 적다.

건물이든지 묘든지 혈심의 중심을 벗어나면 생기가 축적되지 않고 기는 분산되어 터의 제 기능을 발휘하지 못한다. 터를 중심으로 주위에는 원진수가 흐르는데 잘못하면 원진수 위에 있게 되어 수맥의 피해를 입게 되어 건강에도 치명타를 받을 수 있다.

필자가 실험을 하였는데 수맥의 영향은 대단했다. 몇 년 전에 직원들의 집단 숙소를 구하면서 건강한 직원을 수맥 위에 생활하게 하였더니 자다가 헛소리를 하면서 잠을 설치고 다음날 제대로 근무가 되지 않아 얼마 후 숙소를 옮기면서 수맥 위에 있던 직원을 좋은 곳으로 옮기고 수맥에 대해 콧방귀를 뀌던 직원을 수맥 위에서 생활하게 했더니 며칠 후 말도 못 하고 자기 돈으로 방을 얻어 나갔는데, 전에 수맥 때문에 고생하다가 좋은 곳으로 옮긴 직원은 잠도 잘 자고 전처럼 근무도 잘했다.

양택지의 예9

진입로가 잘 갖추어진 양명한 양택지다. 좋은 양택지임에도 진입로가 없어 곤란한 경우가 있고 외진 곳이라서 혼자 살기에는 적적한 곳도 있는데, 이곳은 위의 모든 것을 해소한다. 앞에는 멋진 노송도 있고

충남 예산군 덕산면 사동리

  보이는 사격들도 둥글둥글 부드럽다. 사람들은 터를 보지 않고 건물 자체를 보고 흐뭇해한다. 명당 터에 사는 것과 아닌 곳에 사는 것은 차원이 다르다.
  명당 터에 살면 잠자리가 편안하고 항상 머리가 맑으며 아픈 곳 없이 컨디션이 좋다. 사람이 살면서 기간이 정해져 있다. 같은 기간 동안 살면서 건강하고 좋은 기분으로 살면 지칠 줄 모르고 항상 좋은 생각을 유지하게 되니 삶이 평화롭고 하는 일도 잘 풀리게 된다. 이것이 명당의 효과다.
  사람이 살면서 마음을 비우고 만사에 감사하고 서로 사랑하면서 살 수 있다면 얼마나 좋을까. 그러나 이것도 내 몸이 건강하고 걱정 근심이 없어야 가능한 것이지 내 몸이 아프고 하는 일마다 꼬이고 세 끼 밥 먹기 어려우면 좋은 말도 소 귀에 경 읽기다. 열심히 노력하고 잠자리가 편한 곳을 찾아 생활하는 습관을 들이면 보다 나은 결과가 있을 것으로 본다. 잠자리가 편하다는 것은 좋은 자리다. 겉모양보다 좋은 자리를 얻는 것이 더 옳다고 본다.

양택지의 예10

충북 옥천군 옥천읍 수복리

　주위에 석축을 쌓은 흔적으로 보아서 집터였던 것 같다. 흔적을 추적해볼 때, 혈처를 비껴서 집을 지은 것 같다. 그렇지 않으면 옆 골에서 내려오는 물길을 돌리기 위해 돌을 쌓고 둑을 만들고 집을 지으려고 터만 닦고 밭으로 경작하고 있는지도 모른다. 누구에게 물어보려고 해도 사람을 만날 수 없다. 요즘은 골짜기에 있는 마을은 허전한 곳이 많다. 젊은이들은 모두 도회지로 나가고 노인들만 고향을 지키고 있다. 더욱이 전원주택을 지어서 조용한 곳에 들어오는 사람들은 자리를 떠나서 당장 앞이 탁 트이고 풍광이 좋은 곳으로만 모이고 있다. 우환이 기다리는 줄도 모르고…

 이런 곳에 명당이 있다고 하여도 어느 누구 하나 거들떠보지도 않는다. 예전에 명당자리에 터를 짓고 재물 좀 모으면 명당 때문에 재물이 모인 줄도 모르고 모든 것을 정리하여 당장 살기 편한 곳으로 간다. 기본이 뒷받침되는 사람이라면 자기가 갖고 있는 기술을 이용하여 그럭저럭 버티기는 하겠지만 무척 고생스러울 것이다. 다시 옛터로 돌아오려고 해도 자존심 때문에 돌아오지 못한다. 물론 명당 터라는 것을 안다면 돌아올 수도 있겠지만 과연 몇 명이나 터의 중요함을 이해할까.

 인걸은 지령이라는 말이 있다. 사회에서 소위 잘 나간다는 사람들의 내력을 조사해 보면 좋은 자리에서 태어난 사람이나 좋은 자리에 묻힌 조상 묘의 영향을 받은 사람과 같이 자리의 영향을 무시하지 못한다.

양택지의 예11

전북 완주군 동상면 사봉리

밭에 양택지가 잠자고 있다. 밭으로 개간되기 전에는 좌우 선익이 아래까지 내려갔을 것이다. 오른쪽에는 낮은 부분이 평토처럼 되고 높은 곳은 아직까지 남아 있으며 왼쪽은 약간 불룩하다.

이곳의 특징은 하나의 맥이 좌우로 나뉘어져 내려와 이 혈처에서 다시 만나고 있다. 밭이 좌우로 길게 놓여 있으므로 정확하게 혈처에 집을 짓기는 쉽지 않을 것이다. 아무리 좋은 혈처를 얻었더라도 정확하게 혈처에 들지 못하면 아니 얻은 것만 못하다. 혈처를 벗어나면 맥을 호위하는 원진수 위에 놓이게 되므로 수맥의 영향으로 오히려 건강을 해칠 수 있다. 원진수의 결과는 음택에서 확실히 증명되고 있다. 대부분 묵묘이기 때문이다.

양택지의 예12

강원도 원주시 판부면 신촌리

계곡에 있는 양택지이며 자리 뒤는 능선이 밀고 내려와 자리 뒷부분을 막아주고 앞은 반대쪽 능선이 밀고 내려와 파구 쪽을 막아주니 자리는 아늑하다. 앞과 뒤가 막히니 양택지로서는 모르는 사람이 볼 때 좀 답답함을 느낄 것이다.

이처럼 혈처는 주위를 막아서 바람을 차단하고 있다. 대혈은 모두 이런 원리이기 때문에 비어 있다고 본다. 계곡에는 교회도 있고 많은 전원주택도 있지만 대부분 바람 길에 있다. 그 중에 맥은 없어도 천기가 뭉친 터는 바람을 직접 받지 않는 곳에 있다. 어느 자리를 불문하고 바람을 맞는 곳은 재물뿐만 아니라 건강에도 치명적이다. 공기는 따뜻하고 온화한 것을 마시고 살아야 건강하게 살 수 있다.

양택지의 예13

강원도 정선군 북평면 문곡리

경사지를 올라가면 평평한 부분이 나타난다. 강변에서 조금 높은 곳인 자리에서 보면 높다는 느낌이 들지 않는다. 강물이 오른쪽 옆에서 들어와 앞을 지나 왼쪽으로 흐르지만 물이 빠져나가는 곳이 보이지 않으며 자리에서 보면 어디로 흐르는지 알 수 없을 정도로 조용하다. 혈심이 있는 부분은 약간 경사지이지만 뒷부분을 파내 앞을 메우면 된다. 자세히 보면 혈처는 밝고 주위는 어두우며 습기가 있음을 느낀다.

이곳에 집을 짓고 살면 신선이 따로 없을 것 같다. 주위의 밭들을 사들여 특수 작물의 농사를 지으며 피곤할 때는 강가에 낚시를 드리우고 눈 덮인 겨울에는 산에서 산토끼를 몰면서 겨울을 보내고 밤이면 조용한 방에서 글을 읽고 쓰면서 한때를 보낸다면 온 세상이 내 것이 되리라. 동창이 밝아 눈을 뜨면 사면이 병풍을 두른 듯 봄이면 새싹과 꽃들로 병풍에 가득하고 여름이면 싱그러운 생기로 화폭을 변화시키며 가을이면 온 산천이 불타는 풍경으로 전경을 메울 것이고 겨울이면 흰 꽃송이가 천지에 흩날릴 것이니 이보다 더 멋진 장관이 어디 있으랴.

양택지의 예14

우정국 연수원 자리인데 혈심은 둥근 화단 위의 화단 중심에 있고 건물은 혈장 내에 세워졌다. 예전에는 이곳이 연못이었단다. 물속에 숨겨져 있었다. 뜻깊은 건물이 들어섰으니 국가를 위해 바람직한 일이라 생각한다. 건물 뒤에는 야외 공연장이 있는데 생기가 미치는 곳에 천기가 응집되도록 했다. 설계자가 누구인지 모르지만 풍수지리에 대한 지식이 대단하다고 생각한다. 정부기관이 들어서는 건물은 국가의 동량들이 생활하는 공간이기 때문에 반드시 혈처에 세워져야 하고 맥은 흐르지 않더라도 최소한 천기혈이 맺힌 곳에 세워야 한다고 본다. 법을 만들고 정책을 입안하는 사람들이 밥그릇 싸움이나 하는 짓은 하지 말아야겠다.

충남 천안시 동남구 유량동 60-1

양택지의 예15

좋은 자리를 비워 놓고 좌우전(左右前)에 집들이 있다. 산이 밀고 내려오는 끝자락에는 집짓기를 꺼려하는 것 같다. 수맥만 없으면 마음 가는 대로 집을 짓고 살면 사는 데는 불편함이 없지만 평범한 자식을 얻을 수밖에 없다. 대개 집터는 주위가 아늑하게 느껴지는 것이 통례이다. 아늑하게 느껴지는 것도 전체적인 국을 살펴서 판단해야 한다. 산 밑에서 능선 끝을 피해서 옆이 소극적으로 오목하고 아늑하게 느껴지는 곳이 있다. 대개 이런 곳에 집을 짓는 것 같다. 맥이 없으면 이런 곳이 천기를 머금은 곳도 있을 수 있다. 수맥만 없다면 바람직할 수도 있다.

충북 충주시 산척면 송강리

양택지의 예16

앞에는 여러 채의 집들이 있으며 집이 있는 곳은 골바람이 부는 바람 길이지만 집터는 능선 쪽으로 바짝 붙었고 좌우보다 조금 낮다. 혈처의 가운데는 낮아서 물길이 형성되어 있다. 그러므로 아무도 이곳이 명당임을 눈치 채지 못한다. 자연이 천장지비로 지형을 변화시켜 인연이 되는 사람이 나타나기를 기다리고 있다. 집이 있는 곳에서는 좀 답답함을 느끼지만 혈처에서는 균형이 잡히고 시원스럽다. 농촌 사람들이 너무 힘들게 살아가고 있으므로 인연이 되면 알려주려고 마음먹고 주위를 서성거리는데 토지 주인이 나타나서 다짜고짜 밭을 밟는다고 성화를 부린다. 곡식이 심어진 밭이랑을 밟고 다녀서 전혀 피해가 없는데도 말이다. 낯선 사람이 갑자기 나타나서 서성일 때는 무엇인가 있는

충북 충주시 살미면 향산리

것 같아서 한 번쯤 의심을 해볼 만도 한데 역정부터 내니 농촌 인심이 옛날 같지 않고 삭막해지는 느낌을 지울 수가 없었다. 좋은 일이 생기는 것은 인심이 천심이라야 얻을 수 있음을 실감하면서 자리를 떴다.

양택지의 예17

 큰 혈이 맺힌 곳이지만 약간 경사져 있으므로 좋은 자리라고 하더라도 일반인들은 선뜻 이곳에 건물을 지을 수 있을지 의문이 간다. 앞뒤에 석축을 쌓고 땅을 고르면 무난한 곳으로 보인다. 사람이 태어나서 한평생을 살아가는데 태어나면서 사주로 운명이 정해지고 성명으로 운명을 보조하며 좋은 집터와 선대의 좋은 묘지 여하에 영향을 받고 노력 여하에 따라서 성공과 실패를 경험하기도 한다. 우선 DNA가 좋은 뼈대 있는 집안에서 태어나는 것이 복 받은 일이고 좋

강원도 평창군 봉평면 원길리

은 집터와 선조의 음택 영향으로 태어나는 것이 또한 복 받은 것이다. 세상사(世上事)는 거저 되는 일은 없는 것 같다. 공짜는 없다는 말이다. 사람은 태어났으니 열심히 살면 되는 줄 안다. 그렇게 살다가 가는 것이 운명인 줄 안다. 살면서 건강하게 생활하고 즐겁게 일하면서 행복하게 살면 더 바랄 것이 없을 것이다. 그러나 실제 삶은 그렇지 않다. 많이 아프고 다치고 고생스럽게 사는 사람들이 많다. 모두 잘못되면 병원에 의지부터 한다. 당연한 일이다. 그런데 원인은 여러 가지가 있겠지만 수맥의 영향을 무시할 수 없다. 수맥이 없는 곳에서 생활하면 사는 데는 건강상 아무런 문제가 없다. 더욱이 좋은 집터에서 생활한다면 생기가 충만하여 생활하는 일상이 활기가 넘칠 것이다. 조상의 음택이 좋다면 음택에서 보내주는 좋은 파장으로 더욱 활기가 넘칠 것이다.

양택지의 예18

포항시 북구 흥해읍 금장리

　이곳은 사람들이 남향으로 집을 지을 것 같다. 따뜻하여 편안함을 느끼지만 터의 효과를 100% 누리지 못할 것이다. 필자가 갑좌(甲坐)로 놓는 이유는 터와 주위가 균형이 맞기 때문이다. 집을 좌향에 맞게 짓고 출입문의 위치를 납기(納氣)를 측정하여 정해야 한다. 국내(國內)에서는 양택삼요를 중심으로 동사택과 서사택 이론에 맞추어 대문을 내고 있다. 이 이론은 모두 맞는다고 할 수 없다. 45도 간격으로 되어 있기 때문에 각도 상 많은 차이가 있다고 볼 수 있다. 납기는 드나드는 위치가 있는데 기감으로 측정해야 한다. 납기를 정하고 확인해 보면 터를 감싸고 합쳐진 원진수가 빠져나가는 곳임을 알 수 있다. 빠져나간 원진수는 똑바로 흐르지 않고 터를 중심으로 여러 구비로 감싸면서 흘러간다. 음택과 양택의 원진수 흐름의 이치는 똑같다. 터의 크기에 따라 다를 뿐이다.

양택지의 예19

강원도 홍천군 화촌면 구성포리, 천기혈터

    이곳은 양택지인데 혈이 맺히지 않고 천기혈이 맺힌 곳이다. 천기혈이 맺힌 곳이 보기 드물게 강한 기운을 내포하고 있다. 넓은 밭인데 점혈하기 쉽지 않은 곳이다. 어느 곳에 위치하느냐에 따라서 균형이 잡히어 천기가 모이게 하는 것인데 고도의 기술이 필요하다. 혈처의 중심에 서서 주위를 살펴보면 내가 국의 중심에 위치해 있는 것을 느끼게 된다. 안산이 돌아 청룡 끝이 감고 도는 안쪽까지 내려가서 혈 앞에 흐르는 냇물이 감고 돌도록 유도한다. 누차 강조하는 말인데 풍수지리는 바람과 물과 땅의 이치를 연구하는 학문이다. 모든 자리는 바람을 막고 피하는 곳이 명당이다. 지형은 물과 바람을 유도하는 안내 길이다.

이상으로 양택지 몇 곳을 기록했지만 혈처는 인구에 비해 극소수에 지나지 않으므로 누구나 소유할 수 없다. 그러므로 명당은 없다 생각하고 기운을 모을 수 있는 구조로 건축하여 모두 편안하고 건강한 삶을 살도록 해야 한다. 이것이 필자가 바라는 바이고, 이런 생각을 가진 독자들께 기꺼이 도움을 드리고 싶다.

제3장

풍수이기(風水理氣)

터의 최대 활용과 영향

풍수지리는 한 마디로 표현하면 바람과 물과 땅(지형)의 상호 관계로부터 인간에게 미치는 영향을 연구하는 학문인데 혈을 비롯한 공간에서 이로운 점을 극대화하여 인간에게 최대한 효과를 줄 수 있는 방법을 찾아야 한다. 좋은 터를 얻었다고 하더라도 잘못 활용하여 터가 내포하고 있는 효과를 얻지 못한다면 터를 버리는 잘못을 범하게 된다.

터에는 조그마한 차이로 인하여 커다란 결과가 나타날 수 있는데 첫째는 재혈이고, 둘째는 형상과 구조이며, 셋째가 이법(理法)이다. 재혈의 중요성, 자연적인 형상과 인공적인 형상, 구조는 앞 편에서 다루었고 여기서는 이법(理法)에 대하여 다루고자 한다.

지형의 한 곳에 적용시키는 이법(理法)도 여러 가지이므로 서로 공통적으로 맞지 않는 것이 많으며, 옛 선인들의 학문을 각자가 배우고 터득한 이론을 대입시켜 나열한 책도 많다. 처음 접하는 사람들은 많이 혼란스러울 것이며 풍수지리가 무척 어렵다는 것을 알게 될 것이다. 그러나 원리만 터득하면 누구나 쉽게 알 수 있을 것으로 본다.

우리는 이제 어느 학문이 맞고 틀리다는 것을 가리고 취사선택하여 정리해야 한다. 옛 선사는 기감으로 터를 잡았는데 그 사람이 죽고 나면 그 사람의 능력과 기술도 함께 사라져 버렸던 것이다.

사람들은 성공한 사람들이 태어나고 죽어서 묻힌 자리를 연구하게 되는데 명혈이 있는 곳은 아늑하고 유정한 산봉우리가 나열되었으므로 방위를 확인한 다음 기록과 기록을 거듭하여 이기(理氣)가 태어났을 것으로 필자는 생각한다. 우리는 살아가는 데 있어서 최소한 자기가 먹고 자는 곳만이라도 양기(陽氣)를 확인하여 생활할 수 있으면 건강(健康)하게 천수를 누릴 수 있을 것으로 본다.

땅은 인간의 몸에 피와 신경이 흐르듯이 물이 흐르고 맥이 흐른다.

인간의 몸속에 경락이 있듯이 땅에도 혈(穴)이라고 하는 것이 있다. 과일 나무에 열매가 맺히듯이 땅에도 혈성(穴星)이라는 혈체(穴體)가 있다. 이런 곳에 집을 지으면 좋은 기운을 받으면서 건강하게 살 수 있고, 이 혈체에 정확하게 점혈하고 정확한 이법에 맞게 장사 지내면 유골이 편안하여 후손에게 보답한다고 본다. 동기감응(同氣感應)으로 그 기(氣)가 후손에게 전달되기 때문이다.

그렇지만 현대에는 개인 땅이 없으면 매장을 할 수 없다. 화장률(火葬率)이 80%를 넘고 있으며, 대도시는 90%가 넘는다. 자기 땅이 없을 경우 나쁜 터에 장사지내서 피해를 보느니 차라리 화장을 하면 무해무득하리라는 생각으로 화장을 하는 것 같다. 좋은 터는 인구에 비하면 거의 없는 것과 같으므로 옳은 생각일지도 모르겠다. 그러나 좋은 터를 구할 수 있으면 매장을 권하고 싶다. 개인 땅이 있어서 매장을 원한다면 인위적으로 천기가 모이도록 조치하고 묘지를 조성하도록 한다.

집터는 근래에는 도시가 발달하여 도로를 중심으로 건물을 짓고 있다. 도시는 변형이 많고 계획적으로 배치를 해야 되기 때문에 자기 마음대로 건물을 지을 수 없다. 농촌에서는 지형이 원형 그대로 보존된 곳이 많기 때문에 지형에 맞게 기(氣)가 통하는 곳을 선택하여 집을 지을 수 있는 것이 가능하다고 하지만, 기(氣)가 통하는 자리는 인구에 비하여 몇 안 되기 때문에 인위적으로 명당을 만들어야 한다.

자리의 영향을 극대화하기 위해서는 첫째로 수맥이 없는 곳을 선택하여 집을 지어야 하고 이미 지어진 집은 수맥을 차단해야 한다. 둘째는 문을 통하여 천기(天氣)가 들어오는 곳으로 대문을 배치하여야 한다. 셋째는 들어온 천기(天氣)가 순환되는 데 방해되지 않도록 가구 배치를 해야 한다. 넷째는 거울이 절대로 출입구 쪽을 비추지 않아야 한다. 다섯째는 천체의 기운이 최대로 적용되는 좌향을 정해야 한다.

풍수지리는 사람이 편안하고 행복하게 살도록 하는 것이 최우선의 목적이 되어야 한다. 현재는 과학이 발전하여 수맥, 지자기파, 전자파

등 인체에 해로운 것을 확인하는 방법과 기구 등을 책과 인터넷을 통하여 알 수 있다. 앞에서 그동안 국내외 여러 학자들이 연구하여 밝힌 자료를 옮겨 놓았으니 그것을 확인하는 방법이 가능하다는 사실을 알았을 것이다.

동기감응(同氣感應)

풍수지리라고 하면 우리는 먼저 묘지를 연상한다. 국내의 풍수지리 연구단체나 카페도 주로 음택(陰宅)에 관한 주제가 대부분이다. 동양의 효(孝) 문화에 근거를 두고 있으며 좋은 자리에 조상의 체백을 모시면 조상은 편안하고 후손은 음덕을 받는다는 것이다. 유전인자가 같은 것끼리는 서로 감응한다는 얘기인데, 풍수지리를 연구하고 조상을 좋은 자리에 용사하려는 목적이기도 하다.

조상의 묘를 쓰고 누구나 음덕을 받기를 희망하지만, 유전인자가 망자와 가까운 순서로 발복(發福)의 혜택을 받고 자리의 오행 관계와 관련 있는 후손에게 우선적으로 발음된다고 본다. 가장 중요한 것은 후손의 노력에 따라서 대소가 다르다는 사실을 알아야 한다. 어쩌다 부모를 좋은 곳에 모셨다고 하여 노력은 하지 않고 좋은 결과만 기대해서는 안 된다.

인간은 혼(魂)과 백(魄)이 있는데 죽으면 혼은 육체로부터 떠나고 백만 유골로 남게 되는데 백이 편안하여 조상의 혼이 좋은 곳으로 갔다고 가정할 때 동기감응(同氣感應) 이론에 의하여 후손의 혼도 편안해져 하는 일마다 지칠 줄 모르고 열심히 노력하게 되니 자연히 건강하고 재물이 모이는 것으로 본다.

혼(魂)이 안정되고 바른 생각을 하게 될 때 우리는 모든 일에서 바르게 판단하여 일이 잘 되는 쪽으로 생활하게 되는 것이다. 조상의 묘를 좋은 곳에 용사를 했다고 하루아침에 금덩어리가 떨어지는 횡재란 없다. 맑은 정신과 지칠 줄 모르는 정열로 생활을 할 때 그 결과는 세월이 지난 후에 자기도 모르게 변해 있음을 알게 되는 것이다.

어린 자녀들도 좋은 기를 계속 공급받게 됨으로써 공부도 지칠 줄 모르고 남들보다 열심히 하게 되어 그 노력의 결과로 훗날 좋은 결과가 나타날 것으로 본다. 형제간에도 누가 더 열심히 옳은 판단을 가지고 꾸준히 노력했는가에 따라서 결과는 다르다고 말할 수 있다. 물론 유전인자가 더 가까운 후손에게 영향이 더 크게 미친다고 생각되지만 동기감응에 대한 연구와 실험은 계속되고 관찰되어서 미신이 아님을 모든 사람들이 알았으면 좋겠다.

동의대학교 이상명 교수의 실험에 따르면 조금 이해가 될 성싶다. 3사람의 정자를 받아서 다른 곳에서 이 3사람에게 전기 쇼크를 가했다. 멀리 떨어져 다른 곳에 있는 정자가 반응을 하더라는 것이다.

옛날 중국 황실에 있는 동종(銅鐘)이 갑자기 울렸는데 같은 시각에 멀리 떨어져 있는 동 광산(鑛山)이 같은 시각에 무너졌다는 사실은 풍수지리 분야에서 너무나 유명한 이야기다. 동기감응의 반응은 나이가 어릴수록 순수하기 때문에 많이 받는다고 하며 태아는 그야말로 순수하기 때문에 아주 많이 전달된다고 한다.

묘를 쓰고 우환이 끊이지 않는 집안이 있고, 형편이 나아지는 집안이 있음을 우리는 종종 본다. 집안이 나아지는 것은 서서히 이루어지지만 불행은 금방 닥치는 것이 관찰된다. 믿거나 말거나 하는 얘기 같지만 성공하는 사람들의 조상 묘와 집터는 좋은 곳에 있는 경우가 대부분이다. 우환이 끊이지 않는 집안은 묘에서 발생하는 강한 유해 파장이 후손의 생체 에너지를 계속 교란시키는 것인데 유해 파장이 없고 안정된 지자기가 통하는 곳(생기가 가득한 곳)으로 이장을 하면 후손들의 생체 에너지가 강해지는데 조상의 뼈에서 발생하는 주파수가 후손의 신체 주파수와 공명(共鳴)하기 때문이다. 기초 편에서 소개한 양자역학(量子力學)의 원리에 의하여 증명되는 것이다.

우주 천체의 영향

지구상의 모든 생물체는 우주의 무수히 많은 별들로부터 영향을 받는다고 본다. 지구를 비롯한 항성(恒星)들은 태양을 중심으로 궤도를 돌고 있으며, 항성 주위에 있는 위성들도 항성 주위를 돌고 있다. 태양도 264km/s로 은하계를 돌아 원위치로 오는 데 2만 5천~2만 6천 년이 소요된다고 한다.

지구는 진북과 자북이 있는데 자축은 기울어져 있으며, 이동하고 있다. 1도 움직이는 데 소요되는 시간은 약 20년이라고 한다. 자축이 15도 사이를 왕복한다고 볼 때, 그리고 천체의 영향을 고려할 때, 인간이 태어날 때의 환경과 주기적으로 시·공간의 영향을 받는 셈이다.

풍수지리의 이기(理氣)는 나경(패철)을 중심으로 전개된다. 그런데 과연 나경 이론이 정확하게 맞는지 의구심이 생기지 않을 수 없다. 이성규의 '이야기가 있는 과학 이슈'에서 가져온 아래의 내용을 통해 그 이유를 설명한다. 자기장 역전으로 나침반 바늘이 뒤바뀐다는 것이다.

'골령의 남쪽에 신비로운 빛이 나타났는데, 그 빛이 푸르고 붉었다.'

삼국사기를 보면 BC 35년 경인 고구려 시조 동명성왕 때 신비로운 빛이 나타났다는 기록이 있다. 푸르고 붉은 빛이라니 노을도 아니고 도대체 무슨 빛이었을까. 역사서에 기록될 정도였으니 그 당시로도 매우 신비한 빛이었나 보다. 하지만 이 빛은 그때 한 번이 아니라 그 후로도 계속 나타났다. 조선 중기 때인 1747년까지 무려 700개 이상의 이와 같은 신비로운 빛에 대한 관측기록이 있으니 그 빛의 정체는 바로 오로라였다. 일반적으로 오로라는 북극이나 남극 같은 극지방에서 나타나는 현상으로 알려져 있다. 그런데 왜 예전에는 우리나라에서 오로라가 그처럼 자주 관측되었던 걸까. 만약 그 기록이 사실이라면 요즘은 왜 오로라를 볼 수 없는 것일까. 예전의 기록이 잘못된 것일까, 아니면 대기오염으로 인해 요즘은 오로라를 관측할 수 없게 된 것일까.

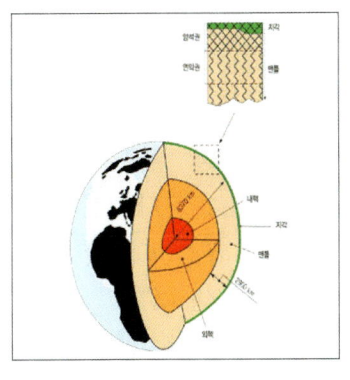

이 모든 궁금증을 풀기 위해선 지구 자기장을 알아야 하고, 진북과 자북에 대한 개념부터 이해해야 한다. 흔히 여행 중에 길을 잃거나 방향을 알 수 없을 때 간단히 사용하는 도구가 나침반이다. 나침반의 N극이 가리키는 방향이 북쪽이고, S극이 가리키는 방향이 남쪽이다. 그런데 나침반의 N극이 가리키는 쪽을 향해 계속 가면 정말 북극점에 다다를 수 있을까. 그렇지 않다. 나침반의 자침 방향과 실제의 방향에는 약간의 차이가 있기 때문이다. 나침반의 N극이 가리키는 곳은 자북(磁北)이라 하며, 실제 지구의 북쪽 중심은 진북(眞北)이라 한다.

현재 지구상의 자북, 즉 나침반이 가리키는 북극점은 캐나다 서북부와 알래스카의 접경지대인 레절루트 베이 부근이다. 실제의 북극점인 진북과는 무려 약 1천Km나 떨어져 있는 곳이다. 그럼 왜 이처럼 자북이 따로 있고 진북이 따로 있는 걸까.

진북과 진남을 직선으로 이으면 바로 지구의 회전축이 된다. 그러나 나침반은 지구의 회전축을 가리키는 게 아니라 지구라는 거대한 자석의 두 극이 미치는 힘을 가리키게 된다. 다시 말해 지구가 만들어내는 거대한 힘인 지구 자기장의 영향을 받는 것이다.

그런데 흥미로운 점은 자북이 일정하지 않고 계속 이동하고 있다는 사실이다. 최근 미국 오리건대학 연구팀에 의하면 자북이 매년 40km 정도 북서쪽으로 이동하고 있어서 50년쯤 후에는 시베리아 지역으로 옮겨갈 것이라는 연구결과가 나왔다.

자북이 진북과 다르다는 사실은 11세기 중국 송나라 때 사천감을 지낸 심괄의 연구서 『몽계필담(夢溪筆談)』에 처음 기록되어 있다. 그 후 서양으로 전해진 나침반은 항해기술에 많은 도움을 주었는데, 1831년 영국의 탐험가 로스에 의해 자북극이 처음 발견됐다. 그 다음 1904년 노르웨이의 탐험가 아문센이 북극을 탐험했을 때 자북이 약 50km 이동한 것이 발견되었고, 지금은 다시 그때보다 북서쪽으로 약 1천km 가량 이동해 있는 셈이다.

이처럼 자북이 옮겨 다니는 원인은 아직 명확하게 밝혀지지 않았다. 지구 자기장의 태동 시스템에 따른 자연스런 현상이라는 데는 이견이 없다. 이를테면 지구 자기장의 생성과정에서 그 원인을 찾아볼 수 있다. 지구 안쪽에서부터 내핵, 외핵, 맨틀, 그리고 가장 바깥층인 지각의 순서대로 쌓인 구조다. 이 중 3천~5천km 사이에 있는 외핵에서 지자기를 발생시킨다. 외핵은 철 덩어리인 내핵과는 달리 철이나 니켈 등이 녹는 유체 상태로 존재한다. 따라서 지구 자전에 의해

외핵의 유체들이 서서히 회전하면 원래 있던 자기장으로 인해 유도전류가 발생하고, 이 전류의 흐름에 의해 다시 새로운 자기장이 형성되는 순환과정이 되풀이된다. 이를 바로 다이나모(발전기) 이론이라고 하는데, 현재로서는 천체가 자기장을 가지게 되는 원인을 가장 잘 설명하고 있다.

그런데 지구의 바깥층은 고체이고, 외핵은 유체 상태라는 점이 문제다. 고체와 유체의 운동 역학은 성질이 완전히 다르기 때문이다. 또 지구 자전축이 기울어져 있고 자전축 자체가 2만 6천 년을 주기로 세차운동을 하고 있다는 점 등이 지구 자기장에 복잡한 영향을 주는 것으로 추정하고 있다.

이런 원인으로 인해 자북이 움직이는데, 앞에서 말한 우리나라 역사서에 나온 오로라 관측기록의 비밀도 바로 여기 숨어 있다. 다시 말해 옛날에는 자북극이 지금보다 한반도에 훨씬 가까이 위치했으며 그만큼 오로라를 자주 관측할 수 있었다는 추정이 가능해지는 것이다. 그런데 자기장은 이처럼 움직일 뿐 아니라 그 흐르는 방향이 가끔씩 반대 방향으로 바뀌기도 한다. 자성은 전기와 마찬가지로 흐름이 있는데, 지구 핵 깊숙한 곳에서 발생한 자기장은 남극 근처에서 흘러나와 지구 주위를 감싸며 돌다가 지구의 북극을 통해서 다시 지구 핵으로 흘러 들어간다. 그러나 자기장의 방향이 바뀌는 지자기 역전 현상이 나타나게 되면 이와는 정반대로 북극에서 남극으로 자기장이 흐르게 된다. 나침반의 N극과 S극이 뒤바뀌는 현상이 생기게 된다는 것이다.

지자기 역전은 실제 과거에도 여러 차례 발생했던 현상으로, 100만 년에 2~3번꼴로 일어나 지구 45억 년의 역사 중 최소 200~300회 이상 발생했다. 그런 사실은 오래 전에 생성된 용암을 조사해보면 잘 드러난다. 78만 년 전에 생성된 하와이의 용암에는 지금과는 정반대로 북쪽에서 나와 남쪽으로 흐른 지구 자성이 선명히 기록되어 있다. 더 오래된 용암 샘플을 조사한 결과 이런 현상은 평균 25만 년에 한 번씩 일어났던 것으로 밝혀졌다.

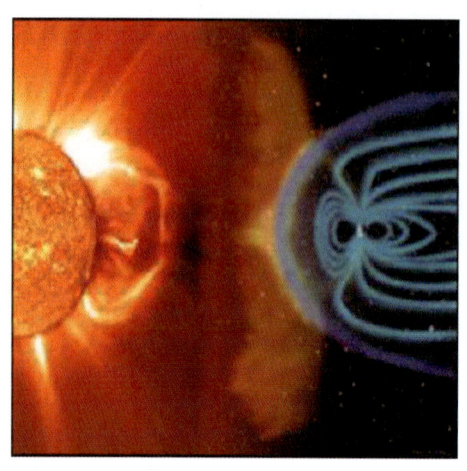

이와 같은 지자기 역전 현상은 미국 과학자들의 컴퓨터 시뮬레이션 결과에서도 나타났다. 현재까지 밝혀진 지구 자기장의 모델을 그대로 컴퓨터에 옮긴 후 아주 오랜 시간을 경과시켰을 때 놀랍게도 어느 순간 지구 자기장의 방향이 바뀌어 버렸던 것이다. 그런데 그 과정에서 자성의 방향이 바뀔 때마다 지자기의 세기가 아주 약해지면서 부분적으로 이상이 생긴다는 결과가 나왔다.

그런 사실은 바로 요즘 나타나는 현상과 아주 일치한다. 150여 년 전 지자기의 세기가 점차 약해져 현재는 그 강도가 15% 가량 쇠약해진 것으로 나타나고 있으니까. 뿐만 아니라 남대서양 지역에서는 지자기가 아주 약해져 전자 시스템에 문제가 생기는 '남대서양 이상'이 보고되기도 한다. 최근 몇 년간 자북극의 이동속도가 지나치게 빨라진 것도 지자기 역전현상의 조짐이 아닌가 하는 관측도 나오고 있는 실정이다.

지자기 역전현상이 일어나면서 순간적으로 지자기가 없어진다면 지구상의 생명체에 아주 많은 영향을 미치게 된다. 지구 자기장은 유리창이 비바람을 막아주는 것처럼 우주의 고약한 날씨로부터 지구를 보호해주고 있는 투명막이니까. 은하계를 통과해 들어오는 우주 방사선이나 태양에서 뿜어내는 엄청난 대전입자, 즉 태양풍을 막아주는 역할을 하고 있다. 오로라는 바로 지구 자기에 끌린 태양의 대전입자가 극지방의 대기와 충돌하면서 발생하는 빛의 축제인 것이다. 따라서 자기장이라는 보호막이 열리게 되면 사람들은 지금보다 두 배나 더 많은 우주 방사선에 노출돼 암으로 인한 사망자가 늘어나게 될 것이다. 또 태양에서 오는 고에너지 입자에 생명체들이 노출되고, 전자기기들이 이상을 일으킬 수도 있다.

하지만 현재 지자기 역전이 진행되고 있다고는 아무도 확신하지 못한다. 그것은 과거의 지자기 역전 주기가 일정하지 않았기 때문이다. 마지막으로 지자기 역전이 발생했던 것은 지금으로부터 78만 년 전이었다. 이는 평균 주기 25만 년에 비해 꽤 오랜 기간이긴 하지만 1000만 년 동안 한 번도 역전현상이 일어나지 않았던 시기도 있었다. 그렇기 때문에 지자기 역전이 언제 일어날지는 예측하기가 쉽지 않다. 또한 지자기 역전이 곧 닥친다 해도 그 현상이 마무리되기까지 1~2천 년이 소요될 것이라는 견해가 대다수여서 당장은 걱정할 필요가 없다.

그러나 현대과학은 아직 지자기에 대해 아는 것이 너무 없다. 이런 불안을 해소하기 위해 2004년 6월 유럽우주국(ESA)에서는 세계 최대의 지자기 추적 프로젝트를 시작하기로 결정했다. 스웜이라는 인공위성 3대를 띄워 지구 구석구석을 X선 촬영하듯이 지자기를 측정하게 되는 것이다. 아마 50년 후쯤에는 시베리아 부근으로 이동한 자북극에 의해 아름다운 오로라 현상을 다시 우리나라에서 관측할 수 있게 될지도 모를 일이다.

/이성규 편집위원 yess01@hanmail.net

나경의 무용론

나경의 자침은 지구의 지자기의 영향으로 인하여 자북을 가리킨다. 자북이 이동하기 때문에 풍수지리에서 나경을 기준으로 풍수지리 이론을 전개하는 이기론(理氣論)은 잘못되었음을 알 수 있다. 현재 자북

(磁北)은 알래스카에서 시베리아 쪽으로 1년에 약 40km씩 이동하므로 현재 자좌(子坐)로 좌향(坐向)을 놓았다고 가정하면 시간이 흘렀을 때, 자좌(子坐)의 위치가 다를 것으로 본다.

 필자는 모든 자연의 이치는 이미 정해져 있다고 본다. 혈이 맺힌 자리가 정해지면 전후좌우 사격의 배치가 혈의 발응에 맞게 나열되어 있다. 좌향도 국(局)과 주위 사격의 배치에 맞게 정해져 있다. 전국을 답산(踏山)하면서 확인을 했다.

 자리를 논할 때는 혈이 맺혔는지 먼저 살피는 것이 우선이다. 혈이 맺히지 않고 수맥이 흐르며 바람을 갈무리할 수 없는 곳은 자리가 될 수 없다. 혈이 맺혀 있지 않을 때는 수맥을 확인하여 수맥이 없는 곳에 우주의 기(天氣)를 모을 수 있는 여건을 만들어서 시신을 안장하든지 집을 짓든지 해야 한다. 이때는 나경에 의존하지 말고 생기가 가장 많이 작용하는 쪽으로 좌향을 정하면 된다. 나경은 참고로 확인만 한다.

 풍수 이론은 우주 천체의 별자리와 무관하지 않다고 보며, 그 중에 현공풍수(玄空風水)는 천체로부터 어떤 영향을 받는다고 가정하여 이론을 전개한다. 현공풍수는 대만과 홍콩에서 대세를 이루고, 중국에서도 주로 다룬다고 하며, 우리나라는 삼합파가 주를 이루었으나 현공풍수가 소개된 것은 얼마 되지 않는다. 필자도 삼합파 풍수서적을 주로 대하다가 2005년도에 최명우 저 『현공풍수(현공비성파)』를 처음 접하게 되었고, 2008년 황남송 저 『삼원지리 풍수(현공대괘파)』를 보게 되었다.

 삼합파 풍수는 형기풍수와 이기풍수로 나누는데 형기풍수는 공간을 위주로, 이기풍수는 시간 개념을 위주로 한다. 그런데 현공풍수는 공간과 시간을 배합한 개념으로 본다. 현공비성파(玄空飛星派)는 20년 주기로 운이 변하며 9운으로 되어 있어서 원위치로 오는데 180년이 소요된다고 한다. 현공대괘파(玄空大卦派)도 180년이 소요되는데, 상·하원으로 나뉘고 상원은 1, 2, 3, 4운이고 하원은 6, 7, 8, 9운이지만 운에 관계없이 불변을 논하는 것이다.

이와 같은 사실들을 참고삼아 연구하여 자리의 영향을 극대화하여 인간의 삶에 도움을 주고자 하는 것이 풍수지리의 주목적이 되어야 한다.

다음은 현공풍수에 대하여 현재 국내에서 적용하고 있는 내용을 핵심만 수록한다. 필자는 현공비성파 이론은 참고만 하고 현장에 적용하는 것은 현공대괘 이론을 사용한다. 탐침봉(L-Rod)으로 확인을 하면 현공대괘 이론이 잘 맞아 떨어지기 때문이다.

그러나 현공대괘 이론도 위에서 소개된 자북이 이동하는 과정에서 회의를 갖고 있지만 현장에서 혈처를 확인하여 나경을 놓기 전에 강도를 측정한 다음 64괘 나경을 놓고 파악하면 현공대괘 이론으로 되어 있음을 알 수 있다. 강도 측정은 엘 로드(L-Rod)의 회전수를 바탕으로 측정한다. 좌향이 맞지 않을 때는 엘 로드가 전혀 돌지 않는다. 회전수가 가장 많은 곳으로 좌향을 정하고 주위를 확인하여 결론을 내린다.

현공비성파 이론과 현공대괘 이론을 동시에 기록하는 것은 독자들의 이해를 돕기 위한 것이니 현공에 대한 더 자세한 내용은 시중에 나와 있는 책을 참고하기 바란다. 이곳에서는 핵심만 기록한다.

현공비성파(玄空飛星派) 이론(理論)

현공비성파는 상원(上元), 중원(中元), 하원(下元)으로 나뉜다. 상원은 1운에서 3운까지 60년이고, 중원은 4운에서 6운까지 60년이며, 하원은 7운에서 9운까지 60년이다. 그리고 삼원은 대삼원(大三元)과 소삼원(小三元)으로 나누는데 대삼원의 상원은 위의 삼원을 합친 180년이고, 대삼원의 중원은 다음 180년이며, 하원도 대삼원의 중원 다음 180년이다.

비성파(飛星派)의 3원 9운은 낙서 9궁의 원리에 의하여 만들어졌기 때문에 낙서원운(洛書元運)이라 고 부른다. 그 운의 변화가 태양계 행성 가운데 가장 영향력이 큰 목성과 토성의 운행주기에 의한 원운이라는 점에서 행성운(行星運)이라고도 한다. 목성의 태양 공전 주기는 30년이고 토성의 태양 공전 주기는 20년인데 두 별은 일반적으로 20년마다 조우하는 것이라고 한다. 두 별이 조우하는 20년이 1운이고 20년과 30년의 공배수가 60년인데, 이것은 대삼원의 1운이 된다. 따라서 180년을 상, 중, 하원으로 나누어 3원 9운으로 분류한 것이다.

[鍾茂基,『各派陽宅精華』(進源書局, 2000), p385 참조]

2019년 현재(2004년~2024년)는 대삼원으로는 3운(運)이며 소삼원으로는 8운(運)이다.

운을 계산할 때, 시작하는 날짜는 입춘(立春)을 기점으로 한다. 예를 들면 2004년 2월 3일까지는 7운(運)에 속하고 2004년 2월 4일부터 20년 동안은 8운(運)에 속한다.

풍수지리에서는 360도를 24로 나누어 방위를 정하는데 삼합풍수에서는 2방위씩 묶어 동궁으로 계산하여 12궁으로 보지만 현공풍수에서는 3방위씩 묶어 8궁으로 본다.

(大三元) 大.			小 三元年代表		(小三元)	
上元	1運	1864~1923	1864~1883	1運	甲子~癸未	上元
			1884~1903	2運	甲申~癸卯	
			1904~1923	3運	甲辰~癸亥	
	2運	1924~1983	1924~1943	4運	甲子~癸未	中元
			1944~1963	5運	甲申~癸卯	
			1964~1983	6運	甲辰~癸亥	
	3運	1984~2043	1984~2003	7運	甲子~癸未	下元
			2004~2023	8運	甲申~癸卯	
			2024~2043	9運	甲辰~癸亥	

*표1

 예를 들면 삼합풍수에서는 임자(壬子), 계축(癸丑) 등 두 방위를 한 궁으로 보지만, 현공풍수에서는 임자계(壬子癸)를 한 궁으로 묶는다. 그러므로 많은 차이가 있고 다르다.
 현공풍수에서는 천원룡(天元龍), 인원룡(人元龍), 지원룡(地元龍)으로 나누며, 천원룡은 기본이 되므로 부모괘(父母卦)라 하고, 인원룡은 천원룡과 음양(陰陽)이 같으므로 순자괘(順子卦)라 하며, 지원룡은 천원룡과 음양이 다르므로 역자괘(逆子卦)라고 한다.

三元 24坐 陰陽 分類表		
三元龍	陰	陽
地元龍 (逆子卦)	-辰 -戌 -丑 -未	+甲 +庚 +丙 +壬
天元龍 (父母卦)	-子 -午 -卯 -酉	+乾 +坤 +艮 +巽
人元龍 (順子卦)	-乙 -辛 -丁 -癸	+寅 +申 +巳 +亥

*표3

9宮24坐向 基本 陰陽圖

+巽	+巳	+丙	-午	-丁	-未	+坤
-辰	4巽	9離			2坤	+申
-乙						+庚
-卯	3震		5		7兌	-酉
+甲						-辛
+寅	8艮	1坎			6乾	-戌
+艮	-丑	-癸	-子	+壬	+亥	+乾

*표4

'9궁 24좌향 기본 음양도'의 그림은 낙서의 구궁 숫자와 동일하며 5중운(中運)과 같다. 운이 바뀌면 운에 따라 좌향의 음양이 바뀌기 때문에 음양도도 바뀌어 이것이 현공풍수의 중요한 이론이다. 현재는

2019년이므로 8운에 해당되어 예로 들어본다.

下元 8運 坐向順逆圖								
+巽		+巳	+丙	-午	-丁	-未		+坤
	-酉	-辛	+甲	-卯	-乙	-己	+戌	
-辰	+庚	7兌		3震		5中	+戌	+申
-乙	+亥						+壬	+庚
-卯	+乾	6乾		8艮運		1坎	-子	-酉
+甲	-戌						-癸	-辛
+寅	+申	2坤		4巽		9離	+丙	-戌
	+坤	-未	+巳	+巽	-辰	-丁	-午	
+艮		-丑	-癸	-子	+壬	+亥		+乾

(표 5)

 다른 운의 좌향 순역도도 해당 운(運)의 수를 중궁에 배치하고 같은 방식으로 순행(順行)하면 된다. 현공비성파 이론에서는 하괘(下卦)와 체괘(替卦)가 있는데 설명하면 다음과 같다.
 나경으로 자좌(子坐)에 대하여 설명하면 기존의 삼합파 나경에는 분금이 병자(丙子)와 경자(庚子)만 쓰여 있고 좌우측과 가운데는 글자가 없다. 오른쪽은 갑자(甲子)이고 왼쪽은 임자(壬子)인데 고(孤)라 하여 흉상(凶象)이 되고 가운데는 무자(戊子)인데 공망(空亡)이라 하여 쓸 수 없기 때문에 병자(丙子), 경자(庚子)만 쓰여 있다. 그러나 현공에서는 모든 방향에서 사용이 가능하다. 자좌(子坐)는 15도인데 가운데 3곳은 9도가 되어 하괘(下卦)가 되고 좌우측 각 3도는 체괘(替卦)가 된다.

하괘(下卦)의 택명반(宅命盤)

하괘의 택명반을 작성해 본다. 하원(下元) 8운(運)에서 자좌오향(子坐午向)을 예로 든다면 아래와 같다. 8운이니까 8을 중궁에 넣고 순비하면 표6과 같이 되고 오향에 있는 3자를 중궁 상단 오른쪽에 놓고 자좌(子坐)에 있는 4자를 중궁 상단 왼쪽에 놓는다. 여기서 부호가 중요한데 자(子)와 오(午)는 천원룡이며 운반성에 의하여 향에는 3이 되어 3은 +갑(甲), -묘(卯), -을(乙)이 되어 천원룡은 -묘(卯)가 되어 중궁에 있는 3은 음(陰)의 부호가 된다. 왼쪽에는 4가 되어 4에는 -진(辰), +손(巽), +사(巳)가 되어 천원룡은 +손(巽)이 되어 중궁에 있는 4의 부호는 양(陽)의 부호가 되어 표7과 같이 된다.

午向		
七	三	五
六	八	一
二	四	九

*표6   子坐

午向		
七	三	五
六	+4 -3 八	一
二	四	九

*표7   子坐

중궁에 있는 향성인 -3은 음(陰)이므로 역행시키고, 좌성 +4는 양

(陽)이므로 순행시키면 표8과 같은 자좌오향(子坐午向)의 택명반이 만들어진다.

午向

3 4 七	8 8 三	1 6 五
2 5 六	+4-3 八	6 1 一
7 9 二	9 7 四	5 2 九

*표8   子坐

현공비성파는 4국(局)이 있는데 왕산왕향(旺山旺向), 쌍성회향(雙星會向), 쌍성회좌(雙星會坐), 상산하수(上山下水)로 나눈다. 운성(運星)과 같은 숫자가 왼쪽의 산성에 있고 운성과 같은 숫자가 향의 산성과 향성에 있으면 왕산왕향(旺山旺向)이라 하며, 운성과 같은 숫자가 향의 산성과 향성에 함께 있으면 쌍성회향(雙星會向)이라 하고, 운성과 같은 숫자가 왼쪽의 산성과 향성에 함께 있으면 쌍성회좌(雙星會坐)라 한다. 운성과 같은 숫자가 향의 산성에 있고 같은 숫자가 왼쪽의 향성에 있는 것은 상산하수(上山下水)라 한다.

중궁이 - 산성, - 향성이면 왕산왕향
중궁이 + 산성, - 향성이면 쌍성회향
중궁이 - 산성, + 향성이면 쌍성회자
중궁이 + 산성, + 향성이면 상산하수
위의 표8은 쌍성회좌(雙星會坐)가 된다.

巽向

1 8 七	5 3 三	3 1 五
2 9 六	-9-7 八	7 5 一
6 4 二	4 2 四	8 6 九

*표 9　旺山旺向　　乾坐

辰向

8 6 七	4 2 三	6 4 五
7 5 六	+9+7 八	2 9 一
3 1 二	5 3 四	1 8 九

*표 10　上山下水　　戌坐

위의 표9와 표10은 건궁(乾宮)에서 건좌(乾坐)와 술좌(戌坐)를 놓았는데 결과는 반대로 나타난다. 왕산왕향은 앞에 물이 있으면 인물과 재물이 왕성한, 소위 정재양왕(丁財兩旺)이 되지만 상산하수국은 산성8이 향궁에 있어 상산(上山)을 범했고 향성8은 좌궁에 있으므로 정재양패(丁財兩敗)하는 흉상(凶象)의 국(局)이 된다. 간혹 양택은 뒤에 물이 있을 수 있다고 했는데 물이 있어 상산하수의 합국을 이루었다고 하더라도 바람을 막지 못하면 살 수가 없다. 간혹 바닷가나 호숫가에 집을 지을 때 도로 아래에 있는 집은 물을 등질 수도 있다. 혈이 맺긴 곳이라면 바람을 갈무리하는 환경일 것이다. 바람을 막지 못하는 곳에서는 이론적 합국(合局)이라도 자리가 될 수 없다.

午向

3 4 七	8 8 三	1 6 五
2 5 六	+4-3 八	6 1 一
7 9 二	9 7 四	5 2 九

*표 8　子坐
　　　　雙星會向

丙向

5 2 七	9 7 三	7 9 五
6 1 六	-4+3 八	2 5 一
1 6 二	8 8 四	3 4 九

*표 11　壬坐
　　　　雙星會坐

위의 표8과 표11은 감궁(坎宮)에 있는 자좌(子坐)와 임좌(壬坐)의 택명반인데 같은 궁에 접해 있는 자리지만 결과는 많은 차이를 나타낸다.

쌍성회향은 인정(人丁)은 떨어지지만 향성(向星) 8이 향궁(向宮)에 이르렀기 때문에 왕향(旺向)이 되어 재물은 풍성하다고 본다. 만약 물 뒤에 산이 있으면 인물도 어느 정도는 왕성하다고 해석된다.

쌍성회좌의 임좌는 자좌와는 15도 정도밖에 떨어져 있지 않지만 결과는 쌍성회향과 정반대. 왼쪽의 뒤편에 물이 있어야 합국인데 음택인 경우는 불가능에 가까우므로 신중을 기해야 할 것 같다. 이론대로 평한다면 인정(人丁)에는 유리하나 재물(財物)에는 인연이 없다고 본다.

체괘구결(替卦口訣)

체괘구결(替卦口訣)에 대하여 알아본다. 세상에는 정법(正法)만 있는 것이 아니고 편법(便法)도 있다. 현공(玄空)에서 하괘(下卦)를 정법이라고 한다면 체괘(替卦)를 편법이라고 한다.

풍수지리에 '아장출왕후(我葬出王侯) 타장출적구(他葬出賊寇)'라는 말이 있다. 이 말은 내가 묘를 쓰면 왕후가 나(出)고 다른 사람이 묘를 쓰면 도적이 난(出)다는 뜻이다. 체괘의 비법을 알면 진정한 의미를 알 수 있을 것이다.

예를 들면 8운에서 진좌술향(辰坐戌向)은 상산하수 국(局)이지만 조금만 방향을 돌려 놓으면 왕산왕향이 될 뿐 아니라 연주삼반괘가 되어 길한 국(局)으로 변한다. 체괘(替卦)는 범위가 제한적이므로 정확한 나경(羅經)이 필요하며, 체괘의 범위는 제한적이므로 숙련되지 않으면 유의해야 한다고 한다.

*장대홍 선생의 替卦口訣

子癸並甲申 貪狼一路行(자계병갑신 탐랑일로행)
酉辛丑艮丙 天星說破軍(유신축간병 천성설파군)
壬卯乙未坤 五位爲巨門(임묘을미곤 오위위거문)
寅午庚丁上 右弼四星臨(인오경정상 우필사성임)
乾亥辰巽巳 連戌武曲名(건해진손사 연술무곡명)

*주의할 점 : 숫자만 바뀌고 음양(陰陽)은 바뀌지 않는다.
  *구성(九星)의 고명(古名) : 1. 탐랑(貪狼) 2. 거문(巨門) 3. 녹존(祿存) 4. 문곡(文曲) 5. 염정(廉貞) 6. 무곡(武曲) 7. 파군(破軍) 8. 좌보(左輔) 9. 우필(右弼)

午向

3 4 七	8 8 三	1 6 五
2 5 六	+4-3 八	6 1 一
7 9 二	9 7 四	5 2 九

*표 8   子坐(下卦)

午向

5 3 七	1 7 三	3 5 五
4 4 六	+6-2 八	8 9 一
9 8 二	2 6 四	7 1 九

*표12   子坐(替卦)

8운(運) 자좌오향(子坐午向)을 체괘로 바꾸면 표12와 같다. 자(子)와 오(午)는 천원룡이고 삼(三, 甲卯乙)의 천원룡은 묘(卯)이므로 체괘구결에서 壬卯乙未坤 五位爲巨門(임묘을미곤 오위위거문)이고 중궁의 향성은 -3에서 -2로 바뀐다. 좌궁 사(四)(辰巽巳)의 체괘구결은 乾亥辰巽巳 連戌武曲名(건해진손사 연술무곡명)이므로 +6이 된다. 중궁에 +6과 -2를 넣고 택명반을 만들면 표12가 된다.

기국(奇局)

다음은 기국(奇局)에 대하여 알아본다.

①奇局1. 합십(合十)
합십국(合十局)은 구궁(九宮) 전체가 [운반수(運盤數)+좌성수(坐星數)]의 합이 10이 되거나 [운반수+향성수(向星數)]의 합이 10이 되는 경우를 말한다. 왕산왕향(旺山旺向)에 버금가는 길(吉)한 국(局)이다. 표12는 향합십이므로 재물로 대왕(大旺)한다. 산합십(山合十)은 인정(人丁)이 대왕(大旺)한다. 특이한 예를 하나 소개한다. 8운에 축좌미향(丑坐未向-下卦, 替卦), 미좌축향(未坐丑向-下卦, 替卦)은 왕산왕향에 전반합십(全盤合十)이다.

②奇局2. 연주삼반괘(連珠三般卦)
연주삼반괘는 구궁(九宮) 전체가 연반(運盤), 향성(向星), 산성(山星)의 세 숫자가 123, 234, 345, 456, 567, 678, 789, 891과 같이 연속으로 되어 있다. 현공풍수서에 있는 내용을 보면 다음과 같이 적고 있다.
"인간관계가 원활하고 귀인이 곳곳에서 도와주는 격이 되기 때문에 생각하지도 못한 좋은 일이 생기고 흉함을 만나도 오히려 길(吉)로 바뀌고 반음과 복음의 화도 풀어주는 아주 길한 국(局)이다."
그런데 하괘(下卦)의 체괘(替卦)는 모두 상산하수(上山下水)이므로 바람을 막지 못하는 자리는 피하는 것이 좋다고 본다. 8운(運)에서 하괘(下卦)의 진좌술향(辰坐戌向)과 술좌진향(戌坐辰向)은 상산하수 국(局)인데 체괘로 놓으면 왕산왕향이 되어 지형이 배산임수가 되어야 한다.

③奇局3. 부모삼반괘(父母三般卦)

부모삼반괘는 구궁(九宮) 전체가 운반(運盤), 향성(向星), 산성(山星)의 세 숫자가 147, 258, 369 세 자리로만 조합되어 있다. 연주삼반괘와 마찬가지로 귀한 국(局)이지만 하괘(下卦) 16국(局)이 모두 상산하수 국(局)이므로 사용하는 데 조심해야 한다.

성문결(城門訣)

성문결에 대하여 알아본다. 성문결은 현공풍수에서 수법에 관한 것인데 성문결에 해당되는 부분에 합수(合水)나 수구(水口)가 있으면 길상(吉象)이다. 성문은 향의 좌우에 있는 궁이 해당되는데 향(向)과 합생성이 되면 정성문(正城門)이고 합성이 되지 않는 궁은 부성문(副城門)이 된다. 합생성은 1과 6, 2와 7, 3과 8, 4와 9다. 궁(宮)의 3개 방위에서도 동원(同元)이 되는 1개 방위만 해당된다. 표13으로 설명한다.

巽 4	離 9	坤 2
震 3	中 5	兌 7
艮 8	坎 1	乾 6

*표13

자좌오향(子坐午向)을 예를 들면 이궁(離宮) 중 오향(午向)은 천원룡(天元龍)에 해당되므로 손궁(巽宮) 진손사(辰巽巳) 중 천원룡인 손(巽)만 정성문(正城門)이 되고 곤궁(坤宮) 미곤신(未坤申) 중 천

516

원룡인 곤(坤)만 부성문(副城門)이 된다.

성문이 되더라도 성문결에 해당하는 방위를 다시 찾아야 한다. 8운(運)에서 건좌손향(乾坐巽向)으로 예를 든다. 손좌(巽坐)는 천원룡(天元龍)이므로 손궁과 접한 이궁(離宮)에 있는 3의 천원룡은 -묘(卯)이므로 -3을 중궁에 입궁하여 역행하면 표14와 같이 된다. 이궁에 있는 8은 당운과 같은 숫자이므로 성문결이 된다.

正城門   正城門

巽向   (午方)   巽向   (午方)

4 七	8 三	6 五
5 六	-3 八	1 一
9 二	7 四	2 九

副城門 (卯方)

5 七	1 三	3 五
4 六	+6 八	8 一
9 二	2 四	7 九

副城門 (卯方)

*표14   乾坐   *표15   乾坐

8운(運)에서 진궁(震宮)에 있는 육(六)은 술건해(戌乾亥) 중 건(乾)이 천원룡이므로 +6을 중궁(中宮)에 넣고 순행하면 표15와 같은 표가 만들어진다. 진궁에 있는 4는 당운과 같지 않으므로 부성결이 되지 않는다.

복음(伏吟)

복음(伏吟)에 대해 알아본다. 중궁(中宮)에 산성(山星)이나 향성(向星)의 숫자 5를 넣고 순행을 하면 구궁(九宮) 전체가 원단반(元旦盤, 洛書數와 동일)과 같은데, 이런 경우를 만반복음(滿盤伏吟)이라고 하여 아주 흉하기 때문에 집이 폐허가 되고 사람이 상한다고 하였다. 8운(運)의 간좌곤향(艮坐坤向)을 예로 들면 아래와 같이 되어 만반복음이 된다.

坤向

1 4 七	6 9 三	8 2 五
9 3 六	2 5 八	4 7 一
5 8 二	7 1 四	3 6 九

艮坐 *표16

8운(運)에는 간좌(艮坐-下卦, 替卦), 인좌(寅坐-下卦), 곤좌(坤坐-下卦, 替卦), 신좌(申坐-下卦) 6개의 국(局)이 복음이 되므로 각별히 조심해야 한다. 그런데 구궁(九宮) 전체의 애성(挨星) 부모삼반괘인 147, 258, 369가 되어 뒤가 낮고 앞이 높으면 피해는 없고 오히려 전화위복(轉禍爲福)이 된다고 했다. 묘터는 어려운 일이고 바닷가나 호숫가에 있는 집이 길 아래에 있는 경우가 있는데 바람을 막을 수 있는 조건이어서 지기(地氣)든지 천기(天氣)든지 받은 혈이면 귀한 곳으로 볼 수 있다.

북두칠성타겁(北斗七星打劫)

칠성타겁은 미래의 길운을 미리 빼앗아 나의 것으로 만드는 경우라 했으며 자식이나 사제지간에도 특별한 경우가 아니면 알려주지 않는다고 하였다. 터겁법은 심씨현공학(沈氏玄空學)에 진타겁(眞打劫) 24국(局)과 감궁상합(坎宮相合)(假打劫) 24국(局) 도합 48개의 타겁법이 된다고 설명을 하는데 자세한 것은 현공대괘 편에서 설명한다.

대문위치(大門位置)

　현공비성파에서는 대문의 위치를 향성(向星)이 왕기방(旺氣方, 향성이 당운과 같은 방위)이 최선이며 차선은 생기방(生氣方, 향성이 당운의 다음 운방)이며, 그 다음으로는 진기방(進氣方, 향성이 생기방의 다음 운방)에 내면 좋다고 하였다.
　그런데 필자의 생각으로는 기운이 들어오고 나가지 않는 방향에 대문을 내는 것이 옳다고 본다. 필자가 현장에서 확인한 바에 의하며 혈이 맺힌 곳이면 원진수가 합쳐서 나가는 곳이 납기처(納氣處)였다. 혈이 맺히지 않고 인위적으로 천기(天氣)를 가둔 자리면 납기처가 존재하게 되는데 이곳으로 문을 내면 된다.

지운법(地運法)

　현공비성파(玄空飛星派)에서는 소지(小地)의 지운(地運) 계산법(計算法)과 대지(大地)의 지운 계산법으로 구분하고 있다. 지운이 끝나는 시기를 입수(入囚)되었다고 하는데 입수되면 재정양패(財丁兩敗)되어 상산하수(上山下水)보다 피해는 더 심하다고 한다. 향성(向星)이 입수되면 해당 운의 지기는 소멸되며 산성(山星)이 입수되면 지운과는 무관하지만 인정(人丁)에 불리하고 출산(出産)이 적어지며 출세에 지장이 온다고 하였다. 그래서 소지(小地)에서는 지운이 끝나면 화장을 해야 한다고 적고 있다.

*소지(小地)의 지운 계산법

　①왕산왕향(旺山旺向), 쌍성회좌(雙星會坐), 상산하수(上山下水) 국(局)의 地運 計算法

丙向

5 2 七	9 7 三	7 9 五
6 1 六	-4+3 八	2 5 一
1 6 二	8 8 四	3 4 九

*표 11   壬坐

중궁(中宮)의 운반수 팔(八)에서 시작하여 중궁(中宮)의 향성(向星) 3운(運) 직전인 2운(運)까지이며 3운(運)에서 입수된다. 그러므로 지운(地運)의 기간은 4x20＝80년이다.

②쌍성회향(雙星會向) 국(局)의 地運 計算法

午向

3 4 七	8 8 三	1 6 五
2 5 六	+4-3 八	6 1 一
7 9 二	9 7 四	5 2 九

*표 8   子坐(下卦)

향국 향성(向星) 8에서 시작하여 좌궁(左宮)의 향성(向星) 7운(運) 직전인 6운(運)까지이며 7운(運)에서 입수(入囚)된다. 그러므로 지운의 기간은 8x20＝160년이다.

*대지(大地)의 지운 계산법

음양(陰陽)에서 특별한 대혈(大穴)이면 지운이 늘어나는 것이다. 용진혈적(龍眞穴的)한 대지(大地)에 대하여 180년이 늘어나며 모든 조건에 합당하면 180x3 = 540년이 되고 천장지비(天藏地秘)한 극히 큰 길지(吉地)는 540x2 = 1,080년이 된다고 한다.

필자가 전국을 돌면서 발견한 천장지비의 대혈은 모두 비어 있으며 사용을 했어도 실혈(失穴)을 하여 묵묘가 되고 혈처는 생지로 남아 있었다. 천장지비의 혈(穴)은 주인이 정해져 있다고 보며 하늘을 감동시키는 적덕(積德)을 하면 안내자를 보낼 것으로 본다. 옛날부터 전해오는 말에 의하면 "명당 한 자리 얻으려면 3대를 적선해야 가능하다."고 했다

*수불주(囚不住)

입수(入囚)되지 않는 상황을 수불주(囚不住)라고 한다. 책에 있는 내용을 옮겨본다.

예1)   예2)
　　午坐   　　巳坐

2 5 七	7 9 三	9 7 五
1 6 六	+3 -4 八	5 2 一
6 1 二	8 8 四	4 3 九

*표17 子向(下卦)

1 3 二	6 8 七	8 1 九
9 2 一	+2 +4 三	4 6 五
5 7 六	7 9 八	3 5 四

*표18　　　　　　　　　亥向

①쌍성회향(雙星會向)의 예1

쌍성회향 국(局)으로 9운(運)이 되면 입수(入囚)되지만 만약 이궁(離宮)에 물이 있거나 넓게 비었거나 문로(門路)가 있으면 수불주(水不住)가 된다고 한다.

②쌍성회향(雙星會向)의 예2

4운(運)에 입수(入囚)되지만 만약 생기방(生氣方)이 앞에 있고, 향성(向星) 5황성(黃星)에 물이 있거나 공광(空曠)하거나 문로(門路)가 있으면 4운(運)에 수불주(囚不住)된다고 한다.

현공대괘파(玄空大卦派) 이론(理論)

현공대괘파는 상원(上元)과 하원(下元)으로 나뉘며 상원은 1운(運)에서 4운(運)까지 90년이고, 하원은 6운(運)에서 9운(運)까지 90년이며 합이 180년이다.

	南(火)	
兌 ☱ 2	乾 ☰ 1	巽 ☴ 5
	7 2	
巽 ☴ -4	離 ☲ -9	坤 ☷ -2
離 ☲ 3	5 10 (土)	坎 ☵ 6
8 3	5黃 5	4 9
震 ☳ +3		兌 ☱ -7
震 ☳ 4	坤 ☷ 8	艮 ☶ 7
	1 6	
艮 ☶ +8	坎 ☵ +1	乾 ☰ +6
	北(水)	

(東(木)은 좌측, 西(金)은 우측)

윗부분 : 선천팔괘(先天八卦)
아랫부분 : 후천팔괘(後天八卦), 낙서(洛書)
하도(河圖) : +1, -6 = 水 / -2, +7 = 火 / +3, -8 = 木 / + = 天 / - = 地 / -4, +9 = 金金

선천팔괘를 일명 복희(伏羲)선천팔괘라고 한다. 선천8괘는 천지정위(天地定位), 뇌풍상박(雷風相搏), 산택통기(山澤通氣), 수화불상사(水火不相射) 등의 착괘(錯卦)로 되어 있다. 복희팔괘는 만물의 변화 이치를 보여주는 형상이므로 선천팔괘라고 한다. 이것은 만물에 내재되어 있는 근본 원리를 배열한 하도를 기본으로 한다.

후천팔괘를 문왕(文王)후천팔괘라고하며 만물의 변화 원리를 형상화했다. 낙서를 근본으로 했으니 하도를 체(體)라고 하면 낙서를 용(用)이라고 한다.

현공대괘의 각 운(運)의 기간 계산

양수(陽數) 1+3+5=9, 음수(陰數) 2+4=6을 선천팔괘의 각 괘에 대입하고, 각 운(運)은 후천팔괘의 수가 된다.

1운 탐랑 : 6+6+6=18년(1864~1881)
2운 거문 : 9+9+6=24년(1882~1905)
3운 녹존 : 9+6+9=24년(1905~1929)
4운 문곡 : 6+9+9=24년(1930~1953)
6운 무곡 : 9+6+6=21년(1954~1973)
7운 파군 : 6+9+6=21년(1974~1995)
8운 좌보 : 9+6+6=21년(1996~2016)
9운 우필 : 9+9+9=27년(2017~2043)

2010년은 하원이며, 8운(運) 좌보성의 기운을 받고 있다. 좌보성은 주(主)가 토(土)이고, 종(從)은 금(金)의 기운이다. 오행으로는 진(震)이므로 3, 8(木)의 기운이다.

상기의 기운은 운과 맞아야 하고 양택이든 음택이든 그것이 갖고 있는 고유의 기운과 맞았을 때 이것을 생기(生氣)라고 한다. 천기는 물체의 모양에 따라서 변한다. 모든 공간은 공기의 흐름이 일정해야 안

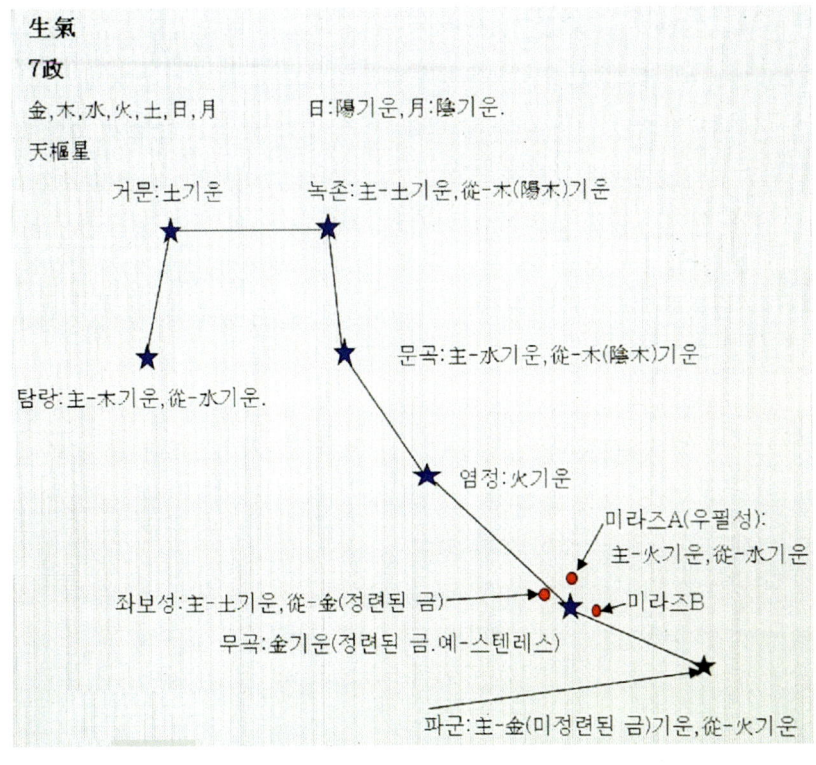

정된 공간을 형성한다. 정사각형이 안정되지만 원은 아주 이상적이다. 집터든지 묘터든지 좋은 자리는 주위가 둥글게 안정되어 있다. 주위 국(局)도 원형을 이루었고 바람도 회전하여 아늑하다. 풍수지리에서는 주위 국(局)이 둥글게 되어 있는지 우선 살펴야 한다. 주위 환경도 둥글게 만들어서 공기의 흐름이 둥글게 흐르도록 해야 한다.

어떤 곳에 음택을 마련하거나 양택을 지으면 주위에 기장이 형성되어 모든 사격과 물체의 기는 음택·양택에 영향을 미치기 시작한다. 용진혈적한 곳은 긍정적으로 좋은 영향을 받을 것이고 비혈지는 부정적인 영향을 받을 것이다. 용진혈적한 곳도 주위 환경에 맞게 하여야 주위에 있는 모든 생기가 이곳으로 집중된다.

우리는 가끔 묘 주위든지 생활공간에 있는 나무를 벤다거나 환경을 변화시킨 후에 불상사를 경험하는 일이 있다. 이것은 기장이 갑자기 변하여 적응된 기가 인체에 변화를 주기 때문이다. 그렇기 때문에 주위의 환경 변화는 서서히 해야 한다. 더욱 중요한 것으로 위의 설명은 단지 형기적으로 살펴본 것이지만, 좌향(坐向)이 맞지 않으면 생기(生氣)를 최대로 발휘할 수 없다는 사실이다. 필자가 현장에서 확인한 바로는 좌향을 조금만 변경해도 기운이 반감되고 조금 더 방향을 틀면 전혀 생기가 반응하지 않았다는 것이다.

현공대괘(玄空大卦) 이론의 핵심 요결은 기(氣)의 원활한 유통을 통해 시운(時運)과 관계없이 음(陰)·양택(陽宅)을 모두 생기로 충만하게 만드는 방법에 있다. 모든 풍수지리의 이론은 길(吉)함을 추구하고 흉(凶)함을 피해보고자 하는 것이 목적이다.

그런데 삼합파 이론은 360도를 24좌로 나누어 사용하니 한 좌의 범위가 너무 넓어 다시 5로 나누어 분금을 만든 다음 고정된 분금만을 사용했으나 지형에 맞지 않는 경우가 있어 기운을 응축하는 데 미흡한 점이 있었다고 본다.

현공비성파 이론은 하괘(下卦) 24좌와 체괘(替卦) 24좌를 합하면 48방위가 되어 한 방위 당 공간이 너무 넓고 고정적이며 시운(時運)에 따라 길흉(吉凶)이 변한다고 하니 운이 바뀔 때마다 변화시키는 것은 맞지 않다고 본다.

하지만 현공대괘 이론은 시운과는 관계없이 생기를 충만하게 할 수 있을 뿐 아니라 생기(生氣)의 기운을 증폭시킬 수도 있다. 64괘 상호간에 합십(合十), 합오(合五), 합십오(合十五), 합생성(合生成), 상호 유사한 성질을 지니고 있는 관계괘(關係卦)들을 용(龍), 산(山), 향(向), 수(水)의 4경위(음택), 좌향(坐向)과 납기처(納氣處, 양택) 등에 배치하여 기의 원활한 유통을 돕게 하는 것이다.

괘리(卦理)와 관계괘(關係卦)

```
              大 成 卦
                ━━━━━
天卦（上卦）    ━━ ━━        巽（風）（原卦）
                ━━ ━━
                ━━━━━
地卦（下卦）    ━━ ━━        艮（山）（原卦）
                ━━ ━━
              風山漸
```

*公孫父母子息卦

부모자식괘는 변효(變爻) 부모자식 괘와 동효(動爻) 부모자식 괘로 나눈다.

①변효(變爻) 부모자식 괘

漸	1爻	2爻	3爻	4爻	5爻	6爻
成卦	家人	巽	觀	遯	艮	節

초효부터 6효까지 차례로 변화하면 위와 같이 변하는데 점괘(漸卦)는 이들의 부모 괘다.

②동효(動爻) 부모자식 괘

부모자식 괘는 괘기의 유통이 원활하지만 공손(公孫) 관계 괘들은 촌수가 멀어지므로 부모관계 괘보다 괘기의 유통이 원활하지 못하다. 선대(先代)부터 대가 멀어지면 긴밀도는 물론 기의 유전이 멀어지는 이치와 같기 때문이다. 점괘(漸卦)와 가인(家人) 괘는 부모관계이지만, 점괘(漸卦)와 소축괘(小畜卦)는 조부모 괘이고, 점괘 중부괘(中孚卦)는 증조부모 괘이고 점괘와 이괘(履卦)는 고조부모 괘이다. 계속 변화하면 12번째는 다시 풍산점괘(風山漸卦)가 만들어진다. 이것이 천옥경(天玉經)에 나오는 '十二陰陽一路行 總是卦中來(십이음양일로행 총시괘중래)'의 설명이 된다.

	1爻	2爻	3爻	4爻	5爻	6爻
漸	家人	小畜	中孚	履	暌	歸妹
	1爻	2爻	3爻	4爻	5爻	6爻
	解	豫	小過	謙	蹇	漸

*복괘(覆卦), 착괘(錯卦), 복착괘(覆錯卦)

① 覆卦

風山漸   山風蠱

② 錯卦

風山漸   雷澤歸妹

③복착괘(覆錯卦)

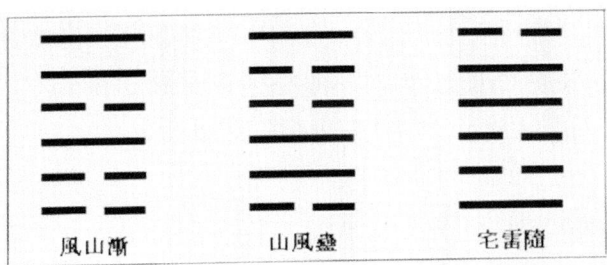

*종괘(綜卦)

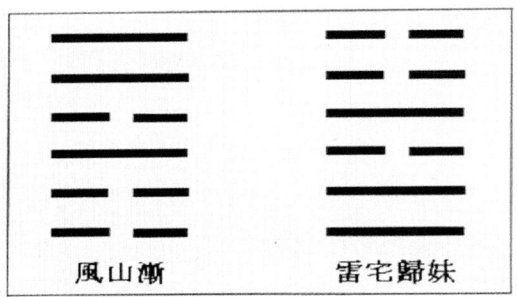

　대성괘의 각 효(爻)를 뒤집어 생성되는 괘를 종괘(綜卦)라고 하며 일명 번괘(翻卦)라고도 한다.
　풍산점괘(風山漸卦)의 1효를 6효로, 2효를 5효로, 3효를 4효로, 4효를 3효로, 5효를 2효로, 6효를 1효로 바꾸면 뇌택귀매(雷宅歸妹)로 변한다. 형제괘의 일종인 종괘는 천기(天機)로 간주하여 금기시했는데 칠성타겁(七星打劫)의 주괘(主卦)로 활용했다. 칠성타겁이란 향괘(向卦)의 종괘(綜卦)를 향괘의 보괘(補卦)로 삼아서 미래의 왕기(旺氣)를 탈취하여 사용하는 최상승의 입향법이라고 한다.

칠성타겁은 형공비성파의 이론이 아니고 현공대괘의 이론임을 양균송 저(훕)『天玉經』에서 밝히고 있다. '天地父母三盤卦 時師未曾話 玄空大卦神仙設 本是此經訣(천지부모삼반괘 시사미증화 현공대괘신선설 본시차경결)'이라는 문구다. 필자가 엘 로드(L-Rod)로 실험해보면 현공대괘 이론이 맞는다는 것을 입증할 수 있었다.

  ***호괘**(互卦)

下四互卦		中四互卦		上四互卦	
火地晋	山地剝	火地晋	水山蹇	火地晋	火水未濟

  호괘는 3종류가 있다. 첫 번째는 1, 2, 3효가 지괘(地卦)가 되고 2, 3, 4효가 천괘(天卦)를 이루어 새로운 신생 괘인 산지박괘(山地剝卦)를 만들고, 두 번째는 2, 3, 4효가 지괘가 되고 3, 4, 5효가 천괘를 이루어 새로운 수산건괘(水山蹇卦)를 만들며, 세 번째는 3, 4, 5효가 지괘가 되고 4, 5, 6효가 천괘를 이루어 새로운 신생 괘인 화수미제괘(火水未濟卦)를 만든다.

  음·양택에서 흉사(凶砂)와 오수(汚水)가 향수(向首)의 호괘 방위에 있으면 흉기(凶氣)가 충돌되고 길사(吉砂)도 호괘 방위에 있지 않으면 좋은 기운을 받지 못한다고 한다. 양택에 있어서 향과 대문이 호괘와 같은 관계 괘에 있지 않으면 좋은 방위도 기운이 줄어든다고 했다.

  그러나 음·양택이 혈처에 앉았다면 이미 좌향이 정해지며 납기처도 정해져 있다. 천기를 가두는 자리도 납기처가 정해져 있으므로 패철로 확인만 하도록 한다. 엘 로드(L-Rod)로 납기를 측정하여 정한다.

＊통괘(通卦)

대성괘의 각 괘는 6효로 이루어져 있으며 상(上) 2효는 천(天)이고 하(下) 2효는 지(地)라서 변화시킬 수 없기 때문에 인(人)에 해당하는 중(中) 2효를 변화시켜 통괘를 얻는다.

예를 들어 건위천괘(乾爲天卦)의 3효와 4효를 변화시키면 풍택중부괘(風澤中孚卦)가 된다. 천괘(天卦)의 성운과 괘운은 1, 9이고 중부괘(中孚卦)의 성운과 괘운은 3, 2이므로 일여삼통(一與三通)이 된다. 천뢰무망괘(天雷無妄卦)의 3효와 4효를 변화시키면 풍화가인괘(風火家人卦)가 된다. 무망괘(無妄卦)의 성운과 괘운은 2, 9이고, 가인괘(家人卦)의 성운과 괘운은 4, 2이므로 이여사통(二與四通)이 된다.

택천쾌괘(澤天夬卦)의 3효와 4효를 변화시키면 수택절괘(水澤節卦)가 된다. 쾌괘(夬卦)의 성운과 괘운은 6, 4이고 절괘(節卦)의 성운과 괘운은 8, 7이므로 육여팔통(六與八通)이 된다. 화천대유괘(火天大有卦)의 3효와 4효를 변화시키면 산택손괘(山澤損卦)가 된다. 大有卦의 성운과 괘운은 7, 3이고 손괘(損卦)의 성운과 괘운은 9, 6이므로 칠여구통(七與九通)이 된다.

위의 내용을 설명하면 이여사통(二與四通)은 선천(先天), 태괘(兌卦)는 후천(後天) 손괘(巽卦) 위치에 있다. 선천 손괘는 2운에서 왕(旺)하므로 2운(運) 손괘와 4운(運) 태괘는 상호 소통된다는 것이다. 그러나 1與3通과 7與9通은 3효와 4효를 변화시키면 설명이 되는데, 선후천(先後天) 논리로는 설명이 안 되므로 더 연구를 요한다.

64괘(卦)의 성운(星運)과 괘운(卦運)

*성운(星運)

현공대괘(玄空大卦) 이론에서 모든 괘들은 성운과 괘운을 가지고 있으며 성운과 괘운은 5를 제외하고 각각 1에서 9까지 구성되어 있다. 따라서 한 종류의 성운은 각각 8괘로 구성되어 있고 괘운도 마찬가지로 8괘로 구성되어 있다. 그러므로 주역은 8x8 = 64괘(卦)로 구성되어 있는 것이다. 건(乾), 태(兌), 이(離), 진(震), 손(巽), 감(坎), 간(艮), 곤(坤)의 8괘(卦)를 변화시키면 64괘(卦)가 된다.

건(乾)의 하괘는 변화시키지 않고 상괘를 변화시키면 건(乾), 쾌(夬), 대유(大有), 대장(大壯), 소축(小畜), 수(需), 대축(大畜), 태(泰) 등으로 변한다. 이를 일명 건괘(乾卦) 지괘관국(地卦管局)이라고 부른다. 이런 지괘관국 내의 괘들은 서로 부모자식 괘와 형제 괘들로 구성되어 있으므로 동일한 지괘관국 내의 괘들은 괘기(卦氣)가 상호 유통한다고 볼 수 있다.

대치되어 있는 괘를 보면 건괘(乾卦)와 곤괘(坤卦)의 천지정위(天地定位), 이괘(離卦)와 감괘(坎卦)의 수화불상사(水火不相射), 진괘(震卦)와 손괘(巽卦)의 뇌풍상박(雷風相薄), 간괘(艮卦)와 태괘(兌卦)의 산택통기(山澤通氣)의 4대 국(局)으로 구성되어 있다.

64괘의 괘는 성운과 괘운이 있으며 성운이 동일하면 괘운이 다르고 괘운이 동일하면 성운이 다르다. 각 괘들은 각기 고유 번호를 갖고 있다.

주역(周易) 64괘 상하괘 도해

하괘\상괘	乾(건)	兌(태)	離(리)	震(진)	巽(손)	坎(감)	艮(간)	坤(곤)
乾(건)	1 乾	43 夬	14 大有	34 大壯	9 小畜	5 需	26 大畜	11 泰
兌(태)	10 履	58 兌	38 睽	54 歸妹	61 中孚	60 節	41 損	19 臨
離(리)	13 同人	49 革	30 離	55 豊	37 家人	63 旣濟	22 賁	36 明夷
震(진)	25 无妄	17 隨	21 噬嗑	51 震	42 益	3 屯	27 頤	24 復
巽(손)	44 姤	28 大過	50 鼎	32 恒	57 巽	48 井	18 蠱	46 升
坎(감)	6 訟	47 困	64 未濟	40 解	59 渙	29 坎	4 蒙	7 師
艮(간)	33 遯	31 咸	56 旅	62 小過	53 漸	39 蹇	52 艮	15 謙
坤(곤)	12 否	45 萃	35 晉	16 豫	20 觀	8 比	23 剝	2 坤

○ 八卦

卦象	☰	☱	☲	☳	☴	☵	☶	☷
	一乾天	二兌澤	三離火	四震雷	五巽風	六坎水	七艮山	八坤地
	乾三連	兌上絶	離虛中	震下連	巽下絶	坎中連	艮上連	坤三絶
	父	少女	中女	長男	長女	中男	少男	母
性情,卦德	健	悅	麗(明)	動	入	陷(險)	止	順
近取諸身	首	口(舌)	目	足	股	耳	手(鼻)	腹
遠取諸物	馬	羊	雉	龍	鷄	豕	狗	牛
五行	陽金	陰金	火	陽木	陰木	水	陽土	陰土
	資始萬物 剛健戰鬪	滋養萬物 而悅 吸收結實	外陽內陰	陽初動於 陰下 剛柔始交	柔順而入 生風	陽陷於陰 中 難生勞力	終始	資生萬物 柔順致役

현공대괘파(玄空大卦派) 이론(理論)

八卦	卦象	卦德	人倫	人品	遠取	近取	物色	器物	雜物
1乾天	☰	健	父	寶	馬	首	大赤	金玉	氷
2坤地	☷	順	母	衆人	牛	腹	黑	釜	布
3震雷	☳	動	長男	君子	龍	足	蒼	簋	稼
4巽風	☴	入	長女	主人	鷄	股	白	繩	臭
5坎水	☵	陷	中男	盜	豕	耳	赤	弓	血
6離火	☲	麗	中女	武人	雉	目		甲冑	塘
7艮山	☶	止	少男	小人	狗	手		節	門闕
8兌澤	☱	說	少女	巫	羊	口		瓶	剛鹵

〈성운 계산법〉

1	2	3	4	6	7	8	9
上·下卦相同	初爻陰陽相同	中爻陰陽相同	上爻陰陽相同	上爻陰陽不相同	中爻陰陽不相同	初爻陰陽不相同	上·下卦不相同

1. 상·하괘가 모두 같을 경우 → 1운 괘(父卦) 탐랑(貪狼)
2. 초효 음양이 서로 같을 경우 → 2운 괘 거문(巨門)
3. 중효 음양이 서로 같을 경우 → 3운 괘 녹존(綠存)
4. 상효 음양이 서로 같을 경우 → 4운 괘 문곡(文曲)
5. 상효 음양이 서로 다를 경우 → 6운 괘 무곡(武曲)
6. 중효 음양이 서로 다를 경우 → 7운 괘 파군(破軍)
7. 초효 음양이 서로 다를 경우 → 8운 괘 좌보(左輔)
8. 상·하괘 음양이 서로 다를 경우 → 9운 괘 우필(右弼)

성운을 추론할 수 있는 다른 방법이 있다. 지산겸(地山謙-성운6, 괘운 1)을 예로 든다. 첫 효와 4효는 같은 음이므로 음양 조화로 음(陰)이 되고 2효와 5효도 음효(陰爻)이므로 음이 되며 3효는 양이고 6효는 음이므로 음양 효과로 양이 되어 간산(艮山)이 되며, 선천수 위치는 후천수 건(乾)이 되어 6이 되고 지산겸 성운 6이 된다.

각 괘의 성운은 선천 8괘가 각 궁에 머무는 시간을 의미한다고 한다. 현공대괘에서는 현공비성파에서 사용하는 중원 운과 5운이 없는 양원 8운의 지운(地運)을 사용한다. 음효(陰爻)의 대표 수는 6이고 양효(陽爻)의 대표 수는 9다.

하도의 생성 음수는 2, 4이므로 합하면 6이 되고 생성 양수는 1, 3, 5이므로 합치면 9가 된다. 현공대괘 8운의 지운은 28숙(宿)을 비롯한 항성(恒星)의 영향을 계산하여 만든 것으로 알려졌다고 한다. 따라서 양원 8운은 항성운(恒星運) 또는 선천괘운(先天卦運)이라고도 불린다.

<양원(兩元) 팔운(八運)>

		地運		年數	時間
上元	一運		(坤)	6×3=18년	1864 ~ 1881 年
	二運		(巽)	9×2+6×1=24년	1882 ~ 1905 年
	三運		(離)	9×2+6×1=24년	1906 ~ 1929 年
	四運		(兌)	9×2+6×1=24년	1930 ~ 1953 年
下元	六運		(艮)	9×1+6×2=21년	1954 ~ 1974 年
	七運		(坎)	9×1+6×2=21년	1975 ~ 1995 年
	八運		(震)	9×1+6×2=21년	1996 ~ 2016 年
	九運		(乾)	9×3=27년	2017 ~ 2043 年

각 괘의 성운은 시간대별로 시간 운행을 의미한다. 상원 1, 2, 3, 4 운(運)은 상원에서 왕(旺)하지만 1운괘는 1운에서 가장 왕(旺)하고 2운

괘는 2운에서 가장 왕(旺)하다. 다른 괘들도 당운(當運)에서 가장 왕(旺)하다. 물론 하원 6, 7, 8, 9 운도 하원에서 왕(旺)하지만 당운(當運)에서 가장 왕(旺)하다. 하원 8운은 8운(후천 艮)에서 가장 왕하며 8운과 인접한 7운과 9운은 다음으로 왕하고 6운은 그 다음이다. 반면 상원 운은 약하다. 특히 당운(當運)과 마주하는 운이 가장 약하다. 예로 들면 8운과 마주하는 2운이 가장 약하고 3운과 4운은 다음으로 약하며 1운은 그 다음으로 약하다.

星運의 衰旺

	地運	8運卦	衰旺	
상원	1운	風天小畜 8運卦	衰	老
	2운	風天小畜 8運卦	死	
	3운	風天小畜 8運卦	衰	
	4운	風天小畜 8運卦	弱	
하원	6운	風天小畜 8運卦	平	養
	7운	風天小畜 8運卦	旺	
	8운	風天小畜 8運卦	極旺	
	9운	風天小畜 8運卦	旺	

64괘 차서도(次序圖)와 성운과 괘운

64 卦 次序圖

上卦 下卦	坤 (地) 9	艮 (山) 4	坎 (水) 3	巽 (風) 8	震 (雷) 2	離 (火) 7	兌 (澤) 6	乾 (天) 1
乾(天)	泰 1 4	大畜 6 9	需 7 8	小畜 2 3	大壯 8 7	大有 3 2	夬 4 1	乾 9 6
兌(澤)	臨 1 3	損 6 8	節 7 9	中孚 2 4	歸妹 8 6	睽 3 1	兌 4 2	履 9 7
離(火)	明夷 1 8	賁 6 3	既濟 7 4	家人 2 9	豐 8 1	離 3 6	革 4 7	同人 9 2
震(雷)	復 1 2	頤 6 7	屯 7 6	益 2 1	震 8 9	噬嗑 3 4	隨 4 3	无妄 9 8
巽(風)	升 1 7	蠱 6 2	井 7 1	巽 2 6	恒 8 4	鼎 3 8	大過 4 8	姤 9 3
坎(水)	師 1 6	蒙 6 1	坎 7 2	渙 2 7	解 8 3	未濟 3 8	困 4 9	訟 9 4
艮(山)	謙 1 1	艮 6 6	蹇 7 7	漸 2 2	小過 8 8	旅 3 3	咸 4 4	遯 9 9
坤(地)	坤 1	剝 6	比 7	觀 2	豫 8	晉 3	萃 4	否 9

*괘운(卦運)

괘운은 각 괘 천괘의 낙서 수를 말한다. 선천괘의 낙서 수는 9(건-乾), 4(태-兌), 3(이-離), 8(진-震), 2(손-巽), 7(감-坎), 6(간-艮), 1(곤-坤)이며, 각 괘의 괘운에 속한다. 예를 들면 간괘(艮卦) 지괘관국(地卦官局) 천산둔(天山

遯), 택산함(澤山咸), 화산려(火山旅), 뇌산소과(雷山小過), 풍산점(風山漸), 수산건(水山蹇), 산위간(山爲艮), 지산겸(地山謙) 괘(卦)의 천괘(天卦)는 9(乾), 4(兌), 3(離), 8(震), 2(巽), 7(坎), 6(艮), 1(坤)이 각 괘의 괘운에 속한다.

先天八卦 洛書 數

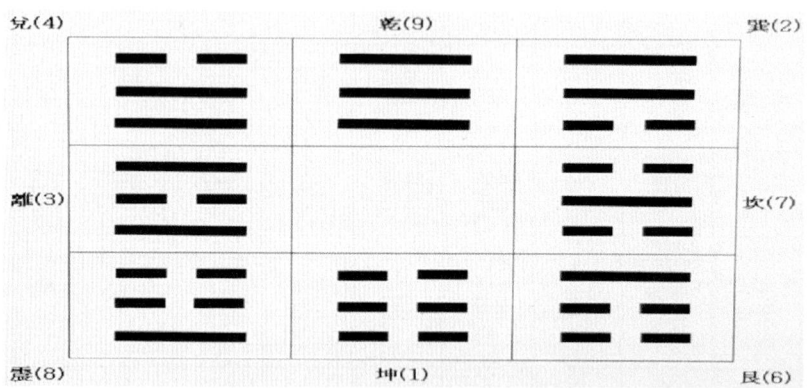

卦運과 玄空五行

玄空卦	乾	兌	離	震	巽	坎	艮	坤
卦運	9	4	3	8	2	7	6	1
玄空五行	金	金	木	木	火	火	水	水

각 괘의 현공오행(玄空五行)은 생입극입(生入剋入)을 주로 사용한다. 수구(水口)가 향(向)에 대하여 생입극입하는 경우를 예로 든다. 향이 진괘(震卦)의 괘운(8) 목(木)이고 수구가 간괘(艮卦)의 괘운(6) 수(水)라고 하면 수구는 향에 대하여 수생목(水生木)이 되어 수구가 향(向)을 생(生)해 주기 때문에 길(吉)하다고 보는 것이다. 수구가 태괘(兌卦)의 괘운(4) 금(金)이라면 금극목(金剋木)이 되기 때문에 수구가 향을 극하므로 길(吉)

한 것으로 본다.

반대로 생출극출(生出剋出)은 흉(凶)한 것으로 간주한다. 좌(坐)가 곤괘(坤卦)의 괘운(1) 수(水)이고 내룡(來龍)이 진괘(震卦)의 괘운(8) 목(木)이라면 수생목(水生木)이 되어 좌가 내룡을 생(生)해 주어 생출(生出)이 되기 때문에 상생(相生)이지만 흉(凶)한 것으로 본다는 것이다.

성운과 괘운은 모두 인간 길흉(吉凶)에 영향을 미치며 성운은 시간의 운행과 더불어 특정 기운의 기간적 기운을 표시하고 괘운은 성운의 공간적 배치를 의미한다고 한다. 설명하자면 성운은 각 괘 괘기(卦氣)의 질을 결정하는 반면 괘운은 각 괘 괘기의 양을 결정한다고 한다.

2017년부터 2043년까지는 9운 우필(右弼)이며, 구운 괘는 태(泰, 괘운1), 손(損, 6), 기제(既濟, 7), 익(益, 2), 항(恒, 8), 미제(未濟, 3), 함(咸, 4), 부(否, 9) 등 8개 괘다. 위의 9운 괘를 단독 시뮬레이션해 보면 8개 괘 모두 비슷하게 생기가 작용하지만 주위 길성과 수구가 괘운이 생입극입이면 생기는 더 많이 작용하고 생출극출이면 생기는 약하고 오황은 상승한다.

동서부모삼반괘(東西父母三般卦)

현공대괘의 괘는 남괘 8괘, 북괘 8괘, 강서괘 24괘, 강동괘 24괘 등 총 64괘로 되어 있다. 성운 1과 성운 9에 속하는 괘를 부모괘(父母卦, 성운 1은 父卦, 성운 9는 母卦)라 하고 성운 2, 3, 4괘는 강서괘(江西卦)라 불리고 성운 6, 7, 8괘는 강동괘(江東卦)라 불린다.

일운괘(一運卦)는 건(乾), 태(兌), 이(離), 진(震), 손(巽), 감(坎), 간(艮), 곤(坤) 총 8괘로 이루어져 있으며 구운괘(九運卦)는 태(泰), 손(損), 기제(既濟), 익(益), 부(否), 함(咸), 미제(未濟), 항(恒)의 총 8괘로 구성되어 있다.

건, 태, 리, 진, 손, 감, 간, 곤 3획 괘 8괘를 상, 하괘 모두 같이 배열하여 대성괘를 만들면 건, 태, 이, 진, 손, 감, 간, 곤의 총 6획 괘 부괘

(父卦), 즉 강북괘(江北卦) 8괘가 만들어진다. 건, 태, 이, 진, 손, 감, 간, 곤의 3획 괘 8괘를 상괘는 이와 같은 순서로 배열하고 하괘는 역배열하여 대성괘를 만들면 부, 함, 미제, 항, 익, 기제, 손, 태의 총 8괘의 모괘(母卦), 즉 강남괘(江南卦)가 만들어진다.

　1운괘 북괘(北卦)는 대칭 방향에 위치하여 괘운(卦運) 수(數)가 합십(合十)을 이룬다. 건-곤 천지정위(天地正位) 수(數) 1-9 합십, 태-간 산택통기(山澤通氣) 수 4-6 합십, 이-감 수화불상사(水火不相射) 수 3-7 합십, 진-손 뇌풍상박(雷風相搏) 수 8-2 합십을 이룬다. 9운괘 남괘(南卦)도 대칭 방향에 위치하여 괘운 수가 합십을 이룬다. 태-부 9-1 합십, 손-함 4-6 합십, 기제-미제 3-7 합십, 익-항 2-8 합십을 이룬다.

　성운 2, 3, 4괘는 강서괘(江西卦)라 하고, 성운 6, 7, 8은 강동괘(江東卦)라 불린다. 강서괘와 강동괘는 부모괘 내 1, 2, 3효를 차례로 변출시켜 만든다. 예컨대 1운괘 중천건(重天乾) 내(內)의 초효(初爻)를 변화시키면 좌보 8운괘 천풍구(天風姤) 내(內)의 2효(爻)를 변화시키면 파군 7운괘 천화동인(天火同人), 내(內) 3효를 변화시키면 무곡 6운괘 천택리괘(天澤履卦)가 변축된다. 6, 7, 8괘는 모두 강동괘이며 다른 1운괘도 위와 같이 변출시키면 6, 7, 8의 강동괘가 만들어진다.

　성운 2, 3, 4괘의 강서괘는 강남괘 즉 우필 9운괘 내의 1, 2, 3효를 변화시켜 만든다. 예컨대 우필 9운괘 천지부(天地否) 괘의 초효(初爻)를 변출시키면 거문 2운괘 천뢰무망괘(天雷无妄卦)가 만들어지고 내(內) 2효를 변화시키면 녹존 3운괘 천수송괘(天水訟卦)가 만들어지고, 내 3효를 변화시키면 문곡 4운괘 천산둔괘(天山遯卦)가 만들어진다. 다른 9운괘도 같은 방법으로 변출키켜 성운 2, 3, 4의 강서괘를 만든다.

　강동, 강서괘는 성운 합십(合十) 관계에 있다. 1, 2, 3, 4의 상원괘는 상원에서 왕(旺)하고 6, 7, 8, 9의 하원괘는 하원에서 왕한다. 즉 상원 운성이 동(動)하면 하원 운성은 정(靜)하고 하원 운성이 동하면 상원 운성은 정하다. 이런 점에서 1, 2, 3, 4운괘는 상원에서 정신괘(正神卦)가 되고, 6, 7, 8, 9운괘는 영신괘(零神卦)가 되며, 반대로 하원에서는 6, 7, 8, 9 운괘가 정신괘가 되고 1, 2, 3, 4 운괘는 영신괘가 된다.

東西父母三般卦

卦別 星運 區分/洛書數	父卦 北卦 1 上下卦 完全相同	江西卦 天元 2 初爻陰陽 相同	人元 3 中爻陰陽 相同	地元 4 上爻陰陽 相同	江東卦 地元 6 上爻陰陽 不相同	人元 7 中爻陰陽 不相同	天元 8 初爻陰陽 不相同	母卦 南卦 9 上下卦 完全不相同
9	乾	无妄	訟	遯	履	同人	姤	否
4	兌	革	大過	萃	夬	隨	困	咸
3	離	睽	晉	鼎	噬嗑	大有	旅	未濟
8	震	大壯	小過	解	豊	歸妹	豫	恒
2	巽	觀	中孚	家人	渙	漸	小畜	益
7	坎	蹇	需	屯	井	比	節	旣濟
6	艮	蒙	이	大畜	剝	蠱	賁	損
1	坤	升	明夷	臨	謙	師	復	泰

성운 1, 9에 속하는 부모괘, 성운 2, 3, 4에 속하는 강서괘와 성운 6, 7, 8에 속하는 강동괘를 소위 '동서부모삼반괘(東西父母三般卦)'라 총칭한다. 부모괘인 성운 1, 9운괘와 2, 8운괘는 천원괘(天元卦)에 속하고 3, 7운괘는 인원괘(人元卦)에 속하며 4, 6운괘는 지원괘(地元卦)에 속한다.

용, 향, 산, 수의 입향 시 순청한 같은 기운을 유통시키게 할 경우 동일한 원괘를 활용한다. 천원괘와 인원괘는 서로 혼용하여 사용할 수 있으나 지원괘는 천원괘, 인원괘와 혼합하여 사용하면 안 된다고 한다. 예컨대 내룡(來龍)이 지원괘로 들어왔으면 지원괘를 사용해야 하고 천원괘로 들어왔으면 천원괘와 인원괘를 사용해야 하는 것이다. 만일 지원괘가 천원괘나 인원괘와 혼용이 되면 괘기(卦氣)박잡이 되어 다른 용, 산, 향, 수의 조합이 훌륭하더라도 길(吉) 가운데 흉(凶)이 있을 수 있다고 한다.

그러나 필자가 전국을 돌면서 명당을 답사한 곳을 보면 명혈이 맺힌 곳에는 좌향이 이미 정해져 있고 향을 조금만 틀어도 생기가 작동되지 않았다.

수산출살(收山出殺)과 출괘(出卦)

흉사(凶砂)나 악수(惡水)는 향(向)과 관계가 없는 괘로 배치하고 길사(吉砂) 길수(吉水)는 향의 관계 괘로 배치하여 수산출살한다고 하지만, 관계 괘로 배치한다고 하더라도 생입, 극입, 생출, 극출의 원리에 맞지 않으면 길사의 기를 충분히 받아들이지 않는 것으로 시뮬레이션을 통해서 알 수 있다.

용, 산, 향, 수가 동일한 지괘관국에 있지 않는다면 이를 출괘(出卦)라고 말하며, 향과 수구가 지괘관국에 있다는 것은 자식 관계가 되므로 향과 수구는 괘기가 서로 유통하기 때문에 길한 것으로 판단한다. 그러나 향과 수구, 용과 좌의 조합이 생출, 극출이면 생기는 줄어들고 오황이 증대하는 결과를 보았다. 출괘 관계에서도 생입, 극입이면 생기가 증대하고 오황은 극히 약화되는 현상이 실험을 통하여 입증되었다.

출괘를 다른 방법으로 추론할 수 있는데 비효법(飛爻法)이 있다. 8순괘(八純卦-건, 태, 이, 진, 손, 감, 간, 곤)의 초효를 변화시키면 1세괘가 만들어진다. 생성된 1세괘의 2효를 변화시키면 2세괘가 만들어지고 2세괘의 3효를 변화시키면 3세괘가 만들어진다. 다시 3세괘의 4효를 변화시키면 4세괘가 생성되고 4세괘의 5효를 변화시키면 5세괘가 만들어진다. 5세괘의 4효를 변화시키면 유혼괘(遊魂卦)가 만들어지고 유혼괘의 1, 2, 3효를 변화시키면 귀혼괘(歸魂卦)가 마지막으로 만들어진다.

위와 같이 8순괘(건, 태, 이, 진, 손, 감, 간, 곤)를 비효법에 의하여 변화시키면 8원괘에 속하지 않는 소성괘가 남는데 이 남는 소성괘가 8순괘, 1세, 2세, 3세, 4세, 5세, 유혼괘. 귀혼괘의 출괘이다.

건괘(乾卦)를 예로 들면 건(乾), 구(姤), 둔(遯), 부(否), 관(觀), 박(剝), 진(晉). 대유(大有)의 소성괘는 건, 손, 간, 곤, 이로 구성되어 있고 태, 감, 진은 건, 구, 둔, 부, 관, 박, 진. 대유 등의 대성괘를 구성하는 소성괘가 아니다. 바로 태, 감, 진은 건괘(乾卦)를 변화시켜 만든 건, 구, 둔, 부, 관, 박, 진, 대유 등 대성괘 외의 출괘다.

손좌건향(巽坐乾向) 부괘(否卦)로 입향하면 부(否)의 출괘는 태(兌, 서), 감(坎, 북), 진(震, 동)에 해당되며 이 방위에 귀봉(貴峰)이 있다면 생기의 형성에 전혀 영향을 주지 못하는 산출괘(山出卦)에 해당된다. 이 방위에 길수가 있다면 이 또한 생기 형성에 도움을 주지 못하는 수출괘(水出卦)가 되는 것이다. 태, 감, 진에 납갑을 붙이면 정(丁, 兌), 무(戊, 坎), 경(庚, 震)이다. 정, 무, 경 천간년(天干年)에 해당되는 사람은 인출괘(人出卦)에 해당되어 부괘(否卦) 입향 음·양택의 발귀발재(發貴發財)의 혜택을 입지 못한다고 한다. 그러나 생입, 극입, 생출, 극출의 논리에는 미치지 못하고 혈이 맺히면 좌향은 정해져 있으며 주위 조응사도 혈처에 맞게 배치되어 있다.

위의 이론은 혈이 맺히지 않은 곳에 음·양택을 조성할 때, 생기를 극대화하기 위하여 취하는 방법이 되겠다. 또 생기를 극대화하는 방법은 탐랑, 거문, 무곡성 등의 길사는 칠성타겁인 종괘 위치에 배치하여 혈장의 생기는 강화하되 오황 기운은 소거하도록 한다.

출살(出煞)의 방법은 다음과 같다. 흉사나 악수(惡水)는 공망선에 배치하여 흉사의 기운을 소공(消空)시킨다.

64卦의 出卦

兌宮	離宮	巽宮	坤宮	艮宮	坎宮	震宮	乾宮	八宮
兌	離	巽	坤	艮	坎	震	乾	八純卦
困	旅	小畜	復	賁	節	豫	姤	一世
萃	鼎	家人	臨	大畜	屯	解	遯	二世
咸	未濟	益	泰	損	旣濟	恒	否	三世
蹇	蒙	无妄	大壯	睽	革	升	觀	四世
謙	渙	噬嗑	夬	履	豊	井	剝	五世
小過	訟	이	需	中孚	明夷	大過	晉	遊魂
歸妹	同人	蠱	比	漸	師	隨	大有	歸魂
乾離巽	兌坤震	兌坎坤	艮離巽	坎坤震	乾艮巽	乾艮離	兌坎震	出宮卦

생출극출(生出剋出)의 경우에도 영향을 받지 않는 칠성타겁 방향으로 용, 향, 수, 길사를 배치하여 혈장의 기장을 강화시킴으로써 흉사의 기운을 소거한다. 좌, 향과 흉사가 생입극입(生入剋入)이 되도록 함으로써 흉사의 기운을 약화시킨다. 흉사와 길사가 동시에 존재하면 길사를 생입극입의 방향에 배치하고 흉사는 길사 및 좌, 향과 괘운, 성운의 유전이 되지 않으면서 생입극입의 방향에 배치한다.

반음(反吟), 복음(伏吟)과 공망(空亡)

*반음, 복음

복음의 전개 방법은 현공비성파와 현공대괘파가 다르다.
현공비성파를 설명하면 다음와 같다. 중궁(中宮)에 산성(山星)이나 향성(向星)의 숫자 5를 넣고 순행을 하면 구궁(九宮) 전체가 원단반(元旦盤, 洛書 數와 동일)과 같은데 이런 경우를 만반복음(滿盤伏吟)이라고 하여 아주 흉하며, 집이 폐허가 되고 사람이 상한다고 하였다. 8운의 간좌곤향(艮坐坤向)을 예로 들면 아래와 같이 되어 만반복음이 된다.

坤向

1 4 七	6 9 三	8 2 五
9 3 六	2 5 八	4 7 一
5 8 二	7 1 四	3 6 九

艮坐

*표16

8운에는 간좌(하괘, 체괘), 인좌(하괘), 곤좌(하괘, 체괘), 신좌(하괘)

의 6개 국(局)이 복음이 되므로 각별히 조심해야 한다. 그런데 구궁 전체의 애성(挨星) 부모삼반괘인 147, 258, 369가 되어도 뒤가 낮고 앞이 높으면 피해는 없고 오히려 전화위복이 된다고 했다.

현공대괘파의 이론은 아래와 같다. 180도 동일한 반경 내에서 용, 수, 산, 향 4결의 괘운(대성괘의 천괘)이 같으면 복음이라 하고, 180도 다른 반경 내에서 용, 수, 산, 향 4결의 괘운(대성괘의 천괘)이 같으면 반음이라 한다. 영신, 정신 원리에 맞추어서 포국을 하지 못하고 복음, 반음에 결렸으면 가파인망(家破人亡), 정재양패(丁財兩敗)의 흉화를 면하기 어렵다고 한다. 필자가 시뮬레이션을 해보니 생기는 약하고 오황이 증가했다. 현공비성파의 반음, 복음은 시운의 변화에 따라 바뀌지만 현공대괘에서는 시운이 바뀌더라도 절대로 소거되지 않는다.

반음, 복음의 경우는 생입, 극입의 원리도 적동하지 않으므로 입향 포국 시 반음, 복음 국(局)이 되는 것을 절대로 삼가야 한다. 반음, 복음은 양균송(楊筠松) 선사의 『도천보조경(都天寶照經)』에서도 내룡과 같은 향(向)으로 입향하면 반음, 복음으로 인하여 화를 감당하기 어렵다고 하였다(本山來龍入本向 返吟伏吟禍難當).

내룡(來龍)이 지위곤(地爲坤, 1. 1)으로 내려오는데 좌(坐) : 지뢰복(地雷復, 8. 1), 향(向) : 천풍구(天風姤, 8. 9)로 좌향을 정하고 수구가 천택리(天澤履, 6. 9)라면 내룡과 좌는 복음이 되고 향과 수구도 복음이 된다. 만약 수구가 지천태(地天泰, 9. 1)라면 수구와 내룡, 좌와는 반음이 된다.

*공망(空亡)

현공비성파에도 대공망과 소공망이 있듯이 현공대괘파에도 공망선이 있다. 현공비성파 24산에서 癸. 丑. 寅. 甲. 乙. 辰. 巳. 丙. 丁. 未. 申. 庚. 辛. 戌 등 지원룡과 인원룡 사이 8곳은 2.5도 대공망에 해당된다. 대공망은 8괘의 괘기가 교차하는 곳이므로 일명 출괘라고도 한다

(아래 나경의 바깥선상에서 굵은 녹색 부분).

생기를 없애는 흉기가 매우 크다고 볼 수 있다. 8궁의 내부 24간 사이의 특정 범위의 각도는 소공망이라고 한다(아래 나경의 바깥선상에서 가는 녹색 부분).

현공대괘에서 공망은 대공망과 소공망(현공비성파의 대공망), 음양유리선, 납허진공망선이 있다. 공망선으로 입향을 하면 큰 피해를 가져오기 때문에 절대로 피해야 한다.

대공망 : 지반정침 4正방(子午卯酉), 4偶방(乾坤艮巽)의 정 중앙선은 선천팔괘의 분계선이므로 이를 일컬어 대공망선 또는 진공망선(眞空亡線)이라고 한다. 각 지괘관국의 경계선이다. 아래 나경의 坤. 復. 明夷. 无妄. 臨. 同人. 泰. 復. 乾. 姤. 升. 訟. 師. 遯. 謙. 否 등 선천 8괘 분계선이 대공망이다.

소공망 : 지반정침 24산의 分金線이 亥壬, 癸丑, 寅甲, 乙辰, 巳丙, 丁未, 庚申, 辛戌 2산 사이에 있으면 후천팔괘의 양괘교계선(兩卦交界線), 즉 음양분의지계(陰陽分儀之界)에 있으므로 이를 일컬어 구갑공망(龜甲空亡)이라 하며 아래 나경의 바깥선상에 굵은 녹색 표시선(현공비성파의 대공망선)이다.

음양유리선(陰陽遊離線) : 분금선이 현공대괘 괘운 수 1.6, 4.9, 2.7, 3.8, 6.7, 4.3 등 서로 0.5도 이내로 근접할 때 이를 음양이 주재할 의사가 없다는 의미에서 음양유리선이라고 한다. 그러나 입향이 이 선으로부터 0.5도를 벗어나면 음양유리선에서 벗어난다.

납허공망선(納虛空亡線) : 64괘의 총 효수(爻數)는 384이다. 그러나 선천원괘 乾(6), 兌(7), 離(9), 震(3), 巽(4), 坎(1), 艮(8), 坤(2)의 낙서 수

에 건천(乾天) 수 9를 곱하여 더하면 360이 된다. 그래서 384에서 360을 빼면 24효가 남고, 이 24효 납허공망효(納虛空亡爻)가 된다. 현공비성파의 왕산왕향이라도 납허공망효에 입향하면 왕산왕향의 역할을 하지 못한다는 것이다.

*도표(納虛眞空亡線)

24山	子	癸	丑	艮	寅	甲	卯	乙	辰	巽	巳	丙
卦	坤	屯	噬嗑	明夷	旣濟	離	革	節	損	泰	需	大有
空亡爻	6효	5효	3효	1효	5효	3효	1효	5효	3효	6효	5효	3효
24山	午	丁	未	坤	申	庚	酉	辛	戌	乾	亥	壬
卦	姤	鼎	井	訟	未濟	坎	蒙	旅	震	否	晉	比
空亡爻	6효	5효	3효	6효	5효	3효	6효	5효	3효	1효	5효	3효

그러나 용진혈적한 혈처(穴處)의, 생기가 최대로 발생하는 좌향에서 확인하니 납허진공망선에 놓인 것이다. 누차 강조하지만 혈이 맺히면 좌향은 결정되는 것이다. 지형 구조가 이미 형성되어 있다.

풍수지리의 이기를 논하는 것은 자연만두에서 정확하게 좌향을 정한 다음, 땅이 가지고 있는 기운과 천기를 최대로 응집시키고 이미 배치되어 있는 구조가 어떤 영향을 미치는지 확인하여 인간에게 어떤 효과를 나타내는지 가늠하는 것이고 인위적으로 천기를 모으는 음·양택에서 생기를 최대로 발생시킬 수 있도록 구조와 배치를 최대로 활용하는 것이다.

玄空 64卦 (羅經)

나경의 아라비아 숫자는 대성괘의 성운수이고 빨간 화살표가 가리키는 한자 수는 괘운 수다. 이 나경은 삼합풍수와 현공풍수 이론을 동시에 볼 수 있도록 제작됐다.

①1층 : 선천팔괘를 배치했다. 팔요황천살(八曜黃天煞, 입수1절룡을 측정), 팔요수(八曜水, 물의 득수나 파구처 모두 해당) 혈의 향이 입수 1절룡을 극하는지를 살펴본다.

②2층 : 팔로사로황천살(八路四路黃泉煞)-향(向) 기준
③3층 : 겁살방(劫煞方)-좌(坐) 기준, 깨어진 산, 흉한 바위, 득수처
④4층 : 정음정양법(淨陰淨陽法)-貪狼-艮丙, 巨門-巽辛, 祿存-乾甲, 文曲-午壬寅戌, 廉貞-卯庚亥未, 武曲-酉丁巳丑, 破軍-子癸申辰, 輔弼-坤乙
⑤5층 : 지반정침(地盤正針)
⑥6층 : 천산칠십이룡(穿山七十二龍, 60甲子와 12개의 공란으로 되어 있다.) 병자순, 경자순(왕상맥)만 사용, 과협처나 결인속기처의 중심인 등마루에 정반정침하고 생왕, 사절룡을 확인한다.
⑦7층 : 지반정침 분금(망자와 생극 관계를 본다.)
⑧8층 : 24절기
⑨9층 : 인반중침(人盤中針)-사격(砂格) 측정, 성숙오행(星宿五行)
⑩10층 : 투지육십룡(透地六十龍, 旺氣脈-丙子旬과 相氣脈-庚子旬만 사용). 혈의 상단 중심을 확인한다.
⑪11층 : 천반봉침(天盤縫針)-수구측정(水口測定). 수구를 중심으로 향을 정할 때 사용한다.
⑫12층 : 천반봉침 분금
⑬13층 : 64괘 대성괘의 卦運 數
⑭14층 : 64괘의 복착괘명(覆錯卦名)
⑮15층 : 64괘의 대성괘. 노란 판의 검정 글씨가 천괘(天卦)가 되고 빨간 판의 노랑 글씨가 지괘(地卦)가 되어 대성괘를 만든다.
⑯16층 : 64괘 대성괘의 星運 數. 성운 수 左右에 刀와 上의 글자가 있는데 刀는 초효를 표시하는 글자이고, 上은 上爻를 나타내는 글자다. 성운 탐랑, 녹존, 파군, 우필성 1, 3, 7, 9의 괘는 왼편에 초효 표시 刀가 있으며 陽에 해당하므로 좌에서 우(逆시계 방향)로 움직인다. 성운 거문, 문곡, 무곡, 좌보성 2, 4, 6, 8의 괘는 오른쪽에 초효 표시 刀가 있고 陰에 해당하므로 우에서 좌(順시계 방향)로 움직인다.

삼원지리(三元地理) 포국법(布局法)

*보성법(輔星法)

증공안(曾公安)의 청양서(青襄序)에 '주작발원생왕기(朱雀發源生旺氣)'란 어구가 있는데 이 어구의 뜻은 다음과 같다. 주작은 안산을 일컫고, 발원이라는 뜻은 맥의 발원을 일컫는다. 발원지에서 맥이 발원하여 흐르다가 안산인 공작이 꼬리를 펼쳐 바람을 갈무리하는 곳에서 멈추어 자리를 만들어 혈처를 형성한다는 뜻이다.

혈이 맺히면 좌향은 자연적으로 정해지는데 주성(主星)이 되고 용과 수는 좌, 향을 보좌하는 보성(輔星)이다. 좌청룡, 우백호도 혈을 보호하는 보성이 된다고 본다. 보성은 주성과의 관계에서 星運 유전(流轉)과 卦運 통기(通氣)로 혈처에 생기(生氣)가 최대로 형성되도록 해야 한다. 생기가 최대로 형성되도록 하는 것이 보성법이다. 보성법은 다음과 같다.

첫째는 용, 수와 주위 사격이 좌, 향에 대하여 생입, 극입하도록 하여 오황은 줄이고 생기를 증가하는 것이다.

둘째는 내룡과 좌향과 파구가 성운 유전과 괘운 통기되도록 한다. 합생성, 합십, 합십오, 합오가 되도록 하여 상·하원에 관계없이 기운이 유통되도록 한다. 성운 유전과 괘운 통기가 함께 이루어지면 최상의 보성법이 되겠지만 여의치 않으면 성운 유전을 우선하고 차선책으로 괘운 통기가 되도록 한다.

셋째는 괘운 음, 양 원리로 입향하는 것인데 홀수 괘운 양룡은 짝수 괘운 음향으로, 괘운 음룡은 괘운 양향으로 입향하도록 한다. 그러면 1.6, 2.7, 3.8, 4.9의 합생성이 되어 용, 산과 향, 수는 자연히 합십 관계가 되며 용, 향과 산. 수 조합은 자연적으로 합오 또는 합십오가 되어 괘운 통기가 된다. 만약 용. 산과 향. 수가 합십이면 모두 짝수 조합이

거나 홀수 조합이 되어 음양 조화가 맞지 않을 뿐 아니라 괘운 반음이 되는 것이니 신중을 기하도록 해야 한다.

넷째로 음택 조성은 용진혈적한 자리라면 이미 좌향이 정해져서 불변이 된다. 맥은 자연이 주위를 포근하게 감싸주는 곳에서 자리를 잡는다. 인위적으로 할 수 있는 방법은 사성을 조성하여 더욱 아늑하게 하고 천수(天水)가 내부로 침입하지 못하도록 하는 것뿐이다. 그러나 혈이 맺히지 않은 양택은 현공대괘 이론을 적용하고 구조를 변경하여 천기가 응집되도록 해야 한다. 음택도 혈이 맺히지 않은 곳에서 장법을 잘하여 천기를 모으고 현공보성법을 적용하여 생기가 최대로 응집되도록 해야 한다. 보성법을 잘 활용하면 이론상 용상팔살이나 황천수의 폐해도 줄이거나 소거할 수 있다고 본다.

*현공대괘(玄空大卦) 포국법(布局法)

현공대괘 포국법에서는 일괘순청국(一卦純淸局)과 合十局, 合生成局이 있으며 父母三盤卦, 七星打劫이 있다.

(1)일괘순청국(一卦純淸局)
일괘순청국은 성운이 동일한 경우다. 일괘순청국이 되면 용. 산, 향, 수의 괘운은 합생성이 되고 용. 수 및 좌. 향의 괘운은 합십이 되며 좌와 수는 합십오와 합오가 되어 이상적 조합을 이루고 있다.

24산에서 天元 來龍은 天元 向, 地元 來龍은 地元 向, 人元 來龍은 人元 向이 되어 동원일기(同元一氣)의 기가 흐르며 괘운에서는 괘운통기가 되지만 성운이 상원운이면 상원에서는 유리하지만 하원에서는 영, 정이 전도되어 불리하다. 일괘순청국은 음·양택의 택일을 하는 데는 유리하다고 본다.

(2) 합십국(合十局)

합십국에서는 용. 좌, 향. 수의 성운과 괘운의 합이 모두 합십을 이룬다. 상원운과 하원운을 분점하고 있다. 1.9, 2.8, 3.7, 4.6 등으로 되어 있어 상·하원에서 유리한 것으로 볼 수 있으나 용과 향, 좌와 수가 반음이고 음양 조화도 맞지 않으므로 불리한 포국법이다.

(3) 합생성국(合生成局)

합생성국에서는 용. 좌, 향. 수의 성운과 괘운이 모두 합생성을 이룬다. 그러므로 성운과 괘운 통기로 상원과 하원을 상호 연결시킴으로써 삼원 불패국으로 만들 수 있는 이상적인 포국법이다. 용과 향, 좌와 수도 성운 합생성을 이루고 괘운은 합십, 합오, 합십오를 이룬다. 당원 성운에서는 일괘순청국보다 약하지만 상원과 하원에서 고루 기운이 발하여 정재양왕(丁財兩旺) 국(局)으로 볼 수 있다.

합생성국을 만드는 방법은 용의 대성괘에서 상효를 변화시켜 좌를 만들고 좌괘의 착괘로 향괘를 만들며 향괘의 상효를 변화시켜 수괘를 만든다. 이와 같은 방법은 이론에 불과하며 용진혈적한 자연에서는 이미 향이 정해져 있으므로 조금만 향을 변경해도 엘 로드(L-Rod)가 돌아가지 않는다.

入首 방향

向 방향

　위의 자리는 맥이 진행하면서 원을 이루어 천기혈을 하나 맺고 지그재그로 입수하고 있다.

①나경이 있는 곳이 혈심(穴心)이며 좌는 임좌(壬坐, 風地觀 2,2)이고 향은 병향(丙向, 雷天大壯 2,8)이다. 용(龍)은 모자 있는 부분(水地比 7,7)이고, 파구는 향에서 오른쪽으로 5도 정도 틀어진 부분(火天大有 7,3)이다. 분석하면 용과 좌의 성운은 2,7 합생성이고 향과 수구도 2,7 합생성이다.

용과 향도 2,7 합생성이고 용과 수는 7,7 비화(比化)이며 좌와 수구도 2,7 합생성이다. 좌, 향은 상원 괘이고 용과 수구는 하원 괘이므로 성운 유전에 상하원 불패 국이다. 괘운은 용과 좌는 2,7 합생성이고 용과 향은 합십오(合十五)다. 용과 수구는 합십이고 좌와 향도 합십이며 좌와 수구는 합오이다. 향과 수는 3,8 합생성이므로 괘운 통기를 이루어 시운불패에 힘을 보태고 있다.

②혈처에서 전순 쪽으로 보면 오른쪽이 함몰된 것처럼 보이지만 끝에 가서 보면 혈처에서 보는 것과 달리 둥글게 되어 있다. 혈처에서 전순이 둥글게 보이는 대로 좌향을 약간 틀어 亥坐巳向으로 하면 좌(雷地豫 8,8), 向(風天小畜 8,2)가 되어 ①번과 비교된다. ①번은 대통령급, 총리급, 장관급이 나오(出)는 자리지만 ②번은 총리급, 장관급이 나온(出)다.

①

용 水地比	좌 風地觀	향 雷天大壯	수 火天大有
성운 7	성운 2	성운 2	성운 7
괘운 7	괘운 2	괘운 8	괘운 3

②

용 水地比	좌 雷地豫	향 風天小畜	수 火天大有
성운 7	성운 8	성운 8	성운 7
괘운 7	괘운 8	괘운 2	괘운 3

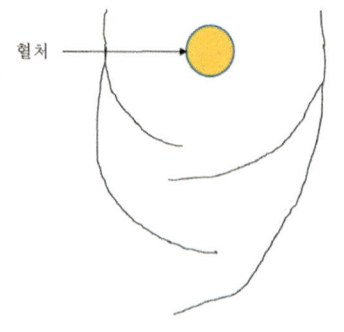

그림은 혈처 옆의 산이 혈처를 감싸고 있는 모양이며 파구가 관쇄를 하고 있어서 혈처는 매우 아늑하다. 사진에서 보는 바와 같이 전순이 기운 것처럼 보여 뒤와 균형이 맞지 않는 것처럼 보이므로 명혈을 피하여 뒤에 묘지를 조성했다. 다행인 것은 묘지가 천기혈에 들어 장관급은 나오(卌)는 곳이다. 혈처에서는 파구와 좌우며 전순이 균형이 잘 맞지만 묘지는 파구처를 감싼 것보다 높으므로 전면에서 오는 공중 바람을 피할 방법이 없다. 자연은 오묘하여 혈처는 지형을 변형시켜 눈을 속이고 뒤에 천기를 주어 묘지를 조성하게 함으로써 완벽하게 혈처를 지켜 주인을 기다리고 있다.

울진군 북면 덕구리 癸坐(水雷屯)-來龍(風雷益 9.2),
坐(水雷屯 4.7), 向(火天大有 4.3), 破口(雷澤歸妹 7.8)

울진 덕구온천에서 북쪽으로 고개를 넘어 왼쪽 계곡을 따라 가다보면 다시 계곡이 나누어진다. 나누어지는 정면 산을 올라 능선을 따라 한참 가면 닭 둥지에 암탉이 웅크리고 있는 듯 조그마한 봉이 나타난다. 이곳을 지나 한참을 더 올라가면 뒤를 받치고 반대 방향으로 좌우 호위를 받으면서 급히 내려가는 능선을 발견하게 된다.

완만해진 곳에 고총이 있다. 이 고총 뒤에 대지(大地)가 주인을 기다리고 있다. 고총 주인이 이곳에 묻혔더라면 역사가 바뀌었을 텐데…, 점혈의 중요함을 실감하게 한다. 육안으로는 누구나 아래에 쓸 것이다. 그러나 대혈처(大穴處)는 좌우가 가장 넓다는 것을 알았다면 혈심 근처에는 왔을 것으로 본다. 좋은 자리를 구하고도 부덕한 탓으로 들어가지 못하고 있다. 이곳은 좌향 잡기가 어렵다. 전순을 기준으로 하면 안 되고 안산과 주위 국(局)을 기준으로 균형 있게 공망을 피해서 쓰면 된다. 또한 능선에 바짝 기대어 능선을 타고 도는 바람을 피하도록 해야 한다.

내룡과 좌는 성운, 괘운이 합생성을 이루고 향과 파구의 괘운이 합생성을 이룬다. 내룡과 향은 성운 합생성이고 괘운 합오를 이룬다. 내룡과 파구는 괘운이 합십을 이루고 좌와 파구는 괘운이 합십오를 이루어 성운 유전과 괘운 통기를 이루어 극귀의 자리가 된다.

명혈 아래에 파광터가 있는데 파광터 뒤에 장관급이 태어날 수 있는 자리가 있다. 인연이 되지 않으면 혈처 근처까지 가서 멸문을 당하게 될 것이니 임자는 따로 있다.

(4) 부모삼반괘(父母三盤卦)

부모삼반괘란 성운 1의 부괘(父卦)인 강북괘와 성운 9의 모괘(母卦)인 강남괘가 각 효를 변위하여 얻어지는 교생육자(交生六子) 관계를 말한다. 부모괘 성운이 1이면 교생육자의 성운은 6, 7, 8의 강동괘가 되고 성운이 9이면 자식괘 성운은 2, 3, 4의 강서괘가 된다.

강북괘(乾, 兌, 離, 震, 巽, 坎, 艮, 坤)의 각 효를 변화시켜 만든 교생육자를 순자(順子) 국(局)이라 한다. 건괘(乾卦)를 예로 들면 아래와 같은 순자 국이 만들어진다. 천풍구(天風姤, 初爻變), 천화동인(天火同人, 二爻變), 천택리(天澤履, 三爻變), 풍천소축(風天小畜, 四爻變), 화천대유(火天大有, 五爻變), 택천쾌(澤天夬, 六爻變). 다른 부괘(父卦)도 같은 방법으로 교생육자를 만든다.

강남괘(否, 泰, 未濟, 旣濟, 損, 咸, 益, 恒)의 각 효(爻)를 변화시켜 만든 교생육자를 역자(逆子) 국(局)이라 한다. 부괘(否卦)를 예로 들면 아래와 같은 역자 국이 만들어진다. 천뢰무망(天雷无妄, 初爻變), 천수송(天水訟, 二爻變), 천산둔(天山遯, 三爻變), 풍지관(風地觀, 四爻變), 화지진(火地晉, 五爻變), 택지췌(澤地萃, 六爻變). 다른 모괘(母卦)도 같은 방법으로 교생육자를 만든다.

각 효를 변화시킨 교생육자 중 6효를 변화시키면 성운 합생성과 괘운 합생성이 되어 성운 유전과 괘운 통기가 되고 시운에 관계없이 불변 국(局)이 되어 가장 이상적이다. 결국 사용할 수 있는 이상적인 국은 아래의 16국이다.

三元不敗之局 順子局 八局

兌	艮	巽	震	離	坎	坤	乾
交生 六子		交生 六子		交生 六子		交生 六子	
履	謙	井	噬嗑	豊	渙	剝	夬
6 9	6 1	6 7	6 3	6 8	6 2	6 6	6 4

三元不敗之局 逆子局 八局

咸	損	益	恒	未濟	既濟	泰	否
交生 六子		交生 六子		交生 六子		交生 六子	
遯	臨	屯	鼎	解	家人	大畜	萃
4	4	4	4	4	4	4	4

다음으로 사용할 수 있는 국은 4효, 5효 변(變) 순자 국과 4효, 5효 변(變) 역자 국(局) 각각 16국 총 32국이다. 이 포국은 영, 정신이 부합되지 않을 경우 길 중에 흉을 내포하고 있는 형국이다. 1효, 2효, 3효 변(變) 순·역자국은 전반 복음 국에 해당되므로 사용할 수 없는 흉국(凶局)이다.

자연 만두에서 용진혈적한 자리면 좌향이 정해져 있으며 좌향에 따

라 내룡(來龍)과 수구가 정해진다. 현장에서 확인한 바에 의하면 용(龍)은 뒤의 봉우리가 아니고 혈처를 기준으로 할 때 첫 꺾이는 부분이다. 맥은 반드시 꺾인 후 혈처로 입수한다. 맥은 좌우로 흔들면서 진행하며 혈처에 가까워지면 꺾이는 거리가 크다.

좌우와 주위 사격과 향의 균형이 맞으므로 임의로 틀 수 없다. 엘 로드(L-Rod)로 확인하면 현재 좌향 외에서는 전혀 움직이지 않는다. 맥이 능선을 타고 내려오는 중에는 좌우로 조금씩 몸을 흔들다가 혈처에 입수되기 전에 크게 흔든 후 입수한다.

위의 사진에 입수되는 맥을 아래의 그림에서 설명한다. ①의 위치가 현공대괘에서 용(龍)으로 보는 곳이다. 책에서는 혈처 뒤로 가장 높은 곳을 용으로 보고 있으나 필자가 현장에서 확인한 결과 가장 높은 곳을 용으로 보면 생기가 발동하지 않지만 ①의 위치를 용으로 보고 확인하면 생기가 극대화되는 것을 볼 수 있다. ①의 지점은 혈처에 따라 위치가 달라진다.

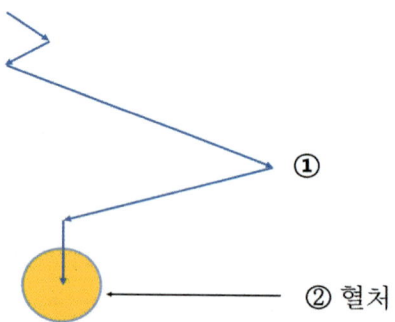

② 혈처

龍(①) 風地觀	坐, 天地否	向, 地天泰	水, 山天大畜
성운 2	성운 9	성운 9	성운 4
괘운 2	괘운 9	괘운 1	괘운 6

용(龍)과 좌(坐)는 역자 국의 4번째 효를 변형시킨 교생육자 관계다. 향(向)과 수(水)는 역자 국의 6번째 효를 변형시킨 교생육자 관계이며 성운과 괘운이 모두 합생성이다. 좌와 수는 합십오(合十五)다.

양균송은 『천옥경(天玉經)』에서 부모삼반괘에 대하여 여러 차례에 걸쳐 극찬하고 있다.

"東西父母三盤卦 算置千金價 二十四路出高官 維紫入長安(동서부모삼반괘 산치천금가 이십사로출고관 유자입장안) : 동서모삼반괘의 가치는 천금과 같고 24로에 걸쳐 고관이 나오며 보라색 옷을 입고 장안으로 입성한다. 天地父母三盤卦 時師未曾話 玄空大卦神仙說 本是此經訣(천지부모삼반괘 시사미증화 현공대괘신선설 본시차경결) : 천지부모삼반괘에 대하여 시사들은 일찍이 말하지 않았던가. 현공대괘가 신선의 말이라는 것은 원래 이 경결을 두고 하는 말이다. 料求富貴三盤卦(요구부귀삼반괘) : 부귀가 필요하면 삼반괘를 사용하라. 識得父母三盤卦 便是眞神路(식득부모삼반괘 편시진신로) : 부모삼반괘를 인식하게 되면 그것이 바로 진신의 길이다. 父母三盤卦第一(부모삼반괘제일) : 부모삼반괘가 제일이다.

(5) 칠성타겁(七星打劫)

칠성타겁은 천기(天機)로 간주되어 공개되는 것으로 꺼려왔다. 양균송의 『천옥경』에는 '北斗七星去打劫 離宮要相合(북두칠성거타겁 이궁요상합)'이라는 문구가 있다. 풀이하면 북두칠성이 가서 때려 뺏어오면 궁을 떠나 서로 합할 것이 요구된다는 말이다.

아래의 대성괘 풍산점괘(風山漸卦)를 예로 들면 1효는 6효가 되고 2효는 5효가 되고 3효는 4효가 되고 4효는 3효가 되고 5효는 2효가 되고 6효는 첫 효가 되어 뇌택귀매(雷澤歸妹)의 대성괘가 된다. 풍산점은 간궁(艮宮)에 속하고 뇌택귀매는 태궁(兌宮)에 속하게 되어 궁을 떠나

다른 궁에서 서로 합하게 된다. 이는 형제 괘에 속하게 되는데 번괘(翻卦) 또는 종괘(綜卦)로 칭한다.

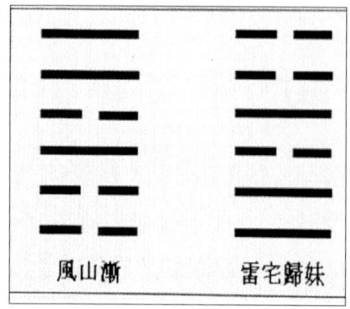

64괘를 모두 종괘로 만들면 그 가운데 8卦는 주괘와 종괘가 모두 동일한 부동괘(不動卦)다.

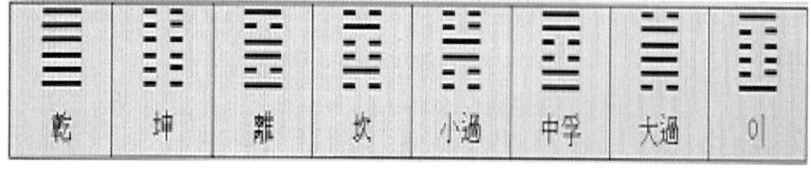

8괘의 부동괘는 乾, 兌, 離, 震, 巽, 坎, 艮, 坤의 선천 8宮에 배치되어 선천 각 궁은 1개의 부동괘를 제외하면 7개의 종괘를 만들 수 있다. 칠성타겁에서 칠성(七星)은 선천 각 궁의 7개의 종괘를 의미한다. 칠성타겁이란 향괘(向卦)의 종괘(綜卦)를 향의 보성계(輔星卦)로 삼아서 미래의 왕기(旺氣)를 탈취하여 사용하는 최상승의 입향법을 말한다.

음택인 경우는 내룡(來龍)이나 수구(水口)의 괘가 향의 종괘에 해당된다면 시운에 관계없이 지속적으로 번영을 누릴 수 있다고 책에서는 소개하고 있지만, 자연에서 용진혈적한 혈처에서는 이미 좌향이 정해져 있으므로 바꾸기가 쉽지 않다. 간혹 명혈에서는 자연적으로 칠성타겁에 부합되도록 되어 있을 수도 있다고 본다.

양택에서는 납기처의 괘가 향괘와 종괘 관계가 되도록 배치하여 지속적으로 복록을 누릴 수 있도록 할 수도 있다고 본다. 그러나 혈장의 구조에 따라 납기처가 정해지므로 무조건 종괘 방향에 대문을 배치하는 것도 신중하게 검토하여야 한다. 납기처는 수기가 감싸고 있는 혈처에서는 수기가 합쳐서 나가는 부분이 내기(內氣)가 나가는 것을 차단하고 외기(外氣)가 들어오는 것을 빨아들인다. 이런 곳을 납기처라고 한다.

대문의 위치가 잘못되어 기운이 없던 집이 대문의 위치를 바꿈으로써 담장 내에 생기가 모이는 경우가 있다. 이는 시뮬레이션을 해보면 확실하게 알 수 있다.

*64괘 용효법(用爻法)

한 괘는 6효로 이루어져 있으며 각 효의 길흉이 다르게 나타난다. 64괘의 용효법은 정효법(定爻法), 비효법(飛爻法), 육친법(六親法) 등 3종류로 나눈다.

(1)정효법(定爻法) : 추효환상(抽爻換象)

정효법에 의한 추효환상은 성운 유전을 통하여 길운의 장구흥왕(長久興旺)을 기도하는 것이다. 주역 64괘는 동(動)하면 변(變)하는 원리를 지니고 있다. 입향괘의 길효는 정효법에서 변효에 의해 천지괘(天地卦)가 서로 합생성, 합십, 합십오, 합오가 되는 경우이고 변효 전의 괘가 자식 괘이고 변효 후의 괘가 부모 괘일 경우에도 길효로 간주한다.

건위천괘(乾爲天卦)를 예로 들면 건괘의 초효를 변화하면 천풍구(天風姤)가 된다. 천풍구 괘의 천괘는 낙서 수가 9가 되고 천풍구의 지괘는 낙서 수가 2가 되어 합생성, 합십오, 합십, 합오가 되지 못하여 길효가 되지 못한다.

　건위천괘의 3효를 변화하면 천택리괘(天澤離卦)가 되어 천택리괘의 천괘는 낙서 수 9가 되고 지괘의 낙서 수 4가 되어 4, 9 합생성이 길효가 된다. 다른 효도 이와 같이 변효하면 건위천괘는 3효와 상효가 합생성이 되어 길효가 된다. 위와 같은 방식으로 탐랑 1운, 거문 2운, 녹존 3운, 문곡 4운, 파군 7운, 좌보 8운, 우필 9운 괘는 모두 길효가 가려진다. 그러나 무곡 6운 괘는 위의 방법으로는 길효를 가려낼 수 없다. 무곡 6운 괘는 간효(間爻)로 길효를 가려낸다. 뇌화풍괘(雷火豊卦)를 예로 들면 다음과 같다.

　뇌화풍괘의 1, 2 간효를 변화시키면 뇌풍항괘(雷風恒卦)가 얻어지는데 뇌풍항괘의 상하 원괘는 각각 진(震)과 손(巽)이 되고 낙서 수 8, 2가 되어 합십이 되므로 풍괘(豊卦) 1, 2간효는 길효가 된다.

　뇌화풍괘의 4, 5 간효를 변화시키면 수화기제괘(水火既濟卦)가 얻어지는데 기제 괘의 상하 원괘는 각각 감(坎)과 이(離)가 되고 낙서 수 7, 3이 되어 합십이 되므로 기제괘(既濟卦) 4, 5간효는 길효가 된다.

運別 抽爻換象

貪狼 1運	巨門 2運	祿存 3運	文曲 4運	武曲 6運	破軍 7運	左輔 8運	右弼 9運	九運
3爻 上爻	初爻 4爻 2爻 5爻	初爻 2爻 4爻 5爻	3爻 上爻	1.2間爻 4.5間爻	初爻 4爻	2爻 5爻	3爻 上爻	可用爻
合生成	合十 合生成	合十 合生成	合十	合十	合五 合十五	合五 合十五	合五 合十五	上下卦生合

(2)비효법(飛爻法)

1爻變 →	姤 →	上卦(乾) 下卦(巽)	→ 납갑 壬(乾), 辛(巽)
2爻變 →	遯 →	上卦(乾) 下卦(艮)	→ 납갑 壬(乾), 丙(艮)
3爻變 →	否 →	上卦(乾) 下卦(坤)	→ 납갑 壬(乾), 乙(坤)
4爻變 →	觀 →	上卦(巽) 下卦(坤)	→ 납갑 辛(巽), 癸(坤)
5爻變 →	剝 →	上卦(艮) 下卦(坤)	→ 납갑 丙(艮), 癸(坤)
4爻變 →	晉 →	上卦(離) 下卦(坤)	→ 납갑 己(離), 癸(坤)
123爻變 →	大有 →	上卦(離) 下卦(乾)	→ 납갑 己(離), 甲(乾)

비효법은 입향 괘에 따른 발음(發蔭) 연도 및 발음 연명(年名)을 분별하는 데 활용된다. 『천옥경』에 '卦內八卦不出位 代代人尊貴 龍行出卦無官貴 不用勞心力(괘내팔괘불출위 대대인존귀 용행출괘무관귀 불용노심력)'이라는 문구가 있다. 번역하면 '괘 내 팔괘가 출괘되지 않으면 대대로 사람은 존귀하게 되고, 용이 출괘되어 나가면 관귀(官貴)가 없고 심력을 다해 노력해도 소용이 없다.

천간(天干) 甲, 乙, 丙, 己, 辛, 壬年에 속하는 연도(年度)에 음, 양택을 소유한 자손은 발음을 하지만 丁, 戊, 庚, 巳酉丑, 申子辰, 亥卯未 천간지지 소속 연도에는 발음하지 않으며 출괘연도에 해당하는 자손들은 발음되지 않는다고 한다.

64卦의 出卦

兌宮	離宮	巽宮	坤宮	艮宮	坎宮	震宮	乾宮	八宮
兌	離	巽	坤	艮	坎	震	乾	八純卦
困	旅	小畜	復	賁	節	豫	姤	一世
萃	鼎	家人	臨	大畜	屯	解	遯	二世
咸	未濟	益	泰	損	旣濟	恒	否	三世
蹇	蒙	无妄	大壯	睽	革	升	觀	四世
謙	渙	噬嗑	夬	履	豊	井	剝	五世
小過	訟	이	需	中孚	明夷	大過	晉	遊魂
歸妹	同人	蠱	比	漸	師	隨	大有	歸魂
乾離巽	兌坤震	兌坎坤	艮離巽	坎坤震	乾艮巽	乾艮離	兌坎震	出卦天干
壬甲己辛	丁庚乙癸	丁戊乙癸	辛丙乙	庚戊乙癸	壬甲辛丙	壬甲丙己	丁戊庚	

(3) 육친법(六親法)

육친법은 입향 괘에 부자재관(父子財官) 등을 붙이는 육효 육친법에 따라 효의 의미와 길흉을 판단하는 방식이다.

① 입향　효의 오행이 본세오행을 생하면 父母
② 본세오행이 입향　효의 오행을 생하면 子孫
③ 입향　효의 오행과 본세오행이 동일 오행이면 兄弟

④본세오행이 입향 효의 오행을 극하면 妻財
⑤입향 효의 오행이 본세오행을 극하면 官鬼 爻가 된다.

부모의 평안과 장수를 원한다면 부모 효로 입향하고 형제 화목을 원한다면 형제 효로 입향하고 자손의 평안을 원하면 자손 효, 현처와 재물을 원한다면 처재 효, 승진이나 출세 등을 원한다면 관귀 효를 입향한다.
건태리진손감간곤(乾兌離震巽坎艮坤)의 본세괘(本世卦)의 천간에 납간을 붙인다. 건감간진(乾坎艮震)의 양괘(陽卦)는 자인진오신술(子寅辰午申戌) 순으로 육효를 붙인다(陽序陽支). 손이태곤(巽離兌坤)의 음괘(陰卦)는 축해유미사묘(丑亥酉未巳卯) 순으로 육효를 붙인다(陰支逆序).

本世卦 六爻

坤	兌	離	巽	艮	坎	震	乾	爻位
土	金	火	木	土	水	木	金	五行
癸酉	丁未	己巳	辛卯	丙寅	戊子	庚戌	壬戌	6爻
癸亥	丁酉	己未	辛巳	丙子	戊戌	庚申	壬申	5爻
癸丑	丁亥	己酉	辛未	丙戌	戊申	庚午	壬午	4爻
乙卯	丁丑	己亥	辛酉	丙申	戊午	庚辰	甲辰	3爻
乙巳	丁卯	己丑	辛亥	丙午	戊辰	庚寅	甲寅	2爻
乙未	丁巳	己卯	辛丑	丙辰	戊寅	庚子	甲子	1爻
卯	巳	亥	酉	寅	辰戌	申	午	來龍忌向

만일 건룡(乾龍)이라면 오향(午向)은 용을 극하는 용상팔살에 속한

현공대괘파(玄空大卦派) 이론(理論)　567

다. 그러므로 내룡(來龍)이 건괘라면 관귀 효인 4효는 사용할 수 없다. 다른 괘들도 마찬가지로 내룡을 극하는 관귀 효는 사용할 수 없다.

　포국 시 길괘를 먼저 구한 다음 추효환상의 길효와 비효법에 의한 길효 및 육친법에 의한 길효 사용이 동시에 가능하면 중첩되게 입향 하는 것이 바람직하다고 본다. 내룡을 극하는 방향으로는 입향을 하지 말아야 한다.

　그러나 맥의 발원지에서 발원한 맥이 흘러 열매를 맺는 귀한 혈이 맺힐 때는 모든 조건에 만족하는 것이 자연의 이치다. 심지어 맥이 흐르지 않는 천기(天氣)혈마저도 주위의 국(局)과 여건에 어긋남이 없다. 하지만 입향 시에 64괘 현공대괘용 나경을 놓고 정확하게 결정할 필요가 있다.

64卦 六爻

爻 支								純卦附屬各卦星運
未酉亥丑巳	巳未酉亥丑卯	卯巳未酉亥丑	酉亥丑卯巳未	寅子戌申午辰	子戌申午辰寅	戌申午辰寅子	戌申午辰寅子	
䷹ 兌	䷝ 離	䷸ 巽	䷁ 坤	䷳ 艮	䷜ 坎	䷲ 震	䷀ 乾	八純卦 1
䷮ 困	䷷ 旅	䷈ 小畜	䷗ 復	䷕ 賁	䷻ 節	䷏ 豫	䷫ 姤	一世 8
䷬ 萃	䷱ 鼎	䷤ 家人	䷒ 臨	䷙ 大畜	䷂ 屯	䷧ 解	䷠ 遯	二世 4
䷞ 咸	䷿ 未濟	䷩ 益	䷊ 泰	䷨ 損	䷾ 既濟	䷟ 恒	䷋ 否	三世 9
䷦ 蹇	䷃ 蒙	䷘ 无妄	䷡ 大壯	䷥ 睽	䷰ 革	䷭ 升	䷓ 觀	四世 2
䷎ 謙	䷺ 渙	䷔ 噬嗑	䷪ 夬	䷉ 履	䷶ 豊	䷯ 井	䷖ 剝	五世 6
䷽ 小過	䷅ 訟	䷚ 頤	䷇ 需	䷼ 中孚	䷣ 明夷	䷛ 大過	䷢ 晉	遊魂 3
䷵ 歸妹	䷌ 同人	䷑ 蠱	䷇ 比	䷴ 漸	䷆ 師	䷐ 隨	䷍ 大有	歸魂 7
金	火	木	土	土	水	木	金	五行

현공대괘(玄空大卦) 격룡법(格龍法)

입혈룡이 혈장으로 들어가는 방향을 재는 것을 격룡이라고 한다. 맥은 맥의 발원지에서 발원하여 발원지 아래서 혈을 맺는 것이 드문 경우이긴 하지만 혈을 맺는 곳이 있고, 먼 거리를 행룡하여 혈을 맺는 경우도 있다. 혈이 발원지에서 가까운 곳에 맺히든지 먼 거리를 행룡하여 맺히든지 격룡 방식은 혈심에서 나경을 놓고 혈심에 진입하는 맥이 마지막 꺾이는 곳을 입수룡으로 보아야 한다고 생각한다.

책에서는 부모산과 소조산 사이의 과협(過峽)에서 소조산을 보고 내룡(來龍)의 방위를 측정한다(寥金精, 鐘義明)고도 하고, 胡京國은 용진처에 해당하는 혈장에서 산세가 내려오는 방향을 보고 격룡한다고 한다. 黃南松은 혈장에 나경을 놓고 혈장 후면(後面) 부모산의 정상을 중심으로 격룡하는 방식이 가장 타당성이 높다고 하였다.

밑에서 위를 보면 봉우리처럼 보이지만 위에 올라보면 수평을 이루는 능선이 있을 수 있고 수평 능선을 지난 봉우리는 혈처에서 보이지 않는 곳도 있다. 수평으로 한참을 가는 능선으로 달려와서 좌우로 넓게 벌리고 자기 안산을 세운 후 자리를 잡는 곳도 있다. 어느 곳은 능선이 똑바로 내려와 능선이 진입하는 방향으로 좌향이 놓이는 경우도 있는데, 이런 곳은 책에 있는 내용대로 한다면 내룡과 좌가 복음에 해당하므로 쓸 수 없는 곳이다. 그래서 확인을 해보면 맥이 옆으로 꺾인 후 혈처로 진입하므로 사용이 가능하다. 혈장에서 기맥봉으로 확인하면 한 치의 오차도 없다. 현공대괘의 이론이 오묘한 자연의 이치를 기록하고 있는 것으로 보인다.

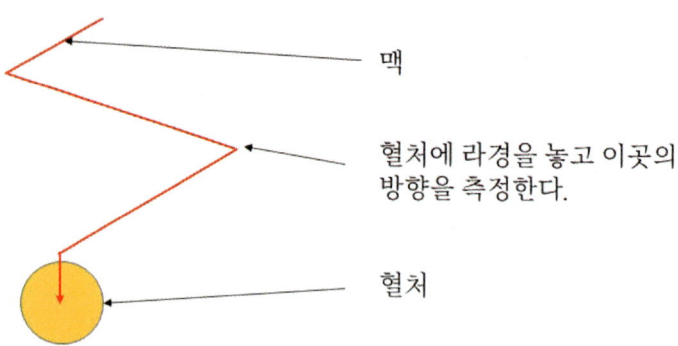

*현공대괘 격룡법의 종류

(1) 현공대괘 격룡, 수구 입향

용진혈적한 혈처에서는 맥이 내려와 자리를 잡을 때 이미 좌향이 결정되므로 나경으로 확인만 한다. 나경을 혈심에 놓고 정확하게 좌향을 결정한다. 좌향이 정해지면 엘 로드(L-Rod)로 확인한다. 좌향이 조금이라도 틀어지면 엘 로드가 움직이지 않는다. 좌향이 정해지면 내룡과 좌 및 향, 수를 측정하여 길흉을 확인한다.

합생성, 합십오, 합십, 합오, 칠성타겁, 생입, 극입 관계, 주위 사격과 혈의 관계, 음양 조화 관계 등을 확인하고 발복 관계 등도 확인한다. 기의 순청(純淸)을 확인하기 위해서 천원룡은 천원향, 인원룡은 인원향, 지원룡은 지원향으로 되어 있는지 확인한다. 좌향이 이미 결정된다는 말은 楊筠松 저(著) 『도천보조경(都天寶照經)』에서 밝히고 있다. '좌향혈중인미지(坐向穴中人未知)'란 말로 좌향은 혈 가운데 있는데 사람은 알지 못한다는 뜻이다.

(2) 삼성결 배룡

용진혈적한 혈처에서는 맥이 내려와 자리를 잡을 때 이미 좌향이 결정되지만 혈처는 드물고 귀한 것이므로 많은 사람들이 모두 취하기는 어렵다. 혈처가 아니더라도 차선책으로 천기를 모으고 입향을 잘하면 폐절되는 불행은 막고 무난하게 살 수 있을 것으로 본다. 무난한 입향법 중 하나가 양균송의 『도천보조경』에 나오는 격룡입향법으로 보여 소개한다.

격룡입향법에서 甲, 庚, 丙, 壬, 乙, 辛, 丁, 癸의 8천간(天干)과 乾, 坤, 艮, 巽의 사유괘(四維卦)는 양에 속하고 순배한다. 子, 丑, 寅, 卯, 辰, 巳, 午, 未, 申, 酉, 戌, 亥의 12지지(地支)는 음에 속하고 역배한다.

陰陽 雙山

地支	子	丑	寅	卯	辰	巳	午	未	申	酉	戌	亥
天干.維卦	癸	艮	甲	乙	巽	丙	丁	坤	庚	辛	乾	壬

이러한 음양 쌍산이 배속되면 음양 쌍산 조합을 배룡결(排龍訣)에 따라 9성을 배치한다. 배룡결은 일명 삼성결(三聖訣)로도 불린다. 그런데 현공대괘 포국이 완전하면 삼성결 입향법은 무시할 수 있으니 참고만 하기 바란다. 인내룡(寅來龍)과 갑내룡(甲來龍)을 예로 들어 애장((挨裝) 파군성표(破軍星表)를 만들어본다.

寅龍 挨裝 破軍星

	丙	午丁	未坤	申	
巳	破	巨	祿	破	庚
巽	文			右	酉
辰					辛
乙	左			廉	戌
卯					乾
甲	破	貪	武	破	亥
	寅	艮丑	癸子	壬	

甲龍 挨裝 破軍星

	丙	午丁	未坤	申	
巳	破	廉	右	破	庚
巽	武			祿	酉
辰					辛
乙	貪			巨	戌
卯					乾
甲	破	左	文	破	亥
	寅	艮丑	癸子	壬	

　삼성결 격룡입향법은 다음과 같이 정리된다.
　①삼성결 격룡입향법은 地支 來龍 干維 入向, 干維 來龍 地支 入向 원칙 하에서 길성으로 입향하는 방식이다. 그런데 같은 길성이라도 탐랑(貪狼)은 다른 길성에 비하여 생기기 약간 떨어지는 경향이 있다.
　②삼성결 입향 방식은 왕산왕향의 경우 생기 총량을 증대시키거나 오황 기운을 약화시키지는 못하지만 상산하수의 경우 생기 총량을 증대시키고 오황 기운은 약화시키는 것으로 나타났다. 하지만 삼성결과 배치되는 입향을 하면 왕산왕향의 생기는 감소되지만 상산하수의 경우는 더 이상 악화하지는 않았다.
　③삼성결 원리대로 입향을 했더라도 현공대괘의 반음, 복음을 범하

면 모든 공력이 사라지고 그 흉은 최고로 극대화된다.

④현공대괘 이론에서 생입, 극입과 생출, 극출 논리는 삼성결 논리와는 어떤 관계도 맺지 않고 격룡 입향에 어떤 영향도 미치지 않는다. 이것은 삼성결 논리가 우위에 있기 때문인 듯하다.

⑤삼성결 입향이 길국으로 입향했더라도 내룡을 충극하는 용상팔살을 범하면 안 된다.

*삼원수법(三元水法)

(1)구성수법(九星水法)

맥이 내려와 용진혈적한 자리에서는 이미 좌향이 결정되지만 혈처는 드물기 때문에 많은 사람들이 모두 취하기는 어렵다고 본다. 맥에 의한 혈처가 아니더라도 천기를 모으고 입향을 잘하면 폐절되는 불행은 막고 무난하게 살 수 있는 방법이 있기에 소개한다.

보성수법(輔星水法)은 탐랑, 거문, 녹존, 문곡, 염정, 무곡, 파군, 좌보, 우필 등 구성을 사용하기 때문에 구성수법이라고 한다. 향은 지반정침(地盤正針)으로 하되 수(水)는 천반봉침(天盤縫針)으로 측정되며 기본 원리는 납갑과 정음정양의 원리다. 구성수법의 납갑은 다른 선천납갑의 원리와 조금 다르다. 다른 선천 납갑의 경우 乾은 壬, 坤은 癸, 坎은 戊, 離는 己이다.구성수법은 정음정양(淨陰淨陽)을 기본으로 하며 수(水)와 향(向)은 동일한 음향으로 배합되어야 길한 것으로 간주한다. 선천팔괘에서 乾坤坎離 사정괘(四正卦)는 양에 속하고 震巽艮兌 사유괘(四維卦)는 음에 속한다. 향수(向水)의 선천괘를 찾은 다음 향수의 선천괘(輔星), 선천괘 중효(中爻) 변화(武曲), 변괘의 하효(破軍), 변괘의 중효(廉貞), 변괘의 상효(貪狼), 변괘의 중효(巨門), 변괘의 하효(祿存), 변괘의 중효(文曲) 마지막으로 변괘의 상효를 변화시키면 원래의 선천괘(輔星)로 환원한다

九星水法 納甲

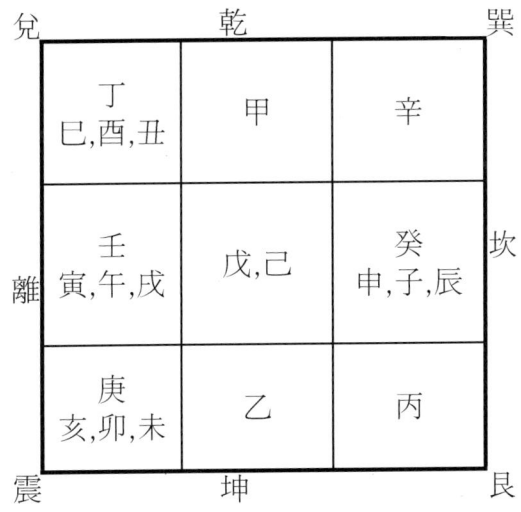

水龍翻卦

보성 수법에서는 내수(來水)는 길성(탐랑, 거문, 무곡, 보성)이 비림해야 하고 거수(去水)는 흉성(파군, 녹존, 염정, 문곡)이 비림해야 길한 것으로 간주한다. 거수에 길성이 비림하면 흉한 것으로 추론한다.

(2) 오귀운재법(五鬼運財法)

오귀운재법은 대만, 홍콩에서 초재법(招財法)으로 활용하고 있기에 소개한다. 염정은 낙서 수 5로서 중궁에서 팔방으로 통치하는 극강한 기로써 거문 내수와 배합하면 취재(取財)할 수 있다는 원리다.

산룡 염정을 향으로 삼고 수룡 거문을 내수(來水), 견수(見水)로 삼는다. 음, 양택의 경우 내룡과 향수(向水)의 관계는 산룡번괘(山龍翻卦)의 염정을 향으로 삼고 향과 내수(來水) 관계는 수룡번괘의 거문을 수로 삼는다. 도시에서는 내룡을 알 수 없기 때문에 좌산(坐山)을 내룡으로 삼는다.

예를 들면 내룡(來龍)이 甲이고 향(向)이 辛이라면 巽이 염정이 되고 兌가 탐랑이 되고 震이 거문이 되고 坤이 녹존이 되고 坎이 문곡이 되고 艮이 무곡이 되며 離가 파군이 된다. 乾에서 상, 중, 하, 중, 상, 중, 하, 중의 순으로 탐랑, 거문, 녹존, 문곡, 염정, 무곡, 파군, 보필 순으로 한다.

五鬼廉貞向

乾	兌	離	震	巽	坎	艮	坤	來龍
乾甲	丁巳酉丑	壬寅午戌	庚亥卯未	巽辛	癸申子辰	艮丙	坤乙	
巽	坎	艮	坤	乾	兌	離	震	廉貞向
巽辛	癸申子辰	艮丙	坤乙	乾甲	丁巳酉丑	壬寅午戌	庚亥卯未	

중국 풍수이론에 의하면 오귀운재법은 시효성(時效性)이 있는 것으로 알려져 있다. 음, 양택을 조장한 후 12년 동안은 생기를 받아들여 건강하고 재부(財富)를 획득하지만 12년이 지나면 의외의 사건이 발생하면서 퇴재손정(退財損丁)한다고 설명한다.

*입향(入向)과 납기(納氣)의 중요성(重要性)

(예1) 입향 실수

강원도 평창군 봉평면 평촌리

큰 인물이 날 수 있는 큰 자리인데 좌향이 잘못되어 생기가 발생하지 않는다. 음, 양택을 불문하고 혈처에 들었어도 입향이 잘못되면 자리를 버리게 되는 우(愚)를 범하게 된다. 풍수지리를 논하는데 각자 나름대로 이기법을 적용한다. 모든 이기법이 일치하면 좋으련만 우연히 일치하는 면도 있지만 다른 면이 더 많다. 자리가 정해지면 입향은 정해지는 것이 자연의 순리다. 바르게 입향이 되면 힘의 강도는 최대로 된다. 입향과 입수 및 파구 방향이 맞아야 터의 영향을 최대로 발휘할 수 있다.

(예2) 이효석 생가

　자리가 얼마나 중요한지 이효석 생가를 보면 알 수 있다. 많은 사람들이 태어나서 살다가 죽어가지만 같은 시대에 태어나도 특출하게 태어나서 이름을 남기는 사람은 흔하지 않다. 많은 인물이 태어난 곳을 보면 대개 좋은 자리가 많다. 태어난 곳도 좋지만 조상의 음택지도 훌륭하다. 조상을 좋은 음택지에 모시면 자연히 좋은 양택지에 살게 된다고 한다. 좋은 양택지에 살면서 덕을 베풀면 좋은 음택지를 얻는다고 하니 중요한 일이 아닐 수 없다.

　(예3) 납기처가 잘못되어 기운이 새나가고 있다.
　혈장 내에 정확하게 건물을 지었다. 현재 건물 자체에는 큰 힘이 작용하여 큰 인물이 날 수 있다. 다만 출입구가 잘못되어 들어오는 재물이 새고 있다. 건물을 지은 지 10여 년이 되는데 주인이 3번째 바뀌었다고 한다. 첫 번째 건물주는 사업자금이 부족하여 건물을 매도했고 두 번째

강원도 평창군 봉평면 창동리

건물주는 재산가의 아들인데 건물을 현재의 건물주에게 양도하였다.

  현재 출입구가 정면에 1개, 양쪽 측면에 하나씩 있다. 모두 기가 빠져나가고 있다. 오른쪽 문은 폐쇄하든지 틈이 없는 문을 달고 평소에는 닫고 비상시에만 사용해야 한다. 정면에 있는 출입구도 폐쇄하든지 문을 달고 비상시에만 사용해야 한다. 왼쪽 출입문은 위치를 변경하여 새로 내야 한다.

  정면에는 사철 푸른 나무를 빽빽하게 심어서 앞에서 불어오는 바람을 차단해야 한다. 이것을 비보라 한다. 좋은 자리에 집을 지었더라도 배치와 꾸밈이 잘못되면 터의 효율을 높일 수 없다. 땅에는 맥과 지기가 있으며 생기가 형성된다. 지상에는 천기가 있는데 천기를 납기(納氣)시키지 못하면 아무리 좋은 땅이라도 제 구실을 못한다.

(예4) 좌향의 중요성

강원도 평창군 평창읍 향동리

아늑한 전원주택이다. 앞에 맑은 개울물이 흐르고 주위가 아늑하게 감싸주고 있어서 포근함을 준다. 국내의 풍수학파마다 논하는 좌향은 이기법(理氣法)에 따라 저마다 다르다.

* 星宿五行 : 木-乾坤艮巽, 火-壬子甲卯丙午庚酉, 土-乙辛丁癸, 金-辰戌丑未, 水-寅申巳亥
* 元空五行 : 木-亥癸艮甲, 火-乙丙丁酉, 土-未庚戌丑, 金-乾坤卯午, 水-壬子寅辰巽巳申辛
* 雙山五行 : 木-乾亥甲卯丁未, 火-艮寅丙午辛戌, 金-巽巳庚酉癸丑, 水-壬子乙辰坤申
* 洪範五行 : 木-艮卯巳, 火-乙丙午壬, 土-未坤癸丑, 金-兌丁

　　　　　　乾亥, 水-坎寅甲辰巽中辛戌
*長生五行 : 木-甲木長生-亥, 火-丙火長生-寅, 金-庚金長生-巳,
　　　　　-乙木長生-午, -丁火長生-酉, -辛金長生-子,
　　　　　水-壬水長生-申,
　　　　　-癸水長生-卯
*九宮五行 : 乾宮-陽金, 兌宮-陰金, 艮宮-陽土, 坤宮-陰土, 震
　　　　　宮-陽木, 巽宮-陰木, 離宮-陰火, 坎宮-陽水
*玄空五行 : 木-坤壬辛午申戌, 火-艮庚丁卯巳丑, 金-乾丙乙
　　　　　子寅辰, 水-巽甲癸酉亥未
*胡舜申法 : 木-艮卯巳, 火-乙丙午壬, 土-癸丑未坤庚, 金-丁
　　　　　酉乾亥, 水-子甲寅辰巽辛申戌

　五行도 위와 같이 분류되고 坐向도 定陰定陽法, 88向法, 玄空法, 通脈法, 九星水法, 三合水法, 格龍入向法 등 여러 법이 있으니 어느 법을 적용할지 난감하다.
　필자가 여러 해 동안 산천을 두루 다니면서 터득한 바로는 자연은 이미 정해져 있다는 것이다. 혈이 정해지면 주위 사격과 물의 흐름과 좌향은 이미 정해져 있다. 쌍분 자리가 있고 합장 자리가 있고 단독 자리가 있다. 맥은 머리를 관통하지 않도록 되어 있다. 자리는 생기가 집중되도록 해야 하는데 단분(單墳)으로 쓰거나 합장할 자리에 쌍분을 하면 생기를 분산시키게 되므로 좋은 자리를 버리게 된다.

　(예5)좌향의 중요성
　오목한 곳 혈장 내에 정확하게 건물을 지었다. 하지만 조금 아쉽다. 향이 잘못되어 제대로 혈의 영향을 발휘하지 못한다. 대개 정혈에만 들면 크게 발복하는 것으로 알지만 좌향이 맞지 않으면 제대로 진가를 발휘하지 못한다. 좌향은 이기론에 맞추면 실수를 할 수 있다. 자연은

화성시 장안면 사곡리. 부의 터, 학자(양택지)

좌향이 정해져 있으므로 정해진 대로 좌향을 놓아야 한다. 전후좌우를 살펴 균형이 잡히도록 놓으면 된다. 특히 안산과 향의 방향이 90도를 이루도록 해야 한다. 육안으로 정하고 엘 로드(L-Rod)로 확인하고 나경으로 공망을 피하여 최종 확인하고 다시 엘 로드로 확인한다.

집 주위 능선에 주인을 기다리는 부의 음택지가 있으며 집 옆의 쌍분은 크지는 않지만 밥 먹고 사는 데는 지장이 없는 천기혈이 맺혔다. 천기가 하림하도록 인위적으로 만들 수가 있는데 첫째 조건은 암반수와 수맥이 없어야 하고 둘째는 토질이 부드러워야 한다. 셋째는 주위가 아늑해야 한다. 넷째는 장법을 잘하여 건수의 침입이 없어야 한다.

(예6) 납기처(納氣處)의 중요성

뒤에 있는 대혈을 찾아가는 길에 아늑한 곳이 있어서 잠깐 머물러

　확인을 해보니 맥은 없지만 발길을 멈추게 하는 곳이 있어서 마침 안주인이 있기에 물어보니 많은 전답이 있으며 그럼에도 남편은 직장생활을 하여 돈을 벌어들이고 자녀들도 잘 살고 있다고 한다. 그런데 작년에 현재 차가 주치된 곳에 담을 헐고 주차장을 만들어 사용하고 있다. 현재는 내부 천기가 감지되지 않고 있다. 모든 기운이 차가 있는 곳으로 빠져서 언덕 아래로 급하게 흐르고 있다. 안주인에게 하루 빨리 담을 쌓으라고 했다. 그렇지 않으면 머지않아 큰 낭패를 볼 수 있다고 신신당부하고 떠났다.

　사람이 살아가는 데는 기본적인 재산이 있으면 좋겠지만 기본적인 재산도 운영 여하에 따라서 유지되고 있겠지만 자기도 모르는 사이에 재산이 점점 줄어들어서 없어질 수 있다. 쓸 데 없는 짓을 하지 않았는데도 재산이 줄어들고 있다. 원인을 모른다. 이때는 현재 살고 있는 집터를 확인해볼 필요가 있다. 집 전체를 살펴서 변화된 곳이 없는지 확인한다. 변화된 곳이 있으면 속히 원상태로 돌려놓아야 한다.

사람들은 이런 얘기가 눈에 보이지도 않는다고 허황된 얘기로 치부할 수 있겠지만 지구상 모든 동식물은 우주의 기를 마시고 살아간다. 공중에 있는 기운을 함축하여 한 곳으로 끌어들이면 더 많은 생기(生氣)의 기운을 마시게 된다. 그러면 건강도 좋아지고 정신도 맑게 되어 표정부터 밝아지니 나를 대하는 사람들이 모여들게 되고 하는 일이 잘 될 것으로 본다. 혼자서는 살 수 없다. 주위의 도움이 있어야 한다.

(예7) 좌향의 중요성

경기도 고양시 덕양구 용두리-
극귀 후손 나옴(出), 좌향이 맞을 경우. (현재) 고급공무원

이 자리는 대혈 명당인데 좌향 실수를 했는지 일부러 돌렸는지는 모르지만 정혈에 묘지를 조성했으나 좌향을 약간 돌렸으므로 자리의 역할을 제대로 하지 못하고 있다. 맥이 흘러 대혈이 맺히는 것은 주위의 조건으로 기운이 응축된 것으로, 단순히 지리적 여건으로 응축되는

것이 아니며 천문 기운과 조화를 이루는 것이다. 배치를 잘못하면 서로 얽혀 있는 기운의 배열을 흐트러뜨린다.

풍수지리라는 학문은 혈을 찾아 사용만 하는 것이 아니고 자리가 갖고 있는 기운을 최대로 발휘할 수 있도록 배치하는 것도 중요하다. 앞에 좋은 산이 있다고 하여 그곳으로 향을 정해도 안 되고 자리 앞을 도는 물이 반드시 자리 앞을 꼭 지나가도록 배치하는 것도 아니다. 자리를 사용할 때 혈심을 사용하는 것은 기본이고 땅에서 올라오는 기운만 파악하면 안 되고 우주의 기운을 한 곳으로 모을 수 있도록 구조를 조성해야 한다.

삼라만상은 기(氣)로 이루어져 있으며 우주 운행도 기로 행해진다고 본다(방건웅 박사의 『기가 세상을 움직인다』 참조), 양균송 선사의 저서에 나오는 "장사를 지낼 때는 생기를 타야 한다."와 "세상 모든 이치는 지장간(指掌間)에 있다."는 말, 이종찬 신부님 저서인 『심령과학』에서 표현하고자 하는 내용은 모두 기에 대한 이야기다. 필자가 실험을 해보고 현장 답산(踏山)을 다녀본 결과 맞는 이야기라고 생각한다.

(예8) 인간의 허영

대지를 얻었어도 인간의 무지로 혈을 망가트려 무형지물로 만들었다. 망자의 복인가, 산자의 오만인가. 묘지 조성을 하는 자체만으로도 자연의 형질에 상처를 입히는 것으로서 죄스런 일이거늘 인간은 조금도 미안해하지 않는 오만으로 더 큰 상처를 주어 맥 자체를 들어내 버렸다. 흙은 무생물 같지만 모두 숨을 쉬고 있는 생명체다. 지구상에 있는 동식물은 땅에 뿌리를 내리고 땅을 디디며 살아가고 있다. 먹는 음식도 모두 땅에서 얻는 것이며 자연의 보호를 받으면서 생을 이어간다. 함부로 대하지 말아야 한다. 묘지를 조성할 때는 최소의 변형으로 실시해야 하며 집을 지을 때도 가능하면 생채기를 내지 않고 건축을 해야 한다. 이것이 땅의 고마움에 대한 배려다.

경기도 과천시 중안동, 합장지-
극귀 자손 나올(出) 곳(손상 전), 현재는 발복 無

(예9)좌향 잘못과 장법 오류

영덕군 달산면 용평리 산 위 봉우리 정상

안타까워서 한 자 남긴다. 정혈에 정확히 자리를 잡았다. 하지만 아쉬움이 많다. 첫째, 둘레석을 하여 내부에 건수가 들었을 가능성이 있다(이끼와 습지 풀이 많다). 둘째, 좌향이 잘못되었다. 곤입수(坤入首)에 정좌(丁坐, 火風鼎)로 쓰면 장관급이 6명은 날(出) 수 있는 자리인데, 현재는 곤좌(坤坐)로 썼다. 같은 입수에 같은 좌는 현공대괘의 복음이다. 맥이 머리를 관통하면 좋은 자리라고 해도 그 기운에 견디지 못한다.

맥은 비스듬히 들어와서 심장부에 중심을 이루어야 한다. 추측건대, 향이 마을 지붕을 향하지 않게 하려고 좌향을 잡은 것 같다(우리 풍습에는 향이 집 지붕을 보지 않아야 한다는 속설이 있다). 아니면 다른 풍수 이론에 근거하여 조장(造葬)한 것 같다.

우리나라는 여러 갈래의 이기 학설이 있다. 모두 일치하지 않는다. 매우 혼란스럽다. 필자도 초보일 때는 이기(理氣) 서적을 탐독하며 줄줄 외웠다. 자리에 가서 확인해 보니 어떤 이론에서는 좋은데 다른 이론은 큰일 날 일이 아닌가. 장사를 지낼 때는 맥을 타야만 하고 모든 이치는 지장간(指掌間)에 있다는 고서를 접하면서 세상 만물에는 고유 파장이 있는데 이 파장에 내 파장을 일치시키면 하나가 될 수 있다는 사실을 깨우치고 공부의 방향을 바꾸었다. 필자는 좌향을 정할 때 맥을 확인하고 주위 산천 균형을 보며 바람의 영향을 살핀다. 그리고 현공대괘 주역 64괘로 확인을 한다.

(예10) 좌향의 중요성

①의 좌향은 계좌(癸坐, 水雷屯)로 총리1, 장관2이 나올(出) 자리다. ②의 좌향인 경우 ⓐ자좌(子坐, 地雷復)는 총리1, 장관1이 나올 자리지만, ⓑ자좌(子坐, 地爲坤)의 경우는 발복이 무효(無效)이다.

좌향을 어떻게 세우느냐에 따라서 결과가 확실히 다름을 보여 주는 곳이다. 아무리 좋은 자리를 구했더라도 좌향 선택을 잘못하면 무용지물이 된다. 아마도 대부분 ②번 좌향을 놓을 것이다. ②번 기준으로 같

경북 울진군 울진읍 명도리817번지 주변

은 자좌(子坐)라도 5도 차이의 결과는 천지간이다. ②번 중에서도 내룡 중심인 ⓑ로 좌향을 놓을 가능성이 더 있다.

②번 중에서 전순을 중심으로 좌향을 놓으면 ⓐ로 좌향을 놓게 된다. ①번 좌향은 안산과 주위 국을 중심으로 놓게 되는 것이다. 좌향은 전후좌우를 살펴서 주위 국(局)과 균형이 맞게 세우는 것이 가장 중요하고 성운 유전과 괘운 통기가 되도록 하는 것이 필수다. 혈이 맺힌 곳이면 모든 것은 이치에 맞게 되어 있다고 본다. 시뮬레이션을 시도해 보니 ①번과 ②의 ⓐ번 좌향의 크기가 비슷하지만 ①번이 조금 더 크다. 풍수지리서 최초 이론서인 『청오경(靑烏經)』의 마지막 단락에 기록된 내용을 소개한다.

"陰陽符合 天地交通 內氣萌生 外氣成形 內外相乘 風水自成(음양부합 천지교통 내기맹생 외기성형 내외상승 풍수자성)"

"음양이 부합(교구)하고 천지가 서로 통할 경우에 안으로는 기운이 싹이 터서 생기고 밖으로는 기운이 형기(形氣)를 이루게 되니 내외가 서로 어울려 풍수는 스스로 이루어지는 것"이라는 뜻이다. 필자의 경험을 바탕으로 다음과 같이 다시 풀어서 설명할 수 있겠다. "상괘 통기와 하괘 유전이면 생기가 생긴다는 것이며 바람을 막을 수 있는 조건을 만들면 천기가 모이는 것이니 내외 기가 서로 상승(최대로)하게 되니 혈처의 경계는 스스로 형성된다."

"察以眼界 會以性情 若能悟此 天下橫行(찰이안계 회이성정 약능오차 천하횡행)"

눈으로 살피고 마음으로 이해를 하면서 만약 이러한 이치를 깨달을 수 있다면 천하에 아무런 거리낌도 없을 것이라는 말이다. 눈으로 혈처(穴處)의 윤곽과 균형을 살피고 마음으로 양자역학(量子力學)의 원리를 적용하여 기를 모으는 이치를 능히 깨닫는다면 천하에 아무런 거리낌이 없을 것이다.

현공대괘 택일편(擇日篇)

*60갑자(甲子) 배괘법(配卦法)

풍수지리의 각 이론마다 자체의 택일법이 있는 것과 마찬가지로 현공대괘에도 자체의 택일법이 있다. 현공대괘의 택일법은 천(人), 지(地), 인(人)의 3재(三才)를 상호 교통시켜 발복을 시키는 방법이다.

天이란 음, 양택 행사의 年, 月, 日, 時의 천기(天氣) 유통 여부를 의미한다. 人은 음, 양택의 주요 관계자의 생년월일의 기(氣)를 말하며 괘로 전환시킨다. 地는 음, 양택의 지기(地氣), 즉 터의 생기를 말하며 음, 양택의 좌, 향은 산가(山家) 또는 地라 한다. 이 三才의 氣가 소통되면 수많은 제살(諸煞)이 소거되고 조복(造福)이 되는 것으로 이해한다.

60갑자(甲子)에 현공 64괘를 붙이면 4괘가 남는데 子의 甲子에 地雷復과 坤爲地를 배치하여 坤爲地를 먼저 사용하고 地가 불리할 때는 復을 사용한다. 庚寅에 澤火革과 離爲火를 배치하여 離爲火를 먼저 배치하고 불리할 때는 澤火革을 사용한다. 甲午에 天風姤와 乾爲天을 배치하여 乾爲天을 먼저 배치하고 불리할 때는 天風姤를 사용한다. 庚申에 山水蒙과 坎爲水를 배치하여 坎爲水를 먼저 배치하고 불리할 때는 山水蒙을 사용한다.

60甲子 配卦

子						
干支	甲子	甲子	丙子	戊子	庚子	壬子
卦名	地雷復	坤爲地	山雷이	水雷屯	風雷益	震爲雷
星運	8	1	3	4	9	1
卦運	1	1	6	7	2	8

丑					
干支	乙丑	丁丑	己丑	辛丑	戒丑
卦名	火雷噬嗑	澤雷隨	天雷无妄	地火明夷	山火賁
星運	6	7	2	3	8
卦運	3	4	9	1	6

寅						
干支	甲寅	丙寅	戊寅	庚寅	庚寅	壬寅
卦名	水火既濟	風火家人	雷火豊	澤火革	離爲火	天火同人
星運	9	4	6	2	1	7
卦運	7	2	8	4	3	9

卯					
干支	乙卯	丁卯	己卯	辛卯	癸卯
卦名	地澤臨	山澤損	水澤節	風澤中孚	雷澤歸妹
星運	4	9	8	3	7
卦運	1	6	7	2	8

	辰				
干支	甲辰	丙辰	戊辰	庚辰	壬辰
卦名	火澤睽	兌爲澤	天澤履	地天泰	山天大畜
星運	2	1	6	9	4
卦運	3	4	9	1	6

	巳				
干支	乙巳	丁巳	己巳	辛巳	癸巳
卦名	水天需	風天小畜	雷天大壯	火天大有	澤天夬
星運	3	8	2	7	6
卦運	7	2	8	3	4

	午					
干支	甲午	甲午	丙午	戊午	庚午	壬午
卦名	天風姤	乾爲天	澤風大過	火風鼎	雷風恒	巽爲風
星運	8	1	3	4	9	1
卦運	9	9	4	3	8	2

	未				
干支	乙未	丁未	己未	辛未	癸未
卦名	水風井	山風蠱	地風升	天水訟	澤水困
星運	6	7	2	3	8
卦運	7	6	1	9	4

	申					
干支	甲申	丙申	戊申	庚申	庚申	壬申
卦名	火水未濟	雷水解	風水渙	山水蒙	坎爲水	地水師
星運	9	4	6	2	1	7
卦運	3	8	2	6	7	1

	酉				
干支	乙酉	丁酉	己酉	辛酉	癸酉
卦名	川山遯	澤山咸	火山旅	雷山小過	風山漸
星運	4	9	8	3	7
卦運	9	4	3	8	2

	戌				
干支	甲戌	丙戌	戊戌	庚戌	壬戌
卦名	水山蹇	艮爲山	地山謙	天地否	澤地萃
星運	2	1	6	9	4
卦運	7	6	1	9	4

	亥				
干支	乙亥	丁亥	己亥	辛亥	癸亥
卦名	火地晉	雷地豫	風地觀	水地比	山地剝
星運	3	8	2	7	6
卦運	3	8	2	7	6

현공대괘파(玄空大卦派) 이론(理論)

*현공대괘 택일법의 기본원칙

天氣 유통을 통하여 제살(諸煞)을 제압하고 생기가 충만하게 함으로써 음, 양택에 생기를 공급하고 괘기(卦氣) 소통을 통하여 주명(主命)에게 생기를 제공함으로써 造福시키는 것을 기본 원칙으로 한다.

택일하는 것은 당일에 최상이 되도록 하는 것이 가장 좋다. 영정의 전도 없이 모두 정신괘를 사용하여 성운과 괘운이 교통하면서 천연적인 관계괘 관계이면 가장 좋다고 본다. 성운, 괘운이 모두 합생성이 되어 성운 유전과 괘운 통기가 되면 길한 택일법이다. 합십, 합십오, 합오가 되는 것도 좋은데 괘운 합십은 복음을 만들 수 있으므로 피하는 것이 좋다. 그러나 1.9, 2.8, 3.7, 4.6의 합십 중 2조 합십은 사용할 수 있다. 예를 들어 연(年), 월(月) 합십 1. 9, 일(日). 시(時) 4. 6 합십은 복음이 되지 않으므로 사용이 가능하다. 年. 月 2. 8 합십, 日. 時 3. 7 합십도 사용이 가능하다.

괘기의 유통이 매우 강한 부모삼반괘 택일법도 괜찮다. 괘운 측면에서 살펴보면 연월(年月)은 합생성이고, 일시도 합생성이며, 연일(年日) 합십이고, 연시(年時)는 합오이다. 월일은 합십오이고 월시는 합십이므로 사통팔달로 괘기 유통이 되고 있다.

父母三盤卦 擇日法

時	日	月	年	日
丁卯	壬辰	庚戌	壬戌	課
夷	大畜	否	萃	卦名
3	4	9	4	星運
1	6	9	4	卦運

부모삼반괘 택일법 외에 잡통국(雜通局) 택일법이 있다.

雜通局 택일법

時	日	月	年	日
己亥	丙午	甲午	丙子	課
謙	大過	姤	이	卦名
6	3	8	3	星運
1	4	9	6	卦運

잡통국 택일법의 예는 1996년 음력 甲午월 23일 亥時다. 연월일(年月日)은 합생성 관계이지만 時는 月과 通卦이고 다른 연일(年日)과는 아무런 관계가 없으나 卦運은 합생성과 합십오, 합십, 합오 등으로 원활하게 통기되고 있다. 통괘는 앞에서도 설명했지만 특정 대성괘의 3, 4효를 변화시켜 만든다.

칠성타겁 택일법

時	日	月	年	日
辛亥	壬申	辛亥	壬申	課
比	師	比	師	卦名
7	7	7	7	星運
7	1	7	1	卦運

칠성타겁 택일법의 예는 연월(年月)과 일시(日時)가 칠성타겁이며 성운 일괘순청국이다. 칠성타겁 공능으로 강력한 괘기가 교통된다. 상원에 속하는 해이므로 성운 실조와 괘운은 복음을 이루고 있지만 오황살기를 소거하고 생기를 생성하고 있다. 필자가 확인해 본 결과 생기는 20회이고 오황은 2회이다.

택일법은 日이 기준이며 日을 향하여 생입, 극입 관계이면 길한 것으로 본다. 현공대괘의 택일에서는 괘기 유통이 원활하면 극출, 생출도 흉하지 않은 것으로 본다. 괘기 유통이 우선이기 때문이다. 擇日을 하면서 天地人 三才 交通을 생각하지 않을 수 없다. 日課는 天이고 山家(陰, 陽宅 좌향)는 地이며 主命은 人이다. 山家가 우선이고 日課는 산가를 지원하는 것이다. 주명과 산가는 중요한데 주명과 산가(坐) 사이에 아무런 관계가 없으면 발복을 받지 못하고 음, 양택의 坐의 성운, 괘운과 주명의 성운, 괘운 사이에 성운 유전과 괘운 통기가 원활하게 이루어지면 발복을 받게 되는 것이다. 택일법에는 주명과 산가에 모두 유리하도록 정하는 것이 중요하다.

*참고로 본명 구하는 방법을 소개한다. 남자의 경우 서기 연도(年度)에서 나이를 빼고 숫자를 더하고 다시 남은 숫자를 더하여 10에서 빼면 본명이 된다. 여자는 서기 연도에서 나이를 빼고 나머지 숫자를 더하고 더한 수를 다시 더하면 한 자리 수가 되는데 한 자리 수에 5를 더하여 한 자리 수를 얻어 본명을 얻는다.

남자의 경우는 금년이 2018년이므로 남자 60세이면 2018-60=1958이 된다. 1958을 더하면 23이 되고 다시 2와 3을 더하면 5가 된다. 10에서 5를 빼면 5가 되어 9성의 가운데가 되는데 위로 옮겨 곤토(坤土)가 되니 토명(土命)이라 한다.

여자의 경우는 금년이 2018년이므로 여자 60세이면 2018-60=1958이 된다. 1958을 더하면 23이 되고 다시 2와 3을 더하면 5가 된다. 5에서 5를 더하면 10이 되어 다시 1과 0을 더하면 1이 되어 구성의 1수에 해당되어 수명(水命)이라 한다.

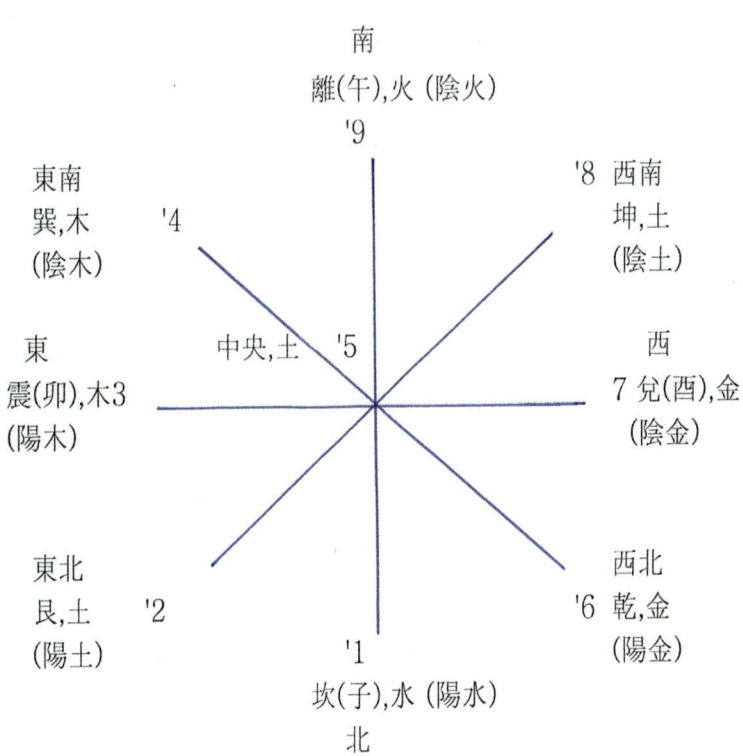

현공대괘파(玄空大卦派) 이론(理論)